国家"十一五"出版规划重点图书

衣俊卿　主编

时代的困境与
国外马克思主义研究论丛
不屈的探索

● 陈学明　著

黑龙江大学出版社

HEILONGJIANG UNIVERSITY PRESS

图书在版编目（CIP）数据

时代的困境与不屈的探索／陈学明著．－－哈尔滨：
黑龙江大学出版社，2007.12（2021.9 重印）
（国外马克思主义研究论丛／衣俊卿主编）
ISBN 978-7-81129-002-8

Ⅰ．时… Ⅱ．陈… Ⅲ．西方马克思主义—研究 Ⅳ．
B089.1

中国版本图书馆 CIP 数据核字（2007）第 201763 号

时代的困境与不屈的探索
SHIDAI DE KUNJING YU BUQU DE TANSUO
陈学明　著

责任编辑　张爱华
出版发行　黑龙江大学出版社
地　　址　哈尔滨市南岗区学府三道街 36 号
印　　刷　三河市春园印刷有限公司
开　　本　787 毫米×1092 毫米　1/16
印　　张　29
字　　数　430 千
版　　次　2007 年 12 月第 1 版
印　　次　2022 年 1 月第 2 次印刷
书　　号　ISBN 978-7-81129-002-8
定　　价　68.00 元

本书如有印装错误请与本社联系更换。

目　录

第二编　"西方马克思主义"专题研究

第三编　"西方马克思主义"代表人物研究

附录　就"西方马克思主义"研究等与博士研究生的对话

总　序

　　1848 年《共产党宣言》正式发表，标志着马克思主义的诞生，人类社会历史进程因此而改变。回顾马克思主义一百多年的历史，有两条大致清晰的线索：一是马克思主义从理论变为现实，推动社会主义在实践中获得巨大发展，同时也极大地影响了资本主义的发展；二是马克思主义作为一种学说，一直受到世界思想界的关注和重视。一百多年来，人类社会经历了两次世界大战的浩劫，经历了资本主义和社会主义跌宕起伏的发展历程，经历了科学技术日新月异的进步。无论世界经历了怎样的变化，无论面临着什么样的理论挑战和实践修正，马克思主义始终是世界思想界难以回避的强大"磁场"。回顾 20 世纪的历史，不难看出，对于马克思主义全方位的研究，已经成为贯穿整个世纪的现象，并由此形成众多的新马克思主义流派。

　　从 20 世纪 20 年代到 60 年代，面临着无产阶级暴力革命观的受挫、当代资本主义的社会结构变化，特别是发达工业社会全方位的文化危机，一批有影响的西方马克思主义流派应运而生：以卢卡奇、柯尔施、葛兰西、布洛赫为代表的早期西方马克思主义，以霍克海默、阿多诺、马尔库塞、弗洛姆、哈贝马斯等为代表的法兰克福学派，列斐伏尔的日常生活批判理论，萨特的存在主义马克思主义，赖希等人的弗洛伊德主义马克思主义，德拉·沃尔佩和科莱蒂的实证主义马克思主义，阿尔都塞的结构主义马克思主义，等等。差不多与此同时，在 20 世纪五六十年代，以社会主义的改革实验为背景,涌现出许多重要的东欧新马克思主义流派:以彼得洛维奇、马尔科维奇、弗兰尼茨基等人为代表的南斯拉夫实践派,以赫勒、费赫尔、马尔库什等人为代表的匈牙利布达佩斯学派,以沙夫、科拉科夫斯基等人为代表的波兰意识形态批判流派,以科西克和斯维塔克等人为代表的捷克人本主义流派等。

马克思的批判的和实践的学说具有任何其他理论都难以比拟的开放性和历史穿透力。20世纪七八十年代,随着西方马克思主义众多代表人物进入迟暮之年,特别是随着卢卡奇、布洛赫、霍克海默、阿多诺、马尔库塞、弗洛姆、萨特等著名西方马克思主义代表人物相继谢世,人们原本以为西方马克思主义作为一种理论批判运动即将成为"告一段落"的历史。然而,历史的进程给我们提供了世界马克思主义研究的一种新图景:不仅经典西方马克思主义和东欧新马克思主义中的一些代表人物,如哈贝马斯、施密特、沙夫、科拉科夫斯基、赫勒、马尔科维奇、弗兰尼茨基、斯托扬诺维奇等人一直活跃到世纪之交,而且在信息化和全球化的背景中,一些新兴的马克思主义流派从更加多维的视角批判现存社会,出现了分析的马克思主义、生态学马克思主义、女权主义马克思主义、发展理论的马克思主义、文化的马克思主义、后马克思主义、解放神学的马克思主义等许多新马克思主义流派,形成了世界马克思主义研究更为多样化的格局。

20世纪末,东欧剧变、苏联解体等重大历史变化又一次对马克思主义的命运提出了挑战。一些偏激的人士,如弗朗西斯·福山,基于这些变化,断言社会主义和马克思主义的终结,他认为,西方国家实行的自由民主制度也许是"人类意识形态发展的终点"和"人类最后一种统治形式",并因此成为"历史的终结"。然而,历史进程又一次坚定地展开着自身的逻辑,马克思在西方世界的影响力并没有因为苏东剧变而减弱,反而有增无减。从1995年到2004年,在巴黎举行了四届"国际马克思大会",在纽约、伦敦、图宾根、加利福尼亚等地,也相继召开关于马克思主义的国际学术会议,参加会议的人数从数百人到数千人不等。1999年和2005年,英国广播公司(BBC)在国际互联网上评选"千年最伟大的思想家"和"全世界有史以来最伟大的哲学家",马克思都名列榜首。世纪之交,不仅20世纪70年代以来兴起的多样化的新马克思主义流派依旧活跃,而且,德里达、杰姆逊等一些重要的思想家也纷纷"走近马克思",从不同方面阐释马克思学说的当代价值。德里达在《马克思的幽灵》中作出的"不能没有马克思"和我们"都是马克思和马克思主义的继承人"的断言从一个侧面反映了马克思学说特有的影响力。

我一直以为,马克思的实践哲学真正体现了哲学的开放性和批判性本质,他的学说从根本上超越了传统哲学的基本理念,而是以对人之生存的本质性的、批判的文化精神的自觉为根基的。马克思学说的内容十分丰富,马克思一生关注的焦点问题也不断变化。然而,无论是其关于经济和政治的分析,还是关于哲学的思考;无论是其关于暴力革命、政党策略、欧洲革命、东方社会特征的分析,还是关于现实经济运行机制的揭示;无论是其关于唯物史观原理的阐释,还是关于从抽象到具体等方法论的探讨,在深层次上都服从于一个最根本的理论关切:推翻和扬弃"使人成为受屈辱、被奴役、被遗弃和被蔑视的东西的一切关系",实现人的自由、全面发展和"自由人的联合体"。马克思把体现哲学本性的这种文化批判精神奠基在人的实践内在地具有的不断超越、不断扬弃异化的批判本性之上。这正是马克思学说的巨大生命力的根源所在。正因为如此,马克思为包括海德格尔、萨特、德里达等在内的许多当代思想家所敬重,他的学说的价值绝不会为我们的时代所穷尽。

显而易见,20世纪以来,在人类实践的各种转折和变化中,众多的理论流派一次又一次地"回到马克思",这正源自马克思学说的这种实践本性和批判精神。我们看到,无论这些国外马克思主义流派在主题、问题域、范式等方面存在多大差异,无论它们在重新阐释和张扬马克思的思想时存在多少误读和偏差,它们都有一个共同的特点:像马克思一样,这些新马克思主义流派首要关切的不是理性的逻辑,而是人类的命运;它们继承和发扬了马克思学说基于实践之超越本性的历史性和实践性的文化批判精神,在20世纪的特殊历史条件下针对发达资本主义社会的社会变化和文化境遇,探寻新的革命变革的思路,以深刻的方式切入20世纪人类生存的焦点问题,开拓出马克思主义社会批判的新视野。

正因为如此,对国外马克思主义的研究,有着特殊的实践意义和指向。中国的国外马克思主义研究,特别是西方马克思主义研究,从表面看,涉及许多重要的理论问题和研究方法论问题,也涉及在多维视野中对于这些理论观点的评价问题,但是,从更深层次来看,中国学术界对于西方马克思主义和其他国外马克思主义流派的关注热情更多地是这些理论的现实"所指"。我们是以折射的方式来理解和把握发达工业社会的发展状况和所面临的问题。实际上,在某种意义上,西方马克思主义的社会批判理论或文化批判理论是对发达工业社会的文化危机的直接的理论反思。因此,当代许多中国学者,包括专业人士往往是通过这些新马克思主义流派来深刻理解20世纪发达工业社会条件下人类所面临的重大的理论问题和现实问题的,他们对于发达工业社会的许多重大问题,例如,大众文化、技术理性、意识形态、物化和异化、国家和领导权、性格结构、消费社会、文化逻辑、交往机制、生活世界、现代性和后现代性、信息化、全球化等的认识都不同程度地积淀了国外马克思主义以及各种左翼激进思潮的理论资源。

在这种意义上,对于置身于全球化背景中的中国而言,全面了解和深入研究各种国外马克思主义流派,就不仅具有一般的理论意义,而且具有重大的现实意义。马克思恩格斯在《共产党宣言》中曾指出,资本主义工业化运动结束了各个孤立的、彼此分离的民族历史,而开辟了"世界历史进程"。工业化与现代性的不断扩展、信息化和全球化进程的强有力推进,使世界任何地方的本土问题总是在不同程度上同全球问题和世界问题紧密交织在一起。因此,在中国特色、中国风格、中国气派的马克思主义哲学研究的视野中,中国问题和世界问题一定是同一个问题不可分割的两个方面。具体说来,在全球化背景中,封闭地探讨中国问题、孤立地描述世界问题、绝对地用世界问题来剪裁中国问题、绝对地强调中国问题的独特性等做法都是十分有害的。中国的马克思主义哲学研究毫无疑问必须把"中国问题"作为我们的落脚点和聚焦点,但是,决不能孤立地就中国问题而研究中国问题,必须学会从中国的视野去透视世界问题,进而从世界的眼光和全球化的视角去审视中国问题。

在这种意义上,我们无论如何不应该与国外马克思主义流派这些20世纪重要的思想理论资源擦肩而过。毫无疑问,在面对国外马克思主义的众多理论流派时,忽视它们的局限性、失误和理论错误,肯定是错误的理论倾向;然而,不去认真研究国外马克思主义流派所提供的重要启示,同样是不能容许的褊狭和封闭。令我们十分高兴的是,中共中央政治局在 2005 年 11 月 25 日举行的第 26 次集体学习,以"世界马克思主义研究与中国马克思主义理论研究和建设工程"为题,专门了解了 20 世纪国外马克思主义研究的情况,其中对西方马克思主义研究的情况给予了特别的关注,因为,"在西方国家中,西方马克思主义是影响最大的马克思主义当代流派"。胡锦涛同志明确指出,要瞄准当今世界的学术前沿,着力用马克思主义指导哲学社会科学,提高学术创新能力,努力形成贯穿马克思主义立场观点方法、体现中国特色社会主义事业发展要求、吸收当代人类文明有益成果的哲学社会科学的学科体系和学术体系,不断增强马克思主义的吸引力和感召力。

中国学术界对国外马克思主义,特别是西方马克思主义的研究,已经有二十多年的历史了,陆续推出了一系列翻译成果和理论研究成果。随着马克思主义理论学科的单独设立,特别是国外马克思主义研究学科的建立,国外马克思主义研究正在成为学术界越来越引人瞩目的学术领域和理论热点。站在新世纪的起点上,回顾过去二十多年中国学术界关于国外马克思主义研究的理论进展,具有承上启下的意义。因此,在为政治局第 26 次集体学习就世界马克思主义研究的状况作了讲解之后,我一直考虑以某种方式来推进这种回顾和总结。我们在这里提供给读者的这套国外马克思主义研究论丛,是几位中青年学者过去十几年研究国外马克思主义的心得。在一定意义上这些成果可以比较全面地展示中国学术界国外马克思主义研究的状况。当然,我们清楚地意识到,目前中国的国外马克思主义研究还处于起步阶段,在研究范式、理论评价、推陈出新等方面还存在许多薄弱环节,存在很多局限性,甚至存在某些理论失误。正因如此,适时地对中国的国外马克思主义研究作出清醒的、全面的回顾和总结具有特别的意义,将有助于这一领域研究的深化。我们有理由期待,在同国外各种马克思主义流派的对话中,我们可以收获更多的理论成果和思想精华。

衣俊卿
2007 年 11 月 15 日

序　言

　　借黑龙江大学出版社出版我探索"西方马克思主义"的论文集《时代的困境与不屈的探索》之机，我想在这里简单地回顾与总结一下自己近30年研究"西方马克思主义"的历程。由于想说的话实在太多，我打算主要围绕着如何研究"西方马克思主义"以及目前我对"西方马克思主义"如何认识这两个问题展开。

　　20世纪70年代末，十年文革"动乱"结束，我与许多处于"迷惘"中的年轻人一样，急急忙忙地寻找自己的职业方向，以使自己的一生能安定下来。我是个大学教师，是专门从事教学与研究的，关键是要选择好自己的教学与研究的方向。经过一段时间的观察与思考，我决定选择"西方马克思主义"作为自己的教学与研究领域。之所以作出这样一个选择，主要是基于"安全"的考虑。具体地说，我是为了回避马克思主义的一系列重大理论问题和现实问题而"躲"进"西方马克思主义"的这个"小天地"之中的。我自以为"西方马克思主义"对中国学者是如此的陌生，距离现实特别是中国的现实又是如此的遥远，自己可以非常"安全"地在这个领域里自得其乐。在对"西方马克思主义"进行研究的过程中，我逐步认识到自己的这一想法是多么的幼稚可笑！我反复地问自己，为什么要把自己的生命投入到"西方马克思主义"的研究中去呢？难道仅仅为了使自己有一个稳定的"职业"吗？后来我终于认识到，实际上，作为一个"西方马克思主义"的研究者，最重要的是要有强烈的人类关怀和现实关怀；把注意力集中于"西方马克思主义"的研究，绝不是为了使自己回避而是应更好地回答重大理论问题和现实问题；要想对"西方马克思主义"的研究有所建树，就绝不能仅仅把此视为一种"谋生"的手段，而应具有强烈的使命感和责任感。当前，研究"西方马克思主义"一定要着眼于为建设具有中国特色的社会主义提供启示。如果哪位读者愿按照时间顺序留意我从 20 世纪 70年代以来所发表的文章，一定会发现：随着时间的推移，我的文章的"纯学术"色彩越来越淡薄，而代之以力图开掘"西方马克思主义"的理论资源而为解决重大理论问题和现实问题寻找答案的强烈意向。

正因为当时我是在这样的精神状态下开始从事"西方马克思主义"研究的，所以在具体研究方法上我确实也走了一段弯路，具体表现在以下四个方面。

其一，只是热衷于对"西方马克思主义"的某一代表人物，甚至是某一代表人物的某一著作、某些理论观点的引介和剖析，而不是立足于从整体上去把握"西方马克思主义"。这样做的结果是尽管可能对这一代表人物、这一代表人物的某一著作、某些理论观点应付裕如、彰明较著，但对整个"西方马克思主义"却依然不明不白、如坐云雾，甚至还会犯瞎子摸象、以偏概全的错误。后来我意识到研究"西方马克思主义"必须着眼于整体性的研究，即着眼于通晓"西方马克思主义"的理论全局和基本学术取向，即使是对个别代表人物，个别代表人物的个别著作、个别理论观点的研究，也必须放在"西方马克思主义"的整体视野中来加以剖析。

其二，只是就"西方马克思主义"研究"西方马克思主义"，而不是把对"西方马克思主义"的研究与对整个马克思主义的研究内在地结合在一起。刚开始时我把对"西方马克思主义"的研究与对整个马克思主义的研究完全割裂开来，没有把前者视为后者的一个有机组成部分。这样，即使在"西方马克思主义"这个"圈子"内你显得满腹经纶、自成一家，但"圈子"之外的人则完全可以对你不屑一顾、兴味索然。当今的马克思主义正面临严重的挑战,围绕着马克思主义有多少至关重要的问题需要回答,对"西方马克思主义"的研究必须瞄准这些重大问题。在 20 世纪 90 年代初,有鉴于自己吸取了就"西方马克思主义"研究"西方马克思主义"的深刻教训,我终于在学界率先发出了"把对'西方马克思主义'的研究引入到整个马克思主义的研究中去"的呼唤。

其三,只是按照流派、人物和著作这一顺序"循规蹈矩"地进行研究,而不是以问题为切入口展开对"西方马克思主义"的研究。面对"西方马克思主义"这一思潮,以流派、人物、著作入手加以考察,是最常见也是最容易出成果的一种研究方法。刚开始时我也是这样做的。后来我发现这种研究作为一种"初级阶段"的研究或许有它的价值,但无论如何不可能达到"为解决重大理论问题和现实问题提供启示"这样一个研究目标。于是我向自己提出必须增强问题意识的要求,即以问题为切入口,在浩如烟海的"西方马克思主义"的代表人物、著作和理论观点中,紧紧抓住一个个"西方马克思主义"中确实有着重大创见,并有着重大理论意义和现实意义的关键问题展开深入的探讨。

其四,只是停留在对"西方马克思主义"作一般性的介绍上,而不是注重于对"西方马克思主义"作出价值评价。当国内对"西方马克思主义"还不甚了了之时,把"西方马克思主义"的一些代表人物、著作,以及一些基本思想介绍进来,是完全必要的,也确实曾经受到了欢迎。我在 20 世纪 80 年代所做的也就是这样的一件事。但后来我知道作为一个"西方马克思主义"的研究者,其职责决不仅仅在于介绍"西方马克思主义",而在于对"西方马克思主义"作出正确的价值评价。也就是说,要把对"西方马克思主义"的事实判断与价值判断有机地结合起来,强化在事实判断的基础上的价值判断。我深深地意识到,"西方马克思主义"研究的难度,不仅仅在于通过阅读他们的外文原著,了解他们的思想,并正确地用中文把其表述出来,更在于如何运用正确的判断标准,对这些思想的是非曲直作出恰如其分的评价。

随着"西方马克思主义"研究方法的改变,我对"西方马克思主义"的认识也有所改进。实际上,我是带着对"西方马克思主义"的"成见"与"框框"走进"西方马克思主义"研究领域的。这些"成见"与"框框"主要来自

于当时能读到的国内外的一些介绍和研究"西方马克思主义"的著作。我
对"西方马克思主义"的了解不是首先通过接触"西方马克思主义"的原
著,而是主要借助于这些"第二手"的资料。其中对我影响最大的就是英
国新左派思想家佩里·安德森的《西方马克思主义探讨》。佩里·安德森
的这一著作尽管篇幅不大,但思想容量极大,对我产生了强烈的吸引力。
我对这一著作可以说是手不释卷、烂熟于心。在很长一段时间里,我主要
是根据佩里·安德森的眼光来认识"西方马克思主义"的。经过一个漫长
的研究过程,通过不断地调整与端正自己的研究态度与方法,我才慢慢地
从佩里·安德森的"成见"与"框框"中走了出来。这主要表现在我对"西
方马克思主义"的认识产生了以下若干变化。

其一,改变了把"西方马克思主义"只是当做一种与带引号的"左"联
系在一起的"激进主义的马克思主义"的看法。由于佩里·安德森把"西
方马克思主义"定性为"左倾激进主义"的马克思主义,加上这一思潮在上
世纪西方世界的学生造反运动中也确实被"新左派"利用过,再加上作为
这一思潮的开创者卢卡奇的思想刚一露头时确实曾被列宁批评为"'左'
得很、坏得很",所以在我的脑海中"西方马克思主义"一直与带引号的
"左"联系在一起。后来我经过"心平气和"地潜心研究,逐渐认识到给"西
方马克思主义"戴上这样一顶"帽子"是非常不合适的。实际上,"西方马
克思主义"代表了在马克思主义发展过程中所形成的、与第二国际和第三
国际对马克思主义的解释截然有别的一种新的对马克思主义的解释路向。
它是当今世界形形色色的马克思主义思潮和流派中的一种,是各种各样的
对马克思主义的解释和研究中的一种,它与其他的马克思主义思潮和流
派、其他的对马克思主义的解释和研究一样,有其自身的特点和独特的价
值。而且在一定意义上,由于各种原因,对"西方马克思主义"的价值的开
发和利用远逊于对其他的马克思主义思潮和流派。事实明确地告诉我,草
率地给"西方马克思主义"戴上一顶"'左'倾激进主义"的"帽子"而又简
单地加以否定,既与"西方马克思主义"的本来面目不相符,又严重地影响
着研究的成果。我研究"西方马克思主义"的过程就是不断地摆脱了对
"西方马克思主义"的这一先入为主的"成见"的过程。

其二,改变了把"西方马克思主义"只是当做一种严重脱离实际的"经

院式的马克思主义"的看法。以前我顺着佩里·安德森的思路,抓住"西方马克思主义"的代表人物都不是实际的活动家而只是关在高楼深院里的学者、教授这一点大做文章,对其"脱离实际"和"经院性"大加鞭挞。后来我认识到这样去认识"西方马克思主义"有些太穿凿附会了,甚至还有点"指鹿为马"。仅就"西方马克思主义"代表人物的身份和他们表述理论的方式而言,这一思潮给人以"高高在上"的感觉。然而,只要我们留心注意一下他们所关注的问题就不难发现,他们实际上并没有回避现实的挑战,在他们那深奥难懂的语言中负载着大量关于急剧变化着的资本主义世界的信息,跳动着那个特定时代的脉搏,也倾注着他们对社会主义和马克思主义命运的关注。可以说,他们实际上是在书斋里,用他们特有的语言和方式曲折地反映着他们生活的那个时代。当我这样去认识"西方马克思主义"之后,隐藏在"西方马克思主义"之中的珍品一下子显现在我的面前。

其三,改变了把"西方马克思主义"只是当做一种局限于哲学和美学领域的"'哲学的'马克思主义"的看法。佩里·安德森断言,马克思主义研究到了"西方马克思主义"那里,其主题已发生了转换,即从经济、政治领域,转移到了哲学、美学领域。佩里·安德森的这一判断是有根据的,因为大多数"西方马克思主义"代表人物认定马克思主义在本质上是一种哲学,其力量也在哲学,从而他们能致力于的也就是恢复和重建马克思主义哲学。问题在于,佩里·安德森的这一判断会把人们引向两个极端的认识:一是强调"西方马克思主义"只是局限于哲学领域,对其他领域则毫无顾及;二是认为"西方马克思主义"只是孤立地研究哲学,而并不是把对哲学的研究与对其他领域的研究结合在一起。我本人长期以来正是持有这样两个极端的认识。后来受到"西方马克思主义"所提出的对马克思主义要进行"整体"研究的启发,认识到既然他们认为对马克思主义要进行"整体"的研究,就意味着他们也认为对马克思主义的研究除了哲学与美学的领域之外还有着其他的领域,例如经济学、政治学、伦理学等领域,关键在于他们要求不能孤立地在各个领域从事研究,而应把各个领域的研究有机地结合在一起。以后我就尝试着按照这一新的认识去从事"西方马克思主义"的研究,取得了令人满意的收获。

其四,改变了把"西方马克思主义"只是当做一种热衷于把现代西方思潮与马克思主义结合在一起的"调和、折中的马克思主义"的看法。佩里·安德森把注重于马克思主义与现代西方思潮的结合作为"西方马克思主义"的一个重大特征。我曾从佩里·安德森的这一说法引申出去，指责"西方马克思主义"的代表人物搞"折中"、"调和"。后来随着研究的深入，我认识到不能这样简单地对待"西方马克思主义"代表人物所提出的把马克思主义与现代西方思潮结合在一起、用现代西方思潮之"长"补充马克思主义之"短"的企求。"西方马克思主义"的一些代表人物在马克思主义与现代西方思潮相互关系的问题上有着十分卓越的见解。他们一方面强调马克思主义不仅超越了西方近代哲学，而且在整体上也胜过现代西方哲学；另一方面又提出马克思主义在发展过程中应当向现代西方思潮，特别是现代西方哲学"开放"，吸收其一切优秀的成果来丰富和发展自己。如果把他们的那些用存在主义、弗洛伊德主义、结构主义、现象学、新实证主义等"补充"马克思主义的做法放到他们的这样一种认识的背景下加以考察，我们就不可能对之给予全盘否定，并横加指责。最近几年我正是基于马克思主义必须通过吸收一切优秀的思想文化来发展自身，而现代西方思潮也并非一无是处的认识出发，去重新估计佩里·安德森所归纳的"西方马克思主义"的这一特征的。

其五，改变了把"西方马克思主义"只是当做一种致力于破坏和否定的"批判的马克思主义"的看法。佩里·安德森所说的"西方马克思主义"是一种"批判的马克思主义"有双重含义：一是说"西方马克思主义"突出马克思主义的批判性，强调马克思主义是一种批判的武器；二是说贯穿于"西方马克思主义"的一根主线就是对现代文明，特别是对现代资本主义社会的批判。佩里·安德森以及其他一些西方的研究者还常常把这种"批判的马克思主义"与"科学的马克思主义"对立起来，以彰显"西方马克思主义"的特点。问题在于，我们又常把"西方马克思主义"强调"批判性"与"消极性"扯在一起，认为"西方马克思主义"的代表人物由于对现代资本主义社会采取否定一切的立场，从而他们尽管批判了现代资本主义社会，可是始终拿不出一套如何改变这一社会的建设性方案，从而他们的这种批判与否定从根本上说是"消极"的。后来我认识到，这里有两个问题必须搞清楚：一是"西方马克思主义"有没有否定现代资本主义社会的一切方面;二是"西方马克思主义"在批判现代资本主义社会的过程中有没有提出如何改变这一社会以及有没有设想过替代资本主义社会的新社会究竟是什么样子的。通读阅读"西方马克思主义"的所有著作,我们只能对前一个问题持否定的回答,而对后一个问题作出肯定的回答。既然这样,我们就不能笼统地将"西方马克思主义"视为一种"批判的马克思主义",对其所谓的"批判性"必须加以重新认识。

其六,改变了把"西方马克思主义"只是当做一种适应于现代工业社会的"发达资本主义社会的马克思主义"的看法。佩里·安德森强调"西方马克思主义"是在现代西方特有的环境下形成和发展起来的,它所论述的主要问题是现代资本主义社会中的问题,从而在一定意义上它是发达资本主义社会中的一种马克思主义思潮和流派。这里有一个关键问题需要澄清:"西方马克思主义"是不是只适合于发达资本主义社会?特别是贯穿于其理论发展始终的对现代文明的批判是不是只是针对现代资本主义社会,从而只对生活在现代资本主义社会中的人们有启发作用?这涉及到当今中国学者研究"西方马克思主义"意义何在以及有多大的意义这一更重要的问题。我原先对这些问题的认识十分模糊。我受佩里·安德森对"西方马克思主义"产生背景的论述影响很大,长期以来一直认为"西方马克思主义"主要适用于发达资本主义社会,而我们国家还处于向现代化过渡的阶段,"西方马克思主义"针对现代化的弊端所展开的批判,对我们国家并不适用,在一定意义上,甚至还会干扰我们的现代化建设。后来通过研读"西方马克思主义"的著作,特别是通过探索其现代性批判理论,终于认识到这样去认识"西方马克思主义"的现代性理论在当代中国的意义,是非常片面和肤浅的。于是我在各种场合谈论"西方马克思主义"的现代性批判理论对当今中国的社会主义现代化建设的意义之所在。我的基本观点是:"西方马克思主义"对现代化之批判与后现代主义等对现代性的批判有着根本的区别,它们批判的宗旨是希望人们在现代化过程中自觉地趋利避害,一方面充分享受现代性的硕果,另一方面把现代化的代价降到最低限度。中国人民可从"西方马克思主义"的现代性批判理论中获得启示:西方的现代化事业出了问题。中国的现代化事业虽然时间不长但同样付出了重大代价,我们必须像"西方马克思主义"的代表人物那样,正视并充分认识现代化事业中所出现的问题,而不能对之熟视无睹。

　　上述六个方面是我在这近30年的时间里在"西方马克思主义"认识上的主要变化。在一定意义上说,也是我研究"西方马克思主义"的主要收获。这些变化的形成,这些收获的取得,一方面充满了痛苦和艰辛,另一方面又洋溢着快乐和幸福。每当我对"西方马克思主义"有了新的认识,我就感觉我进入到了一种更高的理论境界。

　　最后,我还想就我的这部论文集讲几句。收集在这部论文集中的论文是我在进入新世纪以后所撰写的。2001年高等教育出版社出版了我的教材《西方马克思主义教程》,2006年人民出版社又推出了我的论文集《永远的马克思》。我在这段时间里所撰写的论文有一些已被这两部教材和论文集所收集,而在这里所收集的这些论文是那部教材和那本论文集未收集的。之所以把这部论文集起名为《时代的困境与不屈的探索》,是为了表达对"西方马克思主义"理论家正视时代的困境而进行不屈不挠的探索的赞赏和敬意。

　　在近30年的"西方马克思主义"的研究过程中,我一直受到了许多亲朋好友、同事同行的热情鼓励。没有他们的帮助,不要说我能在这一领域中取得一些成果,就是能不能坚持下来都是一个问题。这次黑龙江大学出版社出版由衣俊卿教授领衔推出的《国外马克思主义研究论丛》,邀请我加盟,要我提供一部书稿,这当然也是对我研究"西方马克思主义"的一种肯定与支持。我对衣俊卿教授及黑龙江大学出版社的编辑们表示衷心的感谢。诚如古人所咏叹的:"知我者,谓我心忧;不知我者,谓我何求。"我相信会有越来越多的读者了解我研究"西方马克思主义"的良苦用心,他们会不断地对我的研究成果提出中肯的批评与建议,促使我在有生之年坚持不懈地在研究"西方马克思主义"的道路上走下去。

陈学明

2007年仲秋识于复旦大学

第一编

"西方马克思主义"总体研究

评中国的"西方马克思主义"研究

"西方马克思主义"是在 20 世纪 70 年代末漂洋过海来到我们中国的。那时,中国人民正在摆脱"文化大革命"及其理论支柱——"无产阶级专政下继续革命理论"的禁锢,经历思想大解放的洗礼,"西方马克思主义"这个时候在我们中国扎下了根。30 多年过去了,经过一系列曲折的发展历程,"西方马克思主义"已在当今的中国成为显学。不但在学术界,而且在政界、商界等社会各界,"西方马克思主义"都是个耳熟能详的名字。前不久,中共中央政治局组织学习,还专门请国内有关专家讲解"西方马克思主义"。再拿学术界来说,原先主要是哲学和美学专业的学者在研究它,时至今日,经济学、社会学、政治学,甚至管理学的专家都在谈论"西方马克思主义"。无可否认,"西方马克思主义"正在我们中国产生着越来越大的影响。

一、当今中国研究"西方马克思主义"的主要意义所在

一种理论得以广泛传播,完全在于它能满足现实社会的需要。"西方马克思主义"之所以能如此迅速地进入当代中国的主流话语圈,引来如此

多的专家学者对其进行孜孜不倦的研究,全然在于它对当代中国有着某种启发意义。当代中国正在进行伟大的社会主义现代化的实践,指导这一实践的理论仍然是马克思主义。从中国的宪法到中国共产党的党章都说明马克思主义是我们的指导思想。问题在于,当今中国所需要的马克思主义,并不是长期以来被教条和错误地理解的那种马克思主义,而是必须从这种教条化和错误地理解中解放出来的、现代化和中国化的马克思主义。为了胜利地推进当代中国的社会主义现代化实践,当务之急是实现马克思主义的当代化和中国化。

显然"西方马克思主义"对我们摆脱原先对马克思主义的教条的、错误的理解,实现马克思主义的当代化和中国化都起到了不可估量的作用。"西方马克思主义"的核心内容就是通过把马克思主义置于新的社会发展态势下对其进行系统的阐述。"西方马克思主义"理论家把"回归马克思"与"推进马克思"有机地结合在一起,即一方面不断地探索马克思主义的"真精神",正确、全面地领会马克思主义的立场、观点和方法;另一方面努力实现马克思主义的现代化,使马克思主义不断地向前发展,他们把"拯救社会主义"的出路定位于实现马克思主义的基础理论与现实的密切结合。无论是他们对马克思主义的基本立场和研究马克思主义的基本方法,还是他们通过这些研究围绕着马克思主义所取得的一系列成果,都引起了我国的学术界,特别是马克思主义研究界的广泛注意。人们在进行马克思主义的研究的过程中,不断地从"西方马克思主义"那里吸取一切有益的东西。不可否认,近20年中国马克思主义研究所取得的成果,离不开"西方马克思主义"的启示作用。

我国的社会主义现代化建设是在西方的现代化"示范"下进行的。无数的事实已告诉人们,中国必须走上现代化的道路,中国人民必须享受现代文明的成果,但中国不能完全照搬西方的现代化模式,中国必须闯出一条既能充分展开现代化的正面效应,又能把其负面效应降到最低限度的现代化新路。"西方马克思主义"的理论内容除了阐述马克思主义之外,就是从各个角度对当代资本主义社会的批判。对于研究"西方马克思主义"的批判理论的意义,不能把这种意义仅仅归结为"有助于我们看清当代资本主义的实质",而必须深入思索研究"西方马克思主义"

的批判理论对中国当前的社会主义现代化建设的意义之所在。这主要是指,通过研究这一理论,我们可以不断地提醒自己:西方的现代化事业出现了问题。中国的现代化事业虽然时间不长,但同样也出现了问题,同样也付出了重大的代价。我们必须像"西方马克思主义"理论家那样,敢于正视和充分认识现代化事业中所出现的问题,而不能对之熟视无睹。"西方马克思主义"的理论家之所以如此尖锐地批判和揭露追求现代性的过程中所出现的种种负面效应,根本目的是要人们自觉地趋利避害,一方面充分享受现代性的成果,另一方面把代价降到最低。所有这些使许多当代中国学者感慨系之,他们在探索中国特色的现代化新路中起着莫大的作用。

二、中国学界对"西方马克思主义"精神实质的把握

研究"西方马克思主义"关键在于把握其精神实质,只有把握了其精神实质,才能对其优劣长短作出富有说服力的判断,从而才能吸收其精华,剔除其糟粕。中国学术界通过将"西方马克思主义"与其他马克思主义的思潮和流派的比较分析,基本上认清了其真实面目。自从马克思主义诞生以来,曾出现了三种不同的对马克思思想的解释路向,"西方马克思主义"是其中之一。

第一种解释路向以第二国际的一些思想家为代表。他们以马克思在一些著作中曾提出要"消灭"、"终结"哲学为由,引申出马克思是要从根本上否认哲学的合法性,强调马克思的理论与哲学无缘,认为马克思的理论主要是一种社会理论和经济理论。这样一来他们完全以实证主义和科学主义的眼光来看待马克思主义,把马克思主义解释成像其他科学一样的"科学"。

第二种解释路向以第三国际的一些思想家为代表。他们并不因为马克思提出过"消灭"、"终结"哲学而否认马克思主义是一种哲学,但与此同时他们看不到马克思对近代哲学的批判与超越,用近代哲学的眼光看待马克思主义,认为马克思主义哲学仍然以探讨精神与物质孰先孰后为宗旨,仍然以主客二分为特征。

第三种解释路向是"西方马克思主义"的理论家所开创的。他们既反

对第二国际一些理论家对马克思思想的解释,又与第三国际的一些理论家的观点相抗衡。他们坚决不同意把哲学从马克思主义中排除出去,认为马克思所要"消灭"和"终结"的是近代形而上学哲学,马克思在此基础上建立了自己新的哲学世界观,新的本体论,否认马克思主义的哲学内容必然会把马克思主义引上一条丧失根基的实证科学的道路。与此同时,他们又坚决反对把马克思的哲学混同于近代形而上学哲学,强调马克思的哲学革命已从根本上突破了西方形而上学的思维方式。

我们国内许多学者经过多年的研究认识到,这第三种解释路向尽管并非尽善尽美,但确实是他们最早觉察到了否认马克思主义哲学内容的错误与危害之所在,特别是以近代形而上学思维方式来理解马克思的哲学的错误,从而最早开始探讨马克思的哲学与近代形而上学哲学世界观的界限,并努力把马克思超越近代哲学之处当做马克思在哲学上真正的创新点而加以挖掘和弘扬。他们这样做的实际效果是把原先"被唯心主义抽象地发展了"的"能动的方面"重新又还给了马克思主义。

我们国内的一些学者还认为,围绕着马克思主义所展开的种种争论实际上就是这三种解释路向之间的争论。由于前两种解释路向在马克思主义研究中长期居于支配地位,所以第三种解释路向不断地对它们展开冲击。从 20 世纪二三十年代开始,一共出现过三次大的冲击:第一次是在 20 世纪二三十年代,卢卡奇、柯尔施、葛兰西这些"西方马克思主义"早期代表人物借助于对无产阶级革命屡屡失败的教训的探讨,把革命失败的原因归结于第二和第三国际对马克思哲学的曲解,于是把批判矛头直指这些解释体系;第二次是在 20 世纪六七十年代,法兰克福学派和以南斯拉夫"实践派"为代表的东欧新马克思主义遥相呼应,把对苏联模式的僵化的政治体制的批判,与对当时作为苏联及东欧国家的"官方意识形态"的这一解释体系的讨伐紧紧地结合在一起;第三次是在 20 世纪八九十年代,中国的一批年轻的马克思主义哲学研究者把对"文革"的政治批判上升为哲学批判,他们对"马克思主义哲学教科书体系"的发难实际上也就是对前两种马克思哲学解释体系的质疑。

三、中国学界所概括的"西方马克思主义"的最新理论成果

苏东剧变后,中国的许多西方马克思主义的研究者坚持对西方马克思主义进行跟踪研究,及时地概括和吸收西方马克思主义的最新研究成果。这些最新成果主要表现在以下三个方面。

首先,体现在对马克思主义本身的研究上。其中对马克思主义现实性的论证特别引起中国学者的重视。大家认识到,西方马克思主义所作出的以下三个方面的论证确实因具有较强的说服力而特别给人以启示:第一,以马克思的学说已成为人类知识宝库中的一份珍贵遗产来论证;第二,以现代资本主义社会百孔千疮,内在矛盾越来越尖锐来论证;第三,以当今世界需要马克思主义作为前进的路标来论证。西方马克思主义理论家在苏东剧变后研究马克思主义的最大的理论成果是对马克思主义理论中"活东西"与"死东西"的澄清。他们这方面的研究也吸引了我国的研究者。大家注意到了西方马克思主义理论家在揭示马克思的学说中业已过时的成分的同时,又着力推崇马克思学说中的一些具有顽强生命力的理论观点:第一,马克思关于批判资本主义的理论;第二,马克思关于人的全面发展的理论;第三,马克思关于人与自然相互关系的理论。大家认为,这些西方马克思主义理论家在马克思的庞大而丰富的理论体系中,把这些理论观点特别挖掘出来,展现它们的现实意义和生命力,是他们对马克思主义所作出的重大贡献。

其次,体现在对社会主义的研究上。大家认识到,推出"市场社会主义"和"生态社会主义"这两个概念并加以系统阐述,是西方马克思主义在社会主义研究方面的主要理论成果。在总结西方马克思主义涉及"市场社会主义"的研究成果中,中国一些学者特别强调,西方马克思主义理论家对市场可以与社会主义联盟的确认,是对传统社会主义理论的重大修正和发展。一些学者还提出他们并不仅仅是一般地确认市场与社会主义能够结合,而且在如何具体结合等方面也有许多具有启发性的见解。例如,他们提出民生、平等是社会主义的本质特征,市场与社会主义的结合主要是与民生、平等原则的结合;他们强调只有从资本主义的市场经济体制过渡到

社会主义的市场经济体制才能避免市场所带来的负面效应。在总结西方马克思主义涉及"生态社会主义"的研究成果中,中国一些学者最肯定的是西方马克思主义的如下基本立场:生态危机主要源自于资本主义的生产方式,即以追求利润最大化为宗旨的资本主义生产方式,资本主义的利润动机必然破坏生态环境。与此同时,大家又注意到西方马克思主义理论家从一种崭新的角度规定了社会主义的基本内容,从而对马克思主义的社会主义理论作出了重大贡献。择其要者有:他们提出社会主义必须用生态理性取代经济理性;他们认为社会主义必须引导人们不是在消费领域而是在生产领域寻找满足;他们强调社会主义必须打断"更多"与"更好"之间的联结,使"更好"与"更少"结合在一起;他们主张社会主义必须使一切人的劳动活动和自由时间的活动都具有丰富的意义。

最后,体现在对当代资本主义的研究上。中国的许多学者认为,他们在这一方面的最新理论成果主要表现在如下种种对当代资本主义的最新发展趋势与特征的概括和所作出的相应的分析批判上:其一,当代资本主义是"全球资本主义";其二,当代资本主义是"赌场资本主义";其三,当代资本主义是"数字资本主义";其四,当代资本主义是"消费资本主义";其五,当代资本主义是"涡轮资本主义";其六,当代资本主义是"新帝国主义"。

四、我们需要重新界定"西方马克思主义"这一概念

目前我们国内"西方马克思主义"这一概念广为流传,但实际上对这一概念的含义见仁见智,具有极大的不确定性。这在很大程度上是由于这一概念在西方世界本来也是十分含糊的,它流传到我们国内时就给人一种扑朔迷离的感觉。这就引得我们国内围绕着"西方马克思主义"这一概念展开了没完没了的争论,也在一定程度上影响了我们对"西方马克思主义"取得最大成效的研究。

归结起来,西方对"西方马克思主义"大致有以下四种用法。

第一,完全把它当做地域性概念,即把"西方马克思主义"等同于"西方的马克思主义"。一个前南斯拉夫的学者曾在一次国际研讨会上提出,马克思主义可以划分为"东方马克思主义"、"西方马克思主义"和"第三世

界马克思主义"三类。"东方马克思主义"指包括苏联、东欧和中国等在内的社会主义国家的马克思主义;"第三世界马克思主义"指在亚非拉发展中国家流行的马克思主义;"西方马克思主义"则是指欧美发达国家的马克思主义,它不仅包括这些国家中的独立的马克思主义理论,而且包括这些国家中共产党的理论。

第二,完全撇开西方马克思主义的地域性含义,把"西方马克思主义"等同于"新马克思主义"。这就是加拿大学者本·阿格等人的用法。这样去使用"西方马克思主义"概念的人都强调,凡是超越第二国际的科学社会主义、第三国际的列宁主义、第四国际的托洛茨基主义的新的马克思主义理论,不管它是在东方还是在西方,均可以冠之以"西方马克思主义"。

第三,在肯定"西方马克思主义"是一个地域性概念的前提下,强调"西方马克思主义"的主要特征是把主题及关切的问题集中于哲学、美学领域。英国新左派理论家佩里·安德森对"西方马克思主义"这一概念的解释在西方世界流传最广,他主要从主题和关切的问题的转移的角度分析"西方马克思主义",即从以经济、政治为主题与以哲学为主题的区别,去标志"传统马克思主义"与"西方马克思主义"的不同。

第四,在肯定"西方马克思主义"是一个地域性概念的前提下,突出其在思想路线方面与列宁主义的对立。"西方马克思主义"的创始人柯尔施以及对弘扬"西方马克思主义"起了关键作用的梅洛·庞蒂就是这样去使用"西方马克思主义"这一概念的。这种使用方法在西方世界被许多人所接受。由博特摩尔主编的《马克思主义思想辞典》就是这样给"西方马克思主义"下定义的,"西方马克思主义的哲学和理论体系汇集成为向列宁主义挑战的政治体系"。

我们国内许多学者已提出,尽管西方世界对"西方马克思主义"有如此众多的用法,但是我们大可不必去争论哪种用法最具权威性和科学性,现在需要做的是根据目前我们国内对"西方马克思主义"这一概念的使用情况,求同存异,相对地统一到一种比较一致的用法上来。大家比较一致的意见是,只要符合如下三个条件,就可以把这些理论家的思想列入"西方马克思主义"的范围来加以研究:其一,"西方马克思主义"具有地域的含义,他们当然首先是属于西方的理论家;其二,"西方马克思主义"作为马克思主义的一个重要派别或倾向，它的提出者必须自己确认自己是马克思主义的拥护者和信奉者，也就是说，他们必须自称是马克思主义者；其三，"西方马克思主义"作为一种独特的马克思主义，它应当与"传统马克思主义"迥然有别，即他们的理论必须与承继第二国际、第三国际、第四国际的各种"传统马克思主义"理论有着明显的区别。

五、中国研究"西方马克思主义"的三大"重镇"

目前在我们国内几乎所有的重点高校和哲学社会科学研究机构都有专人从事对"西方马克思主义"的研究。但研究力量最集中、研究成果最丰硕、研究时间最持久的无疑是复旦大学、南京大学和黑龙江大学。这三所大学是我国研究"西方马克思主义"的"重镇"。

复旦大学早在20世纪的80年代初，就从现代西方哲学研究室中衍生出"西方马克思主义"研究室。到20世纪末，又在这一研究室的基础上成立了复旦大学当代国外马克思主义研究中心，不久这一中心被评为教育部的重点人文社会科学研究基地。2005年，这一中心又被列为国家级的人文社会科学研究创新基地。他们已进行了30多年的对"西方马克思主义"的研究。他们坚持把对"西方马克思主义"的基础理论的研究与对"西方马克思主义"的最新成果的跟踪研究结合在一起，把对"西方马克思主义"的研究与对现代西方哲学的研究、对马克思主义的研究融为一体。并且他们比较注重为正确地回答当代社会的一系列重大问题从"西方马克思主义"中寻找思想资源和启示。他们在研究中比较强调"问题意识"，即围绕着一些重大课题对"西方马克思主义"展开研究。他们有专门招收"西方马克思主义"研究方向的博士生的"西方马克思主义"博士点。

南京大学"西方马克思主义"研究的鲜明特色是：一方面重视对"西方马克思主义"文本的探讨，另一方面对"西方马克思主义"的最新代表人物、最新流派进行全方位的跟踪研究。他们对卢卡奇、阿多诺、阿尔都塞、萨特等人的一些"西方马克思主义"的经典文本都进行了深入的研究，并取得了重大成果。他们对"西方马克思主义"的最新流派和最新代表人物"分兵把守"，都有专人加以研究。最近，在此基础上，又实施了"西方马克思主义"研究的"战略转移"，即决定下一步要紧紧结合国家发展战略来进行"西方马克思主义"研究。

黑龙江大学在研究"西方马克思主义"的过程中已形成了一支富有战斗力的研究队伍。他们除了在总体上对"西方马克思主义"进行研究之外,还紧紧地抓住"西方马克思主义"的文化批判和日常生活批判理论展开研究,并结合对当代社会的文化生活和日常生活的反思,推出了一系列引人注目的研究成果。

"西方马克思主义"研究
与"马克思主义理论工程"

目前中国的哲学社会科学界,特别是马克思主义理论界正在实施"马克思主义理论研究与建设工程"。这是一项具有深远意义的举措。

"马克思主义理论研究与建设工程"所要实施的内容十分广泛,"西方马克思主义"研究无疑是其中不可或缺的一个重要组成部分。中国学者是从 20 世纪 70 年代末开始从事"西方马克思主义"研究的,至今已有二十多年的历史了。在这二十多年的时间中,中国学者通过对"西方马克思主义"的研究,为坚持和发展马克思主义,为马克思主义的中国化,为马克思主义在当代中国发挥其应有的功能,作出了贡献。在当前面临实施"马克思主义理论研究与建设工程"之际,中国的"西方马克思主义"研究者不能置之度外,而应积极地、有效地投入进去。

那么,从事"西方马克思主义"研究,对实施"马克思主义理论研究与建设工程"究竟有着怎样的意义呢? 这里且列举若干:

一、促使我们更清楚地领悟马克思主义的当代意义

中国实施"马克思主义理论研究与建设工程"是建立在对马克思主义

当代意义认可的基础上的。如果马克思主义像西方政要与右翼思想家所说的那样"已经死亡",只能"送进历史博物馆",那么我们确实没有必要再花大力气去进行马克思主义理论的研究了,更不必把此当做一项"工程"来加以实施了。正因为"马克思主义理论研究与建设工程"的领导者和组织者深切地感受到了马克思主义对21世纪的人类,特别是对正在进行社会主义现代化建设的中国人民来说,仍然是一面光焰万丈的旗帜,才会以如此大的魄力与勇气把马克思主义理论的研究和建设作为一项"工程"来加以实施。

"马克思主义理论研究与建设工程"建立在对马克思主义当代意义的认可的基础上,而这一工程所要达到的一个基本目标也正在于富有说服力地告诉人们马克思主义并没有过时,21世纪的人类仍然必须在马克思主义的旗帜下开创新生活。这一工程成功的程度首先是看它的实施使人们对马克思主义的接受度增加了多少。而要做到这一点,借助于"西方马克思主义"理论家的眼光与论述是必不可少的。

在过去八十多年的时间里,尤其是在20世纪20年代初无产阶级革命在西方世界屡屡失败,人们普遍对革命前景丧失信心的背景下;在20世纪50年代至60年代随着斯大林的一系列错误被揭露,在全世界范围内掀起反马克思主义、反共产主义声浪的境遇中;在20世纪80年代至90年代苏东社会主义国家纷纷垮台,一些原先的"马克思主义者"急着倒戈,不少人都认为马克思主义行将销声匿迹的历史关头,"西方马克思主义"理论家却高举马克思主义的旗帜。他们不仅反复阐述马克思主义没有过时的观点,更着力于对这一观点进行深刻论证。把他们的这些观点和所作的论证介绍进来,并作出相应的研究,显然是很有必要的。

特别指出的是,在苏东剧变后奋力起来维护马克思的"西方马克思主义"理论家中的一些还是当代最有名的哲学大师。他们原先与马克思主义无缘,有的还曾公开声言自己的思想体系是与马克思主义不相容的,但在苏东剧变后,他们出于自己的"学术良知"却纷纷走近马克思,从"马克思主义已成为文化遗产,必然对当今人类产生影响"、"马克思主义对立面的存在决定了其不会过时"、"当今世界需要马克思主义作为前进的路标"等各个方面论证了21世纪的人类仍然需要马克思主义。诚然,他们是站在各自特定的立场,用特定的方法来论证马克思主义的当代意义的,但毫无疑问地,所有这些都应该成为我们在实施"马克思主义理论研究与建设工程"中,用以论证马克思主义的当代意义,以及用以向人们宣传这种当代意义时的重要思想资源。

二、促使我们更正确地把握马克思主义的"真精神"

实施"马克思主义理论研究与建设工程"的一个主要内容是使人们从对马克思主义的错误理解中解脱出来,完整地、准确地理解马克思主义。对马克思主义错误理解包括两个方面:一是死守对马克思主义僵化的、教条的解释;二是对马克思主义加以随意的、主观的解释。当人们尚没有完全摆脱前一种倾向,即这种倾向还严重地影响着人们对马克思主义的正确理解,从而严重地影响着马克思主义履行自己的历史功能之时,后一种倾向又悄然兴起,在"只存在着对马克思主义的各种解释而根本就不存在所谓的马克思主义的原道"这一相对主义、虚无主义思想方法的支配下,一些人任意地"制造马克思",把许多与马克思主义风马牛不相及的理论观点强加给马克思主义。在这种情况下,人们渴望排除所有这些对马克思主义教条、僵化的和随心所欲的解释,准确地、完整地理解马克思主义,把握马克思主义"真精神",当然,与此同时,也渴望正在实施的"马克思主义理论研究与建设工程"能在这方面有所作为。

要实现准确、完整地理解马克思主义,所要做到的事情很多,回到马克思的语境中去研读马克思的原著是一个正确的途径,借鉴他人对马克思主义的研究成果也必不可少。而在所要借鉴的他人的研究成果中,"西方马克思主义"的成果则是最重要的方面。这一方面是由于极大部分"西方马克思主义"理论家在极大部分的时间里是带着寻找马克思主义"真精神"的强烈意向去从事马克思主义研究的,与我们有着大致相同的研究目的;另一方面则是由于这些"西方马克思主义"理论家习惯于从原著出发去研究马克思主义,这种研究方法正是我们所推崇的。研究目的和研究方法的正确,导致他们对马克思主义的研究所取得的成果不但丰富而且可信。今天我们在探讨马克思主义"真精神"的过程中,对他们的成果给予更多的关注和重视,也在情理之中。

　　"西方马克思主义"理论家,特别是其早期代表人物,是在反对第二国际和第三国际的一些理论家对马克思主义,特别是对马克思主义哲学的错误理解中逐步走近马克思的。第二国际的一些理论家以马克思曾提出要"消灭"、"终结"哲学为由,引申出马克思是要从根本上否认哲学的合法性,强调马克思的理论与哲学无缘,认为马克思的理论主要是一种社会理论和经济理论,这些人完全无视马克思所要"消灭"和"终结"的哲学只是以主客体分离为特征的西方近代形而上学哲学世界观;第三国际的一些理论家则抹杀马克思对西方近代形而上学哲学世界观的超越,坚持用西方形而上学哲学观的眼光来看待马克思主义哲学,把马克思主义哲学划归于西方近代哲学,而不是现代哲学的范围,即把马克思主义哲学视为与西方近代哲学没有根本区别的以主客关系问题作为基本问题的哲学。应当说,第二国际和第三国际的这些理论家对马克思主义的这些错误理解至今还在影响着我们。也正是在这些错误理解的遮蔽和误导下,我们无法使自己对马克思主义的把握最大限度地接近于其"本真"。今天在实施"马克思主义理论研究与建设工程"的过程中,认真地探索一下他们为什么和如何花大力气去反对这些错误的理解的,以及如何通过这种反对逐步地向马克思主义的"真精神"靠拢的,不无裨益。当然我们这样说并不意味着完全认可他们对马克思主义的理解,并不意味着认为唯有他们才领会了马克思主义的"真精神"。我们在这里只是想表明,借助他们的理解,会使我们找到一条通向马克思主义的"真精神"的捷径。

三、促使我们更全面地认识马克思主义与现代西方思潮的真实关系

　　中国学术界的一些马克思主义研究者确实长期存在着"唯我独尊"的局面,把现代西方思潮视为自己的对立面而一概排斥,认为马克思主义者面对现代西方思潮只能持批判的态度。而近二十年,企图用现代西方思潮来取代马克思主义的倾向又悄然兴起,一些人冷漠和嘲讽马克思主义已到了无以复加的程度。马克思主义与现代西方思潮之间究竟是一种什么样的关系?马克思主义的研究者究竟应当如何面对现代西方思潮?实施"马克思主义理论研究与建设工程"当然对此必须给出一个令人满意的答案。

因为倘若当今中国的马克思主义研究者连对这一问题也感到束手无策,那怎么能在与现代西方思潮的良性互动中来坚持和发展马克思主义呢?

"西方马克思主义"是一种把马克思主义与现代西方思潮,特别是现代西方哲学流派结合在一起的思潮,"西方马克思主义"的理论家不但"身体力行"地用现代西方哲学的一些哲学流派之"长"补马克思主义之短,或者说从现代西方哲学流派中吸收优秀的东西丰富和发展马克思主义,而且聚精会神和尽心竭力地揭示两者之间的真实关系,从而为他们的这种"取长补短"的行为提供理论依据。他们相信,倘若马克思活到今天,他一定会像老鹰扑向小鸡一样地向这些现代西方哲学流派猛扑过去,去鉴别、消化和吸收它们。既然当年他对德国古典哲学能够这样做,那今天他对现代西方哲学也会如此去做。"西方马克思主义"理论家对马克思主义与以现代西方哲学为核心的现代西方思潮两者真实关系的论述,为我们今天在实施"马克思主义理论研究与建设工程"的过程中,正确地揭示和把握两者之间的关系,提供了有益的启示。

"西方马克思主义"理论家首先揭示出,因为马克思主义和以现代西方哲学为核心的现代西方思潮共同进行了终结和消解近代形而上学世界观和思维方式的斗争,从而两者之间的关系首先是盟友的关系。按照"西方马克思主义"的这一基本判断,我们就不能把两者截然对立起来,持两者之间只能择其一的态度。必须改变马克思主义和现代西方思潮两极对立的思维。在当前既要反对固守封闭的、僵化的马克思主义解释体系,对现代西方思潮采取一概排斥态度的倾向,又要反对轻视马克思主义,弃之如敝屣,对现代西方思潮爱不释手,趋之若鹜的倾向。

"西方马克思主义"理论家其次揭示出,尽管由于阶级基础和理论立场不同,马克思主义与以现代西方哲学为核心的现代西方思潮两者之间存在着原则性的区别,但在理论内容、形态和特征等方面又有着诸多共同之处,从这一意义上说,两者之间的关系又是同质的关系。这就昭示我们:应当努力寻找马克思主义与现代西方思潮的共同点,努力吸收现代西方思潮的独到之处,并把此作为丰富和发展马克思主义的重要思想来源。

"西方马克思主义"理论家最后揭示出,由于马克思主义对近代西方哲学的批判和超越比其他所有的现代西方哲学都更加坚决和彻底,所以它在超越近代西方哲学的同时,也超越了现代西方哲学,马克思主义哲学与以现代西方哲学为核心的现代西方思潮的关系更是超越者和被超越者的关系。不能把马克思主义哲学与现代西方思潮同日而语,在把握两者的关系时,既要看到它们之间的同质性,更要看到两者之间的差异和对立。既然如此,我们应当理直气壮地让马克思主义在中国占据统治地位,理直气壮地把马克思主义奉为指导思想,理直气壮地在马克思主义的旗帜下进行我们的社会主义现代化建设。

四、促使我们更自觉地使马克思主义面对现实

实施"马克思主义理论研究与建设工程"的直接目标是实现马克思主义的当代化与中国化,而要做到这一点,最要紧的就是使马克思主义面对现实,在这过程中实现马克思主义的与时俱进。

人们总把"西方马克思主义"称为"学院式的马克思主义",其实这里所说的"学院式"仅仅是指他们研究问题的方式。从他们所关注的一些理论问题来看,他们并没有回避现实的挑战,相反他们把马克思主义研究的目的直接说成是"认识现实"。在一定意义上说,"西方马克思主义"是在用马克思主义理解和说明现实的过程中形成和发展起来的。在他们深奥难懂的语言中负载着大量关于急剧变化的资本主义世界的信息,跳动着那个特定时代的脉搏。他们实际上用他们特有的语言和方式曲折地反映着他们生活的时代。苏东剧变后,许多"西方马克思主义"理论家痛定思痛,把苏东社会主义的失败归于马克思主义理论远离社会现实。在他们看来,凝固地、静止地、教条地理解马克思主义是苏联模式的马克思主义的一大特征,用这种没有生命力的马克思主义来指导社会主义建设,招致失败是必然的。于是他们更自觉地要求马克思主义贴近现实。联系当代重大现实问题来研究马克思主义理论,在现实生活中寻找马克思主义的生长点,是苏东剧变后西方的马克思主义研究获得重大进展的一个标志。"西方马克思主义"理论家长期以来,特别是在苏东剧变后用与现实更紧密地结合在一起的实际行动,使马克思主义走出低谷,回击对马克思主义的各种挑战,会对正在实施"马克思主义理论研究与建设工程"的中国的马克思主义研究者产生强烈的震撼力。

　　实际上,不仅仅"西方马克思主义"理论家的这种面向现实的精神会震撼我们,而且他们运用马克思主义理论理解和说明现实的许多具体内容也给我们带来诸多启示。当前我们主要面临什么问题? 最主要的问题就是如何面对现代性,如何进行现代化建设。自从快步走上现代化轨道以来,我们一方面享受到了丰硕的现代化成果,另一方面我们又在经受现代化运动中出现的日益加剧的各种负面效应的折磨。实施"马克思主义理论研究与建设工程",运用马克思主义来解决当代中国问题,就要为当代中国人如何面对现代性提供一个正确的答案,这是责无旁贷的事。"西方马克思主义"理论家对现实问题的关注正是聚焦于对现代化运动的分析。他们的现代性批判理论实际上主要回答了人类如何面对现代化的问题。"西方马克思主义"的现代性批判理论的特点在于,它激烈而愤怒地揭露当代社会里现代性的负面效应时,并不全盘否认现代性对当代人的积极意义,并不把现代性的负面效应完全归结于现代性本身逻辑发展的必然结果,并不希望现代人放弃对现代性目标的追求,而是要人们对现代性加以"治疗"。它努力地把物对人的统治追溯到人对人的统治,而不是把人对人的统治掩饰为物对人的统治。它深信,只要换一种社会制度,换一种社会组织方式,换一种价值观念,现代性理念以及作为这一理念具体实施的现代化运动完全有可能避免目前所出现的各种弊端。它强烈要求现代化运动不是与资本主义而是与社会主义结合在一起,提出了实现现代性的资本主义形式与社会主义形式之间的区别,这样它就把对现代性以及现代化运动的负面效应的揭露和批判变成了对社会主义理想追求的必然性的论证。所有这些难道不会给同样正在努力寻找中国人民如何面对现代性的答案的"马克思主义理论研究与建设工程"的实施者们留下深刻的印象并使他们获得有益的启示吗?

五、促使我们用更科学的态度对待马克思主义

　　"马克思主义理论研究与建设工程"的实施,不仅要实质性地推动马克思主义的中国化和当代化,而且还要为如何科学地、正确地对待马克思主义确立原则和树立表率。在这方面,"西方马克思主义"理论家对待马克思主义的态度也有值得借鉴之处。

　　纵观"西方马克思主义"理论家研究马克思主义的全部理论活动,可以看到有一个基本的态度贯穿于始终,这就是把"回归马克思"与"推进马克思"有机地结合在一起。即一方面不断地探索马克思主义的"真精神",努力正确全面地领会马克思主义的立场、观点和方法,使得西方出现了发现、鉴别、出版马克思主义原著的热潮,许多关于马克思主义的国际大会上的主题往往就是涉及对马克思的一些基本精神的领会,而且推出了一批阐述马克思主义基本精神的著作与论文;另一方面努力实现马克思主义的现代化,使马克思主义不断向前发展,许多马克思主义的研究者把"拯救社会主义"的出路定位于实现马克思主义的基本理论与现实的密切结合。可以说,近年召开的每一次马克思主义研讨会,许多涉及马克思主义的书刊,都具有试图在理论与实践的结合上说明现实问题从而进一步向前推进马克思主义的鲜明特色。正是这种把"回归马克思"与"推进马克思"有机地结合在一起的态度,为我们当今中国的马克思主义信奉者和研究者所必需,也是当今的"马克思主义理论研究与建设工程"所要确立的科学地、正确地对待马克思主义的首要原则。单纯性注重"回归马克思"是不够的,离开了"回归马克思"而去"推动马克思"也注定要失败的,可贵的是把两者有机地结合起来。中国正在实施的"马克思主义理论研究与建设工程"如果真正能在这一结合上下足工夫,做出表率,那么我们完全有理由对这一"工程"抱有希望。只要"马克思主义理论研究与建设工程"的组织者和实施者们、马克思主义的研究者们,以及马克思主义的信奉者们,真正对马克思主义持一种科学、正确的态度,马克思主义真理的光芒定将照耀我们在社会主义现代化的道路上不断地走向新的胜利。

把对"西方马克思主义"的
研究引向深入

　　徐崇温先生虽然早已从中国社会科学院退休,但他仍笔耕不辍,继续活跃在我国理论学术界。进入新世纪以后,他推出了反映他研究西方马克思主义最新成果的专著《西方马克思主义理论研究》(海南出版社,2000年12月)。首先,这部著作的书名就引起了我的注意,因为他以前著作的书名凡有西方马克思主义字样的都打上引号(如1982年出版的《"西方马克思主义"》和1993年出版的《"西方马克思主义"论丛》),而唯独这部著作把引号去掉了。这是不是意味着徐先生对"西方马克思主义"的评价有了重大的变化呢?而这种变化将对我国的西方马克思主义研究产生怎样的影响呢?带着这一系列问题,我抓紧时间通读了这部60万字的著作。我发现,徐先生在这部著作中对"西方马克思主义"的研究与以前相比,确实有了很大的不同。这里我就把这些不同点写出来,并就这些不同点发表一些肤浅的看法,如有不当请徐先生本人以及学界其他同仁批评指正。

一、强烈的现实关怀

　　打开《西方马克思主义理论研究》,扑面而来的是徐先生强烈的现实关怀。徐先生在这里已经把"西方马克思主义"研究不仅仅当做一种学术活动,而是把它与建设具有中国特色的社会主义的伟大事业联系在一起。徐先生在以前的著作中也曾不断地强调过研究西方马克思主义的理论意义与现实意义,但如此强烈地把这项研究与我们建设具有中国特色社会主义的伟大事业直接联系在一起,这还是第一次。

我们今天为什么要研究"西方马克思主义"? 徐先生开宗明义就提出了这一问题。"导言"的主题就是阐述"西方马克思主义理论研究的当前意义",而在系统地展示并评析了西方马克思主义思潮的方方面面以后,在全书行将结束之时,他再次回到研究"西方马克思主义"对我们的伟大事业的作用这一基点上。

徐先生这样问自己,也是向所有注重"西方马克思主义"研究的国内学者问道:"中国共产党和中国人民正致力于建设有中国特色社会主义事业,在这个时候,我们以相当大的精力和篇幅去研究产生在西方的'西方马克思主义',对于我们的伟大事业到底能起什么作用呢?"①作为一个学者,一个主要以理论研究为职业的学者,能这样考虑和提出问题,实在是不容易的。在目前的中国学者中,不乏这样的人,他们总希望自己的理论研究同现实拉开距离,躲进"安全区"潜心于自鸣得意的学问。徐先生的境界显然高于这些人。本人作为一个长期从事"西方马克思主义"研究的学者,深深地被徐先生的这种精神和境界所打动,一种强烈的责任感与使命感顷刻被徐先生唤起。我更加清楚地明白,"西方马克思主义"研究不仅仅是一种职业,一种谋生的手段,更是一种使命,一种责任。如果我们的西方马克思主义研究只是满足于一种纯学术的活动,只是把研究的宗旨局限于对"西方马克思主义"文化知识的积累与辨析上,那无论对我们研究者个人来说,还是就整个研究活动而言,都有从我国理论界淡出的危险。

徐先生强调,中国人民当今正面临着不断发展变化着的学习和研究马克思主义基本理论的紧迫任务。他认为,"西方马克思主义理论研究的当前意义,就寓于其对这种紧密联系实际的马克思主义基本理论的学习和研究的意义和作用中"②。他指出,自从十月革命取得胜利而西方国家的革

---

① 徐崇温:《西方马克思主义理论研究》,海南出版社2000年版,第284页。
② 徐崇温:《西方马克思主义理论研究》,海南出版社2000年版,第2页。

命却相继遭到失败的 20 世纪 20 年代以来,西方马克思主义就一直围绕着社会主义、资本主义和马克思主义发展进程中的重大实践、重大事件、重大问题,系统地提出和阐述既不同于社会民主党人,也不同于共产党人的看法和意见。他认为,在这种情况下,"吸收和借鉴西方马克思主义思潮的一切正确的意见和有价值的思想成分,摒弃其错误的观点并同它们划清原则界限,深入研究它所揭示的在理论中遭到忽略,在实践中被扭曲和偏离的问题,从中吸取教训,避免重蹈覆辙,对于我们加深对马克思主义基本理论和世界历史进程的理解和把握,加强马克思主义基本理论的说服力、战斗力和实现马克思主义的理论创新来说,无疑具有很大的促进作用和现实意义"①。应该说,徐先生就研究"西方马克思主义"在当代中国的意义所作的这番分析,是深刻而精辟的。

如果说上述徐先生对研究"西方马克思主义"的现实意义的分析,即从对马克思主义的功能与作用这一角度来阐述研究"西方马克思主义"的当前意义,曾经见之于他以前的著作(尽管论述的深刻性与现在不可比拟),那么,他关于研究"西方马克思主义"可直接培养、锤炼和发展人们的理论思维的论述则完全是他最新的感悟。他指出,我们要在新世纪把建设具有中国特色社会主义的伟大事业全面推向前进,首先就要加强党的思想理论建设,坚持和巩固马克思主义在意识形态领域中的指导地位。而要做到这一点,特别需要发展马克思主义理论思维能力。接着他又指出,由于西方马克思主义"非常广泛而深刻地涉及到当代最激动人心的马克思主义、社会主义、资本主义的发展历程,又从本体论、认识论、辩证法、社会历史理论等各个方面提出和分析问题",所以,"和其他思潮相比","西方马克思主义""可以说是一部锤炼人们理论思维的难得的全面系统的材料"。"对于我们正致力于建设有中国特色社会主义事业的人们来说",西方马克思主义"是一部有着培养、锤炼和发展理论思维能力的重要作用的材料"②。因为徐先生富有说服力地论证了推进建设有中国特色社会主义伟大事业需要强化人们的马克思主义理论思维能力,进而又富有说服力地论证了"西方马克思主义"这一特殊的社会思潮正是培养、锤炼和发展人们的马克思主义理论思维能力的值得可取的

---

① 徐崇温:《西方马克思主义理论研究》,海南出版社 2000 年版,第 2 页。
② 徐崇温:《西方马克思主义理论研究》,海南出版社 2000 年版,第 284～285 页。

材料,从而他就富有说服力地把"西方马克思主义"研究与建设有中国特色社会主义伟大事业联系在一起。

众所周知,"西方马克思主义"尽管语言深奥难懂,但在其深奥难懂的语言中负载着大量关于急剧变化的当代世界的信息,跳动着那个特定时代的脉搏,也倾注着对人类命运的关心。可以说,"西方马克思主义"用特定的语言和方式反映着当代的世界。"西方马克思主义"的这一特点为我们在理论与实践的结合上研究它、消化它、吸收它提供了可能性。但是可能性要变为现实性,必须具备一定的条件,这就是研究者必须具有强烈的现实关怀,要有着推进马克思主义的理论创新,从而从正面、反面和侧面为我们建设具有中国特色社会主义的伟大事业提供启示的意识。我们在徐先生的这部著作中深切地感受到了这种意识的存在。

二、关键在于把握评价标准

研究"西方马克思主义"最重要,也最艰难的是对评价标准的掌握。我们发现,徐先生在这部著作中用以评价"西方马克思主义"的标准与以前相比,有了很大的不同。评价标准的变化,相应地导致了对"西方马克思主义"的评价也发生了某些变化。

徐先生二十多年对"西方马克思主义"的研究大致经历了三个不同的阶段。这三个不同的阶段用以评价"西方马克思主义"的标准也不尽相同。

第一个阶段:20 世纪 70 年代末至 80 年代初,代表作是天津人民出版社 1982 年出版的《"西方马克思主义"》。在这一阶段徐先生用以评价西方马克思主义的主要标准是传统的辩证唯物主义与历史唯物主义的哲学体系,更具体地说就是由斯大林撰写的《苏联共产党(布尔什维克)历史》第四版第四章第二节的那个马克思主义哲学体系。由于"西方马克思主义"的哲学观点基本上是同辩证唯物主义与历史唯物主义的哲学体系相对立的,所以徐先生对西方马克思主义也作全盘否定的评价。他在这部著作的书名"西方马克思主义"上加上引号,其用意就是告诉读者他根本否认"西方马克思主义"是一种马克思主义[①]。人们读了徐先生这一时期的著

[①] 本人在这一著作中凡是提及"西方马克思主义"的地方,基本上都打上了引号。我这样做没有像徐先生那样包含有价值评价的含意,而只是为了突出这是一个专用名词。

作,特别是他的《保卫唯物辩证法》一书,马上就会联想到列宁的《唯物主义与经验批判主义》,因为他的写作方法与列宁很相似,即把"西方马克思主义"的观点与传统的唯物主义观点加以对照,前者不管以什么方式对外部世界的"客观性"存疑,都斥之为反马克思主义的唯心主义。

第二个阶段:20 世纪 80 年代末至 90 年代初,代表作是重庆出版社1989 年出版的《"西方马克思主义"论丛》。在这一阶段徐先生对"西方马克思主义"的评价标准突破了原先的辩证唯物主义与历史唯物主义的哲学体系,而是从新唯物主义出发来评价"西方马克思主义"。徐先生认为马克思主义哲学的本体论既不是物质本体论,也不是实践本体论,而是实践—物质本体论。它有两个基本点:一是马克思在《关于费尔巴哈提纲》中所指出的从主体方面理解现实,把现实理解成人的感性活动、人的实践;二是马克思在《德意志意识形态》等著作中强调"不能否认自然界的优先地位"。这两个基本点结合起来就构成了马克思主义的新唯物主义的基本内容。他用新唯物主义来评判"西方马克思主义",就不再对"西方马克思主义"加以全盘否定,而是对其作了一分为二的评价。他一方面肯定"西方马克思主义"批评苏联哲学模式没有强调实践,没有强调人的能动作用,从而高扬人的主体性,是有积极意义的;另一方面又指出"西方马克思主义"为了强调人的主观能动性而求助于唯心主义哲学,否定马克思主义哲学的唯物主义基础,也是错误的。

第三个阶段:20 世纪 90 年代末至 21 世纪初,代表作就是海南出版社2000 年出版的《西方马克思主义理论研究》。比起第二个阶段,徐先生的评价标准又有了以下两个方面的突破:其一,突破了原先只是从哲学世界观上来评价的做法。"西方马克思主义"主要是一种哲学理论,但也不尽是一种哲学理论,"西方马克思主义"在政治学、社会学、经济学、美学等诸多领域都有建树,特别是其关于社会主义和资本主义的理论,更是独树一帜。徐先生在这里把西方马克思主义作为一种综合性的社会思潮,从而用一种综合性的理论标准加以评判;其二,突破了原先单纯从理论上来评价的做法。徐先生在这里提出对"西方马克思主义"的评价除了理论标准以外,还要有实践标准,即不能仅用理论来评判理论,更要用实践来评判理论。他认为,自 20 世纪 20 年代以来,西方马克思主义思潮一直围绕着社会主义、资本主义和马克思主义发展进程中的重大实践、重大问题、重大事件,系统地阐述其看法和意见,从而用半个多世纪的实践来检验和评判"西方马克思主义"。他强调,"判断的标准,只能是看哪种观点在坚持马克思主义基本理论的基础上,适应了当代社会的新情况新问题"①。徐先生借用邓小平关于如何看待和评价马克思主义的一些论述,来说明评价西方马克思主义也只能看其对现实生活的作用。他说,事情正如邓小平所指出的那样,马克思主义"要求人们根据它的基本原则和基本方法,不断结合变化着的实际,探索解决新问题的答案,从而也发展马克思主义理论本身";与此同时,"真正的马克思列宁主义者必须根据现在的情况,认识、继承和发展马克思列宁主义","不以新的思想观点去继承、发展马克思主义,不是真正的马克思主义者"②。在徐先生看来,作为一种打着马克思主义旗号的思潮的"西方马克思主义",它真正的性质最终取决于其有没有根据不断变化着的实际向前发展马克思主义,有没有在马克思主义基本理论的指导下寻找到解决新问题的答案,有没有以新思想观点去继承、发展马克思主义。由于在评价标准上实现了这两个方面的新的突破,所以徐先生在这部著作中在与"西方马克思主义"中的错误的东西划清界限的同时,更着力做的是借鉴和吸取"西方马克思主义"中一切有价值的思想成分。徐先生的这部著作的书名《西方马克思主义理论研究》中"西方马克思主义"一词不再加上引号,是有其深刻的用意的,反映出他通过对评价标准的突破,对"西方马克思主义"的整个评价也已发生了某些变化。

徐先生在第三阶段对评价西方马克思主义标准的这两个突破,特别是第二个突破,带给人们的启示是:必须跳出纯理论的标准,更必须跳出苏联模式的教科书体系标准来评判西方马克思主义对传统的马克思主义观点的修正和发展。这里我们看到了徐先生对"西方马克思主义"研究的又一个重大贡献,即提出了评价的实践标准的问题。我相信,实践标准的提出,将会大大推进"西方马克思主义"的研究。

---

① 徐崇温:《西方马克思主义理论研究》,海南出版社 2000 年版,第 3 页。
② 《邓小平文选》第 3 卷,人民出版社 1993 年版,第 146 页、第 291~292 页。

三、强化问题意识

徐先生以前对"西方马克思主义"的研究,主要是以流派和代表人物为切入点,而在这部著作中则改为以问题为切入点。

如果我们对"西方马克思主义"的研究旨在给建设具有中国特色的社会主义提供有益的启示,如果我们对"西方马克思主义"的评判标准已突破了原先的纯理论的标准,而是把理论标准与实践标准结合在一起,那么,我们就不能像以前那样以代表人物和流派作为切入点加以研究。我们必须强化问题意识,即以问题为切入点,在这个思潮的基本理论层面上展开研究,抓住"西方马克思主义"者确实有创见,而且又有着重大现实意义的关键问题加以深入的探讨。徐先生在这部著作中从其研究的宗旨出发,以问题为切入点来展开他的全部研究,是顺理成章的。他说,长期以来对"西方马克思主义"的介绍与评述,一直以流派和代表人物为主,这就使"有些同志在不了解西方马克思主义理论全局的情况下,不是从这个思潮的基本理论上,而是从它的一些代表的思想渊源、党派归属、思想动机和主观愿望上去判断这一思潮的性质,并由此引发出一系列的争论"。现在改为以问题为切入点进行研究,"以便于把它同马克思主义基本理论加以对照比较,从而也便于从总体上把握西方马克思主义思潮"。他特别强调:"这样做,对于我们深入学习和研究马克思主义来说,显然是十分必要的。"①

全书六章,除了第一章是介绍"西方马克思主义"理论的基本状况之外,其余五章分别研究了"西方马克思主义"对当代资本主义新特征的考察、对苏联模式社会主义的弊端的批评、对马克思主义新世界观的探讨。徐先生之所以按照这三个方面来展开对"西方马克思主义"的研究,除了这三个方面确实是"西方马克思主义"理论的主题外,应该说还有其深刻的用意。江泽民同志在中央思想政治工作会议上的重要讲话中提出了"四个如何认识"的课题,"西方马克思主义"着力研究的这三个方面的问题正好与江泽民同志提出的"四个如何认识"相对应,从而使我们在深入探讨江泽民同志所提出的"四个如何认识"时,完全可以借鉴西方马克思主义

---

① 徐崇温:《西方马克思主义理论研究》,海南出版社 2000 年版,第 5~6 页。

在研究这三个方面的问题的过程中提供的一些思想资料和社会资料。可见徐先生之所以要从这三个方面来展开对西方马克思主义的研究,一个重要用意就是试图通过这一研究启发人们正确地认识资本主义、社会主义以及马克思主义本身的发展进程。

纵观全书,第一章的第四节"西方马克思主义理论在马克思主义发展进程中的作用"显然是整部著作的纲,因为作者在这里清楚地概括了西方马克思主义对人们正确地认识资本主义、社会主义和马克思主义的历史进程所提供的启示。可以把这一节同以后各章连贯起来阅读。

徐先生从以下六个角度研究了西方马克思主义的当代资本主义理论:"异化问题"、"合理性批判"、"科学技术与意识形态"、"阶级问题"、"国家问题"、"危机问题"。可以说,这六个问题概括了"西方马克思主义"关于当代资本主义的全部理论。人们通过徐先生在这里对这六个问题所作的评述,可以清晰地看到西方马克思主义所描绘的当代资本主义的完整图景。徐先生在评述"西方马克思主义"的资本主义理论时提出了一系列值得引起人们注意的新论断,例如,"西方马克思主义"不仅密切注意着当代资本主义的新变化,而且还严厉地批评苏联模式的教条主义抛弃了对资本主义矛盾的分析①;对于绝大多数"西方马克思主义"者来说,他们对于当代资本主义新特征的考察,主要围绕着他们长期思考的一个核心问题——西方国家的无产阶级为什么没有起来发动社会主义革命——而展开的②;"西方马克思主义"的一些代表人物之所以在考察资本主义的新特征过程中引出错误的结论,并不是一件偶然的事情,而是反映了资本主义矛盾发展的必然规律③;"西方马克思主义"者在考究当代资本主义社会过程中积累和提供的思想资料,有助于马克思主义者正确地分析和把握资本主义为缓和矛盾所采取调节措施的具体形态和运行机制④。

徐先生对"西方马克思主义"的社会主义理论的考察则集中在以下七个问题上:"对苏联模式的批评";"社会主义要由科学到乌托邦论";"强调

---

① 徐崇温:《西方马克思主义理论研究》,海南出版社 2000 年版,第 120 页。
② 徐崇温:《西方马克思主义理论研究》,海南出版社 2000 年版,第 121 页。
③ 徐崇温:《西方马克思主义理论研究》,海南出版社 2000 年版,第 123 ~ 124 页。
④ 徐崇温:《西方马克思主义理论研究》,海南出版社 2000 年版,第 125 页。

社会主义的生物学基础,认为意识革命、主观革命、本能革命是社会革命的
前提";"日常生活批判应当成为社会变革的中心";"争取社会主义的新战
略";"社会主义革命的新主体";"未来的社会主义设想"。这七个方面把
"西方马克思主义"的社会主义理论都包含进去了,而且把"西方马克思主
义"原先分散、零碎的有关社会主义的论述联成了一个整体。徐先生在分
析西方马克思主义的社会主义理论时也提出了许多独到的见解。例如,他
在考察"西方马克思主义"对苏联模式的社会主义的批评时说道:"怎样看
待'西方马克思主义'对苏联模式的批判? 应该说,这是一个远远超出了
单纯地如何看待西方马克思主义的批判的范围,而是涉及到如何总结20
世纪世界社会主义运动的经验教训的问题。"①他强调,站在这样的高度来
分析研究"西方马克思主义"对苏联模式的批评,便不难发现,它的一系列
批评,"都是正确的或者包含有正确的方面的,并且是带有预见性的"②。
他特别提到了"西方马克思主义"对苏联模式忽视日常生活的批判。他指
出:"西方马克思主义者在批评苏联模式的弊端时,所提及的日常生活批
判,重建社会主义同个人解放的同一性的观点,在马克思主义的发展过程
中,在使社会主义向更健康的方向发展过程中,是有积极意义的。"③

　　徐先生从三个方面研究了"西方马克思主义"的马克思主义观,即"西
方马克思主义的本体论和认识论理论"、"西方马克思主义的辩证法理论"
和"西方马克思主义的社会历史理论",而每一方面又分为有着内在联系
的若干组成部分。这部分内容尽管徐先生已在以前作过许多的评述,但由
于他在这里增强了问题意识,所以读起来还是感到颇有新意,给人以诸多
启发。他认为,"西方马克思主义"的马克思主义理论无论是错误的还是
正确的都有积极意义。具体的他是这样说的:马克思主义的有些观点是
"对马克思主义作了同苏联模式方向相反的歪曲,在性质上是不能肯定的,
但在作用上却可以帮助我们在各种思潮的撞击中准确而全面地把握马克
思的哲学世界观,并结合我们时代的实践把它推向前进","西方马克思主
义还在批评苏联模式的马克思主义的过程中,提出和重申了在马克思主义

---

① 徐崇温:《西方马克思主义理论研究》,海南出版社 2000 年版,第 344~345 页。
② 徐崇温:《西方马克思主义理论研究》,海南出版社 2000 年版,第 345 页。
③ 徐崇温:《西方马克思主义理论研究》,海南出版社 2000 年版,第 120 页。

发展过程中遭到忽略或偏离的问题,认真研究和分析这些观点的材料,可以帮助我们防止和克服对马克思主义的曲解和偏离,使马克思主义得到更加健康的发展"①。像这样对"西方马克思主义"的理论作出肯定,在徐先生以前的著作中从未见过。徐先生始终围绕着这样一个问题展开他对"西方马克思主义"的马克思主义观的评述:"西方马克思主义"究竟是怎样提出或重申在马克思主义发展过程中曾经遭到忽略或者偏离的问题的? 他认为,在"西方马克思主义"所提出和重申的诸多在马克思主义发展过程中遭到忽略或者偏离的问题中,最重要的是这样一个问题:要"从主体方面去理解""对象、现实、感性"。

理论研究最重要的是要形成问题意识,对"西方马克思主义"的研究也不例外。问题意识使种种斑驳陆离、风流云散的因素能够成为"一"——具有多样性、复杂性的"一"。徐先生以问题作为切入点的对"西方马克思主义"的研究,使我们从整体上加深了对"西方马克思主义"的理解。

四、把事实判断与价值判断结合起来

把事实判断与价值判断更加有机地结合起来,强化在事实判断基础上的价值判断,这是徐先生的这部著作给人留下的另一个深刻印象。

徐先生以前的著作很注重对"西方马克思主义"的事实判断,注重揭示"西方马克思主义"与传统的马克思主义的不同点。正是凭着这一点,他在"徐杜论战",即徐先生与中共中央编译局研究员杜章智先生两人围绕着"西方马克思主义"所展开的争论中,一直占据着上风。

徐先生是我国"西方马克思主义"研究的开创者,在国内他最早把大量的有关"西方马克思主义"的素材从西方介绍进来。他以前的著作以对"西方马克思主义"的述介为主。他在述介中特别注意搞清楚"西方马克思主义"与传统马克思主义的区别点。他在述介的基础上也根据自己的评判标准进行分析研究,但这种分析研究往往点到为止,并不加以深入展开。这就是说,徐先生以前对"西方马克思主义"的研究,尽管在价值判断方面

---

① 徐崇温:《西方马克思主义理论研究》,海南出版社 2000 年版,第 111 页。

有待深入,但在事实判断方面是无懈可击的。他所揭示的"西方马克思主义"与传统的马克思主义的区别之处是实实在在地存在的。人们完全可以按照自己的评判标准对徐先生所作的评价提出不同的意见,但无法抹杀他所揭示出的"西方马克思主义"与传统的马克思主义的相异点,即人们可以对徐先生的价值判断提出异议,但无法推倒徐先生的事实判断。

杜先生等从"不能把西方马克思主义推入反马克思主义阵营去"这一美好而朴素的主观愿望出发,竭力论证"西方马克思主义"与传统的马克思主义的一致性。对"西方马克思主义"的评价核心是对青年卢卡奇和葛兰西的评价。杜先生等不遗余力地说明卢卡奇在《历史与阶级意识》中的观点与列宁的观点没有根本的区别,葛兰西的哲学思想与列宁主义哲学基本一致。他们一口咬定:作为曾经是第三国际的重要理论家的卢卡奇和第三国际杰出的无产阶级革命家的葛兰西竟会反列宁主义,这是完全不可想象的。试问,如果卢卡奇、葛兰西当年只是重复了列宁的理论,而没有提出超越列宁主义的创见,那他们怎么会产生如此广泛的影响?怎么会有后来人们心目中的卢卡奇和葛兰西?人们之所以如此地重视卢卡奇的《历史与阶级意识》和葛兰西的《狱中笔记》,无非在于这两部著作阐述了与传统的马克思主义不尽相同的理论。也就是说,人们感兴趣的是这两部著作与传统的马克思主义的"异",而不是"同"。杜先生等如果真的想驳倒徐先生对卢卡奇、葛兰西的评价,为其"正名",唯一的途径是正视他们的理论与传统的马克思主义的相异之处,然后富有说服力地向人们证明这些相异之处是对传统的马克思主义的重大发展。但是他们没有这样做。他们不是正视这种"异",进而对这种"异"作出肯定,而是抹杀这种"异"的存在,因而他们对"西方马克思主义"的高度评价,对徐先生的驳斥是显得那么的软弱无力。

正因为徐先生坚持在事实判断的基础上再作价值判断,注重揭示"西方马克思主义"与传统的马克思主义的区别,从而他在"徐杜论战"中占了上风。但是对"西方马克思主义"的研究关键是在事实判断基础上的价值判断,即关键是要在"研究"两字上下工夫。杜章智先生等之所以一而再、再而三地对徐先生对"西方马克思主义"的评价质疑,很重要的一个因素是徐先生的价值判断太简单化了,无法以充分的道理来说服人。在研究的初期,把注意力放在弄清楚"西方马克思主义"与传统的马克思主义区别究竟何在是应该的。在历经二十多年的研究以后,如果我们仍停留在这里,不深入地对"西方马克思主义"与传统的马克思主义的区别之点作出分析,那我们的研究只是低水平的重复,当然也就无法最终说服像杜先生这样的人。

徐先生本人可能也意识到了这一点,所以他在这部著作中努力对"西方马克思主义"与传统的马克思主义的区别点作出详尽的评判。他把这部著作的书名定为《西方马克思主义理论研究》,就是为了告诉人们这不是一部介绍性的著作,而是一部研究性的著作。我们在这里不仅发现徐先生用以评价"西方马克思主义"与传统的马克思主义的区别的标准有了重大变化,更注意到徐先生已经把重心转移到分析研究上。

一旦把重心转移到分析研究上,整部著作就显得既有厚度又有深度。无论是对整个"西方马克思主义"理论的研究,还是对其具体代表人物的研究,都达到了新的深度。例如对争议最多的葛兰西的实践哲学,徐先生抓住对马克思的《关于费尔巴哈的提纲》的第一条内容的不同理解,富有说服力地向人们表明葛兰西的实践哲学是对普列汉诺夫对这一条内容的歪曲解释的反拨,但是拨过了头。他对葛兰西实践哲学所作的这一结论性的评价的确是刻骨铭心的:"我们研究葛兰西的实践哲学,其目的首先是为了从马克思的哲学思想的高度,去总结马克思以后马克思主义哲学的发展演变及其规律。而从这样的高度来观察,葛兰西的实践哲学无疑是这一链条中的重要的一环。正是在这个环节上,第二国际的,还有普列汉诺夫、布哈林的机械唯物主义遭到了猛烈的抨击,马克思《关于费尔巴哈的提纲》所突出的实践概念,得到了重申和强调,这一切无疑都是葛兰西的实践哲学不可磨灭的功绩。但是,在另一方面,又正是在这一环节上,马克思的哲学思想又被偏离到机械唯物主义——唯实践主义去了,这无疑正是葛兰西实践哲学的缺陷所在。"①徐先生对葛兰西的实践哲学所作的这一番评判,既纠正了杜先生等通过抹杀葛兰西的实践哲学与列宁主义哲学的区别来拔高葛兰西的倾向,又突破了自己原有的因葛兰西的实践哲学与列宁主义

_____

① 徐崇温:《西方马克思主义理论研究》,海南出版社 2000 年版,第 467 页。

哲学有别就对葛兰西加以全盘否定的做法,他对葛兰西的实践哲学作出了实事求是的有分寸的肯定。显然如果徐先生不把注意力转移到研究上边,而是仍停留在作一般性的述介上,是不可能作出如此富有说服力的有深度的分析来的。

　　以上我从四个方面概括了徐先生在这部著作中对"西方马克思主义"的研究与以前的不同点。这些不同点表明了中国"西方马克思主义"研究已经取得了新的进展。无论是研究的宗旨、研究的方法,还是研究的结论,都更为正确和科学了。我相信,在徐先生等老一辈学者的带领下,在我们这些后生晚辈的共同努力下,我国的"西方马克思主义"研究定将结出更丰硕的成果。

评中国学界对苏东剧变后国外马克思主义的跟踪研究

可能无论是马克思主义的拥护者、同情者,还是马克思主义的反对者、诋毁者,都未曾想到,在苏东剧变后,自 90 年代中期起,在国外,特别在西方法、英、德、美等主要资本主义国家,掀起了一股研究和宣传马克思主义的热潮。事实已很清楚地展现在人们面前:马克思主义并没有像一些西方政要和右翼学者所宣称、所希望的那样"行将销声匿迹",而是在全世界范围内"顽强地活了下来",并且"活得很好"。这一事实雄辩地证明,邓小平在苏东的社会主义旗帜纷纷倒下之时所做的"马克思主义是打不倒的"、"世界上赞成马克思主义的人会多起来的"论断是完全正确的。

面对国外,特别是西方世界掀起的这股研究和宣传马克思主义的新热潮,我们国内有一批从事马克思主义理论和现代西方哲学研究的学者,也敏锐地感觉到了其非同寻常的意义,并怀着一种历史使命感和政治责任感,立即加以跟踪探讨。

一、基本情况

始于 20 世纪 90 年代中期的中国学者对苏东剧变后的国外马克思主

义的跟踪研究有声有色,热闹非凡,所开展的主要活动有:

其一,召开研讨会。1996年10月14日至15日,来自全国各地的几十名学者,于中国人民大学,借"中国当代国外马克思主义研究会"成立之机,围绕着苏东剧变后的国外马克思主义研究动态,当代国外马克思主义研究的形势、问题和任务,以及我们如何开展国外马克思主义的研究等,进行了坦诚而有深度的讨论。1998年6月26日,首都六十多位专家学者在北京大学再次聚会,集中探讨苏东剧变后的国外马克思主义发展态势。与会者回顾和评价了中国的国外马克思主义研究学者近年的研究进展,一致认为:我们对国外马克思主义的研究不能仅仅停留于一般信息的介绍,不能仅仅满足于笼统的批判,而应采取分析和研究的态度。1999年8月17日至22日,"世纪之交的国外马克思主义研究"理论研讨会在云南省大理和迪庆召开。在出席这次会议的全国各地的三十多名学者中,既有长期专门从事当代国外马克思主义研究的专家,也有全国著名的现代西方哲学的研究者。会议就如何评价苏东剧变后的国外马克思主义流派、怎样研究和认识当代国外马克思主义、后现代和全球化条件下的马克思主义的命运将如何,以及马克思主义的理论工作者应负怎样的责任等问题,展开了讨论。会议的一个重要成果是提出了要把对当代国外马克思主义的研究与对当代西方哲学的研究结合起来,要沟通国外马克思主义和国内马克思主义的关系。

其二,出席国际马克思主义大会。自1995年起,国际马克思主义大会一个接一个地召开,其中有的会议盛况空前,开得十分成功。例如:1995年9月27日至9月30日,在法国巴黎召开了"国际马克思大会",与会者上千人,均是来自世界各地的马克思主义的研究者和同情者;1996年4月12日至14日,在美国纽约召开"社会主义学者研讨会",有一千五百多人到会。与会者大部分是美国的社会主义运动中的左派,此外还有来自世界各地的数十位研究马克思主义和社会主义的著名学者;1996年6月22日至23日,"民主和社会主义学者国际协会"在莫斯科召开了第五届国际学术年会,来自美国、法国、英国、日本等二十一个国家的三十九名外国学者及五十余名俄罗斯学者与会;1996年7月12日至19日,来自英国各地以及西欧、北美、亚洲十多个国家的六千多名代表云集伦敦,举行了为期一周的"1996 年马克思主义大会";1998 年 5 月 13 日至 16 日,在巴黎召开"纪念《共产党宣言》发表 150 周年国际大会",六十多个国家和地区的一千五百多人参加了这次会议;1998 年 9 月 30 日至 10 月 3 日,第二届"国际马克思大会"在法国巴黎召开,来自三十多个国家的近五百名学者参加了会议。上述的会议均有我们中国的学者参加。与会的中国学者不但向大会递交了论文,而且积极参与讨论。回国后,他们根据自己的真情实感写下的一篇篇"国际马克思主义大会"会议纪要,引起了人们的广泛注意。心系马克思主义的命运和前途的中国人民通过这些纪要受到了深刻而有益的启示。

其三,出国考察国外马克思主义研究状况。为了了解苏东剧变后的国外马克思主义、社会主义理论研究状况,近年不断有中国学者到国外去作专门的考察。以中国社会科学院副院长刘吉为首的学者代表团一行五人,于 1995 年 10 月 24 日至 11 月 11 日,访问了法国和德国。代表团此行的目的有二:一是了解欧洲的马克思主义、社会主义理论研究现状;二是与欧洲相关的科研组织机构、编辑出版机构以及一些著名的学者建立联系。代表团在法国访问的城市是巴黎;在德国访问的城市有特利尔、法兰克福、波恩、乌培特、柏林和布莱梅。先后在两国接触了十几个相关机构,会见了四十多位学者(其中包括左派思想家、社会民主党人、独立学者等)。刘吉等人的这次考察虽然时间较短,但由于接触面很广,议论的话题亦很多,所以他们所写下的考察报告基本上反映了目前欧洲马克思主义、社会主义理论研究的实情。他们与法国和德国的著名学者的交谈和讨论集中在苏东剧变的原因及其对两国的影响、对当代资本主义的看法、对马克思主义和社会主义的看法等四个问题上。通过他们的考察报告我们可以知道:苏联东欧的社会主义国家瓦解后,世界社会主义运动处于低潮,但西欧思想理论界对马克思主义和社会主义的研究热情并没有冷却,整个研究状况不是在下降,而是在上升。比起以刘吉为首的中国社会科学院的学者代表团对欧洲的考察,中国人民大学当代国外马克思主义研究课题组的考察,不但走访的地域广泛得多,而且历时也更长。他们考察的重点有两个:一是以马克思主义作为指导思想的西方和广大第三世界的共产党、工人党(朝鲜、越南、古巴的党不包括在内)的状况;二是国外,特别是西方对马克思主义的研究现状及其走向。他们的结论是：大多数共产党人顶住了苏东剧变的冲击，在低谷中奋斗不息；马克思主义仍然吸引着尊重事实、追求进步、探究真理的人们。他们的考察报告最有价值之处是给我们传递来这样的振奋人心的信息：一些西方人，特别是西方的一些马克思主义的研究者，在总结苏联社会主义教训，在对未来社会主义前途的展望，以及对当代资本主义的批判中，发现马克思主义仍然是最有力的工具。

其四，引进有关苏东剧变后国外马克思主义研究的图书资料。苏东剧变后，国外，特别在西方世界，随着马克思主义研究的不断升温，有关研究马克思主义的著作、论文触目皆是，一些关于马克思主义的专刊杂志也有增无减。对当代国外马克思主义进行跟踪研究的首要工作就是把这些书籍、论文、杂志引进来。我国对理论工作在这方面也倾注了大量的心血。这里值得一提的是中共中央编译局的图书馆。他们在上级有关部门的支持下，用了大量的外汇引进涉及苏东剧变后的国外马克思主义的图书资料。在此你不仅能及时地找到最新的国外马克思主义研究的专著，而且几乎国外的所有的有关马克思主义研究的杂志也随手可阅，甚至连在国外也较难觅的一些马克思主义研究的论文集也可看到。这里，实际上已成了中国研究当代国外马克思主义的信息中心、资料中心。这为我们的国外马克思主义研究提供了很好的条件。十分可惜，这些图书资料的利用率还不高。但也有像复旦大学当代国外马克思主义哲学研究室（现已扩建为复旦大学当代国外马克思主义研究中心）这样的单位，舍得投入资金，专门开支派人到中共中央编译局的图书馆去复印这些图书资料。

其五，翻译出版有关苏东剧变后的国外马克思主义研究的名著和论文。从80年代初开始，中国的一些学者，致力于对国外马克思主义研究的名著的翻译工作，所译出的这些书籍对中国的思想理论建设产生了众所公认的积极作用。但由于各种各样的原因，在90年代初，这项工作基本上陷于停顿。后随着90年代中期国外马克思主义研究高潮的掀起，这项工作又开始运转。实际上，只有把这些著作和论文及时地翻译成中文出版，才能使它们在我们中国获得大量的读者，从而产生广泛的影响，也使我们对当代国外马克思主义的研究具有深厚的群众基础。尽管从数量上来说，近几年翻译出版的有关这方面的书籍还比较少，但所产生的影响则不可小视。这里特列举三本:一是中央编译出版社出版的《未来的社会主义》;二是中央编译出版社出版的《全球化时代的"马克思主义"》;三是中国人民大学出版社出版的德里达的《马克思的幽灵》。前两本是论文集,收集了苏东剧变后国外学者对马克思主义、社会主义研究的若干有代表性的文章。人们通过这两本论文集可大致了解苏东剧变后国外马克思主义、社会主义研究者的基本观点。应该着重指出的是1999年才出版了中文本的德里达的这本书。这本书曾在西方世界引起了轰动。有些评论者预言:它也定能震撼我们中国人的心。原因很简单:该书出于一个作为非马克思主义者的思想大师之手,他在不少人面前宣称"马克思主义已经死亡",在一些原来号称是马克思主义的信奉者也纷纷远离马克思主义之时,却走近马克思,为马克思辩护。遗憾的是,这本书的中文本译文不尽如人意,影响了它的感染力。应当马上组织人重译。

其六,对苏东剧变后的国外马克思主义进行研究。上述诸多活动在一定意义上说,都是为研究服务的。通过各种方式了解苏东剧变后的国外马克思主义的最新态势,根本目的是为了消化它、研究它,并再在此基础上从正面、侧面、反面吸收一切有益的东西。我们对国外马克思主义的研究原来有着很好的基础。对国外马克思主义的最新发展,即苏东剧变后的国外马克思主义的研究则处于起步阶段。但尽管如此,已有不少成果问世。一篇篇信而有征、有血有肉的分析文章,不时见之于报刊杂志。目前经常刊登这方面文章的主要杂志有:《马克思主义研究》、《马克思主义与现实》、《教学与研究》、《复旦学报》、《当代世界与社会主义》、《当代世界社会主义问题》等。这些论文从单篇看,可能只是揭示了苏东剧变后国外马克思主义发展态势的一个侧面,但把它们分门别类地串在一起,则构成了基本上能反映全貌的一个较完整的体系。正是基于这一考虑,中国人民大学出版社将这些论文经过筛选以《苏东剧变后的国外马克思主义趋向》为名结集出版。除了论文外,还有个别的专著问世,如曾枝盛的《20世纪末国外马克思主义纲要》。重要的是,目前国内已形成了一支具有较高理论素养的跟踪研究苏东剧变后的国外马克思主义的队伍。他们分布于中共中央编译局当代马克思主义研究所、中国社会科学院马克思主义研究所和哲学所、中国人民大学马克思主义学院和哲学系、复旦大学当代国外马克思主义研究中心和哲学系等单位。

二、具体内容

那么,具体地说,中国学术界主要是从哪些方面入手对苏东剧变后的国外马克思主义进行跟踪研究的呢?

其一,探讨新特点。显然,自90年代中期起国外所掀起的这股研究马克思主义的热潮,具有特定的历史背景。在这种特定的历史背景下所进行的马克思主义研究,与苏东剧变之前相比,具有许多新的特征。我国学术界对苏东剧变后的国外马克思主义进行跟踪研究,是从探讨这些新的特征入手的。无论是出席国际马克思主义大会的中国学者所写的会议纪要,还是赴国外实地考察苏东剧变后马克思主义研究状况的中国学者所撰的考察报告,第一个内容就是阐述苏东剧变后的国外马克思主义研究有何新特点。我把这些新特点归纳为以下四个转换:1. 以政党为依托的研究转换为知识分子的独立研究。苏东剧变前,国外的马克思主义研究,主要是以政党、特别是共产党为依托的研究,研究者基本上都具有一定的政治背景;而苏东剧变后,这种现象顷刻改变,西方的马克思主义研究变成了知识分子的独立研究,马克思主义学者不再以政治家或党的理论家的身份参与马克思主义的研究。2. 经院式的研究转换为密切联系实际的研究。如果说在苏东剧变前,在国外,特别在西方世界经常可见到一些"经院的马克思主义者",他们远离现实生活,只注重对马克思主义进行考据式的研究,那么,在苏东剧变后,已很少见到此类马克思主义的研究者了。马克思主义研究越来越面向当代世界,贴近生活。3. 单学科的孤立研究转换为跨学科的整体研究。目前的国外马克思主义研究,一改过去分门别类的单学科研究,打破了学科界限,强调在马克思主义有机整体中研究马克思主义的各个组成部分。4. 争吵不休的论战式的研究转换为求同存异共同探讨式的研究。往日的国外马克思主义研究,往往分庭抗礼、明争暗斗、抵瑕蹈隙,如今这种现象很少见甚至不见了,而代之以同条共贯、推己及人、相辅而行的局面。

其二,分析新动向。中国学术界对苏东剧变后的国外马克思主义的跟踪研究,可以说首要是对其新动向的分析。目前所看到的有关当代国外马克思主义的文章,大多是分析其新动向的。徐崇温先生认为,目前国外马克思主义研究中下述这些新动向应引起我们高度重视:1.社会主义问题被提到首位。从美国每月评论出版社出版的《从左派的观点看社会主义》,到英国新左派评论社出版的《倒塌之后——共产主义的失败和社会主义的未来》,再到最早问世于德国的《未来的社会主义》,都反映出当前的国外马克思主义研究者抓住苏东社会主义纷纷垮台这一历史现实,把社会主义作为主要话题。2.对马克思主义进行重新思考。针对苏东剧变后所出现的对马克思主义认识上的种种混乱,目前国外的马克思主义研究者正集中于对马克思主义的反思,他们论证马克思主义的现实性,探讨马克思主义的真精神,总结马克思主义发展道路上的教训。3.马克思主义在某些范围内引起人们更大的兴趣。这突出地表现在俄国、法国、美国、英国举行的马克思主义和社会主义的大型会议上。当然,所谓马克思主义在某些范围内引起人们更大的兴趣,在目前,还主要是指一种学术现象,而不是指政治乃至政党现象来说的。曾枝盛则从另一角度分析了苏东剧变后国外、特别是西方世界马克思主义研究的新趋向:1.后结构主义的马克思主义独领风骚;2.关于"死""活"马克思主义的说法盛行;3."马克思主义危机论"的讨论再度热门;4.马克思主义在回归。由我主编的《苏东剧变后的国外马克思主义趋向》一书,则从以下六个方面分析了马克思主义最新发展态势:马克思主义研究——不断升温;社会主义理论——面临重大突破;左翼力量——走向联合与复兴;各国共产党——在逆境中奋斗;各种马克思主义学派——日趋活跃。

其三,剖析新流派。苏东剧变后,原有的一些马克思主义研究派别有的逐渐消失,有的则经过短暂的沉默之后又获得了新的发展,甚至还涌现出了一些新的派别。我国学术界密切注意这些流派的新发展,并对其中较有影响力和潜力的流派作出评介,把此作为对苏东剧变后马克思主义进行跟踪研究的一个重要方面。目前在西方的各种马克思主义派别中,数法国的"马克思主义批判学派"最引人注目。它的代表人物是一批目前最活跃的马克思主义学者。这一派别以运用马克思的批判性的方法来研究马克思主义本身和社会现实问题著称。曾枝盛先生分析了该派别政治上的激进性、学术上的现实性和国际性等特点,并指出:从总体上来看,"马克思主

义批评学派"的理论观点大多是比较严肃的,尤其是对马克思主义现实性
的许多问题所作的研究和评论,为我们进行马克思主义研究提供了不少新
材料,许多观点也给我们以有益的启示。"分析的马克思主义"兴起于70
年代末和80年代初的英国,当今已成为英语国家乃至欧洲大陆都颇具影
响的马克思主义派别。孔圣根先生等探讨了这一流派从英美走向欧洲国
家,进而成为在整个西方世界产生重大影响的过程与原因,并指出:在国际
共产主义运动处于低潮、一些共产党组织和马克思主义学者纷纷改弦易帜
的情况下,这一派别的代表人物仍然从事马克思主义的研究,而且很活跃,
著作迭出,这不能不引人注目,这也是其他众多学派不能比拟的。"生态马
克思主义"在70年代由北美形成后影响迅速扩大,苏东剧变后在德国和西
欧出现了类似的"生态社会主义",现在已风靡欧洲。孟利生等先生全面
评述了"生态马克思主义"、"生态社会主义"的性质,特点及其在当今世界
社会政治、经济发展中的地位和作用,高度肯定了其以人为尺度、以人为中
心的新价值观。现在人们对"市场社会主义"究竟产生于何时说法不一,
但有一点则是肯定无疑的,也就是这一派别真正产生重大影响,其理论真
正得以深化是在苏东剧变之后。张宇先生等全面阐述了"市场社会主义"
的形成过程,特别是分析了"市场社会主义"理论在苏东剧变后大大向前
推进的原因,以及其最新形态的特征和当今的形形色色的分支。"女权主
义的马克思主义"是"女权主义"的一个分支,又常常被称做"社会主义的
女权主义"。当代的"女权主义的马克思主义"者更侧重于在保持马克思
主义的激进态度和历史方法的同时,结合自己的经验,努力冲破传统马克
思主义的束缚,确立自己的理论框架。邵继红女士等将"女权主义的马克
思主义"与当代"女权主义"的一些其他派别,如"自由主义女权主义"、"激
进女权主义",特别是作为当代"女权主义"主流的"后现代女权主义"作了
详细比较,并指出,它与其他"女权主义"派别的主要不同之处在于:强调
消除妇女压迫必须以推翻整个资本主义制度为前提,以一种新的视角把女
权主义的关怀和传统马克思主义的社会主义目标结合起来。

其四,寻觅新主题。历来的国外马克思主义研究,总是围绕着社会主
义、当代资本主义以及马克思主义理论本身这三大课题展开。苏东剧变后
的国外马克思主义研究基本上没有超出这一范围。但是,就每一课题范

围,目前的国外马克思主义研究者已将研究领域大大拓宽了,出现了一系列新的研究主题。研究领域的扩大,新主题的出现,直接反映出对马克思主义研究的深化。正是基于这种认识,目前我国学术界在对苏东剧变后国外马克思主义的跟踪研究的过程中,特别注意寻觅新的研究主题。在社会主义这一研究领域内,徐崇温先生认为下述一系列问题是目前国外的马克思主义研究者新提出而为我们必须加以重视和研究的:为什么在20世纪,社会主义革命只是发生在马克思所没有预期的经济文化比较落后的国家,而在马克思所预期的发达资本主义国家却没有发生? 人们常常说,社会主义优于资本主义,但为什么在现实生活中,社会主义国家在经济上却不如发达资本主义国家? 为什么在20世纪上半叶,在与资本主义较量中节节取胜的社会主义苏联,到了20世纪下半叶,却会渐渐地败下阵来? 资本主义搞市场经济,实践证明社会主义也非搞市场经济不可,那么,到底应当怎样把握社会主义和资本主义之间的原则界限? 为什么在东欧剧变中纷纷落选的社会党人(前共产党人),近年又相继东山再起? 随着自动化特别是计算机化的出现,社会主义的动因已从物质生活的贫困转到精神上的苦闷,在这种情况下能不能继续把工人阶级视为社会主义的主体? 生产资料的私有制是不平等的根源,但并不是任何公有制都是正面的,那能否把公有制作为社会主义的本质? 张世鹏先生在《全球化时代的资本主义》一书的“前言”中提出,目前国外左派对当代资本主义的研究,主要集中在全球化、后福特主义、劳动社会危机、社会福利危机等主题上。而其中全球化实际上已成为当代国外左派学者研究资本主义的第一主题。全球化涉及当代资本主义发展的基本特点和总体趋势,涉及对于资本主义未来发展前景的观测,是我们研究当代世界无法回避的至关重要的课题。而我则认为,当代国外马克思主义研究者对马克思主义本身的研究主要围绕着下述主题展开:苏东的剧变究竟给马克思主义带来了什么影响? 马克思主义究竟是一种什么样的思想体系? 它的主要特征是什么? 以前人们对它的认识有何偏差? 将马克思主义置于新的形势背景下加以衡量,哪些东西已失去时效、哪些东西仍散发着真理的光辉? 马克思主义在当今世界还有没有现实性?

其五,深挖新观点。苏东剧变后的国外马克思主义研究者,在对社会主义、当代资本主义和马克思主义理论本身的研究过程中,提出了许多具有创新意义的观点。这些新观点往往隐含在他们行文的背后。把这些新观点挖掘出来,再在此基础上切磋琢磨,分出优劣得失,是目前我国学术界对苏东剧变后的国外马克思主义进行跟踪研究的一项最主要的工作。这里仅以俞可平先生对目前国外马克思主义研究者的社会主义理论的跟踪研究为例加以说明。他把注意力始终集中于对新观点的挖掘上。于是,他终于通过抽薪止沸而达到了大处着墨,把如下四个新观点清清楚楚地展现在世人面前:1.从历史的角度看,追求平等和效率一直是社会主义者心目中的两大基本价值。在90年代的国外学者看来,平等和效率仍然是社会主义的两大基本价值,但是鉴于当代西方发达国家重效率、基于平等的现实体制,越来越多的社会主义学者把强调的重点放在平等而不是效率上。这些强调平等的学者看来,效率固然是重要的,也是社会主义的基本价值,但平等似乎是社会主义核心的和最主要的价值,社会主义植根于平等主义。2.公有制与私有制是区分社会主义与资本主义的主要标志。对此90年代的国外社会主义学者并无多大异议。他们得出的基本结论是:只有社会主义才能消除私人占有者的统治,实行公有制。社会的公共所有制正是社会主义的根本特征所在。然而,在社会主义所有制的形式、成分、性质等问题上,他们中的大多数人不再简单地把社会主义的公有制称之为生产资料的国有制和集体所有制,而称之为"社会所有制"。按照有些人的解释,所谓"社会所有制"也就是"混合所有制",即重要的生产资料为社会公有,公有的形式不是单一的国有制,而包括国有、集体所有、合作所有等多种形式。3.根据传统的观点,与社会主义公有制相一致的经济体制是计划经济。90年代的国外社会主义学者对这种指令性的计划经济体制予以彻底否定,认为这种体制在实践中曾给社会主义国家带来深重灾难,甚至认为它应当对前苏联、东欧的共产党政权的垮台负主要责任。反对指令性计划经济的逻辑结果便是倡导市场经济,将市场机制引入社会主义经济体制可以说是90年代以来国外社会主义学者的最强的呼声。4.社会主义与民主不可分离,社会主义在本质上是民主的,没有民主就没有社会主义,民主政治是社会主义政治体制的根本基础,这是90年代大多数国外社会主义学者所向往的社会主义民主政治制度的主要内容。他们强调,社会主义应当实行人民自治制度,社会自治是民主政治的现实机制。社会主义应当推行多元主义政治,没有多元政治就没有民主和自由。社会主义应当建立经济民主制度,确保经济生活民主化。

三、主要成果

中国一些专家学者对苏东剧变后国外马克思主义的跟踪研究,其产生的影响远远超出了学术界本身。他们的跟踪研究,他们所写下的有关专著、论文,对我们的思想理论建设具有很大的积极作用。下面列举若干已经产生了和正在产生着的正面效应。

其一,为增强马克思主义信念带来推动力。苏东剧变后,面临马克思主义遭受重大挫折的事实,增强对马克思主义的信念,加深对马克思主义现实意义的认识,实际上在我们国内也已变得十分迫切。在这种情况下,把国外马克思主义研究的情况介绍进来,特别是把国外这些马克思主义研究者为什么在别人远离马克思之时自己却要走近马克思的种种理由介绍进来,显然是很有必要的。我们的当代国外马克思主义跟踪研究者,在这方面做的工作十分及时也非常有益。在这方面我也做了一定的工作,如我的四篇文章:1.《苏东剧变后国际马克思主义大会的启示》。通过介绍和分析国际马克思主义大会首先昭示:只要这个世界上还存在着资本主义制度,还存在着剥削和压迫,不管出现多大的反复和曲折,马克思主义的理想不会消逝,马克思主义的旗帜不会倒下。2.《西方学者对马克思主义的新反思》。着重剖析了苏东剧变后的国外马克思主义研究者在特定的历史背景下,对马克思主义在当今世界究竟还有没有现实性的阐述。文中说道:国外这些马克思主义研究者对马克思主义保持着崇高的信念,而这种信念又是建立在对马克思主义的生命力和现实性的认知上。他们用现代资本主义社会内在矛盾仍存来论证马克思主义的现实性,理由是充分的。他们把马克思主义的现实意义揭示出来,活生生地摆在世人面前,相信一切正直的人都会有所触动的,就是那些对马克思主义怀有偏见者,也会在高叫马克思主义已过时、死亡时,心里感到发怵。3.《马克思主义在今天还有没有意义——从亚当·沙夫的回答说开去》。沙夫早年因宣传"人道主义的马克思主义"观点而受到批判,苏东剧变后,当年批判他的那些"正统的马克思主义者"告别了马克思,而他一再宣布"我是一个马克思主义者",并论述了他仍然相信马克思主义的理由。我把沙夫所论述的这些理由如实地作出介绍,当然是用心良苦的。4.《为马克思辩护——读雅克·德里达的〈马克思的幽灵〉》。我把德里达论证马克思主义现实意义的主要词句摘录下来,一段一段地加以评述,并指出:像德里达这样身份的人能讲出"没有马克思就没有未来"、"地球上所有的人,不管他们愿意与否都是马克思遗产的继承人"如此目光如炬的至理名言,我们还有什么理由对马克思主义表示怀疑呢?

其二,为正确地总结苏东剧变的教训提供借鉴。苏东剧变在我们中国引起的震动,实际上一点儿不亚于在世界其他地区。如何从由共产党执政的苏东社会主义国家的垮台中吸取教训,是摆在中国人面前的一项重大课题。实际上,苏东剧变以来,我们一些真正富有责任感的理论工作者一直在思考这一涉及马克思主义和社会主义前途和命运的问题。正当我们从事这项工作时,国外的马克思主义研究者在这方面也作出了许多富有见地的思索。我们的一些对苏东剧变后国外马克思主义进行跟踪研究的专家学者,及时地把国外马克思主义研究者的思索传递了进来,通过他们的桥梁作用,把国外与国内在这一问题上的思考结合在一起。只要仔细观察一下目前国内涉及这一问题的有关文章,不难发现:它们中不乏借鉴了国外马克思主义研究者的文章。例如,在认识苏东社会主义的垮台对社会主义产生什么影响时,常见这样一种提法:苏联模式社会主义的失败不等于整个社会主义事业的失败,反而因为这种"变了味的社会主义"的消失,而使真正的社会主义放下了包袱而轻装前进了,因此社会主义的追随者"没有理由披上丧衣"。显然,这种提法直接引自于国外的马克思主义研究者。早在苏东剧变后不久,就有陆俊先生等国内学者把哈贝马斯对苏东剧变的原因的一些思考介绍到国内。哈贝马斯称苏东剧变是一种"矫正的革命",他反对把此次剧变,即把"官僚社会主义"的崩溃理解成西方精神在东方的胜利,认为"剧变是朝向一种更合理的社会革命的过渡",他告诫左派"没有理由披上丧衣"。哈贝马斯的这些说法后来在国内不胫而走,成为人们论述这一问题时的一种借鉴。国外一些具体论述苏东剧变的原因的观点在国内也广为流传。王正泉先生把独联体各国共产党,特别是俄罗斯共产党对苏东剧变反思的观点引入国内。他认为,俄罗斯共产党主要从两个方面来分析苏联演变的原因:一是党内斗争和领导人的叛卖,二是过去的苏共领导人犯有严重错误。为了证实这一看法,他特地引了久加诺夫这样一段话:"对苏联瓦解起到决定性作用的是主观因素,即当时的领导人软弱无力,胆小如鼠,最后发展到公开的叛卖。""造成社会主义失败的还有一些客观原因。它未能在提高劳动生产率、提高普通劳动者生活水平、发挥劳动者创造积极性等最重要方面发挥出自己的优势。最后一个原因是,我们卷入了精疲力尽的军备竞赛。"应该说,久加诺夫的这一看法对我们正确地分析苏东剧变的原因,从而正确地从中吸取教训是有启示作用的。

其三,为革新社会主义理论开拓思路。苏东的剧变使人们确立了这样一个基本认识:传统社会主义理论已无法胜任自己昔日确定的历史角色,原有的社会主义理论的革新势在必然。正当国内学者在总结中国特色的社会主义实践的过程中,不断地丰富和发展传统的社会主义理论之时,国外的一些马克思主义、社会主义研究者,以苏东社会主义制度崩溃为契机,对社会主义进行了彻底的反思。或者说,对社会主义的历史、现实和未来进行重新认识。在这种重新认识的过程中,出现了各种各样的关于社会主义的新观点、新学说。这些新观点、新学说是重要的思想资料,可为我们革新社会主义理论打开思路。借助于我国的那些跟踪研究者的辛勤劳动,使这种可能性变成了现实性。目前国内在所有涉及跟踪研究当代国外马克思主义的著作与论文中,有关国外正展开的社会主义大讨论的占了很大一部分。而正是这些著作和论文开阔了国内学者的思路,可以说,社会主义理论近年在中国取得了众所公认的丰富和发展,这一方面源于我们的建设中国特色的社会主义的实践,另一方面则得益于吸收和消化国外在社会主义的大讨论中形成的新观点、新学说。在这些新观点、新学说中,关于"市场社会主义"的新观点、新学说最引人注目,在我们国内影响也最大。张宇先生提出,尽管"市场社会主义"的提法早已出现,但其一系列新内容产生于苏东剧变后。他把这些新内容归纳如下:市场机制应当在社会主义经济中获得更多的生存空间,而使市场发挥更大作用的关键又在于产权制度;产权制度是一种工具而不是目标,公有制不是社会主义制度的本质,社会主义的目标是在自我实现和福利、政治影响与社会地位方面获得更多的平等机会;必须寻求一种既不同于资本主义私有制又不同于传统公有制的产权制度,使市场机制的效率与社会主义的平等结合起来。张宇先生所说的国外"市场社会主义"理论的新内容,确实为我们探讨如何实现公有制与市场经济的兼容性,即在肯定市场机制作用的同时如何去寻求实现社会主义目标的制度安排,打开了思路。

其四,为重新认识当代资本主义扩充视野。随着苏东的剧变,怎样认识当代资本主义的问题被推到了理论研究的前沿。我们国内有这样一些人,他们热衷于把西方政要和右翼思想家所宣扬的"当代资本主义是人民资本主义"、"当代资本主义的自由民主制度是人类历史发展的终极状态"等观点引入国内,要我们把当代资本主义作为人间天堂来追随。与此同时,我们国内的另一些人,即一些对苏东剧变后国外马克思主义进行跟踪研究的学者,他们把当代国外的马克思主义研究者对当代资本主义进行批判的观点引荐到国内,目的是借助于国外马克思主义研究者对当代资本主义的批判,让人们在学习当代资本主义的一切先进的东西的同时,不要忘记其本来面目。两种不同的出发点、不同的引进方法,当然带来两种不同的结果。这里且举一例。认识当代资本主义,离不开对全球化的研究,因为当代资本主义是同全球化发展趋势联系在一起的。但同样是介绍西方的全球化理论,一些人注重的是把那些宣扬"全球化意味着当代资本主义的全球化"的观点引进来,而对苏东剧变后国外马克思主义进行跟踪研究的一些学者,则注重引进的是这样一种观点:经济全球化趋势把资本主义的文明成果扩展到全球范围的同时,也不可避免地把资本主义的固有矛盾扩展到全球,在全世界范围内重现资本主义的各种矛盾和痼疾。在不可能有"世界政府"加以干预的情况下,资本主义市场经济的盲目性和自发性不可避免地引发了全球性的金融风险和危机。纵观这两种不同的引进,究竟哪一种具有积极意义,不言自明。苏东剧变后西方左翼学者更注重于对当代资本主义的批判,而且不断地为这种批判增添新的内容。把他们的新批判有选择地介绍进来,确实为我们重新认识这一社会扩大了视野。我特别向国人推荐苏东剧变后的国外马克思主义研究者,运用马克思的人的全面发展理论来对照、批判当代资本主义的做法。他指出,苏东剧变后,国外的马克思主义研究者越来越认识到马克思的人的全面发展理论的现实意义,他们不但运用这一理论来重新界定社会主义的本质,不但将它作为社会发展目标来赢得人民的支持,而且用它来评判当代资本主义,提醒人们对所处境遇的认识。他们真切地看到:生活在当代资本主义社会中的人们,在表面的物质生活充裕的背后,掩盖着人的本性的扭曲以及与此相伴的精神上的痛苦和不安。由于他们把当代资本主义社会中存在的生态危机、消费主义、道德沦丧等种种弊端都提高到与人的全面发展相对立的高度来认识,所以确实触及到了当代资本主义的要害。在听惯了对当代资本主义的赞美之词以后,了解一下这种对当代资本主义的不同的声音,是很有好处的。

其五,为实现马克思主义的当代化传递启示。苏东剧变后,对马克思主义当代化的要求越来越强烈与迫切。人们普遍形成了这样的共识:马克思主义仍然是我们时代的一面旗帜,但必须把马克思主义的基本原理同时代实践相结合,在探索和解决时代实践的新问题的过程中用新的思想、新的观点、新的方法继承和发展马克思主义,使之不落后于时代而保持勃勃生机,始终具有时代气息而保持青春活力。目前国外的许多马克思主义研究者不但有这样的认识,而且有实际行动。在一定意义上说,他们的所有研究活动都是围绕着实现马克思主义的当代化这一中心展开的。他们一方面从各个角度论证马克思主义的现实意义,告诉人们只要这个世界上还存在着资本主义制度,马克思主义的理想不会消逝;另一方面则强调马克思主义不是完美无缺的,应当不断地加以修正和发展,千方百计地使马克思主义面向现实。他们为做好实现马克思主义当代化这篇大文章积累了不少思想资料和启示。中国学术界一些专家跟踪研究苏东剧变后的国外马克思主义,一个重要的积极作用就是在过滤与消化的基础上传递这些思想资料和启示,这些思想资料和启示已在我们推进马克思主义的当代化的过程中起着重要的借鉴作用。周穗明、李其庆、段忠桥、郝立新、曾枝盛、靳辉明等各自写下的关于国际马克思主义大会的纪要,都把这些大会如何致力于实现马克思主义的当代化作为首要内容加以传递。参加1998年巴黎纪念《共产党宣言》发表150周年国际会议的靳辉明先生说,关心和回答当今世界面临的社会问题和全球化问题,思考和探讨世界社会主义的前景,并以此实现马克思主义的当代化,正是这次会议的宗旨。他介绍了这次会议如何通过对下述问题的探讨推进马克思主义的当代化:关于当代资本主义和资本主义世界化;关于资本主义阶级关系的变化和革命;关于民主和社会主义的内在联系;关于改革和市场社会主义;关于科技革命、生态环境和可持续发展。参加 1996 年伦敦国际马克思主义大会的郝立新先生指出,这次会议给人印象最深刻的就是马克思主义必将随着实践的发展而发展。他着重介绍了会议在探讨阶级和阶级斗争问题以及社会主义问题的过程中如何使马克思主义充分展现其活力与魅力。周穗明、李其庆在关于1995 年巴黎国际马克思主义大会的纪要中,阐述了大会对五大热点问题的讨论,即:关于社会主义与市场;关于正义与伦理;关于"世界体系"理论;关于生态学问题;关于阶级关系与知识分子。他们认为,借助于对这些问题的讨论,马克思主义取得了新的成果和进展。后来的事实表明,他们所传递的关于国际马克思主义大会推进马克思主义当代化的信息,引起了国内广泛的注意,特别是关注马克思主义当代化的人的注意。

四、前景展望

下面展望一下中国学术界对苏东剧变后的国外马克思主义进行跟踪研究的前景。

首先,我们可以断言:中国学术界对苏东剧变后的国外马克思主义的**跟踪研究还将继续下去**。这一断言是有充分理由的。理由是:

其一,党中央对这项工作十分重视。在苏东剧变后不久,江泽民同志就高屋建瓴地提出对国外马克思主义、社会主义的发展要进行跟踪研究。为此,中央还专门成立了跟踪小组。可以说,中国学术界一些专家之所以如此迅速、热情地从事这项工作,除了出于本身的一种责任感和使命感外,主要受领导层重视的驱动。值得指出的是,对这项工作的重视者,不仅仅有上层的领导,而且还有一些基层单位的领导。复旦大学的"跟踪研究"之所以搞得颇具声势,主要得益于学校领导的高度重视。由党委常委和正副校长参加的"中心组学习",专门聘请从事这方面研究的哲学系的教授作专题报告,并且还就开展"跟踪研究"的意义以及在复旦如何开展这项工作进行了深入的讨论。校长会议作出决定,将原来哲学系的"当代国外马克思主义哲学研究室"扩建成全校性的"当代国外马克思主义研究中心"。在该中心的成立大会上,秦绍德曾就研究当代国外马克思主义的意义作了深刻的阐述。

其二,事实越来越清楚地表明:对苏东剧变后的国外马克思主义进行跟踪研究意义非常重大。这是我们坚持和发展马克思主义及科学社会主义理论、探索具有中国特色的社会主义道路,以及中国的马克思主义和社会主义学科的发展的"客观要求"。既然是"客观要求",那就不是可做可不做,而是必须做。江泽民同志之所以提出"要进行跟踪研究",上上下下的许多其他领导之所以也如此重视,根本的正在于对其意义的深刻认识。我们是在一种特殊的历史条件下进行这项工作的,特殊的历史条件需要我们加强与国外马克思主义研究者的对话和交流。自70年代末、80年代初以来,中国学术界日益强化对当代国外马克思主义,特别是"西方马克思主义"的研究。研究的深入是与对研究的意义的认识的深入同步的。一些研究者已在其有关著作和论文中充分地表达了了解和考察当今世界上各种各样的马克思主义流派,了解和考察他人对马克思主义的研究成果的意义。苏东剧变前,对国外马克思主义研究的意义就已很明显;苏东剧变后,这项研究的重要性更不在话下。尽管对于苏东剧变后的国外马克思主义的跟踪研究还处于起步阶段,但已取得了很大的成绩,产生了明显的积极作用。从上面,特别是第三部分的论述,完全可以看出这一点。正因为如此,它为国内越来越多的人所认可。

其三,当代国外马克思主义研究的前途取决于整个马克思主义研究的前途,而马克思主义研究的前途又最终取决于马克思主义本身的前途。这就是说,对苏东剧变后的国外马克思主义的跟踪研究要站住,整个马克思主义研究必须站住,而马克思主义研究要站住,马克思主义本身必须站住。如果说在苏东的社会主义旗帜刚倒下之时,面临西方政要和右翼理论家"马克思主义已经破产"的叫嚣,对马克思主义前途存疑者确实大有人在,但如今这类人已日趋减少。马克思主义在中国必然能站住,人们对此越来越坚信不疑,马克思主义在整个世界上也能站住,人们对此也抱有信心。马克思主义在当今仍然吸引着尊重事实、追求进步、探究真理的人们。在我们中国是如此,在整个世界也是如此。马克思主义的前景是光明的,决

定了包括对当代国外马克思主义研究在内的整个马克思主义研究的前景
也是光明的。

其次,我们还可断言:对苏东剧变后的国外马克思主义的跟踪研究不
但能继续保持目前的势头,而且能**向广度和深度两个方面加以扩展**,从而
推进这种势头。

所谓向广度的扩展指的是**开拓研究的地域和领域**。目前国内学术界
对苏东剧变后的国外马克思主义的跟踪研究,从地域上讲具有一定的局限
性,名义上是全方位的,实际上主要集中于西方资本主义国家。其他地区
相对来说注意不够。今后必然首先加强对原苏联和其他东欧地区的研究。
这些地区的国家,原来都是社会主义国家。这些社会主义国家垮台以后,
一些马克思主义研究者并没有放弃对马克思主义的信念,结合本国的实践
对马克思主义和社会主义进行了理论探索,提出了一些新的认识。在某种
意义上讲,对他们所作的这些新探索的跟踪研究,其重要性和迫切性要甚
于对西方国家的马克思主义研究者所作探索的跟踪研究。现在各方面的
迹象表明,学术界的跟踪研究者已认识到了这一点,从而重新调整了力量,
强化了对原苏东地区的跟踪研究,可望在不久的将来,推出有关研究成果。
今后还会加强对亚洲、非洲、拉丁美洲地区的研究。这些地区国家的马克
思主义研究也在升温,无论是这些地区共产党执政的社会主义国家,还是
这些地区的发达资本主义国家和发展中国家。强调进行"全景式"研究,
当然不能忽视这一重要的区域。

在开拓研究地域的同时,研究领域也会得以进一步扩充。尽管目前国
外对马克思主义的研究出现了全方位、整体化的趋势,但目前国内对国外
马克思主义的跟踪研究还未跟上这一步伐。这主要表现为目前对国外马克
思主义的跟踪研究的领域还相对窄小,主要集中于哲学领域。所探究的
一些马克思主义派别也主要是哲学方面的派别。而进行跟踪研究的学者
相应地也主要是一些哲学工作者。这是一个重大缺陷。事实上,苏东剧变
后国外对马克思主义的研究,除了在哲学方面有建树外,在其他领域,特别
在经济学方面的新观点、新思想也层出不穷。加强对当前国外马克思主义
经济理论等方面的研究势在必行。

所谓向深度的扩展指的是改变目前这种以介绍为主的状况,**变为介绍**

与研究并重,甚至变为以研究为主。在起步阶段,在对苏东剧变后的国外马克思主义发展态势还不甚了了的情况下,花较多的精力把国外马克思主义研究的新特点、新趋势、新主题、新流派、新观点介绍进来,是完全必要的。但绝不能满足于此。"跟踪研究"的关键在于"研究"两字。现在已经到了在了解基本情况的基础上,进行深入研究的时候了。

那么具体地说,如何深入地研究呢?

从 1999 年 8 月在云南大理和迪庆召开的"世纪之交的马克思主义研究"理论研讨会的基本精神,以及从国内的这方面的研究者近时在一些报刊杂志上所表述的一些观点来看,这种深入研究将主要借助于以下四个方面的结合。

其一,把对当代国外马克思主义的研究同对当代中国的马克思主义的研究结合起来。马克思主义的生命力在于当代化,马克思主义研究的生命力也在于当代化。进行马克思主义的研究,应集中于对当代马克思主义的研究。对当代马克思主义的研究,既包括对当代国外马克思主义的研究,又包括对当代中国马克思主义的研究。这是不可分割的两个方面。但目前,这两个方面未能有机地结合在一起,既影响了对当代中国马克思主义即邓小平理论的研究的深化,又造成了对当代国外马克思主义研究的肤浅。沟通对这两个方面的研究已成当务之急。

其二,把对当代国外马克思主义的研究同对当代国外哲学特别是同当代西方哲学的研究结合起来。研究当代国外马克思主义,一定要研究当代西方哲学。因为当代国外马克思主义是在当代西方哲学的环境中发展起来的。"西方马克思主义"甚至就属于当代西方哲学范畴。不了解当代西方哲学,就不可能真正了解当代国外马克思主义。在同当代国外马克思主义进行对话的同时,也要同当代西方哲学对话。目前国内从事对苏东剧变后国外马克思主义进行跟踪研究的学者,其中有的本来就是研究当代西方哲学的,这为两者的结合创造了很好的条件。

其三,把对苏东剧变后的国外马克思主义的研究同对苏东剧变前的国外马克思主义的研究结合起来。苏东剧变后的国外马克思主义是苏东剧变前的国外马克思主义的延伸。目前西方的许多马克思主义派别,是在20 世纪七八十年代一些马克思主义派别的基础上发展起来的。因此,完全撇开苏东剧变之前的国外马克思主义,把对苏东剧变后的国外马克思主义孤立起来研究,势必影响研究的质量。苏东剧变前中国学术界对国外马克思主义的研究有着很好的基础,应充分利用这一基础。像目前国内一些学者那样,看不到形势的变化,仍然把注意力集中于七八十年代这些实际上已趋消亡的流派、相对陈旧的观点上,固然不可取,但割裂苏东剧变前后的联系,置苏东剧变前国外马克思主义于不顾,纯粹另起炉灶,也值得商榷。

其四,把对当代国外马克思主义的研究同对当代社会特别是当代西方社会的研究结合起来。如前所述,苏东剧变后国外马克思主义特别是西方马克思主义的研究有一个重要特征就是一方面从事对内涵性的阐述,即从经典原著出发作出分析,对马克思主义的内涵进行多角度的探讨;另一方面从事外源性的探究,即从当代社会实践出发,回答现实社会的问题。可以说,苏东剧变后的国外马克思主义完全扎根于苏东剧变后已起了翻天覆地变化的现实社会中,这就决定了离开了对现实社会的观察与分析,就不可能真正理解当代国外马克思主义。

倘若真正做到了这四个方面的结合,那中国学术界对苏东剧变后国外马克思主义的跟踪研究,马上能得以深入,上一个新的台阶。种种迹象表明,有关跟踪研究者正在向这一方向努力。这是值得庆贺的。

苏东剧变后西方四大思想家
走近马克思的启示

　　苏东剧变后,正值马克思主义陷于低潮,连原先一些号称是马克思主义者的人也纷纷离开马克思主义之际,当代西方最负盛名的四大思想家,即德里达、詹姆逊、哈贝马斯、吉登斯,却不约而同地走近马克思,这件事本身足以令那些庆祝马克思主义失败的人目瞪口呆、惊恐万分。与此同时,也给所有心系马克思主义前途和命运的人带来无限的鼓舞和丰富的启示。作为公认的大思想家,他们对马克思主义的高度肯定本身就是马克思主义生命力的有力证明。人们从他们走近马克思的思想轨迹中看到了马克思主义在人类思想史上的地位,感受到了马克思的思想在人类历史上的沉重分量。总之,这一事实本身就值得我们大书特书,把文章做足。

　　这里我们想着重谈谈他们在走近马克思的过程中一些具体见解带给我们的关于一个至关重要问题的感想。

　　我们想说的是马克思主义的命运问题。苏东剧变以后,西方有一些人迫不及待地跳出来,狂妄地叫嚣"马克思主义终结了"、"社会主义终结了"。事实证明,他们高兴得太早了。不错,苏东剧变确实是社会主义事业的巨大挫折,但资本主义并没有带给原苏联东欧国家预期的繁荣,反而使危机更加深重;原来资本主义世界因为反对社会主义而被掩盖的许多矛盾,也逐渐暴露出来,并日益显出其依靠自身力量无法治愈的症状。于是,马克思主义又在上述国家活跃起来。人们逐渐意识到,不能没有马克思主义。没有马克思主义对资本主义的批判,资本主义远不会是今天这个样子。没有马克思主义,就不会有今天的世界,更不会有光明的未来。

马克思主义是灯塔,照亮我们前进的方向。但我们也清醒地意识到,马克思主义的发展不是一帆风顺的,它经历了曲折的历程。众所周知,马克思主义创立于19世纪40年代,通过第一国际和第二国际得到广泛的传播,又通过俄国十月革命实现制度化,二战后社会主义力量不断壮大,终于形成强大的社会主义阵营。20世纪80年代末90年代初,苏联东欧发生剧变,社会主义阵营遭到极大削弱,马克思主义再次处于转折关头。

如何看待苏东剧变后马克思主义的命运? 苏东剧变无疑是20世纪末的一件大事。不管是在资本主义国家,还是在社会主义国家,苏东剧变都激起了各种势力的不同反响。在资本主义世界,有的人欢呼马克思主义终结了。有的人却针锋相对,指出这不过是马克思主义某一派别的终结,由于这一派别本来就是变了味的马克思主义,所以它的终结并不意味着马克思主义的消亡;恰恰相反,随着这一派别的终结,它长期以来对马克思主义解释权的垄断也终结了,这恰恰标志着马克思主义的新生。在原苏联和东欧国家,一些投机分子如鱼得水,原来从马克思主义执政党的地位获得好处,现在摇身一变,面不改色地公然站到马克思主义对立面;与此同时,另一些原来被视为异端的马克思主义者,因为对马克思主义的理解不同于官方的教条曾经受尽磨难,现在却一往情深地高举马克思主义大旗,继续研究和发展马克思主义;多数群众则处于不知所从的状态,手足无措。于是,马克思主义和非马克思主义势力竞相展开了对群众的争夺。

苏东剧变对现存的社会主义国家也产生了巨大的影响。它犹如晴天霹雳,震醒了一些人的迷梦,动摇了另一些人的信念,又使投机分子惴惴不安。应当说,苏东剧变是坏事,又是好事。说它是坏事,是因为社会主义的势力遭到极大的削弱,马克思主义者的压力空前沉重。特别是它使那些把僵化模式的社会主义和马克思主义同社会主义和马克思主义本身等同起来的人陷入迷惘之中,甚至丧失了对社会主义和马克思主义的信心,这无疑是坏事。说它是好事,是因为它迫使那些仍然沉浸于对僵化模式的幻想中的马克思主义者们清醒过来,从此面对现实,摆脱思想束缚,从而"返本开新",从僵化状态回到活生生的马克思,又根据现实发展马克思的理论,推动社会主义事业不断向前发展。坏事可以转化为好事。由于所有社会主义国家都是在苏联的影响和支持下建立起来的,所以苏东剧变提供了一个契机,迫使现存的社会主义国家对自身进行反思。这为社会主义国家的进一步发展提供了可能性。

中国共产党在民主革命时期就已提出把马列主义普遍原理与中国实际相结合。建国以后,走上了探索有中国特色的社会主义建设道路,但由于这样或那样的原因,这种探索一度走入误区。十一届三中全会以后,对有中国特色的社会主义道路的探索才重新走上正轨。二十多年以来改革开放的实践充分证明马克思主义在我国的生命力。十五大确立了邓小平理论的指导地位,并把它定位为"当代中国的马克思主义"。应当说,这种定位是十分准确的。邓小平理论与僵化的、教条式的马克思主义有着明确的分界。但由于种种原因,我国对后者的反思一直不够彻底。苏东剧变的教训再一次表明,该是对原有的一些僵化的认识进行彻底变革的时候了。彻底地反思有助于有中国特色的社会主义理论进一步完善和发展。江泽民同志相继提出的"三个代表"和"四个如何认识",就是邓小平理论进一步完善和发展的生长点。

"三个代表"和"四个如何认识"是针对我党和我国人民提出的,这些问题主要应由我们自己去解决。然而,这决不意味着可以完全排斥外人的看法。相反,由于每个人都有无法摆脱的成见,只有借助"他者"的视角,才能比较客观地反观自身的优劣。古人说得好,以人为镜,可以知得失。借助国外学者的眼光,我们可以更好地认识自身。而在国外学者中,马克思主义者和马克思主义研究者的认识尤其值得重视。如果说马克思主义的反对者由于自身的立场,其观点常常带有大量的阶级和意识形态偏见,那么,相比之下,马克思主义者和马克思主义的研究者就要公正得多,他们的偏见一般是由认识水平的局限导致的。因此,应当把对国外马克思主义者和国外马克思主义研究者的研究作为重要的课题。此外,这种研究的重要性还在于,它可以鼓舞我们的士气。国外马克思主义者和马克思主义研究者对马克思主义的高度评价,可以帮助普通群众增强对社会主义的信心。其中,一些思想大家的看法需要专门予以关注。他们以其思想的深邃和锐利给我们以深刻的启迪。

这四大思想家的情况各有不同:有的本人并不是马克思主义者,曾经站在马克思主义对立面对马克思的思想进行批判,但苏东剧变后出于学术良心,对那些别有用心的对马克思主义进行攻击的人予以坚决的反击;有的原来就以马克思主义者自居,苏东剧变后更坚定了社会主义必胜的信念;有的一直坚持对马克思主义进行研究,在苏东剧变后不仅坚持原来给予马克思主义的高度评价,而且把马克思的观点纳入自己的思想体系;有的曾持有较为正统的马克思主义观点,以后逐渐远离这种立场,苏东剧变后回到经过修正的马克思主义轨道上来。他们的观点,不仅有许多我们无法同意的内容,就是他们自己相互之间的观点也是大相径庭。但他们从不同的方面共同走近马克思,这一事实给我们的启迪是深刻的,鼓舞是巨大的。以下我们主要从三个方面总结一下苏东剧变后四大思想家走近马克思给我们的启示:一是关于马克思主义在当今世界究竟还有没有意义;二是关于马克思主义的基本特征是什么;三是关于如何对待马克思主义。

一、马克思主义的当代意义

讲到马克思主义的当代意义,需要突出的是"当代"二字。当代即当今时代。所以这里涉及一个马克思主义的时代性问题。马克思主义在历史上起了极大的作用,这是谁也无法否认的。关键是马克思主义在当今时代还有没有意义。

这取决于当今时代究竟还是不是马克思的时代,以及马克思所指出的问题当今时代是不是已经解决。应当说,与马克思在世的时候相比,当今时代的确已经有了许多重大变化。有许多变化是马克思所未曾料到的。因而,想在马克思的理论中寻找解决现实问题的现成答案,肯定是行不通的。但是,发达国家仍处于资本主义统治之下,这一状况并无根本改变。因此,马克思主义并没有过时。马克思对发达资本主义的分析和批判仍有其现实意义,马克思关于未来社会的科学预见仍有其价值。在马克思所未曾料到的社会变化中,有许多变化本身是对马克思主义作出反应的结果。

由于马克思所谈的问题的深度与广度,不管人们对马克思主义抱有何种态度,都必须对马克思的问题作出反应。可以肯定地说,如果没有马克思,就没有今天的世界。

西方四大思想家从不同角度,用不同语言表述了马克思主义的当代意义。在这里,我们从三个方面对他们的思想进行总结。

1. 马克思主义已成为文化遗产 必然对当今人类产生影响

德里达把马克思留给我们的观念体系称为"马克思的遗产",把当今时代的人们称为自觉的或不自觉的马克思的继承人。在他看来,无论是否承认,我们都生活在马克思的影子中。今天的人们,即使是从未读过马克思著作或不知道马克思名字的人,甚至那些反共产主义或反马克思主义者,不论他们承认与否,都自觉或不自觉地是马克思的继承人。按照这样的观点,我们马克思主义者是马克思遗产的自觉继承人。

之所以所有人都是马克思主义的继承人,是因为马克思主义是过去一个半世纪塑造世界的主要力量。苏东剧变后马克思主义在普通人中虽不再时髦,但马克思主义给这个世界留下的深深的印迹却无法清除。所谓"生活在马克思的影子中"正是在这一意义上说的。

从形成时期开始,马克思主义就对这个世界产生了巨大的影响。通过工人阶级的斗争,马克思主义不断改变着世界的面貌。1917年俄国十月革命的胜利使帝国主义惊恐万状,1929年开始的经济危机更使他们心惊胆战。资本主义由于在第一次世界大战中的杀戮和1929年至1933年间大萧条的苦难而丧失信誉,苏联经济的迅速发展和人民群众生活水平的稳步提高则使社会主义在世界上产生着广泛的影响。在内外交迫的情况下,西方资本主义和帝国主义被迫对本国的无产阶级和外国殖民地作出大幅度的让步,从而改善了人民群众的悲惨处境,为被压迫民族的解放斗争开辟了新的可能性。在以后的反法西斯战争中,苏联对于击败纳粹主义作出决定性贡献,这有助于促进西方帝国主义的改良主义和被压迫民族的非殖民地化。社会主义声称消灭了失业,并设置了广泛的教育和保健纲领,这刺激了西方政府的社会福利政策。即使在苏东剧变以后,西方国家也不得不承认,"共产主义自吹自擂的乌托邦在东方悲剧性地失败了,但它却在西方设置了目标"。因此,马克思主义在使资本主义"文明化"方面,作出了巨大的贡献。

在社会主义国家,马克思主义对生产力的发展和人民生活水平的提高所起的作用更加巨大。无论是苏联、东欧,还是中国和其他社会主义国家,在相当长的时期内其生产力的发展和人民生活水平的提高都曾引起世人瞩目。然而,所有社会主义国家无一例外都是在落后的基础上建成的,这必然导致种种问题。马克思主义本来是在先进国家产生的,它所针对的也主要是先进国家的状况。这就要求各国的马克思主义者在进行本国的社会主义革命和建设的过程中,必须把马克思主义与本国实践相结合。由于主客观等方面的原因,这种结合有的成功,有的不成功;有的一个阶段成功,另一个阶段不成功;有的从一个角度、按照一个标准看是成功,换一个角度、按照另一个标准看是不成功,从总体上看,则难以估价。苏东剧变表明,苏联和东欧地区在与资本主义的竞争中无疑是失败了;中国和另外一些社会主义国家却在改革开放以后迈入了快车道,进入了社会主义发展的新时期。然而,有一点是肯定的,苏东剧变标志着这些国家改革的失败,而中国经济和社会的快速发展则标志着改革开放政策的成功。因此可以说,马克思主义的命运是与社会主义国家的改革密切联系在一起的。

德里达说当今时代所有的人都是马克思的继承人,是从事实方面说的。与德里达相应,詹姆逊从观念方面,把当今时代的人们分为有意识的与无意识的马克思主义者。他指出,并非一定要有意识地在思想上信仰马克思主义方能获得马克思主义的世界观。人与动物的一个重要区别,在于动物是通过遗传继承前代的生存能力的,而人则需要一个社会化的过程。人是被抚养和教育大的。人类社会的每一个阶段都有一套意识形态体系。这套体系在人的社会化过程中随着教育和抚养一同被接受下来,成为观察和思考问题的前提和背景。由于前提和背景处于潜伏状态,人们不一定都能自觉地意识到自己的意识形态,但他们的活动却处处受到意识形态的制约。马克思主义对于世界的影响,不仅表现在它在事实上改变了世界,而且表现在它在观念上改变了世界。它已成为意识形态的组成部分。现在人们再也不可能像从来就没有马克思那样思考了。由于马克思理论的广泛性和深刻性,人们不得不在每一个方面对马克思的观点作出回应。正如有人所说的那样,你可以赞成马克思,也可以反对马克思,却无法绕开马克思。马克思的观点塑造了当今时代的思想背景。

在历史上，统治者曾经企图用缄默来封杀马克思的理论。但在今天，这再也不可能了。马克思的思想已经成为当今时代的意识形态的可见和不可见的组成部分，已经渗入了人们日常意识的深处。这正是为什么在苏东剧变后有些人那样急急忙忙地宣布马克思主义已经死亡的原因。如果马克思主义真的已经死亡，这些人就根本没有必要再大事张扬地去反对它。所以，正如德里达所指出的那样，一方面宣布马克思主义已经死亡，另一方面又宣布它很快就将死亡，这体现了马克思主义的反对者所处的窘境。既然马克思主义已经成为当今时代的意识形态的有机组成部分，这一窘境是无法避免的，除非承认马克思主义至今仍对人们的思想产生深刻的影响。

正如詹姆逊所指出的那样，这里所说的"意识形态"是一个中性概念，指的是社会发展特定阶段上**整个**社会的思想**背景**，它不同于马克思在《德意志意识形态》中所指的**统治阶级**的**思想**。无论是统治阶级，还是被统治阶级，其思想都只能立足于特定的背景。由此，我们可以说，在马克思主义形成以前和形成以后，人们的思想所处的背景是不同的。马克思的思想本身已经成为当今时代的思想背景的组成部分。任何人无法跳出自己的时代，当然也无法跳出自己时代的思想背景。至于在这样的背景中，究竟对马克思主义采取赞成的态度，还是反对的态度，那完全是另一回事。

因此，我们所面对的马克思的遗产，并不仅仅存在于马克思的著作中。它已经**对象化**为当今世界的组成部分。正是这一点改变了马克思主义发挥作用的**初始条件**，从而反过来使马克思的著作对于世界的意义产生了改变。所谓马克思主义的当代意义，其实质是马克思的精神遗产对于一个包含它的对象化成分在内的世界的意义。

这就意味着，马克思的思想与当今世界呈现为反身性关系：既然马克思创立他的理论的初始条件已经变化，马克思主义本身就必须向前发展，以适应这个变化后的世界。这是马克思遗产的自觉的继承者所必须承担的使命。

实际上，从马克思主义已成为人类文化遗产这个角度来说明马克思主义的现实性的，目前在西方世界何止德里达等四人。西方著名的历史学家吕·费弗尔这样说道:"任何一个历史学家,即使他从来没有读过一行马克思的著作,或者他认为除了在科学领域之外自己在各方面都是'狂热的反马克思主义者',也不可避免地要用马克思主义的哲学方法来思考和了解事实和例证。马克思表达得那样充实的许多思想早已成为我们这一时代精神宝库的共同储蓄的一部分了。"另一西方著名思想家 J. A. 熊彼特则这样评价马克思的著作:"大多数智力或想象的创作,经过一段时间,短的不过饭后一小时,长的达到一个世纪,就完全湮没无闻了。有些却不,它们遭受了晦蚀,但是又复活了,不是作为文化遗产中不可辨认的成分而复活,而是穿着自己的服装,带着人们看得见摸得着的自己的瘢痕而复活了。这些创作,很可以称之为伟大的创作。在我看来,伟大和生命力是联结在一起的。按这个意思来说,伟大这个词无疑适用于马克思的道理。"必须注意,透过历史的风尘,看到马克思的思想已成为人类文化的遗产将必然影响着当代世界的发展的人,并不都是马克思主义的追随者。连马克思主义的"他者"都是如此地看重马克思的遗产,作为马克思主义者本身,我们对这份遗产更应倍加珍惜。

2. 马克思主义的对立面的存在决定了其不会过时

由于新技术革命的影响,由于资本主义部分地接受了马克思主义的批判并作出相应改变,马克思对于资本主义的具体现实的揭露和批判有一些已经过时了。例如,马克思对于剩余价值的剥削方式(立足于绝对剩余价值)的揭露和批判,对工人阶级绝对贫困状况的揭露和批判,对资本主义基本矛盾的具体表现的揭露和批判,等等。但是,由于资本主义并无根本的变化,所以马克思对资本主义的总体上的理论批判并未过时,仍然具有极为重要的意义。

德里达、詹姆逊、哈贝马斯和吉登斯都注意到了资本主义的变化,都接受了马克思的批判精神,都认为资本主义存在一系列社会问题,但他们在对资本主义的社会问题的认识上的观点不尽相同。德里达认为,当今资本主义世界的所谓新秩序,仍然和马克思生前一样千疮百孔。他专门论证了资本主义十个无法愈合的伤口。詹姆逊批驳了"资本主义已经发生根本性变化"的说法,认为资本主义并没有消除危机。哈贝马斯不仅分析了技术导致的资本主义的新的异化现象,而且分析了福利国家等改良措施所带来的社会问题。吉登斯则从现代性角度对资本主义进行了批判。归纳起来，他们对资本主义社会的批判主要是从以下四个层面进行的：一是在审美层面上的分析批判，即以批判科技文明和高扬审美的生活方式为基本特征，论证文化在当代资本主义社会中已成为操纵和灌输的一种手段；二是在哲学和思维层面上的分析批判，即从"人本主义的马克思主义"出发，分析当代资本主义社会的消费主义、唯科学主义、生态危机、合法性危机等种种弊端，分析当代资本主义对人的本质的日益加剧的压抑与摧残；三是在经济层面上的分析批判，即揭露掩盖在资本主义经济繁荣后面的经济上的矛盾与危机，如生产停滞、物价上涨、失业增加、负债经济等；四是在社会层面上的分析批判，即揭露当代资本主义危机中的各种社会危机的表现形式，并论证这些危机是无可救药的、根深蒂固的"西方社会病"。这些问题表明，资本主义的繁荣是表面的，自1889年后资本主义进入了一个"商品货币关系普遍化"的新阶段，金融资本的统治垄断全球，而虚拟资本独立于现实资本的运行将导致世界资本主义的崩溃。他们强调，苏联东欧剧变没有使现代资本主义的发展界限变得更为遥远，相反更加临近了。现在是到了认真研究一下资本主义的生命力的时候了。

　　西方四大思想家中，以詹姆逊的批判最为接近马克思的立场。马克思认为资本主义的经济危机是资本主义基本矛盾的集中体现。资本主义依靠自身的力量无法克服危机。要克服危机，只能通过社会革命，建立共产主义制度。马克思主义的批判十分有力，它迫使资本主义进行改革，千方百计地消除危机。在经济上通过凯恩斯革命和罗斯福新政，在政治上通过扩大民主权利，资本主义受到全面改造。西方之所以能在与斯大林模式的社会主义国家的竞争中获得胜利，其经济的不断发展和政治的逐渐改良起了决定性作用。于是，有的人认为，马克思对资本主义的批判不再适用。詹姆逊承认资本主义有了一些变化。其中有的变化本身就是对马克思主义的回应。但他认为资本主义的本性并没有变。马克思曾提出，资本的本性是不断地扩张自身。这一本性现在不仅没有变化，反而变本加厉。在第二章中，我们已经介绍了詹姆逊对资本主义克服危机的两种策略（扩张体系和推出新商品）的分析。詹姆逊认为，这两种策略实际上是把资本主义社会的基本矛盾推到了全球的范围，成为资本主义全球化的一个重要方面。它仍然符合马克思的说法:资本主义克服危机的手段不过是使资本主义基本矛盾扩大化、尖锐化,从而为自己准备更猛烈的危机的手段而已。

结合德里达、哈贝马斯和吉登斯对资本主义的批判,我们可以看出马克思所分析的资本主义克服危机的手段是如何成为准备新的、更猛烈的危机的手段的。单以经济而论,资本主义摆脱危机的原理是凯恩斯主义。凯恩斯主义认为导致经济危机的原因是"有效需求不足",这与马克思所分析的"产品相对过剩"实际上是一回事。但马克思把产品相对过剩作为资本主义基本矛盾三个方面的表现之一,认为只有解决资本主义基本矛盾才能克服危机。由于依靠资本主义自身的力量无法克服资本主义基本矛盾,所以马克思得出了革命的结论。凯恩斯不承认"资本主义基本矛盾"的存在。他把有效需求不足的原因归结为人心中的自然方面,所以提出的办法是通过刺激需求来保证生产的不断扩大。凯恩斯着重从宏观方面提出了刺激需求的方法,主要是货币政策和财政政策。后来的凯恩斯主义者则从微观方面加以补充,使凯恩斯主义成为克服经济危机的完整体系。詹姆逊所说的"(帝国)体系的扩张"和"新型商品的推出"中,后者是刺激需求的手段,前者是刺激需求的结果。刺激需求在微观上表现为刺激人们的欲望。这是通过大规模的广告战实现的。新型商品不再立足于满足人们本来的自然需要,而是通过广告不断刺激人们,使他们产生种种自然需要之外的欲望,把人们变成消费机器。生产为自己创造消费,保证了生产规模的不断扩大。而生产规模的扩大是以所消耗的资源、所造成的污染的规模的扩大为前提的。于是,资本主义的生产关系越出国境,朝全球的各个角落扩张,从而导致全球的不合理分工。这种分工使南北差距越拉越大,把第三世界投入贫困之中。更为严重的是资本主义体系的扩张所造成的资源浪费和环境污染,这两个方面与第三世界的贫困一起,成为当今世界的突出问题。地球上的资源是有限的,容纳污染的能力也是有限的。第三世界的贫困则直接威胁着世界的安全。这三个问题及其所带来的其他问题,现在已经到了非解决不可的时候了。然而,面对这些问题,资本主义却束手无策。

西方四大思想家对资本主义的批判是从多层面进行的。通过以上分析可以看出,在所有层面的问题中,经济层面的问题是最为根本的。现在,资本主义国家中的解放政治也罢,生活政治也罢,生态运动也罢,女权运动也罢,和平运动也罢,都是对资本主义的理论批判的现实表现。但对资本主义经济基础的根本改造,现在还是一个理论盲点。只有这一问题解决了,对资本主义的各个层面的批判才能形成合力。在这一方面,马克思主义理论亟待创新。

马克思主义是为批判和推翻资本主义而产生的,马克思主义是批判资本主义的象征。德里达、詹姆逊等人成功地把对现代资本主义社会矛盾的揭露的批判与对马克思主义的现实性的论证结合在一起,即通过揭示现代资本主义社会的矛盾来说明马克思主义的感召力和吸引力。

要真正认可马克思主义的现实性,必须先认可马克思的理论所把握到的"资本主义"的事实,至今仍作为一个事实左右着我们这一星球上大多数人的生活世界。尽管我们面前的资本主义与当年马克思所说的那种资本主义有了很大的区别,也就是说,我们今天生活于其中的资本主义世界已经不仅仅是一个资本主义世界,而是一个正走向全球化的资本主义世界,是一个我们未曾在马克思的理论中现成地发现的资本主义世界,但无疑,正在走向全球化的资本主义,仍然行驶在资本主义的轨道上。这就是马克思思想的当代处境,也就是马克思思想的当代性本身。

3. 当今世界需要马克思主义作为前进的路标

在世纪转换之际,人们都在考虑,在这新的世纪里,我们究竟该如何生活?也就是说,我们究竟按照什么样的价值观和人生观生活?德里达、詹姆逊等人对此的回答是明确的:我们必须以马克思主义作为新世纪的路标。他们对马克思主义现实性的论证最吸引人之处也正是在这里。

西方四大思想家都强调,苏东剧变并不意味着马克思主义和社会主义的价值观已经过时。它只是意味着根据马克思的某些具体论述建立的某一制度模式,即斯大林模式的马克思主义已经过时。相反,马克思对未来社会的设想仍有其意义。他们把马克思的设想称为"乌托邦"。不过,需要指出的是,他们所说的"乌托邦"不含贬义。所谓"乌托邦",对于他们来说,就是关于未来的某种理想。他们不过是用自己的语言表示马克思主义仍然是未来社会的路标。

在这一点上,哈贝马斯关于理想与现实的关系的论述特别富有启发性。如果借用吉登斯的话,那么,可以把共产主义理想与共产主义运动的关系称为"反身性"关系。我们已经谈了马克思主义理论与实践之间的反身性关系。这种关系同样适用于理想与现实二者。马克思对共产主义的设想立足于当时的现实,又反过头来作用于现实。随着现实的发展,立足点的迁移,这种设想本身也必须随之改变。新的设想又会对现实产生新的作用。如此循环往复,推动历史不断前进。马克思在《1844 年经济学哲学手稿》中曾指出,在真正的共产主义社会建立之前,需要经过"民主的或专制的"阶段,以及"废除国家的,但同时是尚未完成的"共产主义阶段。在《哥达纲领批判》中,马克思又提出,在资本主义和共产主义社会之间存在一个无产阶级专政的过渡时期。在过渡时期,所实行的经济制度与共产主义制度有着明显的区别。比如,它实行的不是各取所需的共产主义分配制度,而是按劳分配的制度。马克思实际上承认了在社会主义社会存在不同利益关系,但他并未设想通过市场经济协调这种关系。

现实的社会主义革命均发生于落后的国家。这些国家不仅经济落后,而且都有相当的专制制度的基础,所以马克思关于无产阶级专政的思想极易被误用。在列宁那里,民主集中制还保持着其原初的形式,但到斯大林那里,民主的成分逐渐遭到削弱,最终变成了集中制。在经济上,列宁根据俄国的现实状况,作了一系列改革战时共产主义制度的探索,到斯大林却中止这些探索,走上一条集权化的经济发展道路。赫鲁晓夫曾试图对斯大林模式进行改革,但没有取得预想的成功,到他的后继者那里,赫鲁晓夫的路线被废止,苏联失去了改革的良机。戈尔巴乔夫虽有改革的热情,却没有改革的能力,终致使苏联发生蜕变。这一过程当然涉及许多利害冲突,但没有通过理论与实践的良性互动为共产主义理想重新定位,没有根据关于共产主义的新设想及时调整路线、方针、政策,是一个重要的原因。

在西方四大思想家中,哈贝马斯关于未来社会的设想尤其值得重视。在第三章中,我们介绍了他关于社会主义与市场经济和民主政治结合的观点,应当说,哈贝马斯的见解是有根据的。哈贝马斯反对把市场经济、商品经济仅仅与资本主义相联系,认为拒绝资本主义并不意味着拒绝任何形式的市场,而仅仅是必须防止市场经济支配整个生活方式和破坏人的生存环境。社会主义者在今天的关键任务恰恰是要研究可取代资本主义的崭新的复合制度。他同时指出,马克思对民主问题未给予足够重视,而包括苏联在内的许多社会主义国家由于种种原因,民主制度的建设始终没有提上日程,这是导致苏东剧变的重要原因。社会主义应当把比资本主义更高的民主作为制度建设的一个重要方面。哈贝马斯认为,未来的社会主义社会必然是一个结合了市场经济和民主政治的社会。

革命实践中的具体规划是马克思主义的科学预见的具体化,它要求把马克思主义普遍真理与各国实际相结合。如果考虑到科学预见本身也要随着实践的发展而发展,那么,具体规划的发展变化就是情理中事了。中国由计划经济向市场经济过渡,提出建立社会主义市场经济和民主法治国家的目标,就是这种结合和发展的范例。

发达资本主义国家已经建立了完善的市场经济体制,资产阶级的民主政治也有了相当的发展,在这种情况下,西方马克思主义者提出人的全面发展理论来推动社会的发展,具有极为重要的意义。实际上,人的全面发展理论在马克思的理论中处于核心地位。马克思曾强调,他的哲学以"现实的个人"作为出发点。早在《共产党宣言》中,马克思和恩格斯就把"每个人的自由发展"作为未来共产主义社会的主要特征,大约四十年后,恩格斯在给朱卡内帕的信中又重申了这一思想。在《1857—1858年经济学手稿》中,马克思则根据人的自由发展的程度把人类历史划分为人的依赖性社会、物的依赖性社会和人的自由发展的社会。未来的共产主义社会就是每个人自由而全面发展的社会。我们不能因为批判抽象的人道主义,而把现实的人道主义作为非马克思主义的东西加以排除。

那么,马克思的这种关于人的全面发展的理论,这种现实的人道主义理论,对像我们这样的正在进行现代化建设的发展中的社会主义国家有没有现实意义呢?

现实的人道主义与社会主义民主法治国家的目标也是一致的。现实的人道主义要求把每一个现实的个人作为出发点和目的,而民主和法治恰恰是以这种普遍的个人主义作为前提的。在社会主义以前的社会形态中,民主是与专制相对而言的,法治是与人治相对而言的;在社会主义社会中,民主是与集中相对而言的,法治是与党治相对而言的。按其本质,中国本来应当是民主集中制和共产党领导下的法治相统一的国家。但由于种种原因,民主原则和法治原则曾遭到极大破坏。民主和集中、党的领导和法治被人为地对立起来,片面强调集中原则和党的领导原则,结果导致党政不分,党的权力过分集中。十一届三中全会以来,这种情况才有了改变。邓小平同志一方面提出,要反对抽象的人道主义,另一方面又提出,要把人民群众满意不满意、答应不答应作为衡量各项工作的标准之一。应当说,邓小平关于党政分开和建立社会主义民主法治国家的观点,是与马克思的观点完全一致的,代表了历史前进的方向。只要搞清楚了现实的人道主义与社会主义民主法治国家的内在联系,对马克思的人道主义理论在像我们这样的正在进行现代化建设的发展中国家的现实意义,也就不会有什么疑问了。

无论是社会主义国家还是资本主义国家的马克思主义者,都把马克思主义的人道主义作为衡量社会进步的重要标尺,这决不是偶然的。这从一个侧面说明双方都把共产主义看做未来社会的理想形态。发达资本主义国家通过各国人民群众的斗争,多多少少都被迫采取了一些社会主义措施。虽然这些社会主义措施与马克思的科学社会主义纲领是有区别的,它只是对资本主义的改良,而不是对资本主义的根本变革,但这些改良措施毕竟为向共产主义过渡准备了条件。只要现存社会主义国家的改革能够获得成功,那么,在这种成功的压力下,即使资本主义国家不爆发社会主义革命,资本主义制度也会像顾准所说的那样,一步步地走向消亡。到那时候,共产主义必将成为人类社会的唯一现实形态。在这方面,沙夫的论证特别引人注目。他在苏东剧变后,对他原先的人道主义马克思主义的观点作出了反思,剔除了其中的一些唯心主义成分,明确地提出马克思主义中至今仍闪耀着真理的光辉的是其人道主义观和人道主义方法。马克思主义的现实生命力充分展示在马克思主义关于人的全面发展理论对当代人实践的导向作用上。

这里,关键的是对马克思主义的价值观认同的问题。苏东剧变后,马克思主义的价值观念在一些人的心目中也成了打趣和讽刺的对象。这些人忘记了或根本不懂这一条:马克思的理论之所以被千千万万的人们向往和追求,不仅在于人们对现存资本主义社会的不满,而且在于人们争取更高的社会价值理想的愿望。马克思所提出的价值观在当今世界上仍代表了人类的最高境界,它不仅崇高而且科学。必须明白,嘲弄科学的人最终将被科学和历史所嘲弄。马克思给共产主义所描绘的图景,即共产主义"是人和自然之间、人和人之间的矛盾的真正解决,是存在和本质、对象化和自我确证、自由和必然、个体和类之间的斗争的真正解决"①,永远是人类发展道路上的路标。

二、什么是马克思主义的基本特征

说马克思主义有其当代意义,是因为马克思的精神没有过时,而不是说马克思说的每一句话都没有过时。这是四大思想家反复强调的。继承马克思主义,是继承他的真精神,而不是继承他的词句。用德里达的话说,我们不是非得要求得到马克思的同意才可以去继承他的观点;继承马克思的真精神并不是要去继承来自他的观点而是要去继承通过他、借助他来到我们面前的观点。我们不是非得要假设马克思与他本人的意见是一致的。马克思一生的理论并不是按照一个事先的规划而展开的,而是随着实践的发展和理论研究的深入不断修正的。自我批判是马克思理论发展的一个重要特征。

当然,这绝不是说,马克思一生的理论是一堆"无法整合的碎片"。马克思的理论既有前后不一致的地方,也有一以贯之的方面。所谓马克思主义的真精神,就是马克思一生的理论活动中前后一贯的东西。正是这种前后一贯的东西,被后现代主义者作为"宏大叙事"加以批判。四大思想家都肯定马克思的理论有其内在的统一性,哈贝马斯更通过对后现代主义的批判论证了"宏大叙事"的必要性和重大意义。

对于马克思主义的基本特征或者说真精神,西方四大思想家分别作出了富有针对性的论述。他们的理解并不一致,但在一些基本点上,他们的观点又出奇地相同。总结起来,主要有以下三个方面。

1. 马克思主义是人民群众利益的忠实代表

哈贝马斯在分析西方对苏东剧变原因的探讨时,实际上区分了西方社会各个阶层的观点。吉登斯在分析各类社会运动时,也对社会的不同阶层

① 《马克思恩格斯全集》第42卷,人民出版社1979年版,第102页。

作了分析。他们的看法对于我们重新理解马克思的阶级观点和群众观点是一个重要的启发。

在创立自己的理论之初,马克思就自觉地把它作为"人类解放"的思想武器。在马克思看来,"人类解放"不同于"政治解放",后者通过资产阶级革命得以实现,前者则只能通过无产阶级革命才能实现。为此,马克思把他的理论由原来抽象的人道主义发展为现实的人道主义,马克思本人也由一个民主主义者转变为共产主义者。

之所以如此,是因为"人类"并非一个浑然的整体,在其内部有阶级之别、利益之分。马克思曾经提出,无产阶级解放了自身,也就解放了全人类,因为它在解放自身的同时,也把资产阶级从"卑鄙的情欲"中解放出来了。后来马克思认识到这是一个"带有学究气的论断"。在阶级对立极其尖锐的情况下,资产阶级决不会认为剥夺他们的财产对他们是一种解放。于是,马克思毫不犹豫地投身于无产阶级的革命斗争中去。马克思认为,无产阶级是最有前途的阶级。其他阶级都只会随着现代社会的发展而日益缩小,只有无产阶级的队伍会不断壮大。所以,无产阶级的利益与全人类的利益是一致的。

马克思曾预言处于无产阶级和资产阶级之间的中间阶级和阶层的日益消亡,认为他们是一个不稳定的部分,其中一小部分将上升为资产阶级,大部分将在竞争中破产,从而被抛入无产阶级的队伍。然而,作为对马克思主义的回应,资本主义不断进行自身改良。理论与实践的反身性关系使马克思的预言落空了。现代资本主义国家出现了一个人数众多的和稳定的中产阶级阶层。中产阶级的崛起标志着劳动方式的重大变化。在马克思的时代,体力劳动还占据主导地位,脑力劳动可以换算为加倍的体力劳动。这在理论上表现为,价值量通过以简单劳动作为衡量标准的"社会必要劳动时间"来计算,资产阶级剥削剩余价值的主要方式是绝对剩余价值的生产,相对剩余价值本身还是绝对剩余价值的特殊形式。随着知识经济的出现,脑力劳动占据主导地位。脑力劳动已经不能用体力劳动来换算了。这时候,简单劳动的劳动时间已经不能再作为社会必要劳动时间计算商品的价值。这在理论上表现为,剩余价值理论必须作相应的改变,因为资产阶级对劳动者的剥削已经不再采取原来的以剥削绝对剩余价值为主的方式;在实践上表现为,现代社会的阶级基础发生了变化,人类解放的任务不能再由处于赤贫地位的阶层单独承担。

谈到未来社会主义的主体性问题,西方四大思想家都认为产生社会主义的不只是一个动力因素,产生剥削、贫困、异化等的原因也不只一个,因此,未来的社会主义应抛弃过去的以劳动为中心的、经济主义的唯一主体论,而以对社会的更全面、更深刻的理解为出发点,从唯一的革命主体论转向社会主义主体的多元性。在今后反对资本主义的斗争中,应当充分发动在人数上占优势的中产阶级,还要全力支持包括生态运动和环境保护运动、妇女运动、民权运动等在内的各类社会运动。

其实,马克思和恩格斯在晚年已经注意到资本主义社会阶级结构的变化。恩格斯在给马克思的信中说,英国工人阶级正在"资产阶级化",看来英国不仅要制造出资产阶级化的贵族,还要制造出资产阶级化的无产阶级。但在当时,马克思和恩格斯还主要把这种情况归结为英国在殖民统治中的特殊地位,认为英国无产阶级之所以能够改善自己的处境,是由于英国民族是一个剥削民族,靠剥削殖民地发迹。现在可以看出,实际情况要复杂得多。由于不平等的国际经济旧秩序更加有利于发挥发达国家的比较优势,帝国主义国家确实沾了不合理的国际分工的光,但这些国家在不触动原有经济基础的前提下,对分配制度作了改良,这也是使它们的工人阶级生活状况得到改善的重要原因。此外,这些国家的各派社会主义政党对它们的经济和政治改革也起了相当大的推动作用。

在社会主义国家,又是另一番景象。由于在旧沙皇俄国,无产阶级人数很少,无产阶级专政意味着少数人对多数人的专政,所以列宁提出俄国革命要分两步走,第一步是通过工农民主革命建立工农民主政权。由于工人和农民是社会的主要成员,所以工农民主专政意味着大多数人的民主。俄国革命的第二步才是无产阶级专政。旧中国比沙皇俄国还要落后,所以毛泽东同志提出,中国的民主主义革命也要分两步走,第一步是资产阶级领导的旧民主主义革命,第二步才是无产阶级(通过共产党)领导的新民主主义革命。1949 年我们建立的就是一个新民主主义政权,称为"人民民主专政"。专政的主体是"人民",包括工人、农民、小资产阶级和民族资产阶级四个阶层。后来,经过社会主义的改造,我们又建立了无产阶级专政的社会主义国家。受极左思潮的影响,我们的无产阶级专政的社会主义国家一度缺少民主的基础。直到党的十一届三中全会以后,随着改革开放政策的实施,逐渐恢复了"人民民主专政"的提法,同时,重新强调"人民"的范围除了包括原来的各阶层外,还包括了一切拥护社会主义和拥护祖国统一的爱国者。这样大大扩大了我们无产阶级专政的社会主义国家的民主的基础。

当今,党中央又提出党是最广大人民群众根本利益的代表。这是对马克思主义的重大发展。问题的关键在于如何"代表"。同马克思的"人类"概念一样,"人民"并不是一个完全和谐一致的整体,其中有强势群体,也有弱势群体。要代表最广大的人民群众的利益,就必须对现有的经济体制和政治体制进行改革,建立既有利于经济和社会发展,又能促进共同富裕和社会进步的新体制,使我们改革开放的成果真正惠及人民群众。

在西方国家,随着人民群众的组成愈益复杂,马克思原来关于无产阶级与资产阶级二元对立的分析亟待修正。四大思想家从不同方面分析了新形势下人民群众的阶级和阶层结构。不管我们如何评价他们的理论,有一点是肯定的:他们的这种分析是发展马克思主义的重要尝试。在任何时代,马克思主义都是广大人民群众利益的忠实代表,因而,对广大人民群众状况的分析始终是马克思主义理论的重要组成部分。

2. 马克思主义主要是哲学

四大思想家都或明或暗地承认,马克思的哲学没有过时。德里达说,马克思主义不是随便可以分割的,应从整体上去把握;詹姆逊说,马克思主义是唯一一种包罗万象的移译转换的技巧或机制;哈贝马斯认为唯物史观在经过修正以后,总体上是可以接受的;吉登斯没有专门阐述马克思主义哲学,但我们通过分析已经看到,他的关于用实践或行动概念把社会学理论中的主体主义与客体主义统一起来的做法,与马克思用实践概念扬弃片面强调主体的唯心主义和片面强调客体的旧唯物主义的做法相比,有惊人的相似之处。

国外马克思主义者或马克思主义的研究者,大都持有相同的或类似的观点。目前西方马克思主义研究的一个重要倾向是,从过去多为单学科的研究转向整体的跨学科的研究。这种倾向强调马克思主义不是随便可以分割的,应从整体上去把握,而在作为整体的马克思主义体系中,马克思主义哲学居于核心的地位,马克思主义哲学中其他的部分如马克思主义经济学之类实际上是从属于马克思主义哲学的。这种倾向进而以马克思主义哲学已成为人类知识宝库中一份珍贵的遗产来说明马克思主义的现实性。

这说明,"马克思主义主要是哲学"已成为国外许多马克思主义者和马克思主义研究者的共识。这绝不是偶然的。马克思主义哲学与马克思主义的其他部分的关系是哲学—历史方法与用这种方法研究社会现实所得出的结论的关系。虽然通过说明马克思的哲学没有过时,但是他运用哲学对社会现实的分析所得出的具体结论随着社会现实的发展已经过时,国外马克思主义者和马克思主义研究者实际上得出了同我们一致的结论,这就是:必须坚持马克思的基本理论和方法,抛弃他的具体结论中已经过时的东西。

对于马克思主义哲学应当包括哪些内容,四大思想家的理解并不相同。德里达强调马克思主义哲学的批判性和实践性,詹姆逊把马克思主义哲学当做方法论,哈贝马斯和吉登斯把马克思主义哲学当做历史唯物主义,并试图加以修正或批判。在我们看来,他们的理解虽未必准确,但确实体现了他们对马克思主义哲学的重视。应当说,这是符合马克思的思想的。从马克思踏上征途时开始,就把哲学放在重要地位上。众所周知,他在大学原本学的是法律,但他首先感兴趣的是哲学和历史。他一生的所有重要发现都是从哲学上的突破开始的。然而,由于受到"斯大林体系"的影响,社会主义国家传统上仅把马克思中期的哲学观点作为标准来衡量马克思早期和晚期的哲学思想。西方的研究者则往往走向另一个极端,把马克思早期和中期、晚期思想对立起来,说什么"有三个马克思"。于是,站在与"斯大林体系"对抗的立场上,有的人抓住马克思早期著作中的片言只语,有的人抓住马克思晚期著作中的片言只语,各自大做文章。正如前文论证的那样,马克思一生的思想有一个发展的历程。在这一历程中,他的思想有前后不一致之处是可以理解的。非要把他所有的思想都归纳在同一个体系中,肯定是徒劳之举。但这丝毫不意味着马克思一生的思想没有统一性,由于他一生的活动围绕的只有一个中心——人类解放,对于马克思思想的概括总结也应当围绕这一中心进行。我们认为,围绕这一中心,马克思的哲学可以概括为**"人类解放的哲学"**。

　　这一概括在理论上和实践上都是站得住脚的。从理论上说,它具有最大的包容性。马克思早期、中期和晚期的主要思想都可以概括在"人类解放的哲学"这一名称之下。早在《1844年经济学哲学手稿》时期,马克思已经开始由抽象的人道主义者向现实的人道主义者转变;到《德意志意识形态》,随着唯物史观的创立,这一转变基本完成;在《资本论》的研究和写作过程中,马克思把唯物史观具体化并把它的范围限制在西欧;在晚期,马克思形成了关于东方社会理论的萌芽,从而形成了与唯物史观不同的思考路向。前已述及,马克思由抽象的人道主义者向现实的人道主义者转变的过程,也就是他由民主主义者转变为共产主义者的过程。在这一过程中,马克思找到了人类解放的物质力量:无产阶级。马克思主义哲学由此成为无产阶级的哲学。马克思一生的绝大多数活动都是围绕无产阶级的解放进行的。需要注意的是,马克思从来没有把无产阶级的解放与全人类的解放对立起来,而是始终强调两者的一致性。这与过去我们一听到"人类解放"的说法,就把它与"抽象地谈论人类"等同起来的做法形成鲜明的对比。事实上,如果马克思仅仅关心无产阶级的解放,那就不可能说清楚他晚年为什么拿出那么多的时间和精力研究东方社会,为此甚至影响了《资本论》的写作。

　　从实践上说,把马克思的哲学概括为"人类解放的哲学",不仅适用于马克思在世时候的状况,而且适用于今天的现实。今天,在发达资本主义国家,原来意义上的无产阶级已不复存在。在第三世界国家,无产阶级也只占劳动人民的一部分。如果仅仅把马克思主义哲学当做原来意义上的"无产阶级解放自身的理论武器",那就把多数人民群众排斥在外。其结果是无产阶级不仅不能解放人类,也不能解放自身。这与马克思"无产阶级不能解放人类,就不能解放自身",因而突出无产阶级的解放的思路无疑是相悖的。

　　把马克思主义哲学概括为"人类解放的哲学",可以避免马克思主义研究中的宗派主义和贵族主义倾向。传统的僵化的体系不仅范围极其狭窄,而且把别的派别的马克思主义哲学体系一概推到"资产阶级"一边,一概斥之为"唯心主义"。由于"人类解放的哲学"所具有的马克思主义哲学的包容性,可以避免这种倾向,促进马克思主义的大联合。例如,关于人道主义和实践唯物主义的争论就是这样。由于传统的僵化的体系重物轻人,在现实中造成严重后果,西方的民主社会主义者就拿以康德为根据的伦理社会主义与之对抗。其实,马克思主义哲学中不但有人道主义的内容,而且与康德的人道主义相比,马克思的人道主义内容更加丰富。本来,社会主义国家的马克思主义者在马克思主义的基础上,完全可以从学理上对伦理社会主义展开批判,同时在现实中改革原有的社会主义不重视人的状况。但我们不仅没有这样做,反而向民主社会主义者举起了大棒,甚至把站在马克思的立场提倡人的全面发展学说的派别也当做唯心主义加以批判。这实在是很不应该的。

关于实践的唯物主义的争论,情况要好一些。这是因为,在传统的马克思主义哲学体系中本来就提到实践观点,只是没有给予足够的重视,而实践唯物主义者只是把它提到更高的地位;或许还因为,关于实践唯物主义的争论主要限于学术圈子,对于普通群众和现实生活的影响不大。其实,马克思讲得很清楚,实践的唯物主义者即"共产主义者"。这说明,马克思对单纯限于理论的唯物主义者是不满意的。他要的不是解释世界的唯物主义,而是改造世界的唯物主义。对于马克思来说,哲学是共产主义学说的理论基础。有人追问"没有正确的理论,哪来正确的实践",却不知道这一提问方法本身就是非马克思主义的。对于马克思来说,理论在任何时候都是不能与实践并立的。实践并非一开始就以理论为前提,因为理论只是在实践发展的一定阶段上才产生的。而且理论一旦产生,就成为实践的一个环节,所以不能在实践之外寻找理论。与实践上的改造相对应,马克思强调的不是理论的反映品格,而是它的批判品格。对资本主义现实的正确反映只能导致资产阶级科学,只有对资本主义的批判才能产生马克思主义。同样,马克思所提倡的批判也包括自我批判。在社会主义国家,改革的动力实际上就是这种自我批判。在某种意义上可以说,没有自我批判,就没有社会主义事业的不断发展。而以往的僵化的体系却采取了与资产阶级学者相同的立场:对自身一味辩护,对对手一味挑剔,并把这种立场称为马克思主义的立场。这实在是天大的误会。

在马克思的哲学中,有三个要素特别值得重视。第一个要素是人,第二个要素是人的环境,第三个要素是实践。马克思从人与环境的关系角度提出问题,并把实践当成环境的改变和人的自我改变的一致的活动。马克思的哲学是从"现实的个人"出发的。对于生产力、生产关系、经济基础、上层建筑、阶级、国家、社会革命等范畴,都应当从现实的个人出发进行理解。生产力是人改造自然的能力,生产关系是人与人之间的关系,经济基础和上层建筑是由生产力和生产关系所决定的人与人的其他关系的对象化,阶级体现的是生产力发展一定水平上个人隶属于某一生产关系共同体这一事实,国家体现的是不同的生产关系共同体之间的斗争,而社会革命则是人与人的交往关系的一种演进形式。"斯大林体系"的缺陷主要在于:它把包括生产方式在内的众多社会现象作为人之外的"客观"力量加以肯定,把历史唯物主义变成了单纯从客体方面去理解的科学。

马克思当然也把特定阶段上的生产方式、阶级关系等等作为客观力量,但是马克思的全部工作都是为了消灭这种力量的客观性质,把这种力量还原为人性的力量。马克思把社会发展分为人的依赖性、物的依赖性和人的自由而全面发展的三个阶段,体现的正是人的自身力量解放的进程。共产主义社会的主要特征就是"每个人的自由发展"。至于公有制、按劳分配(在共产主义高级阶段是各取所需)等方面,虽然也相当重要,但它们只是"每个人的自由发展"的手段。不能反过来,通过牺牲多数个人的自由发展来保证公有制和按劳分配等制度。

不要以为这只是马克思早期的观点。前已述及,"每个人的自由发展"是马克思在《共产党宣言》中提出的,恩格斯在晚年又加以肯定。其实,在被奉为历史唯物主义经典的《政治经济学批判》序言中,马克思同样把共产主义社会以前的历史称为人类的"史前史",这是因为在他看来,只有共产主义社会才开始了真正的人的历史,此前的历史不过是多数人的受苦受难史。

马克思认为,"历史不过是追求着自己目的的人的活动而已"。离开人的活动不存在所谓"历史"。但是,人的活动不是随意进行的,它要受到两方面的制约:一是受到人与自然关系的制约;二是受到人与人关系的制约。人与自然的关系不同于动物与自然的关系。动物完全依靠自然界,人则为自己创造出一个人化的自然界。人的活动的自由程度首先取决于自然界的人化程度。其次,人与人的关系也不同于动物之间的关系。动物之间的关系是单纯的自然关系,而人与人之间的关系却是一种交往关系。这种关系的总和就是社会。动物只有群体,没有社会。人的活动的自由程度不仅取决于自然界的人化程度,而且取决于社会关系的发展程度。贯穿马克思一生的哲学著作的主题就是人与自然的关系和人与人的关系。

对于特定的时代来说,历史的每一个阶段都遇到一定的物质结果,一定的生产力总和,人对自然以及个人之间历史的形成的关系,都遇到前一代传给后一代的大量生产力、资金和环境,尽管一方面这些生产力、资金和环境为新的一代所改变,但另一方面,它们也预先规定新的一代的生活条件,使它得到一定的发展并具有特殊的性质。由此可见,马克思讲到物质生活条件,不是从总体上说的,而是从特定的时代着眼的。对于每一代来说,历史都有三个前提:一是人,二是他的物质生活条件,三是人的活动。人与他的物质生活条件的关系也就是人与环境的关系,而在人与环境的种种关系中,实践关系处于基础的地位。

显而易见,历史发展从总体上看就是一个实践过程。在这个过程中,理论无疑发挥着重要作用。但理论是在实践活动之内,而不是在实践活动之外或实践活动一旁起作用的。从总体上看,理论反映的不是某一个时代的现状,而是这种现状的变革。反映变革的理论就是批判的理论。西方四大思想家和沙夫强调批判性和实践性,并把这作为马克思哲学的重要特征,确实抓住了马克思哲学的根本。

3. 马克思主义是多样性的统一

马克思主义作为一种思想体系,当然有其质的规定性,也就是说,马克思主义是一种由特定的立场、观点与方法构成的完整的思想体系。只有认同这些特定的立场、观点与方法,才真正有资格称为马克思主义者。对此,西方四大思想家和沙夫似乎没有什么异议。但显然,他们强调的重点是马克思主义的多样性这一点。

确实,马克思毕生从事的活动多种多样,他所留下的理论观点不可能是单一的;他所涉及人文和社会科学诸多领域的著述不是植根于同一片处女地上,他的学说包含着不同传统的、不同思想体系的人类认识,甚至可以说,马克思主义的概念本身也曾有过一个历史发展过程。我们实在无法想象马克思在写作《共产党宣言》时,脑子里对以后的《资本论》的完整体系已经考虑得十分周全,甚至对晚年的《人类学笔记》也已完全设计好了。

马克思决不是先知先觉的超人,他的著作不像一个模子中浇铸出来的铸件那样整齐划一,那里既有逻辑严密、字斟句酌的研究论著,也有借神来之笔写下的通讯报道,还有即席发挥、言不尽意的演讲。如同真正具有革新精神的学者一样,马克思在写作过程中经常有所修正和补充,几易其稿也是常有的事。

既然马克思本身的学说包含着前后不一致的成分,那么,后人从其不同的成分出发进一步阐述马克思主义的理论观点,形成了强调的侧重点不一样的马克思主义的解释,这也是很自然的。尽管我们不能同意存在着"多元的马克思主义"这一说法,但存在着对马克思主义多样性的解释,却是个不争的事实。

目前,认为走向社会主义有着不同的道路,即认为社会主义有着多种模式,已越来越为人们所接受。无论是哈贝马斯,还是詹姆逊,都论述了社会主义的多种模式的问题。那么,既然社会主义有多种模式,那作为社会主义的理论基础的马克思主义为什么不可能出现多样性的发展呢?

对马克思主义,首先必须认定它是统一的,如果否定这一点,也就等于否定了整个马克思主义,因为存在一种内在的统一性是马克思主义存在的前提;其次还应强调这种统一是多样性的统一。否定多样性也就是否定了马克思主义的生命力和丰富性。

应当看到,目前国外强调马克思主义是多样性的统一的观点,已经在现实生活中产生了积极的作用。这就是苏东剧变以来世界社会主义力量出现了国际联合的新动向。社会主义力量、左翼的国际联合出现了少见的活力。随着这种联合的逐步展开,社会主义力量不同派别之间的传统对立的敌意正在消除,彼此更加冷静、客观和宽容。这是世界社会主义运动自本世纪初走向分裂以来,经过苏东剧变导致社会主义力量大动荡、大分化、大改组以后,值得人们庆贺的一种局面。

反观我们国内,近年对马克思主义理论中一些具体理论问题的论战愈演愈烈。如关于辩证唯物主义与实践唯物主义的争论,双方差不多到了水火不相容的程度。双方都为了表明自己的马克思主义的正统性,非要把对方钉在非马克思主义,甚至反马克思主义的"耻辱柱"上不可。实际上,无论是辩证唯物主义还是实践唯物主义都能在马克思的学说中找到依据,都代表了对马克思主义哲学的一种解释。只要承认马克思主义哲学是多样性的统一,就完全有可能把这一争论化解为从不同的角度研究与发展马克思主义哲学的共同行动。面对世界上否定马克思主义的浪潮,面对我们国内不断抬头的对马克思主义的怀疑,马克思主义理论工作者应坚信马克思主义是多样性的统一,求同存异,放弃内部的一切无谓的争论,把注意力集中到对马克思主义现实意义的阐述上,集中到在理论与实践的结合上对马克思主义的当代化的推进上。

三、如何对待马克思主义

阅读西方四大思想家的著作,我们处处感到,虽然他们都是学术圈子里的人,但他们对待马克思主义的态度不是一种学院式的态度。由于各自的思想倾向不同,他们所强调的是马克思理论中的不同内容,但他们有一个共同点:既不是教条主义者,也不是经验主义者。经验主义者把斯大林模式的马克思主义等同于马克思主义本身,把苏东剧变等同于社会主义的失败;教条主义者则根本否认斯大林是马克思主义者,认为苏东剧变与马克思主义毫无关系。按照教条主义者的看法,只要从斯大林"回到马克思",那就什么问题都可以解决。而在西方四大思想家和沙夫看来,思想家应当立足于现实,而不是立足于理论。理论总是特定现实的反映,而且最终总是要以解决当前的现实问题为目标的。随着现实的改变,理论也应当向前发展。我们平常总讲要以科学的态度对待马克思主义,其实这首先是指以科学的态度坚持和发展马克思主义。而科学地坚持马克思主义,又主要指的是坚持不断发展创新的马克思主义,是能够解决现实问题的马克思主义。这需要大胆的探索精神。真正能够展现马克思主义当代意义的并不是那种教条主义者,而是马克思主义的改革家。

1. 立足现实而不是理论

西方四大思想家在苏东剧变后走近马克思,这本身就表现出他们鲜明的反经验主义立场。但他们没有一人全盘肯定马克思的理论。马克思的理论是对马克思在世时的现实的反映,而不是对今天的现实的反映。他们推崇马克思,是因为马克思主义仍然是认识和批判当代现实的最有力的思想武器,而不是因为迷信马克思的学说。他们并不认为马克思的思想是"完备的"体系和"唯一的"真理,如果马克思还活着,他也会发展自己的理论,修正其中某些过时的东西。即使如此,也不能保证马克思是"唯一正确"的;就算是唯一正确的,也不能要求别人盲从。其他人只能在经过自己的思考后去接受马克思主义,而不是预先即假定马克思主义是不可移易的真理。马克思也是人,不是神,即使像马克思这样伟大的思想家,也不能代替普通人的独立思考。真正坚定的、在任何情况下都不动摇的马克思主义者,往往是那些经过自己理性思考后才接纳马克思主义思想的人。

毛泽东曾经用"有的放矢"来形容马克思主义与现实的关系。他说,射箭不能不看靶子。马克思主义是"矢",中国革命是"的",我们就是要用马克思主义这根"矢",来射中国革命和东方革命这个"的"。这话实在精辟,它不仅指出我们是自己头脑的主人,采用马克思主义作为理论武器是凭自己的判断决定的,而且指出如何运用马克思主义来解决我们的现实问题。我们首先必须明确"的"(目标),然后才来确定所使用的"矢"(工具、手段)。在这样的基础上,我们必须根据"的"与"矢"的状况决定如何开弓放箭。正是在这种思想指导下,我们国家才形成了以马克思主义与中国革命和建设实际相结合为特征的毛泽东思想和邓小平理论。所谓马克思主义与中国革命和建设的实际相结合,不是从马克思主义的理论出发,而是从中国革命和建设的实际出发。在我们党"实事求是"的思想路线中,出发点是"实际",而不是理论;核心是"实事求是",即从对"实事"(现实状况)的研究中得出"是"(规律性的认识),而不是预设一个"是",用它来剪裁"实事";"理论联系实际"的要求是"在实践中检验和发展真理",而不是不顾实践的推进状况,一味强调不能违背马克思的教导。

应当说,"一切从实际出发,理论联系实际,实事求是,在实践中检验真理和发展真理"已经是对我们党的思想路线的相当完整的表述,但邓小平同志却进一步强调要"解放思想"。邓小平理论的核心就是"解放思想,实事求是",这是意味深长的。它表明,教条主义已经成为我们党和国家的主要危险。

"解放思想"并非不要马克思主义,而是要开创马克思主义的新境界、新观念、新思路。这包括两个方面:一是弃旧,二是创新。弃旧也就是自我否定。西方四大思想家和沙夫都经历过自我否定的过程。现存的社会主义也需要自我否定。改革就是社会主义的自我否定。为此,必须破除既有意识形态的束缚。以往,我们的理论研究和政治宣传常常存在这样的情况:当下正竭尽全力证明其正确的观念,恰恰是下一阶段要抛弃的东西。例如,我们对"社会主义经济有计划按比例发展规律"的研究和宣传曾成为"有计划的商品经济"的障碍,对"有计划的商品经济"的研究和宣传曾成为"市场经济"的障碍。

自我否定的根据不仅仅是理论自身成长的需要,它首先是现实状况发展的要求。在原有条件下,马克思主义的某些观念曾经是真实的,但在新的条件下它却成为一种关于自身的幻想,这套幻想掩盖了当前的现实,构成对人们思想的束缚。自我否定首先是对这些幻想的否定。马克思主义本身就是从破除资本主义关于自身的幻想开始的。詹姆逊把马克思主义作为一种"十分有力的非神秘化形式",指出马克思把资本主义社会的各类现象如意识形态、阶级、经济等从一种神秘化形态还原为它们的本来面目,这是马克思对人类思想的重大贡献。因为只有拨开云雾,看透现实,才能对资本主义展开有效的批判,提出关于未来新社会的科学构想。

正是在这一意义上,弃旧与创新是统一的。对于身处资本主义环境中的人来说,要获得这种"非神秘化工作"的真正的、最富创造性的成果,就必须把它同探索不同于资本主义的社会主义发展道路的广阔空间视野结合起来,用詹姆逊的话来说,必须把非神秘化同某种乌托邦的因素或乌托邦冲动联系在一起。在他看来,马克思主义的这两种驱动力(即批判和创新)是结合在一起的,而不是说,它在进行非神秘化的同时暗中有一套半宗教的宗旨。单纯提倡"回到马克思"的态度之所以不可取,不是因为它强调"正本清源",而是因为它把马克思主义当成了某种"半宗教"性质的东西,在强调正本清源时没有立足于现实。"回到马克思"是不够的,必须立足于现实"发展马克思"。西方四大思想家和沙夫谈论马克思主义,根据的是马克思本人的理论,这自然是正本清源;但他们都没有把马克思的观点作为出发点,而是以资本主义世界当前的现实状况作为出发点。对他们思想的评价,不应以马克思都说过些什么,而应以他们是否正确地反映当前变革资本主义的要求作为标准。

2. 区分马克思主义理论中的"死东西"与"活东西"

马克思主义哲学没有过时,但马克思主义的某些具体结论则已经过时了。因此,国外马克思主义者和马克思主义研究者在对待马克思理论的某些具体结论时,普遍区分了马克思理论中的"活东西"和"死东西"。西方四大思想家也不例外。从他们对马克思理论的分析来看,大致上可以把马克思理论中的"死东西"归纳为关于市场经济的学说和关于权力与国家的学说,把马克思理论中的"活东西"归纳为马克思主义关于批判资本主义的理论、关于人的全面发展的理论、关于人与自然关系的理论。

虽然我们并不能完全同意他们的看法,但我们不得不承认,他们的这些看法确实是具有启发性的。在中国建立社会主义市场经济体制以后,人们普遍认为马克思关于市场经济与社会主义不相容的学说已经过时。哈贝马斯是明确这样讲的,中国学术界多数人也持相同的观点。其实,我们所说的社会主义市场经济与马克思所说的共产主义并不相干,因为马克思所讲的共产主义社会是在高度发达的生产力水平上建立的,与中国的社会主义初级阶段并不处于同一历史阶段。哈贝马斯还说,马克思关于阶级斗争和无产阶级专政的理论已经过时。对此,中国学术界多数人不同意这一观点,尽管我们已经放弃了以阶级斗争为中心的提法,同时把中国国体中"无产阶级专政"的提法恢复为"人民民主专政"。这里同样存在一个混淆阶段而误解马克思的问题。然而,我们不能单纯停留在理论层次讨论问题。既然马克思主义与现实是一种反身性关系,既然如前所述,马克思主义已经成为现实生活的一个内在因素,那就可以而且应当依据现实的发展把马克思原来的相关观点视为"死东西"。否则,马克思主义终究只是一种既无法证实也无法证伪的理论假说,而不是一种严格意义上的科学。

关于马克思对资本主义的批判和人的全面发展理论,这里不再赘述。需要强调的是人与自然的关系理论。近些年,在西方的生态运动中出现了与马克思主义相结合的派别。引起这些派别注意的主要是马克思在《1844年经济学哲学手稿》中的相关论述。其实,马克思关于人与自然关系的思想是相当丰富的。比如在《德意志意识形态》中,在《资本论》中,马克思都有大量的论述。马克思一贯的思想是:人与人的关系同人与自然的关系是相互制约的,人类进入共产主义社会后,随着人与人的关系的异化的扬弃,由此而造成的人与自然关系的异化状况将有可能消失。

在文化方面,西方四大思想家普遍重视个人思想的价值,重视言论自由和社会民主。这不能不引起我们的深思。以往,在社会主义国家普遍存在政治影响甚至支配学术的现象,严重削弱了社会主义文化的创造力。西方有人嘲讽说,在社会主义国家只有领导人才是思想家,才代表着学术研究的最高水平。这当然是对社会主义的攻击。但不可否认,在不同的历史时期,我们贯彻"百家争鸣"方针的效果不尽相同。江泽民同志又提出"四个如何认识"。"四个如何认识"只是给出了问题,没有提供答案,答案需要全党、全国人民去探索。这实际上是把思想的权利还给广大人民群众。这一做法本身就是对"百家争鸣"思想的重大发展。

关于文化,四大思想家给我们的启示是:社会主义新文化必然是马克思人道主义的文化。人道主义的核心是普遍的个人主义而不是集体主义,更不是个别的或特殊的个人主义。所谓普遍的个人主义,是指应当从现实的个人出发,立足于每个人的自由而全面的发展。个别的个人主义和特殊的个人主义则从抽象的个人出发,立足于个别人或某一部分人的自由发展,这种发展恰恰是以多数人受奴役为前提的。由于有长期的专制传统,建国以后很长时期内民主集中制又遭到破坏,我们所提倡的集体主义往往成为官僚阶层实现最高领导人的个别的个人主义或各级官员的特殊的个人主义的借口。十一届三中全会以来,这种状况虽然有了根本的改善,但在改革开放的实践中,由于受到权力和金钱的诱惑,部分不知自爱的官员重新陷入了个别的个人主义或特殊的个人主义的泥潭。提倡人道主义,其实质是限制官员的个人主义,解放群众的个人主义。当然,个人主义不等于极端个人主义,对于极端个人主义,不管它来自领导也好,来自群众也好,都应当反对。但即使是极端个人主义,在领导身上表现出来也比在群众身上表现出来危害大得多,所以主要应当反对领导的极端个人主义。群众的极端个人主义也应当反对,但它不是打击的重点。

对于个人主义的这种态度,是传统马克思主义者所难以接受的。他们已经习惯了把集体放在个人之上,不知道马克思把真正的集体看做个人之间的联合体,即所谓"自由人联合体"。集体无非是一种共同体。在马克思看来,过去的一切集体均是虚假的共同体,只有"自由人联合体"才是真正的共同体。这是因为,在社会主义社会以前的一切时代,社会共同体并不是建立在个人的自由联合基础上。共同体由不同的利益集团(阶级或阶层)组成,这些利益集团之间存在着尖锐的利害冲突,冲突的结果总是有利于强势群体,不利于弱势群体。个人是从属于特定的利益集团(阶级或阶层)的。只有从属于强势群体的人才有发展自身的自由空间,而占人口多数的弱势群体总是处于受压迫、受奴役的地位。对于多数人来说,共同体并不是他们自由发展的处所,而是他们受压迫、受奴役的处所,所以是虚假的共同体。马克思反对借口共同体利益而压制弱势群体,认为这样的共同体应当被推翻,以建立真正的、符合多数人利益的共同体。在真正的共同体中,由于对立的利益集团的消失,自己所在的利益集团也不再有存在的必要,这时候个人就从对特定阶级或阶层的附属地位中摆脱出来,成为完全自由的个体。真正的共同体是完全自由的个人之间的联合,所以称为"自由人联合体"。

因此,坚持和发展马克思主义,仅仅区分马克思思想中的"死东西"和"活东西"还是不够的。我们还必须对原有的思想背景进行分析,以补充两方面的思想资源:一是为我们的思想背景所缺乏、为理解马克思主义所必需的思想资源。这主要是指西方的某些优秀文化成果。二是为理解中国当前现实所必需、但由于种种原因我们一直未能具备的某些思想资源。这主要是指中国古代文化中的某些因素。正如马克思主义塑造了当今世界一样,中国古代文化孕育了当代中国文化。只有深刻理解了古代文化的特质,才能更加深刻地理解当代文化。

4. 重树马克思主义在群众中的威信

不可否认,苏东剧变后,马克思主义在西方不冷反热的现象主要出现在学术圈中。正因为如此,对苏东剧变后马克思主义在人民群众中的影响力必须作出客观的、冷静的分析。德里达反对"把马克思主义中立化",正是针对马克思主义由民间走进象牙塔这一现象而言的。要坚持和发展马克思主义,除了理论上弃旧创新之外,重树马克思主义在群众中的威信是当务之急。

群众对待马克思主义的态度,取决于以马克思主义者自居的人给群众带来多少好处。他们能够看到的社会主义和马克思主义,就是现实形态的社会主义和马克思主义。他们就生活在这种现实中,只能根据在这种现实中的体验来断定社会主义和马克思主义是否有生命力,他们不可能仔细地分辨社会主义和马克思主义的现实形态与社会主义和马克思主义的理论形态之间有哪些细微的区别。如果生产力在不断发展,综合国力在不断提高,人民群众的生活状况不断得到改善,他们自然会相信社会主义和马克思主义;如果他们看到的是相反的现实,那么,不管你把社会主义和马克思主义理论说得如何天花乱坠,他们都只会无动于衷,甚至认为你只不过是在"粉饰太平"。

在这个意义上,西方四大思想家对传统的僵化模式的社会主义和马克思主义的批判虽有过头之处,但还是可以理解的。从群众只能根据现实的状况来判断社会主义和马克思主义的优劣,而从僵化模式的社会主义和马克思主义失信于民这一角度来说,正是僵化模式葬送了苏联和东欧的社会主义,像戈尔巴乔夫这样的改革者也负有不可推卸的责任。在中国,马克思主义的反对者对动摇群众的社会主义和马克思主义信心所起的作用应该重视。而那些占据马克思主义政党的各级重要领导位置,却在干挖空社会主义墙脚勾当的投机分子、腐败分子更是我们必须予以高度注意的。

当然,这决不意味着可以对马克思主义的反对者置之不理。由于他们往往能够把群众的不满变成非理性的狂热,从而把社会引向无底的深渊,所以对他们必须予以坚决的回击。问题是我们的回击究竟是否有效,往往并不单纯取决于我们的论证是否有力。更为根本的是我们的实际工作做得好坏。如果群众已经丧失了对我们的信任,甚至他们的苦难已经到了只要有摆脱这种困境的希望,他们愿意做任何其他尝试的地步,那么,我们讲得越多,群众对我们越反感,因为他们盼望的是其他的东西。

恢复群众对马克思主义的信心,最关键的是建立民主制度。党的十五大报告中指出,没有民主,就没有社会主义,就没有社会主义现代化;要在坚持四项基本原则的前提下,进一步完善社会主义民主,扩大社会主义法治,建立社会主义民主和法治国家。应当说,十一届三中全会以来,我国的民主和法治建设取得了很大的成就。但是,与"社会主义民主和法治国家"的目标相比,还相差很远。建立民主制度不能一蹴而就,要在党的领导下有计划、分步骤地进行。目前最紧迫的是健全党内民主。列宁晚年曾试图通过扩大党的中央委员会等措施来保证民主集中制,避免党的分裂,可惜他的想法没有取得应有的效果。十一届三中全会以后,邓小平同志也反复强调民主集中制,强调法治,认为"还是这个靠得住些"。江泽民同志在十五大报告上关于建立社会主义法治国家的讲话,是对列宁和邓小平同志有关思想的重要发展。我们应当按照这一讲话精神,认真探讨完善社会主义民主和扩大社会主义法治的具体途径和措施。

要重树马克思主义在群众中的威信,还应当允许群众自己思考。群众的眼睛是最亮的。谁代表他们的利益,谁不代表他们的利益,他们心中一清二楚。如果我们能下决心改革现有体制,必定能取得大多数群众的信任。在这种情况下,允许不同意见存在,等于为冲突的缓解设置了一个降压阀,可以把矛盾化解在萌芽状态。应当明确:越是宽松的环境,越有利于马克思主义的发扬光大,因为马克思主义是真理,而真理愈辩愈明。

当然,这不是说,对于攻击马克思主义的观点可以不加理睬。宽松的环境只是表明对于非政治问题要采用非政治的方式加以解决,不意味着放弃斗争,更不意味着放弃马克思主义。在这一方面,西方四大思想家和沙夫为我们做出了榜样。

以上是苏东剧变后西方四大思想家走近马克思给我们的主要启示。他人的看法只能供我们参考,不能代替我们思考。马克思主义今后的命运如何,归根结底还是取决于我们自己的努力。我们坚信,只要我们坚持与时代结合、与实践结合、与群众结合,不断运用马克思的理论和方法探索和解决实践中出现的各种新问题,马克思主义是一定能够发扬光大的。正如邓小平同志所说的那样,信仰马克思主义的人会多起来的。

第二编

"西方马克思主义"专题研究

"西方马克思主义"对马克思主义
三个要害问题的回答

只要稍微留意一下国际理论学术界就不难发现,当今的马克思主义一方面被西方政要们、右翼思想家们越来越边缘化,另一方面却日益被人们引入话语的中心。马克思主义在今天还有没有现实意义? 马克思主义究竟是一种什么样的思想体系? 我们应当如何面对马克思主义? 这三个涉及马克思主义的要害问题正是人们经常所议论的。

经历了 20 世纪末的那场巨变后人们回过头来一看,一度被包括自称是马克思主义者在内的人漠然处之的"西方马克思主义"有那么多的闪光之处。特别是对马克思主义的态度,已被许多人引为楷模。本文就围绕着涉及马克思主义的这三个要害问题,对"西方马克思主义"的相关论述作些梳理、分析。笔者相信,进行这项工作是很有现实意义的。

一

"西方马克思主义"留给 21 世纪人类最大的遗产莫过于正确的马克思主义观。21 世纪的人类究竟如何生活,这与人类是否以马克思主义为路向直接相关。在马克思主义的旗帜下生活是一种活法,没有了马克思主义则是另一种活法。"西方马克思主义"者,这些长期生活在发达资本主社会中的大学者,这些在芸芸众生中拥有智慧头脑的人,根据其对马克思主义的领悟和对当代社会特别是对当代资本主义社会的体察,反复告诉人们人类不能没有马克思主义,马克思主义没有过时,人类只能在马克思主义的旗帜下开创新生活。

一讲到对马克思主义现实性的认识,人们马上会想到萨特的名言:马克思主义是不可超越的哲学。其实,萨特对马克思主义的这一基本认识贯穿于所有的"西方马克思主义"者的著作中。从20世纪20年代初的"西方马克思主义"的创始人卢卡奇、葛兰西、柯尔施,到20世纪末的作为"西方马克思主义"的最新形态的"生态学的马克思主义"的一些代表人物,无不把论证马克思主义的现实性作为自己理论活动的主题。甚至那些在马克思主义处于低潮时转身走向马克思的西方思想大师,也和着"西方马克思主义"的基调,向人们反复指出:马克思主义并没有过时。例如德里达力排众议,铿锵有力地说他挑了一个好的时候向马克思致敬。他说基于自己的政治品德得出结论——没有马克思就没有将来,人类不能没有马克思。詹姆逊则旗帜鲜明地指出:今日的资本主义并没有发生根本性的变化,从而庆贺马克思主义的死亡是不合逻辑的。哈贝马斯郑重地向世人宣布说他仍然是马克思主义者,他告诫人们没有理由因为苏东社会主义的垮台而披着丧衣哭泣。吉登斯也声称虽然马克思主义不再时髦,但他自己仍看重马克思,他意味深长地告诫他的同道不要因为共产主义制度的消逝,而放弃推动其前进的那些价值和理想。

在长达八十多年的时间里,尤其是在20世纪20年代初无产阶级革命在西方世界屡屡失败,人们普遍对革命前景丧失信心的背景下,在20世纪50年代至60年代随着斯大林的一系列错误被揭露,在全世界范围内掀起反马克思主义、反共产主义的声浪的境遇中,在20世纪80年代至90年代苏东的社会主义政权纷纷垮台,一些原先的马克思主义者急着倒戈,不少人都认为马克思主义行将销声匿迹的历史关头,"西方马克思主义"者坚持高举马克思主义的旗帜确实相当不易。尤其难能可贵的是,他们不仅仅反复阐述马克思主义没有过时的结论,更是着力于对这一观点作了深刻的论证。"西方马克思主义"者早先主要是从时代没有根本变化来说明马克思主义仍然具有生命力。萨特就是如此。他指出,只要产生和掌握一种哲学并受这种哲学指导的实践还有生命,那么这种哲学就仍然是有效的,当它们所反映的那个历史时期还没有被超越时,它们就是不可能被超越的。正因为马克思主义所表现的那些历史因素直到目前尚未被超越,从而现在企图超越马克思主义是一种幼稚的想法,是根本办不到的。"西方马克思主义"者到了后期,则远远超出了这一较为抽象的、简单化的论证,而是将对马克思主义现实性的说明进一步具体化和引向深入。他们的以下几点说明特别引人注目,给人以启迪:其一,马克思主义已成为文化遗产,必然对当今人类产生影响。他们认定,马克思的名字已和历史上的所有思想巨匠连在一起,他的思想已构成人类文化精神的重要组成部分并影响着一切人,当今的人们不管承认与否,实际上都是马克思文化遗产的享用者和继承者。跨入新的历史时期的人们,要想绕开马克思独立地行走是完全不可能的。其二,马克思主义的对立面的存在决定了其不会过时。他们强调,马克思主义是批判资本主义的象征,欲问马克思主义在当今世界是否还具有现实意义,主要是看当今的资本主义社会是否还存在矛盾,是否已成为人间天堂。于是,他们成功地把对揭示现代资本主义社会矛盾的揭露和批判与对马克思主义的现实性的论证结合在一起,即通过揭示资本主义社会的矛盾来说明马克思主义的感召力和吸引力。其三,当今世界需要马克思主义作为前进的路标。深受享乐主义、消费主义、个人主义、现实主义之害的当代人都在反思在新的世纪里人类究竟应该如何生活,"西方马克思主义"者极具说服力地告诉处于新世纪的人们必须以马克思主义作为生活路标,即以马克思主义的人生观、价值观作为生活的取向,更具体地说,他们要求以马克思的人的全面发展理论来推动社会的发展。在他们看来,马克思主义的当代意义最主要的就体现在这里。"西方马克思主义"者这三个方面对马克思主义现实性的论证是入情入理、言近旨远的。

二

"西方马克思主义"者力图高举马克思主义的旗帜,强调马克思主义具有现实意义,这是一个不争的事实,对此可能谁也否定不了。问题在于,他们要高举的是什么样的马克思主义旗帜,在他们那里的马克思主义是不是应该打上一个引号,人们对此颇有疑虑。但是,如果说在以前存疑还情有可原的话,那么到了今天,即到了经过 20 世纪末的那场大变革后的今天,还感到困惑的话则太不应该了。事实已清楚地表明,一部"西方马克思主义"史就是一部对马克思主义真精神追求的历史,"西方马克思主义"者在对马克思主义的探索的过程中所提出的许多见解都是真知灼见。他们的研究成果已构成了马克思主义在 20 世纪的理论成就的重要组成部分。

"西方马克思主义"中有人本主义和科学主义两种倾向,它们分别对究竟什么是马克思主义这一点,提出了深刻的见解。

马克思主义经过恩格斯到了第二国际和第三国际的理论家那里,已经被严重地扭曲。当年马克思曾经在《关于费尔巴哈的提纲》中开宗明义批评旧唯物主义"对对象、现实、感性,只是从客体的或者直观的形式去理解,而不是把它们当作感性的人的活动,当作实践去理解,不是从主体方面去理解"①,遗憾的是,他的一些继承人后来对他的这一批评竟然置若罔闻,没有使马克思主义沿着马克思通过批评旧唯物主义而开辟的新的方向发展,而是沿袭了马克思加以批评的对象——旧唯物主义的路线。结果是正如马克思所预料的那样,"能动的方面被唯心主义抽象地发展了"②,而马克思的唯物主义被歪曲成无视人的能动性的自然主义、客观主义和形而上学的决定论。之所以出现这种歪曲,一个重要原因是他们不但自己固守近代形而上学思维方式,而且还以这种方式来理解马克思的哲学,看不到马克思的哲学对西方近代形而上学哲学世界观的超越,把马克思的哲学视为是同近代形而上学哲学一样的以主客、心物等二分为出发点的哲学。"西方马克思主义"的创始人卢卡奇、柯尔施、葛兰西对马克思主义所作出的一个重大贡献就是他们最早觉察到了第二国际和第三国际这种以近代形而上学思维方式来理解马克思的哲学的错误,他们早在八十多年前就开始探讨马克思的哲学与近代形而上学哲学世界观的界限,并努力把马克思超越近代哲学之处当做马克思在哲学上真正的创新点(主要是以社会化的人的现实生活为哲学的基础)而加以挖掘和弘扬。以后的"西方马克思主义"的人本主义倾向的理论家基本上都是沿着这一思路,实现了将马克思的哲学从第二国际和第三国际理论家那里的"物质本体论"向"实践本体论"、"人的历史存在本体论"的转向和回归。他们这样做的实际效果是把原先"被唯心主义抽象地发展了"的"能动的方面"重新又还给了马克思主义。

---

① 《马克思恩格斯选集》第 1 卷,人民出版社 1995 年版,第 54 页。
② 《马克思恩格斯选集》第 1 卷,人民出版社 1995 年版,第 54 页。

"西方马克思主义"中人本主义理论家围绕着马克思主义所做的主要工作就是批判以自然辩证法、反映论和经济必然性为主要内涵的第二国际和第三国际理论家的哲学立场,回到马克思的实践哲学构想,构建以人的历史存在(即实践)为轴心的马克思主义的人本学和本体论,而所有这一切具体地反映在他们所提出的一系列命题之中。如"马克思主义是实践一元论"、"马克思主义是一种社会理论"、"马克思主义哲学不是自然辩证法,而是历史辩证法"、"马克思主义哲学是一种社会存在本体论"、"马克思主义的本质特征是批判"、"马克思的哲学是一种精神的存在主义"、"马克思主义哲学是一种'存在的哲学'"、"马克思主义不是主体哲学,也不是客体哲学,而是历史的哲学"、"马克思主义用以反对唯心主义最有力的武器是'存在'"、"马克思的自然观的主要特征就在于它是一种自然—历史理论"、"对马克思主义来说,只有一门唯一的、统一的关于作为总体的社会发展的科学"、"马克思主义的要旨是不从动物出发去解释人,更不用说从物质出发去解释了"等等。

实际上,当时致力于恢复马克思主义哲学"实践本体论"的本性、高扬马克思主义的主体性原则的何止是这些"西方马克思主义"的人本主义倾向的理论家,有许多人出于不同的理论或现实的需要,都汇集到这股洪流中来了。只是"西方马克思主义"的人本主义倾向的理论家在这股洪流中因为觉察最早、论述最系统而最引人注目罢了。后来的事实证明,这股洪流反对马克思主义哲学的机械唯物主义倾向是反过了头,与此相应,强调马克思主义哲学的人本主义的特性也强调过分了。事物走向了反面,这些把马克思主义人本主义化的理论家(特别是那些不是属于"西方马克思主义"阵营的理论家)在把"能动的方面"还给马克思主义的同时,又不幸被马克思言中,竟然"抽象地发展了""能动的方面",实际上把马克思主义哲学引向了唯心主义方向。"西方马克思主义"中的科学主义倾向正是在这样的背景下形成和发展起来的。与"西方马克思主义"的人本主义倾向相比,其历史要短整整三四十年。它是作为把马克思主义人本主义化的倾向的对立面而出现的。属于这种倾向的主要代表人物阿尔都塞就认为自己是在马克思主义被唯心主义化的紧要关头挺身而出,"对特定的局势进行干预","尽管走的是一条孤独的道路",但是在"保卫马克思的纯洁性"。"西方马克思主义"的科学主义倾向的理论家对马克思主义的主要贡献在于,他们一方面也像"西方马克思主义"的人本主义倾向的理论家那样反对第二国际、第三国际的理论家,即传统辩证唯物主义和历史唯物主义(特别是斯大林主义)的形而上学和独断论特征;另一方面则力图与片面地强调主体性原则,从而把马克思主义引向唯心主义的思潮抗衡,通过使马克思主义成为实证意义上的科学体系,恢复马克思主义的唯物主义的本性。他们中有的人(如科莱蒂)尽管也强调人的本质是一个"社会历史主体",但主要是从"社会生产关系"而不是从"自由自觉的活动"方面来理解人的主体性;有的人(如阿尔都塞)则直接通过论证意识形态与科学的对立来说明马克思主义是一种"理论上的反人道主义",来说明人类社会的发展在马克思那里是一个"无主体"的自然历史进程。他们的这些理论观点同样凝结在他们所提出的相关命题中,如"马克思主义是一种反历史主义"、"马克思主义是一种结构因果观"、"马克思主义是'道德的伽利略主义'"、"马克思的《1844 年手稿》是'黎明前的黑暗'"、"马克思主义是一门经验科学"、"马克思的辩证法是现代实验科学的唯物主义逻辑"、"马克思创立历史唯物主义为科学知识打开了新大陆"、"历史唯物主义在'社会生产关系'概念中达到了顶点"等等。

　　"西方马克思主义"中的这两种倾向是沿着不同的方向对马克思主义所作的研究,从而他们也是从不同的角度对马克思主义研究作出了贡献。必须承认,他们各自对马克思主义的理解都是深刻的,尽管显然这是一种片面的、互补的深刻性。

三

　　说到"西方马克思主义"者对马克思主义所作出的贡献,还不能不提及他们对马克思主义的态度。他们所提出的对马克思主义的基本原则,以及他们实际上所实施的对马克思主义的态度被许多人所称道。

　　"西方马克思主义"从其创始人卢卡奇开始,就被人称为"现代化的马克思主义"。卢卡奇早在他的被人奉为经典的《历史与阶级意识》一书中就提出要具有"真正从内容上掌握对待现代迫切问题的立场","因为根据对马克思主义方法的理解,这个方法的主要目的在于认识现代"。自卢卡奇以来的几乎所有的"西方马克思主义"者都认为,19 世纪是古典资本主义时期,产生于古典资本主义社会的马克思主义,有很多结论在今天已经不适用了。他们主张,必须使马克思主义面对现实,马克思主义者的任务就是要实现马克思主义的现代化。他们都竭力反对把马克思主义教条化、神圣化的倾向。他们对马克思主义的这一基本态度反映在他们所提出的下述命题中:"当代马克思主义患有贫血症"、"马克思主义本身包含着困难、矛盾和空白"、"马克思主义是'有限的'理论"、"马克思主义对历史的自发性有着一种基本的信任"、"马克思主义与其说是交给我们历史的钥匙,不如说是把历史重又还原为永恒的询问"、"马克思主义正统永远决不是守护传统的卫士,它是指明当前任务与历史过程的总体的关系的永远警觉的预言家"、"让产生马克思的真实思想出场"、"群众的感情对马克思主义来说永远是真实的"等等。可以说,他们中许多人为反对马克思主义的教条化和实现马克思主义的现代化而奋斗了终生。观察"西方马克思主义"者的全部理论活动不难看出,注重与现实生活的密切联系,努力在现实生活中寻找马克思主义的生长点,是其最鲜明的特点。在他们那深奥难懂的语言中负载着大量关于急剧变化的当代世界的信息,跳动着这个特定的时代的脉搏,也倾注了他们对时代命运的关心。他们用其特定的哲学语言和方式曲折地反映着他们生活的那个时代。他们从来没有回避现实问题对马克思主义发出的挑战。

"西方马克思主义"者坚持反对将马克思主义教条化,坚持促使马克思主义的与时俱进,这是必须加以肯定的。但更值得肯定的是,他们与此同时又持之以恒地反对将马克思主义工具化的倾向,即反对以实用主义的态度对待马克思主义,把反对马克思主义的教条化、坚持马克思主义的与时俱进同不断地探索马克思主义的"真精神"结合在一起。实际上,即使是同样反对将马克思主义教条化,注重马克思主义的与时俱进,也蕴含着两种不同的立场。第一种是在认可马克思主义的理论、观点的基础上的与时俱进。当然,这里所说的认可不是指把这些理论、观点当做绝对真理,不问时间、地点、条件的变化而无选择地接受。持有这种立场的人认为马克思主义作为一种思想、主义,包含有一系列理论、观点和由此构成的科学体系,强调这些理论、观点和这一科学体系是客观存在的。所以,他们的认可首先是认可这些理论、观点的客观存在性。他们既认为马克思主义是绝对真理与相对真理的统一,又认为马克思主义是一种客观真理。这样,他们所致力于的将马克思主义现代化,是在认真理解和领会这些理论、观点的基础上,确实认识到了其中的有些已随着时代的变化而不合时宜,从而加以相应的修正和发展,这样就在总体上推进了马克思主义。持有这种立场的人必然会把推进马克思主义的发展建立在深刻地把握马克思主义的"真精神"的基础之上。第二种是在根本否认有一个客观的、真实存在的马克思主义的理论体系存在的前提下的所谓"向前发展马克思主义"。持有这种立场的人片面地接受解释学、后现代主义等的一些思想方法,认为任何思想主要是解释者、研究者的思想,他们把解释、研究对象相对主义化和虚无化。他们在解释、研究马克思主义时同样将之虚无化,从根本上否定马克思主义是一种客观真理,完全把马克思主义视为一种不包含有绝对真理微粒的纯粹相对正确的东西。这样,他们的所谓向前推进马克思主义,无非是把马克思主义当做一堆可以任意处置的质料,按照自己的需要,揉捏出一个个"新马克思主义"来。在他们那里,所谓解释和研究马克思主义就是想方设法"制造马克思主义",而所谓"向前推进马克思主义",也无非是把他们所制造出来的马克思主义呈现于人们面前。显然,绝大多数"西方马克思主义"者是属持有第一种立场的人。我们在他们那里所看到的一方面是"推进马克思",即努力实现马克思主义的现代化,使马克思主义不断向前发展;另一方面是"回归马克思",即不断地探索马克思主义的"真精神",正确全面地领会马克思主义的立场、观点和方法。这两个过程在他们那里是有机地结合在一起的。这种基本立场一直从卢卡奇、葛兰西延伸到苏东剧变后的"西方马克思主义"者。苏东剧变后的一些"西方马克思主义"者明确地提出反对将马克思主义作为政治的装饰品,反对将马克思主义视为随便可以使用的工具,反对以实用主义的态度对待马克思主义,他们在新的形势下痛定思痛,更鲜明地重申和强调了原有的立场。他们对马克思主义的这一富有原则又具科学性的立场,是他们留给当代人,特别是留给当今仍对马克思主义抱有思念的人的宝贵财富。

在"消解"传统的哲学本体论之后

——评"西方马克思主义"的哲学贡献

　　"西方马克思主义"主要是一种哲学理论,那么"西方马克思主义"的哲学理论究竟有些什么特点?"西方马克思主义"在哲学上究竟作出了什么样的贡献?我们在这里作一初步的探讨。

一

　　20世纪的哲学,是在高举"拒斥形而上学"的旗帜,不断地"终结"、"治疗"、"消解"自身的历程中走过来的。"西方马克思主义"作为一种20世纪叱咤风云的哲学思潮,它不可能游离于这种"终结"、"治疗"、"消解"哲学的时尚之外,实际上,它对哲学的探究正是以此为出发点的。

　　马克思曾经说过,"彼岸世界的真理消逝以后,历史的任务就是确立此岸世界的真理"。马克思这里所说的"彼岸世界",不仅指"以宗教为精神慰藉的那个世界",而且包括一切造成人的自我异化的"超历史"的或"非人"的存在。也就是说,不仅指束缚人的独立性的"神圣形象",而且包括束缚人的独立性的"非神圣形象"。"西方马克思主义"自其诞生那日起,矢志不渝地从事的一件事就是把哲学从"彼岸世界"拉回到"此岸世界",

拉回到人的现实生活之中。它所要"消解"、"终结"、"治疗"的既有表征"神圣形象"的近代以前的哲学，更有以理性主义、本质主义为主要内容的以"非神圣形象"出现的近代哲学。阿多诺所提出的"解除概念的魔力乃是哲学的解毒剂"的命题，较有代表性地表明了"西方马克思主义"消除对一切"超历史"的形而上学概念的崇拜的立场。在"西方马克思主义"理论家看来，哲学只有面对现实，才能拯救自身。梅洛·庞蒂就认为，哲学只有当它停留在抽象状态时才是错误的，马克思主义并不是要离开哲学，而是要揭开其秘密，在现实中实现哲学。正是在这一意义上他又说道，"哲学在掩盖现实的同时也反映着现实"，"哲学在作为孤立的东西被消灭的同时，实现了自己在现实中的存在"。正因为在他们看来，哲学能在现实中实现自身，所以哲学并不神秘，每一个人都有可能掌握和运用哲学。于是阿尔都塞提出了这样一个命题：每个人并不是本能的哲学家，但每个人都可能成为哲学家。

"西方马克思主义"要把哲学拉回到人的现实生活之中，最鲜明地表现在他们关于"哲学就是人学"的基本思想中。在当代西方哲学家中，"西方马克思主义"理论家是这一思想的最早的提出者和最系统的阐述者。"西方马克思主义"的两种倾向的代表人物尽管在许多问题上都存在着尖锐的对立，但在认为"哲学就是人学"这一点上基本一致。科学主义倾向的"西方马克思主义"者德拉·沃尔佩认为，传统哲学是一种无根据的"关于精神的科学"，是一种"思辨的形而上学"，而随着传统哲学的消解，哲学"剩下的只是对人的研究"，"哲学直接就是一门关于人的科学"。人本主义倾向的"西方马克思主义"者葛兰西更是直截了当地提出，必须抛弃那种离开社会现实来论述物质与精神、思维与存在等等旧哲学的"形而上学的空谈"，应把哲学的对象限定为"与人所变革了的自然紧密地结合起来的人的活动"，他提出了"人是哲学中第一个主要问题"的命题。

"西方马克思主义"理论家进一步提出，使哲学变成人学，实际上是要使哲学面对人的日常生活世界。"西方马克思主义"理论家创立了日常生活批判哲学。他们指出，哲学家总是把日常生活拒之于研究的门外，始终认为日常生活是非哲学的、平庸的、没有意义的，只有摆脱掉日常生活，才能更好地进行哲学思考。实际则与此相反，即应努力把日常生活纳入哲学研究的范畴,使之成为哲学思考的对象。这种改变哲学研究对象的做法,同时也从哲学角度改变了对日常生活的看法:用一种非平庸的观点来看平庸。列斐伏尔所提出的一系列命题,如"让日常生活成为哲学思考的对象"、"彻底改变日常生活的设计,是不能和超越哲学以及哲学的实现分开的"、"哲学的概念是自发地或是被人从外面引进地进入生活意识之中的"等等,较完整地表述了"西方马克思主义"的日常生活批判哲学理论。

<h2 style="text-align:center">二</h2>

"西方马克思主义"对传统哲学的"消解"实际上主要是对以二元对立为主要特征的传统的形而上学和传统的本体论的"消解"。许多"西方马克思主义"理论家就论证了马克思主义哲学的非本体论性质,他们所说的非本体论就是非传统的本体论。在这方面法兰克福学派的施密特的论述最详尽,他明确提出了"马克思主义哲学是非本体论"的命题。在许多"西方马克思主义"理论家看来,如果哲学以探讨物质与精神谁是世界的本原作为第一要务,必然会钻入死胡同。柯尔施就坚决反对用"关于'思维'和'存在'、'精神'和'物质'孰是世界的本原这样'绝对的两极性'"去划分唯心主义和唯物主义。他提出了这样一个著名命题:崇尚正统的马克思主义哲学所说的对唯心主义的"唯物主义的颠倒",充其量只是"用被叫做'物质'的绝对去取代被叫做'精神'的绝对罢了"[①]。他认为,马克思主义哲学已脱离了以主客二元分立为特征的近代思维方式,而达到了主客融合的境界,不能再像恩格斯和列宁那样重新把其拖回到去争议唯物还是唯心的老路上去。柯尔施的这种反对传统本体论、反对近代形而上学思维方式的立场在"西方马克思主义"中颇有代表性,许多"西方马克思主义"理论家都表述了类似的观点,如葛兰西提出必须"超越唯物主义与唯心主义的对立";阿多诺更直截了当地说,必须反对"物质本体论上的首要性"、反对"崇拜所谓的'客观的'物质世界";萨特则认为坚持物质第一性的人因为把人的世界视为一种单纯的客观世界,从而"剥夺了人的主观性"。

"西方马克思主义"致力于"消解"以二元对立为主要特征的传统的本

---

① 柯尔施:《马克思主义和哲学》,王南湜等译,重庆出版社1989年版,第81页。

体论,直接的目的是要人们重新审视对自然界、对所谓的客观世界的看法。他们坚决反对"纯"客观地看待自然界,坚决否认有一个不随人们意志转移的客观的物质世界的存在。他们强调要用实践的观点去看待自然,即认为自然物质是通过"历史的劳动"占有的,是"历史的产物"。"西方马克思主义"理论家因此而提出一系列命题表述他们的这一思想。如列斐伏尔提出"物质是一个X"、"自然界本身是无动于衷的"①,他之所以强调物质仅是一个"未知数",根本目的是为了把物质变成一个纯粹的方法论结构;而他之所以又强调自然界本身是无动于衷的,更是为了说明只有人的活动才使自然界的存在具有意义。阿多诺所提出的相关命题是"客体只是一个术语上的伪装"②,在他看来,因为客体不能离开主体而独立自存,从而其充其量"只是一个术语上的伪装"。马尔库塞用这样一个命题来表达不仅要在客观的意义上,更要在主观的意义上来理解自然的思想:"自然本身就是主体—客体。"梅洛·庞蒂的下述命题则把其反对物质世界的"客观性"的思想表述得更加清楚明白:"世界就是我们所知觉的那个东西"、"事物和世界是通过我的身体而给予我的。"③当然,对"西方马克思主义"的"人化自然"、"人化物质世界"的思想作出经典表述的是葛兰西关于"客观等于历史的主观"的命题,他指出,"客观的"总是指"从人的角度客观的",它正好确切地与"历史的主观"一拍即合④。

　　正像"西方马克思主义"致力于"消解"哲学并不是为了从根本上取消哲学,而只是意在通过批判束缚人的独立性的传统哲学使哲学真正面向现实生活一样,"西方马克思主义""消解"本体论也并不是为了从根本上取消本体论,而是旨在借助于对主客二分的传统形而上学思维方式的批判,建立一种能使主客结合在一起的新的本体论。他们反对把存在的基础或本原归结于物质或精神,这并不妨碍他们自己对存在的基础和本原的探讨。卢卡奇反对黑格尔把绝对精神视为"实体—主体",但他仍然接受了黑格尔"实体即主体"的命题,即也认为世界上有一个构成万物的最基本、

① Levebvre,*Le Materialisme Dialectiqe*,Paris,1962,P.99.
② Adorno,*Negative Dialectics*,Routledge & Kegan Paul,1973,p.192–193.
③ Merleau-Ponty,*Sense and Non-sense*,Northwestern Vniversity Press,1968,p.133.
④ Gramsci,*Selections from the Prison Notebook*,Lawrence & wishart Publisher,1971,p.445.

最原始的东西,这一东西既是实体又是主体。这样,他一方面摈弃了黑格尔的绝对精神,另一方面又把人,严格地说是人的意识,作为"实体—主体"。正是在这一基础上,他提出了"人的意识既是主体又是实体"的著名命题。葛兰西更是个研究本体论的专家,他开创了对马克思主义哲学作"实践本体论"的理解的先河。不要因为葛兰西如此地反对唯物主义的一元论,如此地反对把"客观存在的物质"视为世界的本原,就认为他是从根本上反对"一元论",完全取消涉及世界本原的问题。他反对的是"唯物主义的一元论",而与此同时主张"实践一元论",认为真正构成世界本原的是"与某种有组织的历史化的'物质',与由人所变革的自然不可分割地结合在一起的具体的意义上的人的活动"。他所提出的"世界统一于实践"的命题言简意赅地概括了"西方马克思主义",特别是"西方马克思主义"中人本主义派别的本体论思想。霍克海默认为问题不在于对世界终极问题的解答是否是神学的、唯心主义的或是唯物主义的,而在于人们如何才能找到生活和生命之谜的答案。在他看来只有哲学形而上学才能做到这一点,因为唯有形而上学致力于探索存在的本质。他的"唯物主义即是一种生活实践和生活方式"的命题,既表明了他的唯物主义观,更反映了他从生活实践和生活方式中寻找存在的根基的基本立场。值得一提的是马尔库塞的本体论的情结是如此的强烈,以至于他在论述其"爱欲论"时也千方百计地要说明,他的"爱欲论"其实是寻求一种新的存在本质即爱欲的理论,他提出了"爱欲是一种新的存在本质"的命题。

三

"西方马克思主义"理论家正是从这种反对传统的以主客二分为标志的本体论出发,把人的感性活动、人的实践视为新的存在本质的独特的本体论、存在论,从而引出了他们同样独特的辩证法、认识论和历史观。

"西方马克思主义"的辩证法观的精髓体现在卢卡奇的这一命题之中,也就是"辩证法是主体和客体的相互作用"。这一命题否认辩证法存在于不以人的意志为转移的客观自然界之中,强调辩证法只存在于主体和客体的相互作用之中,存在于人对自然界的能动的改造之中。其实质是认为辩证法发源于人类、发源于主体。在卢卡奇看来,只有把辩证法理解成

是一种主—客体关系的辩证法,它才是革命的。基于这一认识,他又提出
了下述两个命题:"对辩证的方法来说,中心问题乃是改变现实。"①"如果
摈弃或者抹杀辩证法,历史就变得无法了解。"②把萨特论述辩证法的一系
列命题串起来,则较完整地构成了"西方马克思主义"的辩证法观。萨特
说,"辩证的说明有其限度",这是明确地反对辩证法的普遍意义,强调辩
证法只适用于一定的范围,他曾经指出他的《辩证理性批判》一书的宗旨
就是要说明辩证法是有其界限的。他还提出"辩证关系不存在于自然本身
中,而是存在于人对自然的认识中",他在这里强调了自然界本身不存在辩
证法,也即在自然本身中不具有辩证关系,他通过分析人对自然的认识与
自然本身的区别来论证这一点。他又强调,"当人们把辩证法输入自然界
时,辩证法的可理解性顿时消失"。在他看来承认自然辩证法会带来灾难
性的后果,即破坏辩证法的易懂性、明晰性和自明性。他的下述命题可以
视为他从各个角度对辩证法所下的定义:"辩证法的特性其本身就是人类
的特性",这是强调辩证法的特性与人的特性的一致性,强调辩证法必须与
人联系在一起;"辩证法是行动的活的逻辑",这是把辩证法直接等同于人
的实践;"辩证法必须来自于一个个的个人",这是突出辩证法根源于个人
的实践,要求把辩证法引导到它的根源上去,即引导到个人的实践上去;
"个人实践体现了最纯粹的辩证法"③,这是提出辩证法不是人以外的对象
所固有的,而只是人所创造的,离开了个人就不可能有辩证法。其他的"西
方马克思主义"理论家也提出了许多给人以深刻印象的含义相同的命题,
如列斐伏尔说:"对于改变'客观性'具有构造作用的人类实践,是辩证法
的拱心石";梅洛·庞蒂提出,"辩证法就是主体和客体之间的痛苦的关
系,无休止的交换的复原"、"辩证法无非是连续的统觉"、"辩证法就是对
有后果的历史的持续阅读";霍克海默强调,"辩证法是包括主体和客体之
间相互作用的一个前进过程";阿多诺认为,"辩证法探索意识和存在、主
体和客体之间的力场";施密特指出,"辩证法并不是世界的永恒法则,当
人消失的时候,它也消失"、"主体和客体的辩证法是自然构成要素的辩证

① 卢卡奇:《历史与阶级意识》,杜章智译,商务印书馆 1992 年版,第50 页。
② 卢卡奇:《历史与阶级意识》,杜章智译,商务印书馆 1992 年版,第60 页。
③ J. P. Sartre, *Critique of Dialectical Reason*, New Left Books, 1986, p. 36, 37.

法"、"对于马克思主义的唯物主义来说,辩证法只可能是一种历史方法"。

在"西方马克思主义"理论家那里,主—客体辩证法就是总体性辩证法。在他们看来,辩证法的革命本质不在于人对外在的某种既定客观性的东西的遵循,而在于人通过自由自觉的实践活动对客体和对象的改造。这是一个变革现实的过程,正是在这一过程中,人达到了主客体的统一。从而辩证法的本质既是主体和客体的相互作用和具体统一,也是历史进程的总体性。"西方马克思主义"理论家把主—客体辩证法与总体性原则联系在一起,是有其充分理由的。他们强调,重视主—客体辩证法就是重视总体性原则。卢卡奇提出,"辩证法不管讨论什么主题,始终围绕着同一个问题转,即认识历史过程的总体"①,他强调辩证法观察历史时一个最突出的特点是从主体和客体相互作用的角度出发将其视为一个总体,这一命题很好地体现了他的这一思想。萨特则指出,"辩证规律是社会被我们自己所总体化和我们自己被社会运动所总体化"②,他把辩证法、实践和总体化视为是同一的。他还更直截了当地指出,"辩证法即是整体化",他认为,社会的整体化以个人的整体化为前提,而个人的整体化又体现于个人的实践、行为中。这种为人的实践、行为所实现的从个人到社会的整体化运动,正是辩证法的根本含义。对于总体性原则的推崇,是"西方马克思主义"思潮的一个重要倾向。许多"西方马克思主义"的命题是论述这一点的,如卢卡奇指出,"辩证的总体观是能够在思维中再现和把握现实的唯一的方法"、"客体的可知性随着我们对客体在其所属总体中的作用的掌握而逐渐增加"③,卢卡奇在这里不仅指出了辩证法的总体观对把握现实的意义,而且强调了必须在辩证的、动态的相互作用中来认识客体。"西方马克思主义"理论家还强调总体性与人的主体性的本质联系。总体性在他们那里首先是人的存在的总体性,即认为人不是作为片面的、孤立的东西而存在,而是作为历史的主客体的统一体而存在。正是由此出发,卢卡奇又提出了这样一个命题:"只有当进行设定的主体本身是一个总体时,对象的总

---

① 卢卡奇:《历史与阶级意识》,杜章智译,商务印书馆 1992 年版,第 85 页。
② 转引自卢卡奇:《历史与阶级意识》,杜章智译,商务印书馆 1992 年版,第 37 页。
③ 卢卡奇:《历史与阶级意识》,杜章智译,商务印书馆 1992 年版,第 62 页。

体才能加以设定。"①

四

"西方马克思主义"的认识论的一个重要标志是反对"反映论"。这是与他们在本体论上反对思维与存在的二元对立的立场相一致的,在他们看来,既然思维与存在的对立是臆造出来的,是形而上学的思维方式的产物,那么以这种对立为前提的"反映论"也是站不住脚的。他们认为,承认"反映论",是倒退到马克思之前的旧哲学的行为。卢卡奇用以指责"反映论"的一个最经典的命题是,"'反映论'是颠倒过来的柏拉图主义"。尽管这一命题只是重复了新康德主义者李凯尔特的话,但他显然是比李凯尔特更坚定地站在拒绝认识是反映这种观点的立场上提出这一命题的。在"西方马克思主义"理论家中,以柯尔施对"反映论"的批评最系统,他的相关著名命题是,"把思维看成是存在的反映是一种形而上学的二元论"。因为列宁主张"反映论",他就竭力指责列宁。他还这样说,"把反映论同马克思联系起来是一种误解"。列斐伏尔则提出,"再也没有比把'事实'放在一边,而把它在人脑中的'反映'放在另一边更违反辩证法了"。施密特认为,"认识的任务不是在像一道石墙似的围着人们的现实投降",而"反映论"的要害就是要人们作出这样的"投降"。阿多诺对"反映论"的指责则是"'反映论'就是一种照相理论"。"西方马克思主义"理论家反对"反映论",提倡实践论。在他们看来,两者最大的区别在于,后者不把创造世界与认识世界分割开来,强调了认识世界的过程本身就是创造世界的过程,不把人仅仅视为反映者,而是视为实践者、创造者。"西方马克思主义"的认识论极其强调实践在认识过程中的作用,从卢卡奇到萨特均是如此。卢卡奇提出,"行动、实践,按其本质是对现实的冲破,是对现实的改造",而萨特则指出,"辩证法只不过是实践"、"实践就是由于内在化而从客观到客观的过渡"。在"西方马克思主义"理论家那里,突出实践在认识中的作用,也就是突出劳动在认识中的功能,这样劳动又成了一个认识论的范畴。请看哈贝马斯的下述命题:"劳动不仅是人类学的范畴,同时是认识论范

---

① 卢卡奇:《历史与阶级意识》,杜章智译,商务印书馆1992年版,第78页。

畴。"这一命题告诉人们:劳动既有人类学意义,也有认识论意义,社会理论实质是认识理论,认识理论也必须作为社会理论。之所以如此,根本原因就在于劳动的这种双重意义。

"西方马克思主义"者在认识论上反对"反映论"推崇实践论,说到底是为了突出认识主体的作用。他们在阐述认识论原理时如此激烈地抨击实证主义,就是因为在他们看来实证主义抹杀了认识主体的能动性。他们强调,给人以规范性指导的理论并不是基于人的经验事实,而是依赖于对人的主体价值的充分信念,实证主义的要害就是忽视人的主体性。为了突出主体在认识过程中的能动作用,他们中一些人致力于把人的兴趣重新引入认识论之中。在这方面最有代表性的是哈贝马斯,他明确地把兴趣作为认识论的基本范畴,并以此作为认识论的基础,来重建一种作为"社会理论"的认识论。人们对他的下述命题耳熟能详:"兴趣是人类生活的基本方向"、"兴趣先于认识就像兴趣由于认识才得以实现一样"、"兴趣横亘在认识的基底之中"、"指导认识的兴趣是认识的不变的常数"①。"西方马克思主义"者在认识论方面突出认识主体的作用还表现在他们提倡从抽象到具体的思维方法。卢卡奇就通过引用马克思《政治经济学批判导言》中的有关论述,反复说明"从抽象上升到具体是唯一正确的方法"。作为"西方马克思主义"的科学主义倾向的代表人物的科莱蒂在许多方面与卢卡奇存在诸多争议,但在推崇从抽象到具体的思维方法方面与卢卡奇完全一致,他提出了这样一个命题,"从抽象到具体的过渡是思想适应于实在的唯一的办法"。另外还必须指出,"西方马克思主义"在认识论方面既重视实践的作用,又重视理论的功能。这两者看起来相互矛盾,但实际上是一致的,因为在他们那里,重视实践的作用是为了突出主体的作用,而注重理论的功能同样是旨在推崇主体的地位。更何况在一些"西方马克思主义"者眼里,理论与实践本来就是一回事。对理论与实践一致性的阐述,是"西方马克思主义"认识论的又一个重要内容。柯尔施早就反对用"理论来源于实践,理论反作用于实践"来说明理论与实践的统一,他提出了这样一个命题:"理论和实践是同一个过程的两个方面。"而真正明确地把理论与实践

---

① Jürgen Habermas, *Knowledge and Human Interests*, Beacon Press, 1971, p. 198.

等而视之的则是阿尔都塞,他所提出的"理论也是一种实践"的命题广为流传。

五

"西方马克思主义"的理论家提出了许多含义深刻的命题,用以表述其历史观。其中比较具有创意的主要表现在以下四个方面的否定上。

一是否定历史规律的客观性。"西方马克思主义"中的人本主义倾向的理论家强调历史只具有在人的能动作用支配下的趋向性,而不存在独立于人之外的客观规律性。在他们看来,由于传统的马克思主义对客观规律的强调取代了对人的历史主体性的尊重,结果,历史过程就不再表现为主体统摄客体的过程。卢卡奇提出"人外在于自然而内在于社会"的命题就是要说明人类社会与自然界不一样,不存在不随人的意志为转移的客观规律。葛兰西则提出,"承认历史规律的客观性,就是'以白痴式的自我满足'去取代首创性"。马尔库塞把历史规律称为"历史律令",他提出了这样的命题:"'历史律令'归根到底是由人创造的。"言下之意非常明确:历史规律与客观性无缘。

二是否定历史决定论。"西方马克思主义"中的人本主义倾向的理论家对历史规律客观性的否定与对历史决定论的否定紧紧联系在一起。一讲到对历史决定论的否定,人们马上会想起萨特的著名命题:"决定论是没有的。"他把决定论的观念与上帝的观念联系在一起,认为决定论的观念都会通向上帝的观念。他还提出,"决定论无非是把人们的自由放入一种神秘的学识和一个官僚机器之中"。布洛赫的命题则表述得更为清楚形象:"决定论就是要人们当乘客而不是司机。"他指出,如果世界的整个过程事先就被决定好了,那么人就不是火车司机而是乘客,他所能做的唯一事情就是在宣扬这种决定论的正统马克思主义那里领取一张驶向社会主义的火车票。

三是否定一元决定论。这主要是结构主义的马克思主义理论家阿尔都塞所持有的立场。他坚决反对一元决定论,认为马克思对黑格尔的历史观的改造不是从绝对精神一元论改造成物质资料生产方式一元论,而是从一元论改造成多元论。他的相关著名命题是,"历史是由多元决定的",即认为制约历史发展的不仅是生产关系与生产力一对矛盾,而且包括生产关系与生产力这对矛盾在内的多种矛盾。正因为在他看来历史是由多元决定的,从而他又提出,"不存在能被用来衡量一切历史的唯一的线性时间的连续性"。他甚至还提出这样的命题,"'十月革命'的胜利是矛盾多元决定论的胜利",他的意思是"十月革命"证实了矛盾是由多元决定的,如果坚持矛盾一元决定论,那么"十月革命"不可能爆发,更不可能成功。

四是反对经济基础决定论。在这一点上"西方马克思主义"中的两种倾向的理论家的观点异常一致。葛兰西就提出了"上层建筑是决定一切的"命题,他强调经济基础与上层建筑之间不存在决定与被决定的关系,上层建筑不可能还原为经济基础,如果一定要说两者产生影响的话,那么上层建筑,特别是上层建筑和意识形态的力量对经济基础的影响远大于后者对前者的影响。哈贝马斯提出,"科学技术的发展已使经济基础与上层建筑的界限模糊不清",他的意思是,随着科学技术的发展,不要说还存在经济基础决定上层建筑的问题,就是连两者的界限也已很难划分了。阿尔都塞则用其矛盾多元论来否定经济基础对上层建筑的决定作用。他的相关命题是,"经济基础和上层建筑既都是起决定作用的,又都是被决定的"。

六

在较详尽地梳理了"西方马克思主义"哲学理论的基本内容以后,可以简单地归纳一下其贡献之所在。包括"后现代主义"在内的整个现代哲学在哲学上所作出的贡献"西方马克思主义"都有份。人类历史发展到20世纪,伴随着近代自然科学而形成的近代形而上学哲学世界观,遇到了空前的危机,其对人类的负面效应暴露无遗。对近代形而上学哲学世界观,特别是作为这种世界观的核心的以二元对立为主要标志的传统本体论的批判与消解,是现代哲学的使命。"西方马克思主义"理论家不负这一使命,他们加入了这种批判和消解的行列。纵观20世纪这种波澜壮阔的批判与消解的运动,"西方马克思主义"的力度与深度不逊于其他任何一种现代哲学思潮。但如果对"西方马克思主义"在哲学上的贡献的认识仅仅停留在这里,那真可谓是"明察秋毫之末,而不见舆薪"。"西方马克思主义"哲学与其他现代哲学思潮有许多不同之处,而正是这些不同之处构成了其主要的哲学建树。这主要表现在,它并没有像"后现代主义"等许多现代哲学思潮那样,把对近代形而上学哲学世界观的批判与消解变成了对整个哲学世界观的批判与消解,把对以主客二分为主要标志的传统本体论的批判与消解变成了对整个本体论的批判与消解,从而走上了一条虚无主义、相对主义、主观主义的道路。"西方马克思主义"不是为了破而破,而是破中有立。他们通过批判和消解近代形而上学哲学世界观而建立了一种新的哲学世界观,通过批判和消解以主客二分为主要标志的传统本体论而提出了一种新的本体论。"西方马克思主义"的理论家对近代形而上学哲学观和思维方式所展开的批判的激烈和尖锐程度,一点儿也不亚于那些后现代主义者,但他们并没有由此简单地否定对世界观和本体论问题研究的意义,而是注重把这种研究由面向脱离现实的抽象的自然界或观念世界改变为面向人的现实生活世界,面向人的感性实践活动。上面我们全面剖析了这种新的哲学世界观、新的本体论,以及从这种新的本体论中引出来的新的辩证法、新的认识论和新的历史观,从中不难看出,所有这些尽管有那么多的不够完善之处,甚至还有明显的错误成分,但其中包含的诸多真知灼见则是不言而喻的。只要把这些"西方马克思主义"理论家所作出的可贵努力,特别是把他们所提出的这些真知灼见与"后现代主义"等现代哲学思潮一对照,其超群出众、独步一时应该说是十分明显了。

美感、超越与人类解放

——评"西方马克思主义"的文艺、美学理论

纵观"西方马克思主义"在 20 世纪的学术成就,最主要的是体现在文艺、美学理论方面。许多"西方马克思主义"理论家是西方著名的文艺理论家、美学家,他们把自己的主要聪明才智倾注在艺术和美学上。20 世纪的世界,特别是在西方世界的文艺理论、美学的发展史上,"西方马克思主义"有其光辉的篇章。

一般认为,"西方马克思主义"的文艺、美学理论,大致包含以下四大分支:其一,卢卡奇的现实主义文艺、美学理论;其二,法兰克福学派的浪漫主义文艺、美学理论;其三,萨特的存在主义文艺、美学理论;其四,英美威廉斯、伊格尔顿、詹姆逊等人的文艺、美学理论。本人则基于以下考虑而提出不能把卢卡奇的现实主义文艺、美学理论划入"西方马克思主义"的文艺、美学理论的范围:卢卡奇的现实主义文艺、美学理论主要产生于 20 世纪 30 年代以后,即产生于他背离了自己创立的"西方马克思主义"路线的时期。产生于这一时期的文艺、美学理论,同他在这一时期所形成的其他理论一样,与"西方马克思主义"无缘。在 20 世纪 30 年代,曾就表现主义这个文艺创作方法、流派展开过大辩论。这场辩论在某种意义上讲,是"西

方马克思主义"的表现主义文艺、美学理论与传统马克思主义的现实主义
文艺、美学理论之间的辩论。代表前者的是与"西方马克思主义"有着密
切联系的布莱希特,而代表后者的正是卢卡奇。卢卡奇的现实主义文艺、
美学理论的基本思想是:现实主义是伟大的,是任何真正伟大作品的基础。
与任何一种文艺、美学理论都有其哲学基础一样,卢卡奇的现实主义文艺、
美学理论也建立在一定的哲学基础之上,这就是反映论。卢卡奇的文艺、
美学理论的中心观点是文艺作品是对外部世界的反映。他强调,"反映的
理论是通过人的意识从理论和实践上掌握现实的所有形式的共同基
础"①、"反映的理论是关于现实的艺术反映理论的基础"、"艺术是反映现
实的一种特殊形式"②。他给自己提出的任务是:"在普遍的反映理论的范
围之内研究出艺术反映的特殊性。"③众所周知,"西方马克思主义"哲学的
一个基点是反对反映论,而且,正是卢卡奇本人在《历史与阶级意识》一书
中开创了以反对反映论为一个主要特征的"西方马克思主义"思潮。卢卡
奇的现实主义文艺、美学理论却以反映论作为哲学基础,显然是与"西方马
克思主义"相抵触的,这是在根本问题上的抵触。

在"西方马克思主义"的文艺、美学理论中,最有代表性、最有创意的
是法兰克福学派的有关理论。而法兰克福学派的文艺、美学理论与卢卡奇
的现实主义文艺、美学理论是截然对立的。法兰克福学派的理论家在其他
理论方面都程度不等地继承了卢卡奇的观点,但是在文艺、美学理论方面,
对卢卡奇的观点持激烈的批判态度。上面所说的"西方马克思主义"理论
家对20世纪的文艺、美学理论作出了重大贡献,主要是指法兰克福学派的
理论家所作出的建树。这样,我们在这里评述"西方马克思主义"的文艺、
美学理论,也就聚焦于法兰克福学派的浪漫主义文艺、美学理论,同时,也
适当波及到萨特的存在主义文艺、美学理论和英美威廉斯、伊格尔顿、詹姆
逊等人的文艺、美学理论。

以法兰克福学派的浪漫主义文艺、美学理论为代表的"西方马克思主

---

① 卢卡奇:《艺术与客观真理》,载《马克思主义文艺理论研究》第2卷,文化艺术出版社
1984年版,第419页。
② 卢卡奇:《卢卡奇文学论文集》(1),中国社会科学出版社1980年版,第2页。
③ 卢卡奇:《艺术与客观真理》,载《马克思主义文艺理论研究》第2卷,文化艺术出版社
1984年版,第419页。

义"的文艺、美学理论之所以不同凡响,主要在于他们在以下三个方面表现得超群绝伦。

一、他们提出艺术的性质与功能就是对现实的否定与超越

论证文艺与现实社会的对立,即论证文艺的超现实性与革命性,是"西方马克思主义"的文艺、美学理论的主题。他们强调,文艺当然不能回避与现存社会的关系,但是文艺之所以是社会的、现实的,是由于它采取的立场与社会相对立。文艺模仿现实是通过对现实的否定来实现的,艺术对现实的模仿仅仅是一种"表象",而在这种"表象"背后,艺术表现出否定的本质。

在这一方面,阿多诺的观点最鲜明,论述最系统。他把"非同一性"原则作为审美的最高原则,他要求现代人的审美活动应走向与现实生活的非同一。在他看来,正是在现实生活的非同一性中蕴含着巨大的审美资源。他说,非同一性原则给现实的审美活动提供了自律的审美模式,非同一性事物就是审美地得到体现的人类理性真实之所在。他从把"非同一性"原则视为最高审美原则出发,突出了审美的绝对超客体性。他说,审美根本用不着顾及客体性的对象存在,而且还必须有意识地背离客体对象,一件艺术作品离现实生活愈远,它的审美品位就愈高。他把否定性作为艺术的本质特征。他明确地指出,艺术的真理只有"拒绝与社会的认同"才能体现出来。他说,"艺术是对现实世界的否定的认识"①。艺术作品只有体现一种否定的立场,存在才能回到它原来的位置,艺术不仅是模仿、复制、反映世界,更重要的是批判、占有世界,文艺作品并不向读者提供一种"反映"与"知识",而是揭示现实的矛盾。在他看来,艺术不把自己的存在归结于现实世界,而且也不是从单纯的模仿中获得自身的意义,艺术的意义只在于对现实世界的否定与批判。他强调,艺术具有对现存事物疏远的特性,他说,艺术在自我疏离真实存在的放逐中,具有了非真实性。由此出发,他又把艺术视为不同于现实的、非实在的现象学意义上的"幻象",他

---

① T. W. Adorno, *Asthetische Theorie*, Suhrkamp Verlag, 1970, S. 140.

说,"现代艺术作品所追求的是那种尚不存在的东西"①,艺术的幻象蔑视
现实的统治原则,最终达到对现存经验事实的否定。他还强调,艺术具有
对完美的感性外观扬弃的特性,他说,"艺术用不完美性、不和谐性、零碎性
和破碎性的外观来实现其否定现实的本性"、"艺术作品被塑造得越深刻,
它也就否定了人为设置的外观而越难被人理解"②。阿多诺关于艺术性质
与功能最著名的命题是:"艺术对于社会是社会的'反题'"、"艺术在现存
社会中成了'反艺术'"③。

马尔库塞对艺术的革命与批判功能的论证同样精当而鲜明。他的最
基本的思想是:艺术天然是革命的。他说,"艺术并不是因为它为工人阶级
而写便是革命的,而它本身就是革命的"④、"每一件艺术品都将是对于现
存社会的一篇公诉状"、"每一件艺术品都是解放形象的显现"⑤、"只有通
过艺术的形式,才能表现和传播思想和真理"、"艺术打开了现存现实的另
一方面:可能解放的方面"⑥、"艺术实质上是'幸福的结局':绝望成为崇
高、痛苦成为美"⑦。他认为,从表面上看,艺术是肯定性力量,但实际上它
是否定性力量,他说,"艺术作为肯定性的同时也是否定这一肯定性的力
量"⑧、"艺术无论以何种面目出现,都绝不能铲除艺术与现实的对立"⑨。
马尔库塞从多方面论证了艺术为什么具有革命性。在他看来,艺术之所以
"天然是革命的"关键在于艺术具有美学的形式。他说,"艺术的革命潜能
在艺术的美学形式之中"⑩。他认为,艺术的特质不在于内容,而在于内容
变成了形式,艺术的手段是形式对于内容的超越作用和疏隔效果,而不是
顺世从俗反映现实的直接性。艺术形式所具有的这种超越作用和疏隔效
果,决定了艺术同现实总保持一段距离。他强调,"由于具有美学形式,艺

① T. W. Adorno, *Asthetische Theorie*, Suhrkamp Verlag, 1970, s. 203.
② T. W. Adorno, *Asthetische Theorie*, Suhrkamp Verlag, 1970, s. 195 – 196.
③ T. W. Adorno, *Asthetische Theorie*, Suhrkamp Verlag, 1970, s. 19.
④ 马尔库塞:《美学方面》,载《现代美学析疑》,绿原译,文化艺术出版社 1987 年版,第 2 页。
⑤ 马尔库塞:《美学方面》,载《现代美学析疑》,绿原译,文化艺术出版社 1987 年版,第 7 页。
⑥ 马尔库塞等著:《工业社会和新左派》,任立编译,商务印书馆 1982 年版,第 150 ~ 151 页。
⑦ 马尔库塞:《文化肯定性质》,载《现代美学新维度》,北京大学出版社 1990 年版,第 251 ~ 252 页。
⑧ 马尔库塞等著:《工业社会和新左派》,任立编译,商务印书馆 1982 年版,第 159 ~ 160 页。
⑨ 马尔库塞等著:《工业社会和新左派》,任立编译,商务印书馆 1982 年版,第 168 页。
⑩ 马尔库塞:《审美之维》,李小兵译,三联书店 1989 年版,第 203 ~ 204 页。

术对于既定社会关系大都是自主的"、"艺术凭借美的形式,既反对既定的社会关系,又超越它们"①。一件艺术品借助于美学构造,就可以突破蒙蔽的社会现实,打开变革的前景。他有时又把艺术凭借美学的形式对现存社会的超越称为艺术对现存社会的异化。他说,艺术和异化的社会保持着距离,艺术对现存社会的异化孕育着革命。他的至理名言是:"艺术的美学的形式用对普遍人性的欢呼来对孤立的资产阶级个人作出反应"、"艺术的美学形式用对美好灵魂的褒奖来对肉体的堕落作出反应"、"艺术的美学形式用对内在自由的价值的坚持来对外部的奴役作出反应"②。在他看来,艺术之所以"天然是革命的"的另一个重要原因在于艺术总同新的现实原则联系在一起。他说,"重要的不是艺术描绘了理想现实,而是艺术把理想现实描绘成美"③。他指出,根据弗洛伊德精神分析学对艺术爱欲根源的分析,艺术创造的过程实际上就是受压抑的爱欲通过艺术升华得以满足的过程,所以,必须肯定,艺术摆脱了既定的现实原则而服从于快乐原则。他说,"艺术在表象感性秩序时使用了一种受到禁忌的逻辑,即与压抑的逻辑相对的满足的逻辑……在升华了的审美形式的背后,是艺术对快乐原则的服从"④。按照弗洛伊德的理论,艺术对快乐原则的服从,是以不干预现实、在现实中无能为力为代价的。马尔库塞不同意这种看法,他认为,艺术在服从快乐原则、摆脱既定现实原则的同时,还向人们展示着一种新现实原则。他说:"艺术不仅是同既定的现实原则的一种决裂,同时还能描绘人们解放的图景。"在他看来,艺术的伟大之处就在于它与一种新的现实原则联系在一起。艺术所服从的规律,不是既定现实原则的规律,而是否定既定现实原则,即新的现实原则的规律。他说:"在新的现实原则下,一种崭新的感性将同一种反升华的科学理智,在以'美的尺度'造物中结合在一起。"他还说,"伟大艺术中的乌托邦绝不是对现实原则的简单的否定,而是对它的超越的扬弃"⑤、"艺术打开了一个其他经验达不到的领域,

① 马尔库塞:《美学方面》,载《现代美学析疑》,绿原译,文化艺术出版社 1987 年版,第 1 页。
② 马尔库塞等著:《工业社会和新左派》,任立编译,商务印书馆 1982 年版,第 155~156 页。
③ 马尔库塞:《文化肯定性质》,载《现代美学新维度》,北京大学出版社 1990 年,第232 页。
④ H. Marcuse, *Eros and Civilization*, Routledge & K. Paul, 1956, p.185.
⑤ 马尔库塞:《美学方面》,载《现代美学析疑》,绿原译,文化艺术出版社 1987 年版,第 46 页。

即人、自然和事物不再屈从于既定现实原则的领域"①。

比起阿多诺、马尔库塞来，其他的"西方马克思主义"理论家对艺术的批判与否定功能的论述就间接、含蓄得多。本杰明提出了"艺术生产论"，他认为，艺术是人类的一种实践活动，艺术家的创作活动也是一种生产，他强调的是：艺术创作就是生产。在这一基础上他进而指出，艺术生产的技巧决定一切，艺术的革命性来自于艺术技巧。在他看来，政治倾向不在于作品的教化内容，正确的政治倾向必然包含着它的艺术技巧。他说："艺术倾向包括在文学技术的进步和退化中……对于作为生产者的作者来说，他政治进步的基础正在于技术的进步。"②他认为，因为现代主义艺术有着崭新的艺术技巧，所以现代主义艺术的进步性无可非议。萨特提出"文学是形象的哲学"，他认为，艺术家从事艺术创作，特别是作家从事写作就是介入社会生活。他把美感的本质与自由联系在一起，他说，自然之所以美，其本质在于它引起一个"召唤我们自由的幻觉"，他还说，"自由辨认出自身就是喜悦，就是美的本质"③。由此出发，他进一步提出，文学活动是个人实现自由的选择行动。他的上述关于美的本质、文学活动的实质的论述的宗旨也是为了说明艺术的功能何在。他极端推崇席勒所说的那种审美——艺术的教育作用，甚至把它夸大为一种"美学救世主义"。萨特认为，文艺的美感教育作用能把"存在的总体归还给人"，克服人的异化，实现人性复归，他提出了这样一个命题："每幅画、每本书都是对整个存在的复原。"④威廉斯提出了"文化唯物主义"的美学原则，按照这一原则，必须注重文化中表现的人类创造本质，他说，文学写作以其对语言的创造性运用，充分表现了人的创造本质；创造本质是文化的最有力的形式；写作常常是一种新的组合，实际上也是一种新的构造。在他看来，文艺的功能是和这种创造本质紧紧地联系在一起的。他说，当人们说文学是"创造性"的，这并不是因为它在思想意识上提出了新境界，而是因为它在物质社会的意义上提供了自我创造的具体实践。文艺在当代社会中，生动体现了人类社

---

① 马尔库塞：《美学方面》，载《现代美学析疑》，绿原译，文化艺术出版社 1987 年版，第45 页。

② W. Benjiamin, *Reflection*, New York , 1978. p. 222.

③ 《萨特研究》：柳鸣九编，中国社会科学出版社 1981 年，第 18 页。

④ 《萨特研究》：柳鸣九编，中国社会科学出版社 1981 年版，第 17 页。

会实践的活跃性、运动性,能激发和提高人们对生活存在方式的具体认识,从而能使人们觉悟到"最彻底地实现活跃的历史过程会带来采取社会和政治运动的必然性和必要性"。他强调,文艺以其文化的形式参与了对社会的改造。他说:"社会关系在文艺作品面前,不仅被接受,也能被创造,被改变。"①伊格尔顿提出了关于"文化生产"的美学,他的基本观点是强调"艺术是审美意识形态的生产"。他用文化生产的观念连接作为意识形态的文艺与经济基础、上层建筑之间的复杂关系。如果说早期他在文艺的功能问题上与其他的"西方马克思主义"理论家看法有所不同,那么到了后期,他则基本上与他们走到一起去了,即也特别重视文艺在社会中的实际效用,特别是在社会意识形态斗争、政治斗争中的作用。在他看来,并不是故意把政治拉入文学之中,而是文学一开始就是政治问题,审美活动的生产性、实践性具有一种走向未来的指向,他说:"艺术的现代理论的结构与现代社会占统治地位的意识形态的现实结构是密不可分的……文学能训练群众,使他们习惯于多元思维和多元感情。"②他特别推崇马克思主义与女权主义文艺理论对改造当代社会的作用,他说:"马克思主义和女权主义文艺理论都是有助于实现人类解放这个战略目标的方法或理论……马克思主义和女权主义文艺理论最终目的是通过对社会进行社会主义改造以造就'更好的人'。"③

突出艺术的革命性,强调艺术的解放功能,当然并不是"西方马克思主义"理论家的独创。从远的方面来说,康德与席勒就曾对艺术的批判功能作过经典性的表述;从近的方面来说,现代派文艺理论家也强调艺术是创造性行为,其手段是表现,而不是再现,也推崇怀疑精神和否定精神,在人与社会的关系上,注重反映个人与社会的对立。"西方马克思主义"理论家,例如马尔库塞,公开承认他们对艺术的功能的观点是受到康德、席勒等人的影响,也并不讳言他们对艺术的功能的观点与现代派文艺理论家有着相似之处。但必须看到,"西方马克思主义"理论家对艺术功能与性质的论述是在马克思主义的旗号下进行的,具有强烈的马克思主义色彩。他们

---

① 转引自《最新西方文论选》,漓江出版社 1991 年版,第 379 页。
② 转引自《文学原理引论》,文化艺术出版社 1987 年版,第 31 页。
③ 转引自冯宪光:《"西方马克思主义"美学研究》,重庆出版社 1997 年版,第 474 页。

不是一般地强调艺术是创造性行为,而是突出艺术是在现实中活动,揭示现实的矛盾;不是一般地突出艺术对现实的批判性和超越性,而是直接把艺术与革命联系在一起。

二、他们提出人类必须走艺术革命、艺术解放的道路

"西方马克思主义"理论家论证艺术的革命性与批判性,根本目的是为了指引人们走一条艺术革命、艺术解放的道路。他们认为,当现存社会的各个领域均被统治者所操纵,均渗透着既定的现实原则的精神时,唯独艺术领域成了一个"世外桃源"。人们被统治利益逼得无路可走时,可以进入"艺术的殿堂",因为在这里,能够找到"拯救未来的形象"。他们为人类设计的解放道路,是艺术解放的道路。在他们看来,艺术已成了无产阶级革命斗争的根据地。"新左派"必须充分挖掘艺术的解放潜能,把革命推向物质需要彼岸的整个领域,把艺术革命作为人类总解放运动的一个重要组成部分。

阿多诺提出了"文化救赎主义"。他反对把艺术只归结为一种反映形式,一种意识形态,认为这必然会抹杀艺术的真正功能。他认为,艺术的真正功能在于对摧毁人类理性之现实的反叛,对人类理性的真实的拯救。在他看来,现代工业社会是一个压抑人、造成人格分裂和人格丧失的社会。人类变成非人,这是现代社会走向野蛮的标志,也是现代社会日益丧失真实内容与意义的原因。面对这样一个社会,人类急需一种精神性的补偿来消除绝望,拯救心灵,拯救现实。他说自己本来是把拯救绝望的动机视为所探讨的中心目标的。他探讨的结果是,提出唯有艺术才能满足人类的这种需要。他说:"艺术在异化现实面前,使自己'处于拯救状态'。"①艺术能把人们在现实中所丧失的希望,所异化的人性,重新展现在人们面前,在批判现实的同时给人以希望。在这一意义上,他又说:"艺术就是对被挤掉了的幸福的展示。"②阿多诺具体论述如何利用艺术的功能为人类解放服务。他着重强调了两点:一是充分展现艺术想象的功能。他认为,艺术之所以为人们提供未来社会的想象中的滋味,即为人们提早送来了未来幸福的美

---

① T. W. Adorno,*Asthetische Theorie*,Suhrkamp Verlag,1970,s. 24.

② T. W. Adorno,*Asthetische Theorie*,Suhrkamp Verlag,1970,s. 208.

感,就是因为艺术可以和谐地调和形式与内容、功能与表现形式、主观因素与客观因素之间的关系。某些艺术家,像贝多芬和歌德,不时地在著作中达到这样的境界。他说:"艺术的空想是超越于个人的作品的。"在这种情况下,就应让人们借助这些艺术品,展开想象的翅膀,把人们带到遥远的、幸福的未来,因而也可以无限地否定现实,使人们领略到现实的可恶,痛恨一切现实生活的不合理。这就是说,只要在现实生活中矛盾还没有得到合理的解决,就应该让艺术带领人们到空想的未来去享受那圆满的和谐。二是充分展现艺术批判的功能。他不仅仅在艺术与社会交互作用上突出艺术的反作用,而且把艺术的反作用解释为对社会进行批判。他认为,认识到这一点的人就应时刻握紧艺术这一批判现存社会的武器。他说:"艺术始终都是人类反对各种政体和制度的抗议力量。"他认为,善于利用艺术这种批判武器的人,一直能把现存的世界与艺术的世界对立起来,把前者放到后者面前加以审视,揭露其不合理性。在各种艺术品中,阿多诺特别推崇音乐,推崇音乐的救世主义。当然,这种音乐并不是指在现代具有文化工业特征的音乐消费实践中的那种日益衰落的音乐。他认为,真正的音乐正在成为对现实中"个性泯灭"最强烈的抗议,成为与受损个性的最密切的对话。真正的音乐以其固有的特征能够间接地挽回人在现实中失去的希望,从而能起到拯救绝望的作用。他说,现代音乐的语言具有双重意义,既表现了现实的异化的烦恼,又显现了超验的、现实背后的形象。

在"西方马克思主义"理论家中,对艺术革命道路作出系统论述的是马尔库塞。马尔库塞认为,不应当仅仅把革命局限于政治的领域,革命不只是政治意识的发现,它以一个崭新的"需要体系"为目标。在他看来,政治斗争必须伴随意识的变革,而意识的变革必须伴随感觉的解放。所谓感觉的解放就是感性的解放、审美情趣的解放。这样,一方面革命需要作用于感性的领域,实现感性的解放、审美情趣的解放;另一方面,真正的文化、艺术因具有美学的形式,而能使人实现这样的解放,革命与文化、艺术之间的内在联系就这样被他建立起来了。他说:"在社会的另一极,即在艺术领域里,继续存在着一个固有的独立的抗议和否定'已有物'的传统世界"①、

---

① 马尔库塞等著:《工业社会和新左派》,任立编译,商务印书馆1982年版,第146页。

"审美的天地是一个生活世界,依靠它,自由的需求和潜能,找寻着自身的解放"①、"在这个审美的天地里,快乐和完满找到了它们与痛苦和死亡并驾齐驱的真正位置"②、"革命的目的在于生活,而不是死亡,这也许揭示着艺术与革命的最深沉的联系"③、"在反对一切生产力的盲目崇拜的斗争中,艺术代表着所有革命的终极目标:个体的自由和幸福"④、"艺术确实可以成为阶级斗争的一个武器,其途径是它促成统治性的意识的转变"⑤。马尔库塞所设计的艺术革命的道路最重要的一点就是要求人们维护和坚持艺术的美学形式。他说:"艺术只能用另一种媒质,即美学的形式来表示革命。"⑥在他看来,当革命在社会过程进入一个新阶段,即资本主义制度不断衰落和反革命的压迫组织对此作出越来越强烈反应的时候,对美学形式作出不同的肯定的评价和承认它是激进地重建社会的一个因素,是至关重要的。他要求革命者擦亮眼睛,透过美学形式的肯定性的面纱,把握其否定性的实质,并在此基础上加以坚持、维护和挽救。他说:"文艺的革命性,只有把它的内容转化为形式时,才是富有意义的。"⑦由于在他看来,传统文艺一般都具有美学的形式,所以他又要求革命者正确地对待传统文艺,他说:"革命就是要消除对'高级文化'的压制性,使之成为一种颠覆力量。"⑧他认为,革命的任务不是把资本主义时代的优秀文艺铲除打倒,而是把它们从少数人手中解放出来,变成全社会人的共同财富。他说:"艺术必须成为群众的事业,成为街头巷尾的事情。"⑨他还提出,把艺术所具有的解放潜力引入现实中去,使它成为促进其他领域的革命的原动力,是艺术革命的中心环节。在把艺术所具有的解放潜力引入现实中去的过程中,"艺术作品中完全没有革命,但是艺术家却可以从事着革命家的活动"⑩。

---

① 马尔库塞:《审美之维》,李小兵译,三联书店1989年版,第113~114页。
② 马尔库塞:《审美之维》,李小兵译,三联书店1989年版,第118~119页。
③ 马尔库塞:《审美之维》,李小兵译,三联书店1989年版,第245页。
④ 马尔库塞:《审美之维》,李小兵译,三联书店1989年版,第254~255页。
⑤ 马尔库塞等著:《工业社会和新左派》,任立编译,商务印书馆1982年版,第182页。
⑥ 马尔库塞等著:《工业社会和新左派》,任立编译,商务印书馆1982年版,第164~165页。
⑦ 马尔库塞:《审美之维》,李小兵译,三联书店1989年版,第204~205页。
⑧ 马尔库塞:《审美之维》,李小兵译,三联书店1989年版,第145~146页。
⑨ H. Marcuse, *Counterrevolution and Revolt*, Beacon Press, 1972, p. 111.
⑩ H. Marcuse, *Counterrevolution and Revolt*, Beacon Press, 1972, p. 105.

他还把能否在感情上,在审美情趣上培养与传统的感受力完全相反的新的感受力,视为艺术革命成败与否的关键。他说:"艺术的内在逻辑发展到底,便出现了向与统治的社会相呼应的理性和感性挑战的另一种理性,另一种感性。"①与培养新的感受力联系在一起的艺术革命,"必须同时是一场感觉的革命",他说,艺术作品必须感染感官,满足美感享受的需要——但必须通过高级的升华的方式来达到这个目的,艺术革命将伴随社会的物质方面和精神方面的重建过程,创造出新的审美环境。他认为,艺术革命当然是一场同物化了的资本主义世界的殊死战斗。他说,"艺术通过让物化了的世界讲话、唱歌,甚至跳舞,来同物化作斗争"②、"艺术的真理,就在于它能打破现存现实的垄断性,就在于它能由此确定什么东西是实在的"③、"艺术的命运和革命的命运联结在一起,因此把艺术家赶到街头乃是艺术的内在必然性"④。

本杰明虽然对艺术革命道路的设计不像阿多诺、马尔库塞那么清晰、明确,但从他的著作中也处处可以看出他对艺术救世充满了憧憬,并且他还提出了一些具体方案。本杰明提出艺术生产论,一方面是为了把生产力决定生产关系的唯物史观应用于艺术领域,说明艺术的技巧在艺术发展过程中的决定作用,另一方面则是旨在论证艺术生产与其他的生产具有同等的地位,要人们充分重视艺术生产对人类社会的强力效应。他所指出的人类解放道路也就是重视艺术生产作用的道路。他要求革命的艺术家不断革新艺术创作技巧,推动艺术生产力的发展,进而推动整个人类事业的进步。他说:"艺术技巧的变革直接通向人类解放的事业。"⑤本杰明还具体论述了艺术家如何通过变革艺术技巧来促进人类的解放。在早期,他特别推崇"寓言式批评",提出了"寓言是现代主义表达方式"的著名论断,认为寓言是城市大众在现代社会中的体验的唯一可能的形式。他要求人们利用"寓言式批评"这种表现技巧,把深刻的理性思考,同蕴含丰富的感性直觉的隐喻形象结合起来,从而体现出艺术的赎救功能。他说,在事实领域

---

① 马尔库塞:《美学方面》,载《现代美学析疑》,绿原译,文化艺术出版社 1987 年版,第 7 页。
② 马尔库塞:《审美之维》,李小兵译,三联书店 1989 年版,第 257 页。
③ 马尔库塞:《审美之维》,李小兵译,三联书店 1989 年版,第 212~213 页。
④ 马尔库塞等著:《工业社会和新左派》,任立编译,商务印书馆 1982 年版,第 179 页。
⑤ W. Benjiamin, *Reflection*, New York, 1978. p. 222–223.

是废墟的地方,在思维领域也只能是寓言。在 17 世纪巴罗克悲剧中,寓言是废墟的寓言,本杰明指出,在这样的戏剧中,只有对一切尘世存在的悲剧、世俗性和无意义的彻底确信,才有可能透视出一种从废墟中升起的生命通向拯救的王国的远景。从这个意义上说,死亡的途径是攀上自然生命巅峰的必由之路。他说:"死亡不是惩罚而是清偿,是一种将有罪的生命归顺于自然生命法则的体现。"①问题在于,巴罗克时期的艺术家曾经通过"寓言式的批评"来愤世嫉俗,来渴求生命与光明,在他们面临的是一个混乱不堪、残缺不全的社会的情况下,这是可行的,但到了今天,这条道路是否还走得通? 在本杰明看来,其答案是不言而喻的。因为当今的社会在许多方面与 17 世纪衰颓景象类似,所以"寓言是我们这个时代最有意义的思想形式"、"寓言正是现代社会事物与意义、人与其真实本质相分离的现实处境的表现方式"。巴罗克时期的艺术家在他们所处的环境下不可能用认同现实,与现实同步前行的象征去表现,而只有选择寓言;现代的艺术家,也只能选择寓言,即一种表达废墟的寓言。本杰明到了晚年则特别钟情于"反讽的乌托邦",他在波德莱尔的诗中看到了"反讽的乌托邦"的表现方式,认为波德莱尔的诗以呈示震惊效果的手法来与现代人的震惊体验相抗衡,波德莱尔以反讽的方式体现了发达资本主义社会里的文化命运。他说:"波德莱尔的抒情诗是建立在震惊的基础上的。"②在他看来,这种"反讽的乌托邦"会唤醒人们,会导致现代资本主义社会的文化现实向有利于人性的方向演变。他说,发达资本主义社会的文化现实成为将一切死亡的要素聚集起来转化为解放力量的拯救的契机。他把对波德莱尔作品的分析与隐喻性寓言评论极为巧妙地结合在一起。他通过论述波德莱尔对现代文化的"反讽式"的批评,展开了他对现代社会的"反讽式"的批评。他不但自己运用这种方式展开对现代资本主义社会的讨伐,而且还呼吁其他人都运用这种方式与这一异化了的社会相对抗,走上一条自我解放的道路。

　　"西方马克思主义"理论家所设计的艺术革命的道路,把审美作为拯救人类和现实的唯一途径,不少评论者都认为这体现了审美乌托邦的空

---

① W. Benjamin, *The Origin of German Tragic Drama*, New Left Books, 1977, p. 131.

② W. Benjamin, *Illuminations*, New York, 1968, p. 193 – 194.

想。实际上,对"西方马克思主义"理论家的艺术革命的思想,简单地斥之
为"审美乌托邦的空想"而加以全盘否定,是很不妥当的。人类的最终理
想始终是:自身所处的世界的秩序将成为美的秩序,审美功能将成为支配
整个人类生存的原则,人都将按照美的规律生存。"西方马克思主义"理
论家为使人类实现这一理想,呼吁人类走艺术革命、艺术解放之路,尽管在
常人眼中是如此的不切实际,如此的遥远,但确实不失为一种指点迷津的
深刻见解。从而这一思想引起了人们广泛的注意,成为 20 世纪人类解放
运动中的最有吸引力的一种路向,也绝不是偶然的。

三、他们对文化工业、大众文艺展开了尖锐的批判

"西方马克思主义"的文艺、美学理论有两个轮子:一是论证高雅文
化对人的积极意义;二是说明大众文艺对人的重大消极作用,这两个轮
子配合着运转。"西方马克思主义"理论家所提出的能否定和超越现实
的文艺,主要是指高雅文艺,他们提出要通过弘扬文艺来实现人的解放,
这里所说的文艺也主要是指高雅文艺。他们哀叹这种具有解放人的天
然功能的文艺在现实社会中正日益被人类所唾弃,正日益蜕变为通俗文
艺,而通俗文艺、大众文艺非但不能解放人,反而在压抑人。于是,他们
在颂扬高雅文艺的同时,对大众文艺展开了尖锐的批判。他们认为无论
是现代社会的"单面性",还是"攻击性",都受大众文艺的主宰,正是现
代社会文化工业所制造的各种产品阻碍着人们正确认识自己的生存处
境和实际利益。如果人们要想从社会束缚下解放出来,必须首先摆脱文
化工业各种产品的操纵,对之展开批判。他们抱有拯救人类于"痛苦中
的幸福生活"之中的崇高理想,并始终把对大众文艺的批判作为实现这
一目标的实际行动。

"西方马克思主义"理论家,以阿多诺对大众文艺的批判最尖锐、最系
统。他提出,应该消除一种误会,即防止人们望文生义,认为大众文艺的主
要特点是从人民大众出发,为人民大众服务。他说:"大众文艺不是为大众
服务的文艺。"①他郑重建议,用文化工业这个概念取代大众文艺这个概

① 陈学明:《文化工业》,扬智文化事业股份有限公司 1996 年版,第 17 页。

念,在他看来,文化工业这个概念最确切地表述了以通俗化、商品化为主要特征的大众文艺的本质和功能,他提出,"大众文艺是社会水泥"、"文化工业不是升华而是压抑"。他强调,在美国等西方社会中,以合理化、标准化统摄一切的实际存在状况,就沉浸在文化工业中。发达工业社会占统治地位的文艺是大众文艺,发达工业社会就是文化工业社会。他说:"大众文艺时代与已经过去的自由阶段相比,其新的地方就在于对新的东西的排斥。"①他还指出,大众文艺是与技术的进步分不开的,它寄生于大众传播技术、家庭和闲暇。它不知不觉地把艺术、政治、宗教和哲学与商业融合起来,使这些文化领域都染上共同的特征,即商品的形式。也就是说,文化工业是意识形态与社会物质基础的融合,是资本主义商品制度的组成部分。他坚决认为,文化工业的产品并不是艺术品,从一开始它们就是作为在市场上销售的商品而被生产出来的。他认为"就最严格的意义上讲,爵士乐是一种商品"。他提出,艺术与广告技术之间的差别湮没了,因为文化产品被创造出来只是为了交换,而不是为满足任何真正的需要。他说,"广告宣传是使文化用品长生不老的灵丹妙药"②、"广告和文化工业在技术上和经济上都融为一体"③。他还说,"文化工业通过尽量准确的描述,把恶劣的定在提高到真实王国之中,使定在本身变成了价值和权力的代用品"④、"对一切文化商品进行工商管理的一套完整制度的建立,同时也取消了对美学上的一切不顺从的生杀大权"⑤。他揭露了文化工业通过操纵广大群众的思想和心理,培植支持统治和维护现状的顺从意识。他指出,大众文艺的生产与现代工业的"标准化"生产的现象有着直接的关系,通过"标准化",统治者实现了对于群众娱乐的垄断与操纵。他说:"文化工业的完全统一,会形成政治上的内聚性。"⑥"标准化"下的个体主义是一种"假个体主义",这种"假个体主义",一方面为垄断开脱罪责,另一方面又假惺惺地向大众鼓励一种偏离"标准"的倾向。他认为,"假个体主义"一方面向群

---

① 陈学明:《文化工业》,扬智文化事业股份有限公司1996年版,第76页。
② 霍克海默、阿多诺:《启蒙辩证法》,洪佩郁等译,重庆出版社1990年版,第152～153页。
③ 霍克海默、阿多诺:《启蒙辩证法》,洪佩郁等译,重庆出版社1990年版,第153～154页。
④ 霍克海默、阿多诺:《启蒙辩证法》,洪佩郁等译,重庆出版社1990年版,第139～140页。
⑤ 转引自陈学明:《文化工业》,扬智文化事业股份有限公司1996年版,第86页。
⑥ 霍克海默、阿多诺:《启蒙辩证法》,洪佩郁等译,重庆出版社1990年版,第114～115页。

众提供自由选择文化娱乐的假象,另一方面却为"标准化"本身的扩大市场提供最实际的服务。他说,"歌曲的标准化透过群众的收听活动而把其听众安排在预先的队列中"①、"假个体主义"使娱乐者一方面忘记他们自己所听的恰恰是预先安排好的,另一方面又听任其摆布。在这种情况下,一切关于这些文化是群众"所乐意接受"的宣传,都是骗局,都是音乐和文化拜物教麻醉的结果。他说,"文化工业重复不断地从它的消费者那里骗取它没完没了地许诺过的东西"②、"文化工业通过娱乐活动进行公开的欺骗"③。他还认为,在文化工业面前,群众实际上只能接受,因而文化工业具有极大的强制性。他说:"闲暇的人不得不接受文化制作人提供给他的东西……文化工业不仅说服消费者,相信它的欺骗就是对消费者需求的满足,而且它要求消费者,不管怎样都应该对他所提供的东西心满意足。"④

在马尔库塞的话语中,很少见到大众文艺、文化工业这些字眼,但实际上他对大众文艺、文化工业批判的激烈程度不比阿多诺逊色多少,只是他用其他的词汇替代了大众文艺、文化工业。他对大众文艺、文化工业的批判开始于对"肯定性文化"的批判。他强调,"肯定性文化"是资本主义这一特定时代的产物。新兴的资产阶级将他们对一种新的社会自由的要求,奠定在人类理性的普遍的基础上。但是,理性和自由并没有超越这些资产者自身的利益的范围,而他们的利益越发与大多数人的利益对立起来。对资产阶级来说,这是一个大难题。为了应付这一难题,他们想出的办法就是制造"肯定性文化"。在他看来,这种文化是从现存秩序的利益出发发展起来的,是一种社会秩序的反映。"肯定性文化"的基本功能既是提供一种辩护,充当现实的装饰品,引导人们同现存秩序相调和;又可使人在幻想中得到满足,平息人的反叛欲望。他认为,人面对压抑的社会无非有两种选择:一是感性的解放;二是让感性受制于灵魂。"肯定性文化"无疑采取了第二种方式。请看他揭露"肯定性文化"的一系列命题:"'肯定性文化'是资产阶级时代按其本身的历程发展到一定阶段所产生的文化"⑤、

---

① 陈学明:《文化工业》,扬智文化事业股份有限公司 1996 年版,第 78 页。
② 陈学明:《文化工业》,扬智文化事业股份有限公司 1996 年版,第 82 页。
③ 霍克海默、阿多诺:《启蒙辩证法》,洪佩郁等译,重庆出版社 1990 年版,第 130～131 页。
④ 霍克海默、阿多诺:《启蒙辩证法》,洪佩郁等译,重庆出版社 1990 年版,第 133 页。
⑤ 陈学明:《文化工业》,扬智文化事业股份有限公司 1996 年版,第 107 页。

"'肯定性文化'使得不幸福也变为屈从和顺从的一种手段"①、"'肯定性文化'给五彩缤纷的今生今世织入人和事物之美妙的、来世的幸福"②、"在穷困的慰藉和虚假的幸福这块资产阶级生活的土壤上,'肯定性文化'培育出一种真实的渴望"③、"'肯定性文化'即使在个体没有摆脱他实际上的卑微处境之条件下,也能让他欢呼雀跃"④、"'肯定性文化'谈论着'人'的尊严,而从不关心对人类来说更加具体的尊严地位"⑤、"'肯定性文化'把美好的时刻永恒化了,它使那些短暂的东西永存不灭"⑥。后来,他又把"压抑性文化"作为大众文艺的雏形来加以批判。他高度赞扬席勒把"压抑性文化"与文化本身区别开来,并要求摧毁"压抑性文化",建立一种新文化的做法。他认为,在现存文明中,"压抑性文化"不是使感性理性化,使理性感性化,而是使感性屈从于理性,从而使感性如果想要重新表明自己的权利,只能以破坏性的残酷形式来表现,而理性的暴戾则使感性变得枯竭和繁杂。他说:"'压抑性文化'有条不紊地牺牲里比多,严格强迫它转移到对社会有用的活动和表现上去。"⑦他不但探讨了"压抑性文化"的功能,而且揭示了"压抑性文化"借以实现这些功能的主要手段。他把"压抑性文化"与大众传播媒介联系在一起。他说:"传播媒介的专家们提供了效率、意志、人格、愿望和冒险的完整训练。"⑧而在他看来,文化一旦与大众传播媒介结合在一起,其功能与性质就完全变了。他说,"文化不属于那个把人性的真理理解为战斗呐喊的人,而是属于那个在他身上已成为恰如其分的行为举止的人"、"文化似乎对个人的幸福表现出某种关心,但根本的社会矛盾却要它承认,它所关心的这种要求只能是受限制并符合理性的"⑨。再往后,马尔库塞则把"单面社会"即现代工业社会的主要文化形

---

① 陈学明:《文化工业》,扬智文化事业股份有限公司1996年版,第109页。
② 陈学明:《文化工业》,扬智文化事业股份有限公司1996年版,第110页。
③ 陈学明:《文化工业》,扬智文化事业股份有限公司1996年版,第110页。
④ 陈学明:《文化工业》,扬智文化事业股份有限公司1996年版,第111页。
⑤ 陈学明:《文化工业》,扬智文化事业股份有限公司1996年版,第112页。
⑥ 马尔库塞:《文化肯定质》,载《现代美学新维度》,北京大学出版社1990年版,第230~231页。
⑦ 转引自陈学明:《文化工业》,扬智文化事业股份有限公司1996年版,第116页。
⑧ 转引自陈学明:《文化工业》,扬智文化事业股份有限公司1996年版,第118页。
⑨ 马尔库塞:《文化肯定质》,载《现代美学新维度》,北京大学出版社1990年版,第214~215页。

式——大众文化称为"单面性文化",并对之展开批判。他指出,现代社会对人的控制程度远远超过以往的时代,而且这种控制的有效性并不依赖于恐怖与暴力,而是依赖于意识形态的控制,即把技术理性和消费至上原则结合起来的文化工业、"单面性文化"。他把"单面性文化"斥之为与现存秩序同流合污的"操纵意识"。他认为,"单面性文化"是与技术的进步分不开的,它寄生于大众传播技术。他说,"技术一旦具有艺术的特质,便会将主观的感性转化为客观的形式,即转化为现实"①、"艺术的异化,连同其他的否定方式,都屈从于技术合理性的进程"②。他还指出,"单面性文化"不知不觉地把艺术、政治、宗教和哲学与商业融合起来,使这些文化领域都染上了共同的特征,即商品的形式。在发达工业社会中,"单面性文化"作为一种社会控制的手段具有重要的社会功能,并且是消费社会的结构和活动中的基本内容。概言之,"单面性文化"就是意识形态与社会物质基础的融合,就是资本主义商品制度的组成部分。他的许多命题是用来揭示"单面性文化"的商品性质:"现代文化中受到最严格保护的价值标准之一,就是生产率"③、"发自心灵的音乐可以是充当推销术的音乐"、"资产阶级的艺术作品都是商品,它们也许就是为了拿到市场上去而被当做商品创作出来的"④、"美的形象世界的这一崇高的美,在今天都成了商品文艺的一部分,成了解放的障碍"、"在这个世界中,艺术作品也和反艺术一样,成了交换价值,成了商品"⑤。他强调,由于"单面性文化"的作用,文化原来与现实相对抗的这一面被消除了,社会的同化力量透过吸收其对抗的内容而耗空了艺术的反抗的一面,于是只剩下为现实粉饰的一面,这时的文化当然只能是"单面性文化"。

本杰明以其特有的方式对他所际遇的现代文化工业艺术进行了分析总结。在他那里,"技术复制文化"是作为文化工业、大众文艺的别称加以使用的。他认为,一切艺术品本来都是可以复制的。对艺术品的复制,由

① 马尔库塞:《审美之维》,李小兵译,三联书店 1989 年版,第 107~108 页。
② 陈学明:《文化工业》,扬智文化事业股份有限公司 1996 年版,第 125 页。
③ 马尔库塞:《爱欲与文明》,黄勇、薛民译,上海译文出版社 1987 年版,第 112~113 页。
④ 马尔库塞等著:《工业社会和新左派》,任立编译,商务印书馆 1982 年版,第 152 页。
⑤ 马尔库塞:《文化肯定性质》,载《现代美学新维度》,北京大学出版社 1990 年版,第 246~247 页。

三种人进行:学生在工艺实践中对大师作品进行复制;大师为了传播作品而复制;另外有人为了追求利润而复制。后两种复制都与接受宣传和付出金钱的读者有关。他说:"艺术作品的机械复制,表现出了一些新东西。"①他认为,自19世纪末开始,人类社会进入了一个机械复制的时代,文化也相应地成了"技术复制文化"。他说:"技术复制在艺术的制作领域为自己获取了一块地盘,这就是产生了电影这样的新的艺术形式。"②他指出,"技术复制文化"的首要象征是丧失了传统文化的"光晕",而"光晕"的丧失则意味着改变了以往使艺术远离群众,成为少数人的天地的局面。他说,"'技术复制文化'的出现使艺术的全部功能颠倒过来了,它不再建立在礼仪的基础上,而开始建立在另一种实践—政治的基础上"③。他认为,"技术复制文化"的出现对传统艺术带来的结果,不仅仅在于使其失去了独一无二性,更在于导致"传统艺术的大崩溃","技术复制能把原作的摹本带到原作本身无法达到的地方"、"现实的那些非机械的方面成了现实中最富有艺术意味的方面,而对直接现实的观照就成了技术王国中的一朵蓝色之花"。他还说,"艺术作品的机械复制性改变了大众与艺术的关系,最保守关系变成了最进步的关系"、"面对荒诞电影作出进步反应的观众,面对超现实主义就必然成为保守的观众"、"对艺术品的机械复制在任何情况下都使艺术品的此时此地性丧失了"。他还指出,传统"光晕"艺术是崇拜价值为主的艺术,而机械复制艺术是展览价值为重点的艺术。机械复制技术第一次把艺术从对仪式的依附中解放出来,当机械复制技术把艺术与它的崇拜根基分离开来,它的崇拜性的外观便永远地消失了。随着各种艺术实践从仪式的依附中解放出来,它们的产品获得了日益增多的展览机会,五花八门的技术手段使艺术作品越来越适合于展览。在当今复制时代的艺术品中,绝对强调的是作品的艺术价值,展览价值开始全面替代崇拜价值,艺术作品的展览价值使作品具有一种全新的功能。当艺术的展览价值在艺术中占主导地位时,这就标志着一种具有全新功能的艺术出现,即机械复制的艺术。这种具有全新功能的创造物就是可机械复制的艺术品,例

---

① 陈学明:《文化工业》,扬智文化事业股份有限公司1996年版,第45页。
② W. Benjamin, *Illuminations*, Harcourt, Brace & World, 1968, p. 219 – 220.
③ W. Benjamin, *Illuminations*, Harcourt, Brace & World, 1968, p. 222.

如照相摄影。他说："在照相摄影中,展览价值开始整个地抑制了崇拜价值"①。他还提出,与传统的"光晕艺术"和机械复制艺术相对应,存在着两种对作品不同的接受方式,这就是专注凝神的方式和娱乐消遣的方式。艺术的机械复制改变了大众对艺术的反应,他们对于消遣的追求促使专注凝神的方式向消遣的接受方式转变。他说："面对艺术作品而凝神专注的人深入到了该作品中,而进行消遣的大众则与此相反地超然于艺术品,沉浸在自我中。"②他还指出,人类艺术从传统的"光晕艺术"向机械复制艺术的转变,也就是从美的艺术向后审美艺术的转变。随着信息社会的出现,机械复制时代的到来,美的艺术走到了尽头。摄影艺术的出现,给人们带来了受人欢迎的可复制的画像,而正是在这些可复制的画像中,形成了一种后审美艺术。他说,后审美艺术由于失去了崇拜的基础,因而它的自主性外观也就消失了。必须指出,本杰明在一开始论述"技术复制文化"时,并不像阿多诺、马尔库塞等人那样加以激烈的批判,而是持一种有保留的肯定态度。他虽然对文化产品的日益商品化从来就深恶痛绝,但认为大众文化生产的标准化和齐一化对人类的影响主要是正面的。可到了后期,他对"技术复制文化"的态度则产生了重大变化,从有保留的肯定变为完全否定。他终于与其他"西方马克思主义"理论家走到一起去了。

"西方马克思主义"理论家对文化工业、大众文艺的批判在 20 世纪对人类产生的震憾力一点也不亚于他们对艺术的批判与超越功能的论证和对艺术道路的设计。他们的批判明显地具有片面性,深埋着提倡前卫派精英文化的因子这一点姑且不论,对大众文艺不管青红皂白一棍子打死就是错误的。从美学的角度看,当代大众文艺的出现和流行,意味着从时间的角度对传统的美学的解构。当代大众文艺从美学上的特点,提出了一个虽然不完善但值得反思的命题——"审美与生活的同一",这与传统美学固守的"审美对于生活的超越"显然对立。在这一意义上,可以说是当代大众文艺看到了传统美学的根本缺憾。大众文艺的这些进步意义经过"西方马克思主义"理论家的有色眼镜一折射,都变成有害的了。但同时必须看

---

① 本杰明:《机械复制时代的艺术作品》,载《现代美学新维度》,北京大学出版社 1990 年版,第 178～179 页。

② W. Benjamin, *Illuminations*, Harcourt, Brace & World, 1968, p. 225.

到,"西方马克思主义"理论家对大众文艺的批判,其片面性并不能掩盖整体上的深刻和正确。这种批判无论对 20 世纪人类正确观念的形成和发展,还是对文艺、美学理论本身的发展,都具有不可磨灭的价值。他们用文化工业的概念取代大众文艺这一术语并对此所作的说明,使人们清楚地认识到,现代大众文艺不同于传统意义上的大众文艺,更不能望文生义,把大众文艺理解成是为人民服务的文艺;他们对大众文艺的社会功能的分析,令人信服地告诉人们,大众文艺的主要特征是标准化、模式化、单面性、操纵性、强制性,其价值内涵同人们追求的目标有着明显的差异;他们对大众文艺种种具体负面效应的揭示使人们看到了"快餐"性质的大众文艺,把传统文化的精神气韵消融在娱乐性的感官刺激的宣泄之中的严重后果;他们对大众文艺在适应工业文明和市场经济发展过程中势必造成功利主义、享乐主义的分析是深刻的,现实正如他们所分析的那样,文化工业消解了文化产品特有的人文价值;他们揭示了大众文艺的繁荣与想象力衰弱之间的内在联系,透过他们的分析越来越多的人认识到:当前审美文化的想象力的衰弱,正是根源于大众消费文化;他们对精英文艺与大众文艺的比较分析使人们领悟到:作为精神形态的文化,毕竟有别于具体的物质,它的生产与消费有它自己独特的方式和目标,文化活动必须以经济为后盾,但文化价值的实现又不能以金钱作为唯一尺度。

科学技术、第一生产力与意识形态

——评"西方马克思主义"的科学技术社会功能理论

人类刚刚经历的 20 世纪,最值得回味的可能就是世界性科技革命潮流的兴起。这股潮流在有效地改变人类生活的同时,也牵动着"地球村"所有"村民"的心。人们面对这股潮流,对科学技术作了煞费苦心的研究。20 世纪的"显学"首推科学大概不会有多少争议。在对科学技术的各种研究中,最使人延颈企踵的就是对科学技术社会政治效应的研究,即研究这股不断发展着的科技革命潮流将会引起何种社会政治效果,它究竟会以何种形式、何种概率、何种规模、何种程度、何种速度影响和制约人类的社会政治生活。

一谈及对科学技术社会政治效应的研究,人们马上会想起那些歌颂派。他们把科技革命说成是自动地把人类运载到未来理想王国的工具,把世界性科技革命潮流视为自动地从根本上解决不合理社会现象的"政治永动机"和"自动流水线"。这种理论观点虽然构成了 20 世纪在科技社会功能问题上的主流,但在理论上实在没有多少新的创造。当近代科学的曙光在地平线上刚刚升起的时候,英国的培根就洞察到科学是"伟大的复兴"最好的工具,并发出了"知识就是力量"的呐喊。自此以后,这一声音一直是时代的最强音。因此,真正有创见的倒是那些批判派。他们从不同侧面揭示了科学技术对人类的种种负面效应,并在此基础上分析了科技理性、科学主义对人类的危害。在某种意义上说,20 世纪的许多大思想家正是由于在这一方面作出了理论建树才扬名于世的。试想一下,韦伯如果没有关于价值理性和工具理性的分析,齐美尔如果没有关于合理化与物化的批判,胡塞尔如果没有对于实证主义的科学世界的批判,海德格尔如果没有关于技术世界中人的文化困境的剖析,所有这些人能有今天在人们心目中的形象吗?

　　我们必须在这样一种背景下来认识"西方马克思主义"的理论家的科学技术理论在 20 世纪思想史上的地位。他们属于在科学技术社会政治功能问题上的批判派,而且比起韦伯、齐美尔、胡塞尔、海德格尔这些人来,他们的分析更系统、更深入。他们是在综合了所有这些人的理论的基础上才提出自己的观点的,也就是说,他们是站在这些人的"肩膀"上作出自己的理论创造的。更何况他们在许多场合是在马克思主义的名义下进行这方面的理论活动的,因此马克思主义的科学技术观给了他们丰富的营养。尽管"西方马克思主义"有的代表人物那种所谓好走极端的思维方式在这里展露出来,使得他们在科学技术社会政治功能问题上的许多偏激之词遭到了许多人的批评,但总的来说,他们的相关观点还是给人留下了极深刻的印象。当人们走入新世纪想认真地估计一下科学技术在新世纪的功能与效用,并相应地制定出正确的对策时,首先想到的是"西方马克思主义"理论家的研究成果,起码把此作为思考的一个出发点。

一

　　让我们先看看"西方马克思主义"理论家对科学技术的富有创意的两个基本判断:

　　其一,他们明确地提出科学技术是第一生产力。"科学是生产力"是马克思主义历来的观点。马克思曾经指出"生产力里面也包括科学在内"①。"西方马克思主义"理论家的独创之处在于在马克思的理论的基础

---

① 马克思:《政治经济学批判大纲》(草稿),第三分册,人民出版社 1963 年版,第 350 页。

上进一步提出科学技术在当今时代已成了第一生产力。在这方面以哈贝马斯的论述最系统。他早在1968年就多次作出了科学技术已成了第一生产力的判断。他把科学技术成为第一生产力作为当代资本主义的两大重要标志之一(另一重要标志是实施国家干预政策)。请看他的命题:"标志着先进资本主义特征的另一个发展趋势就是科学技术成了第一生产力"、"在当今资本主义社会中,科学技术成了第一生产力"①。哈贝马斯不但在当今世界上最早作出了科学技术已成了第一生产力的判断,而且还具体论述了作出这一判断的理由。这可以看他的两个相关命题:"推进科学研究与技术之间的相互依存,这使科学技术成了第一生产力"、"科学、技术及其运用已结成一体"②。哈贝马斯把"技术科学化"、"科学、技术及其运用结成一体"视为科学技术成为第一生产力的主要根据和重要标志,是抓住了问题的关键的。值得指出的是,哈贝马斯的论述并没有到此为止,而是在此基础上进一步提出了这样一连串的命题:"科学技术成为第一生产力与马克思的劳动价值论的运用前提的告吹是同步的"、"在这一社会中,价值不再是由劳动而是由科学技术创造的"、"作为第一生产力的科学技术已成为独立的剩余价值的来源"、"科学技术准自动的进步,成了一种独立的变数"③。哈贝马斯撇开人的劳动,把科学技术视为可以独立创造价值,并在此基础上提出这正是科学技术成为第一生产力的缘由,引起了很大的争议。尽管如此,人们还是普遍肯定他的下述命题:"当代的科学技术取得了合法的统治地位,成了理解一切问题的关键。"④

其二,他们认为科学技术履行意识形态的职能。"西方马克思主义"理论家一般都从否定的、批判的意义上使用意识形态这一概念。例如,阿多诺提出,"意识形态就是不真实——虚假意识、诺言"、"意识形态只具有肯定性,是社会的一个严肃而听话的乖孩子";弗洛姆提出,"我们关于自己和他人所作的思考绝大部分是纯粹的幻想,是'意识形态'";阿尔都塞提出,"意识形态是对个体与他们的现实存在条件的想象性关系的表述"。

① Jürgen. Habermas, *Towards A Rational Society*, Beacon Press,1971,p.104.
② Jürgen. Habermas, *Towards A Rational Society*, Beacon Press,1971,p.99.
③ Jürgen. Habermas, *Towards A Rational Society*, Beacon Press,1971,p.105.
④ Jürgen. Habermas, *Towards A Rational Society*, Beacon Press,1971,p.100.

所有这些"西方马克思主义"理论家都认为意识形态像神话一样用颠倒的、幻想的方式反映现实世界,都把意识形态等同于"虚假意识"。他们为了说明科学技术在当今世界上所起的作用主要是负面的,进一步提出科学技术就是意识形态,竭力论证科学技术正是履行着意识形态的职能。在这方面,霍克海默、马尔库塞和哈贝马斯都曾作过相当精辟的论述。霍克海默最有代表性的相关命题是:"不仅形而上学,而且还有它所批判的科学,皆为意识形态的东西"、"科学技术由于保留着一种阻碍它发现社会危机真正原因的形式,因而成了意识形态"①。在他看来,任何一种掩盖社会真实本性的人类行为方式,都是意识形态。而科学正是这样一种人类行为方式,所以它是意识形态。马尔库塞的相关命题是:"工艺的真理性是意识形态的内核,而工艺的合理性则是一种统治人的虚假意识"②,他不但揭示了意识形态没有随着科学技术的发展而衰落,相反以更强大的无形的力量支配着人们的思想,而且说明了科学,即工艺的合理性已成了新意识形态的核心内容。哈贝马斯所提出的命题则更加清楚明了,他说:"科学技术就是意识形态"、"科学与技术今天具有双重职能,它们既是生产力又是意识形态"③,与霍克海默、马尔库塞稍有不同的是,他并不认为科学技术从来就是意识形态,而是强调科学技术成了第一生产力后才履行意识形态的职能。

二

接下来,再让我们观察一下这些"西方马克思主义"理论家在作出上述两个判断的基础上,从各个角度对科学技术所展开的批判:

在"西方马克思主义"理论家中,是霍克海默最早展开了对科学技术的系统批判。他在《科学及其危机札记》、《理性之蚀》、《启蒙的辩证法》等论著中对科学技术的批判至今还产生着深刻的影响。他指出,当对一个更加美好的社会的关注让位于去证明当下社会应当是永恒不变的东西的企

---

① 霍克海默:《科学及其危机札记》,载《批判理论》,李小兵等译,重庆出版社1989年版,第5页。

② Marcuse, *Negations: Essays in Critical Theory*, Beacon Press, 1968, p. 223.

③ Habermas, *Kultur und Kritik*, Suhvkamp Verlag, 1973, s. 76.

图后,一种致命的、瓦解的因素遂侵入到科学中,他提出了这样的命题:"当面临作为一个整体的社会进程的问题时,科学总会逃避它的责任。"他揭示科学技术的负面效应的著名命题是:"工艺的基本原理就是统治的基本原理"、"技术具有自身异化的社会的强制性质",他的意思是,在科学技术统治的世界中,科学技术的发展并没有像启蒙精神允诺的那样,增强人的本质力量,相反,科学技术本身成为自律的、总体性的统治力量。他强调,随着工艺转变为强有力的现代化工具,日益起着意识形态的作用,理性也就"黯然失色"了,它已失去其解放的作用,而堕落成解放的桎梏。其他的命题:"旨在启蒙的技术能力的进步伴随着非人化的过程"、"正当技术知识扩大人的思想和活动的范围时,作为个体的人的自主性被削弱了"。他还认为,科学技术的发展深刻地改变了人与自然的关系,确立了人对自然的无限统治权,他说:"科学技术使人把从内部和外部支配自然界变成了他们的绝对的生活目的。"①

在"西方马克思主义"理论家中,以马尔库塞对科学技术的批判最尖锐,这主要体现在《单向度的人》、《论解放》、《反革命与造反》、《否定》等著作中。他提出了"科学技术的发展 = 日益增长的物质财富 = 不断扩大的奴役"这一著名的公式。他对于科学技术的负面影响提出的一系列的命题都是振聋发聩的,其中有:"不仅是工艺的应用,而且是工艺本身就是对人和自然的统治"、"技术的逻各斯已经变成统治的逻各斯"、"技术的合理性变成了政治的合理性"、"技术的社会就是一个统治的体系"、"科学技术的运用本身就扩大了对自然的征服"。在这里,马尔库塞强调的是科学技术在现代社会中不是中性的,他要破除科学技术在现代社会中的中性概念。他在破除关于科学技术"中立"的传统观念的基础上,千方百计地论证科学技术在现代社会中在"愈加高效地开发自然和精神资源"的同时,日益使人进入"渐进的奴役"之中,他提出了这样的命题:"技术的解放力量成为解放的桎梏:人的工具化"、"在技术帷幕背后,呈现出人的尊严的丧失"、"在技术进步的鼎盛时期,我们看到的是对人类进步的否定:非人性

---

① 霍克海默:《科学及其危机札记》,载《批判理论》,李小兵等译,重庆出版社 1989 年版,第 1~7 页。

化"①。在他看来,对于工人在现存技术世界中被整合的过程也就是单向度的人的生存的过程。他说:"某种技术共同体似乎把劳动中的个人整合起来,成为纯粹的劳动机器。"在他看来,利用科学技术作为统治的手段,是现代工业社会统治人的一种新形式,他说:"我们社会用技术而不是恐怖征服了社会离心力量。"

　　在"西方马克思主义"理论家中,论对科学技术的批判所产生的影响最大的,当然首推哈贝马斯。他的《作为意识形态的技术与科学》一文是当代研讨科学技术社会功能的代表作,除此以外,他在《走向一个合理的社会》、《交往与社会进化》、《交往行为理论》等著作中,对科学技术的负面效应也有许多独到的剖析。他明确提出科学技术对当代人的负面效应主要表现在对当代资本主义社会的"合法化"和"合理化"的影响上。在他看来,由于实施国家干预,当代资本主义社会出现了合法性危机,而促使这一社会摆脱这种危机的正是作为第一生产力的科学技术,请看他的相关命题:"技术和科学今天具有统治的合法性功能"、"第一位的生产力今天已经成了统治的合法性的基础"。他认为,作为第一生产力的科学技术之所以具有这种功能,关键在于使广大人民群众非政治化,他说:"科学技术导致的人的非政治化正是其意识形态功能之所在。"而科学技术能使广大人民群众非政治化的关键,又在于能成功地把政治问题重新界定为技术问题,成功地使人民大众中滋生"明哲保身主义",他说:"技术至上的大众意识使国民的明哲保身主义维持在一个相当的水准上。"②哈贝马斯所说的科学技术对当代资本主义社会的"合理化"的影响,主要是指使这一社会的人的工具行为,即人的劳动越来越合理化,他说,"随着科学技术成为第一生产力,人的工具行为越来越合理化了"、"人的工具行为的合理化指人的劳动愈加符合科学技术的要求,而这意味着人变成了劳动的工具"、"工具行为的合理化意味着技术控制力的扩大"③。哈贝马斯在分析科学技术在当代社会的负面效应时,与霍克海默、马尔库塞的一个重大不同之处在于,他更明确地把这种负面效应说成是由科学技术本身带来的。在他看

---

①　Marcuse, *Counterrevolution and Revolt*, Beacon Press, 1972, p. 14.
②　Jürgen Habermas, *Towards A Rational Society*, Beacon Press, 1971, p. 104 - 104.
③　Jürgen Habermas, *Towards A Rational Society*, Beacon Press, 1971, p. 93.

来,当科学技术成为第一生产力以后,它必然要履行意识形态功能,必然会产生这种负面效应。面对科学技术的这种负面效应,人类是无法选择的,也是无法回避的,他说,没有什么更为"人道的"东西可以替代整个进行技术控制这种功能,正像没有什么东西可以替代整个科学技术的发展一样。

在上述"西方马克思主义"理论家对科学技术负面社会功能的揭露与批判中包含着两个明显的错误:一是全盘否定科学技术的社会功能,实际上,即使在资本主义社会制度下科学技术的社会作用也不完全是负面的;二是把科学技术的负面的社会功能归结于科学技术本身,赋予科学技术一种原罪的性质。实际上,科学技术产生消极的社会作用,不是科学技术本身之过,而是人为造成的。但尽管如此,他们所作的这些揭露和批判中,也充满着真知灼见。正因为如此,引来了世人的关注与兴趣。

三

要了解"西方马克思主义"理论家有关科学技术的理论,仅仅分析他们对科学技术本身的批判还是不够的,还得涉及他们与此相关的其他一些批判。这就是他们对科技理性、技术专家治国论以及科学主义的批判。所有这些批判与对科学技术本身的批判构成一个整体,而且往往是交织在一起的。但我们在这里,还是分别加以考察。

"西方马克思主义"理论家充分注意到了支撑西方文明的西方古典理性主义,如何与现代科学技术结盟,转换出科技理性主义文化精神。这样,他们从对科学技术本身的批判引申为对科技理性的批判。科技理性主义立足于科学技术发展的无限潜力和无限解决问题的能力上,其核心是科学技术万能论。"西方马克思主义"理论家紧紧抓住科技理性的这一要害展开批判。霍克海默与阿多诺对科技理性的批判要比对科学技术本身的批判更为尖刻、传神。他们这样说道,科技理性使天堂与地狱联系在一起,使进步转化成了退步;在科技理性主义的支配下,人类不是进入到真正合乎人性的状况,而是堕落到一种新的野蛮状态;科技理性主义所导引的人类进行毁灭的能力是如此之大,如果这种毁灭力实现了,整个地球就会变成一片空地;今天,科技上的合理性就是统治上的合理性本身,科技理性具有自身异化的社会的强制性质。与霍克海默和阿多诺相比，马尔库塞更侧重于揭露科技理性对社会和人的操纵。他说，"科学理性先验地是技术的，也就是作为社会控制和统治形式的技术"，他的意思是，由于科学精神内在的工具主义特性，从而现代科学在一定意义上也内在地变成了技术，当然这种技术首先是社会控制的技术。他还说，"科技理性和操纵结合成社会控制新形式"，他对他提出的这一命题作出的解释是：科技理性的发展，使生存斗争和人对自然的开发，变得更加科学和合理，理性能产生出这样一种行动模式，这一模式能为最具破坏性和压抑性的控制辩护。他又说，"科技理性统治也是一种极权主义统治"，他强调，当科技理性以富足和自由的名义扩展到一切社会领域之时，它能把所有的对立都整合起来，同化一切反抗的力量。他又说，"科学理性按照它组织其技术基础的方式，当代工业社会趋向于成为一种极权主义社会"，对此他具体说明道，科技理性的统治是以技术与政治的结合方式进行的，正是在这种现代科技理性和传统政治方式的结合的基础上形成了现代社会中的极权主义统治力量。他又说，"科技理性的统治具有更大的合法性的外观"，在他看来，这里的关键在于科技理性的统治与传统政治的统治相比，这种统治是借助于技术而实现的，从而能提供政治权力的充分的合法性。他又说，"科技理性统治使人心甘情愿地而不是被迫地被纳入到现存社会的体系之中"，他认为，这主要是由于科技理性的膨胀使现代社会在行使统治职能时较少地运用暴力和强权手段，而更多地求助于消遣、娱乐等消费手段。

技术专家治国论虽然有着很长的历史，但它真正发展成一种关于"社会的组织结构应由科学技术知识为依据"、"社会应由科技专家来治理"的系统学说，那是20世纪60年代以后的事。"西方马克思主义"理论家把对科学技术、科技理性的批判与对技术专家治国论意识的批判紧紧结合在一起。在一定意义上说，他们对技术专家治国论的批判是他们对科技理性的批判的一个重要组成部分。在这方面，最突出的是哈贝马斯。他认为，技术专家治国论已成为晚期资本主义社会的官方意识形态，它作为意识形态其作用不可小看，它确实服务于与技术问题相适应而对实践问题加以排斥的新的政治，它又与那些可以潜移默化地腐蚀人们所说的制度机构的发展趋势相一致。他强调："极权主义国家的那种开诚布公的统治已让位于技术—运算管理的操作强制。"①在他看来,技术专家治国论意识对人类最大的危害就是模糊了人的工具行为与交往行为之间的界限,"技术专家治国论意识所具有的意识形态力量,就表现在掩盖了工具行为与交往行为间的区别"。他指出,如果把技术发展的内在逻辑看做是工具行为,即有目的—合理的行为系统逐渐地脱离人类有机体并且转移到机器方面来,那么,这种技术专家治国论意识可以理解为这一发展的最后阶段。据此,他提出了这一命题:"在技术专家治国论意识支配下,人作为创造者实现了与技术器械的一体化。"他还指出,贯穿于技术专家治国论意识的是对人的压抑,但这种压抑具有新的特点,他的下述命题可以视为对这种新特点的概括,即技术专家治国论意识必须使论证社会生活的行为标准脱离人的交往行为,并将它们非政治化。他强调,技术专家治国论意识伤害了根植于作为我们文化存在的基本条件的语言的人的旨趣,而这种旨趣可用以维护相互理解的主体交互,以及造就没有统治的交往。所以说,技术专家治国论意识所反映的不是对某种道德态势的割裂,而是对作为生活范畴本身的"道德"的压抑。他认为,崇尚技术专家治国论意识的人所犯的一个根本性的错误就是想按照工具行为的模式来重建社会,他用这样一个命题来说明其实质:技术专家治国论意识无非是想用控制自然的方法来控制社会。在他看来,由于技术专家治国论意识的日益强化,让社会自发地自我稳定这一控制论的梦想有可能实现,他说,让社会自发地稳定这一控制论的梦想,是贯彻技术专家治国论意识的必然结果。他还指出,技术专家治国论意识把科学管理与民主对立起来,只要前者而不要后者,竭力向人们灌输这样一种思想:民主的治理方式必然要被一种更有效的社会生活调节法所取代。基于这一认识,他提出了这样的命题:技术专家治国论意识实际上是一种取消民主,把社会命运交给所谓的"科技精英"的治国方略。

由于实证主义是当代科学主义思潮的最主要的派别,所以"西方马克思主义"理论家对科学主义思潮的批判集中于对实证主义的批判。在他们看来,科学主义思潮,特别是其中的实证主义的崛起与现代科学技术的飞速发展是一致的,两者相辅相成,密切配合。这样,他们在对科学技术本身

---

① Jürgen Habermas, *Towards A Rational Society*, Beacon, 1971, p. 106 – 107.

进行批判时,又紧密地结合着对科学主义思潮,特别是其中的实证主义的批判。"西方马克思主义"的创始人卢卡奇、柯尔施等开始了对实证主义的讨伐,而全面地展开对实证主义批判的则是法兰克福学派。他们首先批判实证主义对经验事实可靠性的信赖和对理论客观性的要求。霍克海默所提出的关于两个"根本不存在"的命题非常清楚地表现了他们这方面的观点,这就是:"根本不存在完全独立于理论之外的,对一切人都直接和共同的经验"、"根本不存在脱离思想的感觉经验"①。他们强调,在知识的所有领域中,除了逻辑和经验之外,还要有理性的作用,但支配理性的原则显然不是由经验和逻辑所能证明的,霍克海默指出:实证主义把一切都还原为可以验证的准则之上,这就肢解了哲学的批判功能。他们把实证主义主张脱离主观价值因素的事实中立性观点称为"客观主义"。哈贝马斯断言:客观主义以似规律的方式构造出来的事实世界的映像来欺骗科学。当然,"西方马克思主义"理论家对实证主义批判最激烈、最尖锐的是实证主义把知识与科学等同起来,只用科学语言去思考和讲话。霍克海默指出,在作为科学主义的实证主义那里,人变成了哑巴,只有科学在讲话。他们批判实证主义用科学取代形而上学的观点,强调与科学比较起来,形而上学对实在的理解更深刻,霍克海默提出了这样的命题:在形而上学著作中比在科学著作中能够发现更多、更深刻的对实在的见解。马尔库塞分析了反对形而上学给实证主义自身所造成的危害,他说,忽视或消除形而上学这种特殊的哲学向度,导致实证主义所创造的虚假问题比它所破坏的更多。他们还指出,由于实证主义将科学当做唯一的知识形式,最后不可避免地会使自己陷入形而上学。霍克海默曾经这样说,将科学当做唯一的知识形式,就会变成一种朴素的形而上学、实证主义和形而上学不过是贬低自然知识和假定抽象概念结构的同一个哲学的两个不同的阶段。在哈贝马斯看来,实证主义实际上并没有真正理解形而上学,只是满足于通过把可决定的问题限制在事实的解释上来排除形而上学,他提出,只有通过形而上学的概念,实证主义才能使自己成为可被理解的。他们强调,实证主义一味地推崇科学导致的必然结果是使人滋生一种以肯定性和单面性为

---

① 霍克海默:《传统理论和批判理论》,载《批判理论》,李小兵等译,重庆出版社 1989 年版,第 171 页。

主要特征的思维方式。霍克海默就此指出:实证主义理论以其传统的形式起到了一种肯定的社会作用;实证主义在正常运行的社会中起着肯定作用是理所当然的;实证主义离开理论去考察对象,必然会陷入无为主义和顺世主义;思想机器越是从属于存在的东西,就越是盲目地再现存在的东西。马尔库塞则认为:经验主义证明自身是一种肯定性思维,实证主义通过对意义进行澄清来消除思想矛盾,从而阻止"越轨的行为"。

"西方马克思主义"上述三个方面的批判与对科学技术本身的批判一样,充满着穿凿附会之处,但无疑的是,即使这些批判是片面的,也是一种具有极强的时效性的深刻的片面,否则就无从解释为什么产生着如此巨大的影响,如此广泛地吸引着人们的注意力。他们对科技理性的批判,揭示了现代科学技术与传统理性主义的结合对人的思维方式、思想观念及价值观的重大影响,揭示了科技理性与极权主义的内在联系,在理论上明确地提出了科学与人性、人的价值实现的关系的问题。他们对技术专家治国论的批判,富有说服力地陈述了技术专家治国论的种种危害,特别是正确地揭示了技术专家治国论失足于用统治自然的方法来控制社会。他们对实证主义—科学主义的批判,击中了实证主义单纯重视认识对象而无视认识主体、单纯强调逻辑和科学方法的作用而抹杀人的情感和欲望的功能、单纯推崇事实而忽视价值的要害。他们的所有这些批判与他们对科学技术本身的批判一起,给20世纪和后20世纪的人类提出了警告:科学无视价值存在以及与此相关的科学的"异化"将会带来灾难性的后果。

爱情、爱欲与性欲

——评"西方马克思主义"性伦理学

　　"西方马克思主义"理论家并没有给我们留下一门与他们的哲学观相一致的成体系的独特的伦理学,但他们广泛地涉足伦理领域则是一个不争的事实。而且他们的许多伦理观点在 20 世纪曾经产生了巨大的影响,在一定意义上,曾经影响了 20 世纪人类历史的进程。当人们在梳理 20 世纪伦理学方面的成就时,是无论如何不能绕开他们的。

　　纵观"西方马克思主义"理论家的伦理观点不难看出,他们的伦理观点基本上都是与"爱"和"性"联系在一起的。伦理学从根本上讲,它所研究的是人生问题,包括人的本性、人的价值和尊严、人的目标和追求,其核心问题是人的幸福问题,也就是说,研究的是人如何生活得更好的问题。"西方马克思主义"理论家主要是围绕着"爱"和"性"探讨人如何生活得更美好,亦即围绕着"爱"和"性"规划人生并为之指示路向和提供原则。

　　在"西方马克思主义"理论家的各种伦理观点中,最超群出众的是弗洛姆、马尔库塞、赖希涉及"爱"与"性"的伦理观点,即弗洛姆的"爱情伦理学"、马尔库塞的"爱欲伦理学"和赖希的"性欲伦理学"。这里,我们主要评述这些伦理观点。

一、弗洛姆的"爱情伦理学"

弗洛姆研究爱,并创立了"爱情伦理学"。他把他的"爱情伦理学"当做一门人类必须要掌握的学问加以兜售。人们对他的"爱情伦理学"最感兴趣,从而也得以广泛传播的是以下三个方面的内容。

1. 对爱究竟是什么的论述

弗洛姆向人们提出这么一个问题:爱是一门艺术吗? 如果是,那么要获得爱就得具备一定的知识和作出一定的努力。或许,爱只是一种愉快的感受,体会这种感受不过是机缘问题,谁交上了好运就可"堕入"其间。他自己回答说,在今天,绝大多数人都赞成后一种说法,而他却立足于前一种观点。他坚决主张把爱视为一种艺术,他的至理名言就是:"爱是一门艺术。"①

正因为弗洛姆认为爱是一门艺术,所以他认为它是需要学习的。他抱怨人们祈求、渴望爱,然而几乎把所有别的东西都置于爱之上,成功、名誉、金钱、权势——人们把所有的精力都耗费在学会如何实现这些目标上,而不去钻研爱的学问。他说:"我们无须学习如何施爱,导致这种臆说的谬误在于分不清'堕入情网'和'长久相爱'之间的区别"②、"任何关于爱的理论必须从某种关于人及人类生存的理论开始"③。

弗洛姆认为,爱的重要特征是主动。当我们爱某人时,我们就会主动地不断地关心所爱的人,而不是仅仅与所爱的人待在一块儿。他说:"爱即是一种主动行为"、"爱意味着主动深入他人,由深入而达到的结合平息了我求知的渴望"、"爱是行动,是人的能力的体现"、"爱是唯一的求知途径"、"我通过爱而与人相融,由此领会了奥秘。我奉献爱,我捧出我自身,我融入他人,由此我找到自己、发现自己。"④在他看来,既然爱的重要特征是主动,那么爱是无法由他人代替的,爱必须由自己亲自去体验。他说:"爱,乃是纯个人的体验,无论何人,都只有通过自己的努力去亲身体验。"⑤

---

① 弗洛姆:《爱的艺术》,陈维纲等译,四川人民出版社 1986 年版,第 1 页。
② 弗洛姆:《爱的艺术》,陈维纲等译,四川人民出版社 1986 年版,第 4 页。
③ 弗洛姆:《爱的艺术》,陈维纲等译,四川人民出版社 1986 年版,第 8 页。
④ 弗洛姆:《爱的艺术》,陈维纲等译,四川人民出版社 1986 年版,第 35～36 页。
⑤ 弗洛姆:《爱的艺术》,陈维纲等译,四川人民出版社 1986 年版,第 122～123 页。

弗洛姆强调,爱总是和关切与责任联系在一起的。他说:"关切和责任表示爱是一种活动性而不是一种征服人的感情,也不是一种'感动'人的感情。"①他以母爱为例说明之。他指出,母爱是创发性的爱的最常见和最容易理解的实例,生孩子时母亲的身体为孩子"劳动",孩子出生后她的爱在于努力使孩子成长,"母爱的真正实质就是关怀和责任"、"母爱是无条件的"。

弗洛姆指出,爱是热烈地肯定他人的本质、积极地建立与他人的关系,是双方各自保持独立与完整性基础上的相互结合。他说:"双方关系的深度以及双方各自表现出来的蓬勃朝气和力量,这才是爱情存在的唯一证明。"②虽然爱打破了把人隔绝的围墙,使人与人和谐相融,但是爱又让人仍为他自己,依然伫立于其整体性之中。他说,"在爱中萌生出这样的二律背反:相爱双方融合为一,但仍为二体"③、"爱是在保有自我的分离性与完整性的情况下,与自身以外的某人或某物的合一"④。

弗洛姆认为,爱本身就是目的,而不是手段。他说,"爱的唯一重要性就在于本身"、"爱是人类的自我表达,是使人的力量得到充分发挥的方式"、"爱是造就爱的能力,无能即是无力造就爱"、"爱的行动超越思想、超越语言,是跃入融合的壮举"。在他看来,真正的爱增强人们爱的能力和为人奉献一切的能力,"一个真正懂得爱的人通过自己对一个具体对象的爱而显示出他或她对整个世界的爱"。

弗洛姆区别了童稚之爱和成熟之爱,认为只有成熟之爱才是真正的爱。他说:"童稚之爱的原则是:'因为我被爱,所以我爱';成熟之爱的原则是:'因为我爱,所以我被爱'","童稚之爱的爱声称:'因为我需要你,所以我爱你';成熟之爱则认为:'因为我爱你,所以我需要你'"。

从这里出发,他进一步得出结论:成熟之爱即真正的爱首先是给予。他提出了这样一个著名命题:"爱本质上是给予而非获取。"⑤他认为,人的性功能就体现了这种以给予为主要内容的爱。男人性功能的最高体现是

① 黄颂杰主编:《弗洛姆著作精选》,上海人民出版社1989年版,第166~167页。
② 弗洛姆:《爱的艺术》,陈维纲等译,四川人民出版社1986年版,第117页。
③ 弗洛姆:《爱的艺术》,陈维纲等译,四川人民出版社1986年版,第24页。
④ 黄颂杰主编:《弗洛姆著作精选》,上海人民出版社1989年版,第279~280页。
⑤ 弗洛姆:《爱的艺术》,陈维纲等译,四川人民出版社1986年版,第25~27页。

一种给予行为,女人同样也给予付出,她敞开了通向女性幽境的大门,她获取之时也即她给予之时。他说:"爱意味着无需山盟海誓的承诺,意味着把自己毫无保留地奉献于人。"①

在他看来,爱某个人实际上就是对人的本质的爱。如果我能说"我爱你",则我所说的是:"我爱你整个的人性,爱你所有的充满生气的东西,也爱你中的我。"他说:"爱包含着根本的肯定,它把所爱者作为本真人性的化身而予以肯定","我爱某个具体的人,这意思是我把他当做人性的化身来爱"②。

弗洛姆还提出,人只有通过爱才能理解他人和整个世界。他说,人通过爱和理性,从心智上和情感上理解世界。他具体解释说,人的理性力量使他通过和客体发生能动的联系,透过事物的表面抓住它的本质,人的爱的力量使他冲垮他与别人分离的围墙并去理解别人。

2.对各种爱的分析

对兄弟之爱的分析。弗洛姆是个泛爱主义者,他主张爱世界上的一切。他认为,倘若一个人只是爱某一特定的对象而对其他人持冷漠的态度,则他的爱是虚假的,不过是由共生而萌发出的依恋之情,或者说,不过是一种扩大了的利己主义。他说:"真诚地爱一个人意味着爱所有的人,爱世界,爱生活。"要是我能够对某人说,"我爱你",那么我必定可以说,"我通过爱你而爱每个人,爱整个世界;同时,也通过你而爱我自己"③。假如像罗曼蒂克式的爱那样,只爱世界上的某一个人,并把找到这样的人视为自己生活中的最大机遇,那这样的爱并不是真正的爱。他说:"在对自己亲友的爱和对陌生人的爱之间,不存在什么'分工',恰恰相反,前者的存在必须以后者的存在为前提。"④他认为,兄弟之爱表达了这种爱的普遍性。他说:"一切类型的爱都发端于最本原的爱,即兄弟之爱。"⑤兄弟之爱意味着:人意识到自己对所有的人均应担当责任。他非常赞赏《圣经》上说的"爱邻若爱己",认为这就是指兄弟之爱,它是对一切人的爱,它的特点在

① 弗洛姆:《爱的艺术》,陈维纲等译,四川人民出版社1986年版,第145~146页。
② 弗洛姆:《爱的艺术》,陈维纲等译,四川人民出版社1986年版,第68页。
③ 弗洛姆:《爱的艺术》,陈维纲等译,四川人民出版社1986年版,第52~53页。
④ 弗洛姆:《寻找自我》,陈学明译,工人出版社1988年版,第167~168页。
⑤ 弗洛姆:《爱的艺术》,陈维纲等译,四川人民出版社1986年版,第53~54页。

于没有丝毫的排他性。他说:"人同情弱者,由此而萌生对人类兄弟的爱;人爱自己,由此也挚爱孤独无援者"①,"爱一个人如果与爱人类相脱离,那么就只能是指表面的和偶然的爱,它必然陷入肤浅"②。

对性爱的分析。弗洛姆认为性爱往往是自私的,所以他反对把如此博大的爱仅仅归结为性爱。他说,"性爱是对把自身完全融化、与另一个人融为一体的渴望,性爱就其本质而言是排他的、非普遍的"③,"性爱是排他的,只是因为我只能同一个人达到最全面、最强烈的融合"④。他说自己之所以批判弗洛伊德理论,不是因为弗氏过分夸大了性的作用,而是因为弗氏未能深刻地理解性本身。他认为,性爱只有与情爱结合在一起才是真正的爱。他说:"愉快的性享受,根植于充裕和自由之中,它是性和情感方面的创发性的表现。"⑤男女之爱只有超越性爱而成为一种情爱,才是有意义的。他说:"男女双方在爱情中获得新生。"⑥他还指出,人们常常看不到性爱中的一个重要因素,那就是意志。爱一个人并不仅仅是一种强烈的感情,这是一个决定、一个判断、一个承诺,"如果爱仅仅是一种感情,永远相爱只能是一句空话"⑦。在他看来,消除紧张的需要只是促进异性相互吸引的诸因素之一,而真正起关键作用的因素是与异性相结合的需要。他说:"异性间的相互吸引远超过性欲吸引的范围。"⑧

对母爱的分析。弗洛姆把母爱奉为人类真爱的楷模。他强调,母爱是无条件的,并不要受爱者付出任何代价,只要是她的孩子就行。他说,"母爱是极乐,是安宁,它无需去争取,也无需被恩赐"、"有了母爱,就好像有了祝福;没有母爱,生活的一切美丽之光就消失殆尽"⑨、"母亲就是温暖和食物,就是满足和安全的快感"⑩。他认为,母爱的可贵之处在于并不渴求

---

①　弗洛姆:《爱的艺术》,陈维纲等译,四川人民出版社1986年版,第55~56页。
②　黄颂杰主编:《弗洛姆著作精选》,上海人民出版社1989年版,第168页。
③　弗洛姆:《爱的艺术》,陈维纲等译,四川人民出版社1986年版,第60页。
④　弗洛姆:《爱的艺术》,陈维纲等译,四川人民出版社1986年版,第63页。
⑤　弗洛姆:《寻找自我》,陈学明译,工人出版社1988年版,第244页。
⑥　弗洛姆:《爱的艺术》,陈维纲等译,四川人民出版社1986年版,第38~39页。
⑦　弗洛姆:《爱的艺术》,陈维纲等译,四川人民出版社1986年版,第64页。
⑧　弗洛姆:《爱的艺术》,陈维纲等译,四川人民出版社1986年版,第41~42页。
⑨　弗洛姆:《爱的艺术》,陈维纲等译,四川人民出版社1986年版,第45页。
⑩　弗洛姆:《爱的艺术》,陈维纲等译,四川人民出版社1986年版,第44页。

与被爱者融为一体,它能忍受与被爱者的分离,母爱即是慈爱,"慈爱愿意接受分离,且在分离后仍能继续倾注爱心"①。正因为母爱的这种利他性、无我性,人们才公认它为最高类型的爱,最珍贵的感情纽带。但他又作说明说,不过,可以说母亲对婴儿的抚爱尚未体现出母爱。真正的母爱蕴含在母亲对成熟自立的孩子的关切中。他把母爱与性爱作比较,指出母爱的精华体现在母亲对孩子成长的关切,而这意味着她期望他完全自立,这一点正是母爱与性爱的本质区别。他说:"在性爱中,相爱者合二为一,但在母爱中双方却一分为二"②、"性爱始于分离,终于合一;母爱始于合一,而导向分离"③。

对父爱的分析。弗洛姆强调,父爱与社会—经济的发展相关,"父爱是有条件的",父爱的原则是:"因为你满足了我的期望,因为你有责任感,因为你像我,所以我爱你。"④母亲是大自然,是土地,是海洋,但父亲却没有这些特征。然而,虽然父亲不代表自然界,却代表着人类存在的另一极,那就是思想的世界,科学技术的世界,法律和秩序的世界,风纪的世界,阅历和冒险的世界。他说,"父亲是孩子的导师之一,他指给孩子通向世界之路"、"妈妈保障着生活的安宁,父亲则指出克服困难之路"⑤。在他看来,一个成熟的、真正具有爱心的人既要有母爱意识,又要有父爱意识,尽管这两种爱看来是相互冲突的。他说:"如果只有父性意识,人就会变得生硬和不人道;如果只有母性意识,人就会失去判断。"⑥他还认为,作为受爱者——孩子来说,母爱犹如一种恩赐的行为,如果它存在,就是一种福祉,如果它不存在,则是无法创造出来的;而父爱恰恰相反,它是可以创造出来的,只要能服从、伺候父亲,像父亲,总有机会获得父亲的爱。他说:"在与母亲的关系中,几乎没有孩子能控制它,而对父亲的关系却是能加以控制的。"⑦

---

① 弗洛姆:《爱的艺术》,陈维纲等译,四川人民出版社1986年版,第60页。
② 弗洛姆:《爱的艺术》,陈维纲等译,四川人民出版社1986年版,第59页。
③ 黄颂杰主编:《弗洛姆著作精选》,上海人民出版社1989年版,第282页。
④ 弗洛姆:《爱的艺术》,陈维纲等译,四川人民出版社1986年版,第48~49页。
⑤ 弗洛姆:《爱的艺术》,陈维纲等译,四川人民出版社1986年版,第47~48页。
⑥ 弗洛姆:《爱的艺术》,陈维纲等译,四川人民出版社1986年版,第50~51页。
⑦ 黄颂杰主编:《弗洛姆著作精选》,上海人民出版社1989年版,第293页。

对信仰之爱的分析。弗洛姆认为,在成熟的信仰之爱中的神不再是外部的力量,人把爱和公正的原则注入自己心中,从而与神融为一体,以至于他只能用诗的语言和象征来表述神。他说:"信仰之爱与父母之爱是分不开的。"①如果沉溺于对母亲、家庭、民族的血亲之爱,如果始终依赖于施行奖惩的父亲或其他权威,人就不可能发展出成熟的信仰之爱。对于大多数人来说,信仰上帝,就好像信仰慈祥的父亲——这是孩子气的幻想,宗教中的这种情况尽管已被少数优秀的人物所克服,但在大多数人中它仍然普遍的存在着。他说:"我们对上帝的爱和上帝对我们的爱是相互依存的。"②如果上帝是父亲,他就会像父亲一样爱我,我就会像儿子一样爱他。如果上帝是母亲,相应地也就有母子之间的爱。他说,"信仰之爱的性质,取决于宗教中父性成分和母性成分的比重"③。宗教中的父性方面要人像爱父亲一样爱上帝:认定父亲是公正而严格的,会选择我作为他钟爱的儿子;宗教的母性方面,则要求我们像宽容一切的母亲那样爱上帝。

3. 对如何爱的探讨

弗洛姆把爱视为一门艺术,他认为爱作为一门艺术实践,必须具有一些与其他的艺术实践共同的要求。第一是要有一定的训练,仅凭一时高兴,是永远成不了爱的大师的;第二是要专一,不能像时尚生活方式那样见异思迁和朝三暮四,"彼此相爱的人尤其应当专一执着,他们应当学会互相亲近,但又不落俗套"④;第三是要有耐心,在爱的道路上要取得哪怕一点点成功,没有耐心是不行的;第四是要全力以赴,如果不把爱当做一件至关重要的事情,就休想把它学好,最多也不过维持在业余涉猎者的水平上。他说:"训练、专一、耐心、全力以赴是进行爱的艺术实践的基本要求。"⑤

除了上述这些要求之外,弗洛姆还提出,还有若干要素也必须切记。首先是要关切,"爱是我们对所爱者生命与成长的主动关切,没有这种关切就没有爱";其次是责任,"本真意义上的责任乃是绝对自愿的行为,是我对他人要求所做出的积极'响应'",对母亲和婴儿来说,此种责任主要是

---

① 弗洛姆:《爱的艺术》,陈维纲等译,四川人民出版社 1986 年版,第 91~92 页。
② 弗洛姆:《爱的艺术》,陈维纲等译,四川人民出版社 1986 年版,第 76 页。
③ 弗洛姆:《爱的艺术》,陈维纲等译,四川人民出版社 1986 年版,第 77 页。
④ 弗洛姆:《爱的艺术》,陈维纲等译,四川人民出版社 1986 年版,第 130~131 页。
⑤ 弗洛姆:《爱的艺术》,陈维纲等译,四川人民出版社 1986 年版,第 123~124 页。

指母亲关切孩子的物质需求,面对成年人之间的爱来说,它主要是指关切他人的精神需要;再次是尊重,"尊重只能伫立在自由的基础上",尊重意味着无所剥夺,我祈望我所爱者为他本人,以他特有的方式发展,而不是为了服务于我的利益;最后是知识,作为爱的构成要素的知识不是指滞留在表面现象的一般知识,它深入到核心,触及底蕴,"没有知识引导的关切与责任是盲目的,但不以关切为动机的知识则是空洞的"。他的结论是:"关切、责任、尊重、知识是一切类型的爱所共同具有的要素。"①

弗洛姆认为,在人们普遍把性爱与真正的爱混为一谈的情况下,当务之急是把性爱提高到情爱的层次上。他说:"除了在极其短暂的时刻,没有爱情的性行为根本不可能填补人与人之间的鸿沟。"②千万不能爱上一个人就认为已陷入爱河,他说:"爱上别人被认为已是爱的顶点,而实际上它是开端,仅仅是得到爱的一个机会"③、"认为性爱关系一旦出现差错就应该分道扬镳、各自东西的思想,和认为性爱关系在任何情况下都不应该破裂的思想一样,都是错误的"④。

弗洛姆提出,必须妥善地解决相爱的人之间的冲突。以为爱必然意味着没有冲突,这只是一个幻想。其实相爱者之间发生冲突是十分正常的,大多数人发生"冲突"都是因为想逃避真正的冲突,他们的"冲突"不过是一些鸡毛蒜皮的分歧和无聊的争吵,这些分歧和争吵从本质上看是无助于澄清问题、解决问题的。他说,两人之间的真正冲突,既不用遮掩也不用相互指责,它是内心深层世界的真实体验,不是破坏性的,"相爱的人之间的冲突可以导致明确的结论,使人净化,从而使双方获得更多的知识和力量"⑤。

弗洛姆还提出,与异性交往,产生爱情是十分正常的,但不一定要发生性关系。一个男人和一个女人可以出于多种原因而彼此吸引:出于他们的基本品质,他们的爱好,他们的理想,他们的热情以及他们的全部人格,但一般说来,只有在那些喜欢什么就必须将其占有之的人身上,这种爱慕才

---

① 弗洛姆:《爱的艺术》,陈维纲等译,四川人民出版社 1986 年版,第 30 页。
② 弗洛姆:《爱的艺术》,陈维纲等译,四川人民出版社 1986 年版,第 12～13 页。
③ 黄颂杰主编:《弗洛姆著作精选》,上海人民出版社 1989 年版,第 167～168 页。
④ 弗洛姆:《爱的艺术》,陈维纲等译,四川人民出版社 1986 年版,第 65 页。
⑤ 弗洛姆:《爱的艺术》,陈维纲等译,四川人民出版社 1986 年版,第 116～117 页。

会引起性占有的要求。他说："男女之间可以交往,甚至会产生眷恋之情,但未必一定要'采摘'她或他。"①

弗洛姆认为,为了真正获取爱和去爱,当前还有一个正确地对待虚荣心的问题。对于虚荣心他提出了如下名言警句:"男人的虚荣心是要显示他能做什么,要证明他绝不会失败;女人的虚荣心的本质特征是需要去吸引,需要向她自己证明她能吸引。"②在他看来,无论是男人还是女人,其虚荣心都有缺陷,都是爱情的障碍。他这样询问道:有多少丈夫不是因为自己长期依附于母亲,于是将妻子的任何要求都曲解为对自己束缚,从而认为妻子专横跋扈? 有多少妻子不正是由于丈夫不能符合自己在孩提时形成的光辉高大的骑士形象而认为丈夫呆头呆脑、蠢笨无能?

弗洛姆还提出,在爱的历程中至关重要的是要妥善处理自私、自爱与自利之间的关系。一般人都把自私与自爱相提并论,把自私等同于"太爱自己"。弗洛姆认为,这是对自私本质的歪曲,自私非但不是太自爱,相反正是缺乏自爱引起的。他说,"自私与自爱不是同一个东西"、"自私的人对自己不是大爱,而只是小爱"。"自私的人没有能力爱他人,也没有能力爱自己"③,由于没有能力爱自己,于是就有不合理的欲望和伤天害理的败行,在缺乏爱的能力这一点上,"无私"与"自私"有异曲同工之妙。他反对自私,竭力提倡自爱。他强调,爱他人与爱自己是统一的,"一个人只有真正做到爱自己才能爱他人,而爱他人的人也必然会爱自己"④。

以上是弗洛姆的爱情伦理学的最引人注目之处。人们通常把弗洛姆的爱情伦理学同费尔巴哈的"爱的宗教"联系在一起,认为他同费尔巴哈一样希望通过普降爱的圣水,达到四海之内皆兄弟的境界。甚至把他称为"当代的费尔巴哈",并引用恩格斯当年批评费尔巴哈的那段名言来批评弗洛姆:这样一来,他的哲学中的最后一点革命性也消失了,留下的只是一句老调子:彼此相爱吧! 不分性别,不分等级地互相拥抱吧——大家一团和气地痛饮吧! 这些人这样做是有理由的,因为弗洛姆的爱情伦理学从总

---

① 弗洛姆:《占有或存在》,杨慧译,国际文化出版公司 1989 年版,第 100~101 页。
② 黄颂杰主编:《弗洛姆著作精选》,上海人民出版社 1989 年版,第 186~187 页。
③ 弗洛姆:《寻找自我》,陈学明译,工人出版社 1988 年版,第 168~169 页。
④ 弗洛姆:《爱的艺术》,陈维纲等译,四川人民出版社 1986 年版,第 67~68 页。

体上确实有泛爱主义的倾向,确实与马克思主义相悖。但是,这并不妨碍这一理论在一些具体细微之处给人以启发作用。例如,他关于要掌握爱的艺术、爱的知识的告诫、他对爱在本质上是给予而非获取的探讨、他对爱的种种方式的分析、他关于性爱必须上升为情爱的研究,都具有很大的价值。人们读了弗洛姆的这些论述,会情不自禁地开始解剖自己,开始考虑自己在爱的海洋中的位置以及自己走向爱的途径,这正是这一理论的力量所在。

二、马尔库塞的"爱欲伦理学"

弗洛姆的伦理学只谈爱,讳言性,就是论及性的时候,也力主把它上升为爱,所以有人把他称为"泛爱主义者"、"非性爱主义者"。马尔库塞则并不回避性,但与此同时他又把性欲与爱欲严格区别开来,爱欲在他那里包含着性欲,但不能归结为性欲。这样,他是围绕着如何面对爱欲展开他的伦理学论述的,人们对他的称呼是"爱欲至上主义者"。

下面我们就评判他的三个方面——曾经使西方世界不得安宁的观点。

1. 为爱欲而战就是为政治而战

马尔库塞认为,弗洛伊德的精神分析学不仅仅是一种心理学,而且是一种哲学,它的主要价值在于向人们揭示了人的心理机构的秘密,并由此在一种新意义上规定人的本质。他说,弗洛伊德的心理学力图对人的本质作出规定,把人的爱欲作为人的本质,这种认为在主要的本能结构中不可能发现任何非爱欲的东西的观点,正是真理的标志。马尔库塞明确地把爱欲定为人的本质,他直言:人的本质就是爱欲。

他认为,由于爱欲是人的本质,所以,文明社会对爱欲的压抑,才使人陷入无限的痛苦之中。在人类文明史上,当人的爱欲遭到压抑时,不仅是对人的某种功能的束缚,更主要的是用现实原则代替了快乐原则,意识活动占据和控制了潜意识,从而整个地改变了人的本质。在这种情况下,为了恢复人的本质,使人从痛苦的深渊中解放出来,就必须解放人的爱欲,把人类本性不断遭歪曲的这个过程颠倒过来。只有使人类在解放爱欲的过程中真正恢复其本性,人类才能真正享受到本质得以实现的痛快。他说,人正是在他的满足中,特别是在他的爱欲满足过程中,才成了一种高级存在物,才有了较高的存在价值。

马尔库塞提出,把人的解放理解成爱欲的解放,使人从爱欲的满足中获取欢乐,在一定意义上说,这是从根本上改变了快乐本身。精神分析学的解释表明,现实原则改变的不只是快乐的形式及获得快乐的时间,而且是快乐的实质。快乐之适应于现实原则,意味着本能满足所具有的破坏力量及其与现有社会准则和社会关系的冲突已被克服,从而也意味着,快乐本身的实质已被改变。他说,人的自由和幸福的命运受制于和取决于肉体和精神、自然和文明共同卷入的本能斗争,爱欲的解放意味着人的本能结构中性本能占了上风,这时人获得的是一种在现实原则支配下永远享受不到的快感。

马尔库塞强调,解放爱欲实际上不只是一个心理学上的问题,它同时也是社会问题、政治问题,他提出了这样一个在西方世界广为传诵的口号:"在今天,为生命而战,为爱欲而战,也就是为政治而战。"[①]在他看来,一方面,摆脱战争福利国家命运的唯一途径是要争取一个新的出发点,使人能在没有"内心禁欲"的前提下重建生产设施,因为这种内心禁欲为统治和剥削提供了心理基础;另一方面,要解放追求和平与安宁的本能需要,要解放爱欲,首先就必须从压抑性的富裕中解脱出来,即必须扭转进步的方向。他还认为,爱欲解放的政治意义与社会意义不仅在于能促使社会的解放,而且还能促使自然的解放。他说:"自然界与人类世界一样是残忍的、压迫的、痛苦的,因此一样有待于解放,这个解放就是爱欲的工作。"[②]

在他看来,解放爱欲的核心是劳动的解放。这主要是由于在人的所有爱欲活动中,劳动是比起人的其他爱欲活动来,更加体现了追求快乐的本性,劳动为大规模地发泄爱欲构成的冲动提供了机会。如果快乐确实就在劳动行为中,而不是游离于劳动之外,那么,这样的快乐就必定来自活动着的肉体器官本身,它使爱欲区活跃起来,或者说使整个肉体爱欲化。他说:"一种非压抑性的现实原则的出现将改变而不是破坏劳动的组织"、"爱欲的解放可以创造新的、持久的工作关系"[③]、"俄耳浦斯的爱欲改变了存在,

---

① 马尔库塞:《爱欲与文明》,黄勇、薛民译,上海译文出版社 1987 年版,"前言"。
② 马尔库塞:《爱欲与文明》,黄勇、薛民译,上海译文出版社 1987 年版,第 120～121 页。
③ 马尔库塞:《爱欲与文明》,黄勇、薛民译,上海译文出版社 1987 年版,第 144～145 页。

他通过解放控制了残酷和死亡,他的语言是歌声,他的工作是消遣"①。

2. 爱欲是性欲的升华

马尔库塞赋予爱欲的解放无与伦比的意义,那么他所说的爱欲究竟是什么东西?这是他的"爱欲伦理学"所论述的中心内容。他强调的是必须把爱欲与性欲区别开来。他说,弗洛伊德的后期著作中引入爱欲一词肯定是有其深刻用意的,因为爱欲作为生命本能,指的是一种较大的生物本能,而不是较大的性欲范围,"爱欲是性欲本身意义的扩大"、"爱欲是性欲的自我升华"②。他强调,"性欲的自我升华"这个词意味着,在特定的条件下,性欲可以创造高度文明的人类未来,而不是屈从于现存文明对本能的压抑性组织。

他说,存在的本质是对快乐的追求。这种追求成了人类生存的目标。想把生命体结合进一个更大、更稳固的单位的爱欲冲动成了文明的本能根源。从这一意义上说,性本能就是生命本能,因为想根据发展着的生命需要来控制自然以保存和丰富生命的冲动本身就是一种爱欲活动。他说,生存斗争最初也是一场争取快乐的斗争,因为文化一开始就集体地贯彻着这种目标,但到后来,生存斗争只是为了统治才被组织起来,于是文化的爱欲基础就被改变了。他说,在爱欲的实现中,从对一个人的肉体的爱到对其他人的肉体的爱,再到对美的作品和消遣的爱,最后到对美的知识的爱,乃是一个完整的上升路线。

马尔库塞对性欲与爱欲作了详尽的比较。他说,本来,性欲能对其主客体都没有任何外来的时空上的限制。"性欲本质上是放荡不羁的"③,性本能的社会组织实际上把所有无助于生育功能的性本能都视为性反常行为而予以禁止。"爱欲在与死亡本能的斗争中创造了文化"④,它努力要在更大、更丰富的规模上保存存在,以便满足生活本能,使之免受不能实现,甚至被灭绝的威胁。"爱欲的目标是要维持作为快乐主客体的整个身体",这就要求不断完善有机体,加强其接受性,发展其感受性。他指出,如

---

① 马尔库塞:《爱欲与文明》,黄勇、薛民译,上海译文出版社1987年版,第125页。
② 马尔库塞:《爱欲与文明》,黄勇、薛民译,上海译文出版社1987年版,第15页。
③ 马尔库塞:《爱欲与文明》,黄勇、薛民译,上海译文出版社1987年版,第31~32页。
④ 马尔库塞:《爱欲与文明》,黄勇、薛民译,上海译文出版社1987年版,第77页。

果说性欲是指对两性行为的追求,那么"爱欲则是指性欲在量上和质上的提高"。所谓量上的提高是指:爱欲的器官从生殖器扩展到了人体的每个部位;爱欲的活动也从单纯的两性行为扩展到了人的所有活动;爱欲的对象也大大超出了异性的范围,凡是能引起快感的异物都可以成为对象。所谓质上的提高是指:即使在两性行为中,也不是以生殖为目的,而是以自身为目的,最高的内容是在肉体范围内获得快乐。

　　他进一步阐述,爱欲与性欲的这些区别也就决定了解放爱欲与放纵性欲有着不同的含义和结果。放纵性欲对个人来说只能获得短暂的局部的欢乐,而这种欢乐还得由痛苦做伴,人们常常因为获得这种短暂的局部的欢乐而需要付出高昂的代价。放纵性欲对社会来说意味着走向大混乱。倘若让每个人都自由自在地毫无节制地追求性欲的满足,那么,不仅社会与个人,而且个人与个人之间都会陷入不可调和的冲突之中。解放爱欲给个人与社会所带来的结果完全两样。个人在解放爱欲的过程中获得一种全面的持久的快感,人的整个身体都是快乐的工具。社会在解放爱欲的过程中建立起新型的关系。解放爱欲给人带来的是快乐,而放纵性欲带来的是盲目满足。快乐与欲求的盲目满足的区别在于,在前一种情况中本能拒绝穷尽毕生精力来追求直接的满足,本能能够建立和运用障碍来获得满足,也就是说,在前一种情况下,本能会节制,能够适可而止。那些阻止获得绝对满足的障碍不再被用做使人从事异化操作活动的工具,而成了人类自由的组成部分。人将真正作为个体而存在,人各自塑造着自己的生活。他们将使每个人具有真正不同的需要、真正不同的满足方式。他说,爱欲的解放浸透了满足的合理性,但又强调,爱欲的解放所贯穿的感性和理性包含着道德的自律。

3. 人类的历史就是爱欲遭受压抑的历史

　　马尔库塞认为,弗洛伊德理论中的人的概念是对西方文明的最无可辩驳的控告,同时又是对它最坚定不移的捍卫。他非常赞同弗洛伊德关于人类文明史的原动力的观点。他说:"人类的历史就是爱欲遭受压抑的历史。"①这个社会把它所接触的每一样事物都转变为进步与开发、苦役与满

---

① 　马尔库塞:《爱欲与文明》,黄勇、薛民译,上海译文出版社 1987 年版,"前言"。

足、自由与压迫的潜在来源,爱欲也未能幸免。他强调,在当今文明社会中,凡是与文明相悖的本能表现,与压抑性文明,特别是与一夫一妻制至上性相悖的本能表现,都会受到禁忌。当今文明社会中的性欲的升华是按照维护文明的要求进行的,"文明要求不断地升华,从而削弱了爱欲这个文化的建设者"①,文明的升华对性欲在功能和时间方面加以限制,把性欲纳入一夫一妻制的轨道,以及使大部分的肉体非性欲化。他还强调,从历史上看,把爱欲降格为一夫一妻制生殖器性欲,只有在个体成为其社会设施中劳动的主—客体时,才能做到。这种升华的前提是对快乐原则的压抑性改变,而与此同时又把压抑性成分引入社会有用活动中。

马尔库塞指出,从表面上看,在现代文明中,人具有性自由,但实际上这种自由是有限制的,甚至还可以说是虚假的。他说:"现存的自由与满足同统治的要求紧密联系,它们本身成了压抑的工具。"②较之清教时期和维多利亚时期,今天的性自由无疑是更大了,然而与此同时,性关系也更加密切地与社会关系同化了,性自由与有益的顺从一致了。马尔库塞对商品关系进入两性行为深恶痛极。

马尔库塞提出,在人类历史上,爱欲遭受压抑的历史实际上也就是快乐原则被现实原则替代的历史。他说:"在人的发展中,快乐原则被现实原则代替,这是一个巨大的创伤事件。"③性本能在现实原则面前首先遭受伤害,性本能屈从于至高无上的生殖器性欲,使性本能屈从于生育功能。在他看来,性欲向生殖器性欲的发展,有可能造成一定的快乐,但不可能带来根本的、持久的快乐,因为对本能内驱力的控制也可用来反对满足,许多性冲动区都被非性欲化了。

对爱欲的压抑一方面造就了文明,另一方面又使文明滋生了内在的破坏力量,在马尔库塞看来,这就是"文明的辩证法"。他说:"文明陷入破坏性的辩证法之中,因为对爱欲的持久约束最终将削弱生命本能,从而强化并释放那些要求对它们进行约束的力量,即破坏力量。"④他还说:爱欲与

---

① 马尔库塞:《爱欲与文明》,黄勇、薛民译,上海译文出版社1987年版,第58~59页。
② 马尔库塞:《爱欲与文明》,黄勇、薛民译,上海译文出版社1987年版,第64~65页。
③ 马尔库塞:《爱欲与文明》,黄勇、薛民译,上海译文出版社1987年版,第5~6页。
④ 马尔库塞:《爱欲与文明》,黄勇、薛民译,上海译文出版社1987年版,第25页。

文明的冲突随着统治的发展而发展。在操作原则统治下,人的身心都成了异化劳动的工具,而只有当人的身心抛弃了人类有机体原先具有并追求的里比多的主—客体自由时,才会成为这样的工具。

关键在于,对爱欲的压抑造就了人类文明,那么人类为了维护文明状态是否应当对爱欲的压抑无止境地继续下去?弗洛伊德是这样认为的,弗洛伊德强调人类在文明与爱欲之间只能择其一。马尔库塞在这里与弗洛伊德分道扬镳,他企图论证建立一个爱欲解放了的文明社会是完全有可能的,即人类面对文明与爱欲,可以鱼与熊掌兼得。他力图推倒弗洛伊德关于为了维护文明状态对爱欲的压抑是不可避免的两个理由。一是贫乏,他说,贫乏一开始就成了为机构化的压抑辩护的借口,但在人类知识和对自然的控制使人能进一步以最少的劳动来满足人类的需要时,这种借口就越来越不管用了。这就是说,当人类花费少量劳动就能获取足够的生活资料时,贫乏就不足以构成压抑爱欲的理由了。二是性本能的反社会性,在马尔库塞看来,这是把性欲与爱欲混为一谈的一种错误认识,他承认性欲确实具有与社会相冲突的特征,但他坚持认为就爱欲而言,由于它具有一种内在约束力和团结力,从而非但不与文明相冲突,相反还能成为文明的黏合剂。他说,在爱欲本身中有着一种要是没有外在的压抑性的限制,就向文明方向发展的固有倾向。他认为,推倒了弗洛伊德关于压抑爱欲的必然性的两个理由,也就等于论证了爱欲解放的现实性。他指出,只要人们充分认识了这一点,建立一个爱欲解放了的文明社会就指日可待。

4. 解放人的关键是将性欲转变为爱欲

既然在马尔库塞看来,当今对人的压抑主要表现为对爱欲的压抑,而对爱欲的压抑又主要表现为把爱欲降格为性欲,那么他也就必然地把将性欲转变为爱欲视为解放人的关键。关于爱欲的解放他有这样一段名言:解放爱欲不仅仅包括了解放里比多,而且也包括改造里比多,把受生殖至上原则约束的性欲,改造成整个人格所具有的爱欲。

他认为,将性欲转变为爱欲的过程,也就是建立持久的劳动关系的过程,把劳动爱欲化的过程。他说,性欲向爱欲的转变及其向持久的里比多劳动关系的扩展的前提是,对巨大的工业设施和高度专门化的社会劳动分工的合理组织,对具有破坏性作用的能力的充分利用以及广大民众的通力合作。他说,如果劳动伴有一种前生殖器的多形态爱欲的恢复,那么劳动就可能自在地具有满足作用,同时又不失其劳动内容。

随着劳动的爱欲化,持久的劳动关系的建立,一种新的社会秩序也就形成了。他说,对持久满足的追求,不仅有助于建立一种扩大了的里比多关系的秩序,而且有助于这个秩序更大规模地持续下去。快乐原则扩展到了意识领域,爱欲自己对理性作了重新规定,"凡维持能使人满足的秩序的便是合理的"①。他强调,非压抑秩序之可能存在的唯一条件是性本能借助其自身的原动力,在变化了的生存条件下,在成熟个体之间形成持久的爱欲关系。

在马尔库塞看来,这种持久的爱欲关系得以建立的一个重要保证是爱欲对死亡本能的同化。他承认,"死亡是一个现实,甚至是一种最高的必然性",但他又指出,爱欲在摆脱了额外压抑以后,将得以加强,而这种加强了的爱欲又会同化死亡本能的目标。死亡的本能价值也将改变,因为如果本能是在一种非压抑性秩序中追求并获得满足的,那么倒退的强制性将失去其许多生物学上的理论根据,死亡不再是一种本能目标了。他说,如果创造条件可以把性欲、生活本能从破坏本能的优势中解放出来的话,社会和个人之间的和谐关系就能得以建立。

他特别指出,把性欲转变为爱欲实际上是一场革命,它将形成一种改造现实的巨大的冲击力。他说,在一个异化的世界上,爱欲的解放必然成为一种致命的破坏力量,必将全盘否定支配着压抑性现实的原则。他强调:"被改造的里比多超出操作原则机构的那种自由发展同被压制的性欲在这些机构的势力范围之内的释放具有本质的区别。"②后一个过程引起的是被遏制的性欲的爆发。相反,被改造过的里比多在被改造过的机构中得到了自由发展,它虽然使以前受禁的区域、时间和关系爱欲化了,但它将把纯粹性欲的各种表现结合进一个包括劳动秩序在内的更大得多的秩序中。

将性欲转变为爱欲,实际上是性欲的升华,但不是那种社会强加的外在的升华,而是自我升华。他强调,判断一个社会是否解放了爱欲,主要看

① 马尔库塞:《爱欲与文明》,黄勇、薛民译,上海译文出版社 1987 年版,第 164~165 页。
② 马尔库塞:《爱欲与文明》,黄勇、薛民译,上海译文出版社 1987 年版,第 147~148 页。

人们的性欲是否完成了自我升华。性欲的自我升华,是性欲转变为爱欲的关键,也是爱欲解放的主要标志。他说:"在非压抑条件下,性欲将'成长为'爱欲,就是说,它将在有助于加强和扩大本能满足的持久的、扩展着的关系中走向自我升华。"①

马尔库塞的"爱欲伦理学"的核心内容是对爱欲解放的必要性、可能性以及具体实现途径的论述。这一理论明显有许多错误之处,如它把人的解放归结为爱欲的解放失之片面,把爱欲的解放与劳动的解放扯在一起牵强附会,对建立爱欲解放的文明社会的现实性的论证缺乏科学根据。但必须指出,这一理论产生如此巨大的影响也决不是偶然的,这一理论从存在论的角度对人寻求新的存在,即本质上是快乐的存在的正当性的说明,对人追求爱欲满足合理性的探讨,具有相当强的理论感召力和征服力。另外还应指出,把马尔库塞的爱欲解放论等同于一种主张放纵性欲的理论是错误的。马尔库塞的这一理论经过一部分热衷于性开放的狂热分子的折射,往往走样变形,在这种情况下,了解一下马尔库塞的这一理论的真实内容是不无裨益的。

三、赖希的"性欲伦理学"

如果说弗洛姆的"爱情伦理学"要的是一种排除了性的爱,马尔库塞的"爱欲伦理学"所推崇的爱是包含着性的爱,那么,赖希的"性欲伦理学"则把爱等同于性,他力主人们必须满足的是纯粹的两性行为意义上的性欲。

赖希的"性欲伦理学"所包含的内容很多,但其中产生影响最大、流传最广泛的是他对性革命和性解放意义的论证以及对性革命和性解放途径的设计。

1. 对性革命、性解放意义的论证

赖希作为一个从事精神分析的学者、治疗心理疾病的医生,他是在给病人看病的过程中首先发现了性的满足对治疗精神病的意义。他发现,所有的精神病都是由于生殖功能的紊乱,或者说没有达到性高潮引起的。他

---

① 马尔库塞:《爱欲与文明》,黄勇、薛民译,上海译文出版社 1987 年版,第 164 页。

说:精神病患者只有一个毛病,就是缺乏充分的、反复的性的满足,除此之外,其他原因都属于从属的地位。从这里,他进一步得出结论,性高潮的功能不仅在于决定人是精神正常还是精神失常,而且在于决定人是否获得真正的幸福。他说,性高潮从来不仅是人的精神生活和物质生活交接处的一种行为,更主要的是,这是被称为人的这种封闭的能量体系的核心的调节机制。假如人不能获得恰当的性满足,那么他不是在肉体方面就是在心理方面患病,就会陷入深深的痛苦之中。他特别强调,这里所讲的性是狭义的而不是广义的,人的"动欲区"主要是指人的生殖器,并不是指人的其他什么部位和器官。他还说:"性高潮的实质是被压抑的性能量的释放。"用这一标准衡量,不是所有的性交都能达到高潮,只有那种不带有丝毫幻想成分的、有着一定时间保证的异性之间的生殖器接触才符合性高潮的标准。他认为,"性欲亢进力"的发现有着重大意义,可与哥白尼革命相比。

弗洛伊德提出了人格结构有三个组成部分:本我、自我、超我,它们分别处于人格结构的深层、中层和表层。赖希则提出了与弗洛伊德所说的不同的三层次人格结构:表层,即"社会合作层",在这里,人的真面目隐藏在亲切、礼貌和谦恭的假面目之后;中间层,即"反社会层",贮存在这里的是各种原始的、粗野的和毁灭性的冲动,当健康的本能冲动受到压抑时,才会形成这一"中间层";深层,即"生物核心层"。他认为,在这"生物的核心层"有着两种人的本能冲动:一是性欲冲动;二是自然的社会性冲动。他说:人在释放性欲冲动和自然的社会性冲动时,将会表现出诚实的、足以显示出真诚爱情的本质。赖希提出这一"三层次人格结构"说,首先是为了论证人的性本能没有破坏性成分,从其根本的生物上说,就是善的和爱的。他坚决不同意弗洛伊德认为性冲动具有强烈的反社会性,即性冲动为了获得满足会根本不顾及社会的"是"与"非"的标准的观点,而是强调性冲动本身就是一种建设性的原动力,能促进人类文明的发展;其次是为了把性本能置于人格结构的核心的地位。既然性本能处于最核心的地位,那么性本能的实现就比什么都重要了。

赖希旗帜鲜明地号召开展性革命。他认为,马克思主义的社会革命论只是一种宏观革命论。这种革命观用政治、经济领域里的革命代替一切,完全忽视去进行一场反对诸如家庭、学校和教会等旧社会的机构对性本能的摧残和歪曲的斗争。他说:"不管马克思对资本主义经济规律的发现是多么辉煌,多么具有重大意义,它本身尚不能解决人类奴役和自我征服问题。"①他强调,马克思主义的宏观革命论必须用微观革命论来补充。所谓"微观革命"实际上就是性革命。"微观革命"的内容很广泛,例如文化革命、教育革命、思想革命,甚至劳动条件的改善,都属于"微观革命"的范围,但其中处于核心地位的显然是性革命这一中心环节。他说,"在经济方面剥夺生产资料私有制和在政治方面确定社会民主,应与一切在对待人的性关系态度上的革命携手并进"、"人们必须像对待政治革命和经济革命一样,有意识地去理解和推进性革命"②。在他看来,苏联的十月革命是一场宏观革命,如果不进一步辅之以微观革命,那苏联的革命夭折是早晚的事。他说:"从对苏联革命受挫的研究中得出的一个最基本的原则无疑是应明确地保证人的性幸福的一切前提和条件。"③

他从对个人和社会两个方面具体论述了性革命的意义:

对个人来说,性革命能带来性健康。他的至理名言是:"性健康与自由和幸福同义"④、"生活幸福的核心是性的幸福"⑤。欲知性解放、性自由所带来的幸福是一种什么性质的幸福,必须首先搞清楚性压抑对人的束缚是一种什么性质的束缚。在他看来,性束缚所导致的不是人的某种功能的失调和不自由,而是人的所有功能的总失调和不自由。他说:哪里存在着性压抑,哪里就不可能有人的真正自由和幸福。基于这一观点,他得出结论,性革命给人带来的是整个人的本质的解放,整个人的本质的自由。他还这样说道:如果一个社会成功地使今天对性的否定变成了对性的肯定,那么,重新塑造人类的理想就变成了现实。

对社会来说,性革命能成为新社会的助产婆,能促成新的社会形态。在他看来,统治阶级肆无忌惮地奴役人、压迫人,依仗的并不主要是手中的权力、监狱、军队这些镇压工具,也不主要是榨取剩余价值这种剥削手段,而主要是通过压抑人们的性本能制造出为维护统治所需要的性格结构。

---

① Reich, *The Sexual Revolution*, Farrar, Straus and Girou Publisher, 1974, p. XXVI.
② Reich, *The Sexual Revolution*, Farrar, Straus and Girou Publisher, 1974, p. 185.
③ Reich, *The Sexual Revolution*, Farrar, Straus and Girou Publisher, 1974, p. 274.
④ Reich, *Mass Psychology of Fascism*, New York Orgone Inst. Press, 1946, p. 297.
⑤ Reich, *The Sexual Revolution*, New York Orgone Inst. Press, 1974, p. XXVI.

他认定,法西斯主义就是建立在性压抑的基础上的。希特勒以及其他法西斯主义分子提倡女人服从男人,采取强硬手段反对控制生育、堕胎,鼓吹必须把德国姑娘、妇女从犹太人的"肉欲魔掌"中解放出来。法西斯主义的这种性压抑行径造就了人的独裁主义性格结构,而这种独裁主义性格结构就是法西斯主义的心理基础。他说,"法西斯主义只是人的普通性格结构——独裁主义性格的被组织化的政治表现,是人的机械主义和极权主义的深层心理倾向的外在表现"、"像任何政治运动一样,纳粹根植于德国大众的心理结构之中,即独裁主义性格之中"①。既然他把性压抑视为统治阶级用以维护自己统治的主要支柱,那么他必然得出结论,一旦性革命推倒了这根支柱,整个统治机构便会土崩瓦解。性革命在破坏旧制度时还会建设新制度。面对压抑人的社会,性本能是一种破坏力量,而对美好的人道主义来说,它将是最重要的建设者。他说:"应当把性革命看做是一个自由社会的必由之路。"②

　　赖希不但在理论上提倡性革命,而且在实践上具体实施性革命。他曾经在欧洲发动和领导了一场声势浩大的性—政治运动。他在谈到这场运动时说道,人们正在经历着一场我们文化存在的真正的革命变革,在这场斗争中,没有游行,没有军人,没有奖章,不敲锣打鼓,不鸣放礼炮,但充当这场战争牺牲品的人却不会比1848年或1917年的变革少。"人类对它的自然生命功能的发现正使它从千年沉睡中苏醒过来。"③人们生活中的这场变革触及到了其情感、社会和经济的根本。

　　2.对性革命、性解放途径的设计

　　赖希要求维护青少年的性权利。他说,性生活的新秩序必须从对青少年的教育和变化开始。在他看来,维护青少年的性权利之所以如此重要,主要在于现存社会里的一切罪恶与腐败都是由对青少年实行禁欲主义引起的。本来,青少年的自然性欲是神圣的,但现在这种自然性欲遭到严重的侵犯。他要求对青少年进行性的教育,为即将进入两性关系作心理准备。他还要求给青少年提供法律保证,以反对双亲、教师和政府当局对性

---

①　Reich, *Mass Psychology of Fascism*, New York Orgone Inst. Press, 1946, p. 77.

②　Reich, *The Sexual Revolution*, Farrar, straus and Girou Publisher, 1974, p. 275.

③　Reich, *The Sexual Revolution*, Farrar, straus and Girou Publisher, 1974, p. XVIII.

的暴政。他说,父母纽带的解除乃是健康的性生活的先决条件。

他提出必须区别生育与性行为。他说:"争取性自由的斗争需要解决的一个关键问题是把生育与性行为区别开来。"由于不把两者区别开来,所以妇女成了生儿育女的工具,被剥夺了性快感。在他看来,这里的关键问题在于性行为究竟是目的还是手段。对把性行为当做是生儿育女的手段的人来说,当然不会在男女的交配中获得快乐的。他说:"性压抑的一个基本因素是把生育与性行为混在一起。"①

他主张婚姻的绝对自由,即结婚的绝对自由和离婚的绝对自由。他说,一个社会婚姻自由的程度可以用来衡量这个社会文明的程度。结婚和离婚,都是由配偶双方的自由意志所决定的,"如果配偶的一方决定终止性关系,他或她没有提供理由的义务"②,要求申请离婚者申述理由是没有意义的。他强烈批评在婚姻关系上的关于"忠诚"的思想。他说,一提倡"忠诚",两个人之间的结合便非性的结合了,对配偶的"忠诚"意味着出于道德的考虑,主动地堵塞了自己性本能实现的道路。他强调,两性行为都由当事人的自由意志决定,不允许任何人强迫其他人违背自己的意志进入两性关系。

他期许消灭家庭。在他看来,家庭是压抑人的性欲的主要场所,他甚至这样说:家庭是制造顺从动物的工厂。在现在这种家庭中成长起来的儿童,满脑子是性道德观念。在幸福、舒适家庭的外衣下,掩盖着深重的性痛苦。他认为,现在的家庭结构是父—母—孩子三等级的结构,这种结构最适合于进行性压抑。进行家庭革命必须从两个方面作出努力:一是堵塞反动的意识形态进入家庭的道路;二是解除家庭的三等级结构。他根据摩尔根、恩格斯、马林诺夫斯基的有关理论,认为古代的母权制家庭是没有性压抑的家庭。人类历史的悲剧在于,这种田园牧歌式的家庭最终让位于恐怖的父权制家庭。他认为,消灭家庭主要是消灭父权制家庭,而与此同时恢复母权制家庭。

他企盼废除一切道德观念。他说,有关婚姻义务和家庭权威的强制性道德乃是胆小鬼和无能之辈的道德。这些人由于不能通过爱的自然权利

---

① Reich,*The Sexual Revolution*,Farrar,straus and Girous Publisher,1974,p. 37.
② Reich,*The Sexual Revolution*,Farrar,straus and Girous Publisher,1974,p. 171.

去获得他们的幸福,于是就想借助有关性的道德来实现自己的愿望。这些人往往不能容忍人们的自然性欲得以满足,自己想过满意的性生活却又无法得到,于是就制定出道德观念来控制他人。他还指出,借助于道德是无法真正得到性快感的,他这样说道,如果一只被皮带牵着的狗不逃走,没有人会因此便认为它是忠诚的伙伴;如果一个男人与一个被道德捆住手足的女人睡觉,那明智的人会不屑于提到爱的。他提出了这样一个著名的命题:性生活愉快的人不需要任何道德的支持。

他把他的性革命的全部内容归结为维护以下三个方面的权利:一是妊娠中断权。他说:"凡是违背自己的意愿而怀孕的妇女都有权中断妊娠。"二是避孕权。他说:"实行避孕可以确保人们过真正富有激情的性生活。"三是自由恋爱婚姻权。他说:"只有真正做到了恋爱与婚姻的自由,才能使任何彼此相爱的人都有权结合在一起"、"应激励人们充分享受寓于爱情之中的自然的幸福生活。"①

值得指出的是,赖希一方面鼓吹性革命,提倡性解放、性自由;另一方面又反对性混乱、性犯罪。他的基本观点是:只有通过性革命才能杜绝性犯罪,只有实行性解放、性自由,才能消除性混乱。他举例说强奸、卖淫这样的性犯罪是怎样造成的,他认为,是性压抑造成了以强迫性为主要特征的性犯罪,他说,正像并不饥饿的人不必偷窃一样,过着满意性生活的人也无须去强奸。一个性饥饿的人会胆大包天地猎取他所追求的目标,他可以把法律、道德观念完全置之脑后。开展性革命是为了让每个人都能满足原始的性欲望,一旦社会上没有了性饥饿者,也就铲除了性犯罪的土壤。

为什么会出现乱伦、通奸这样的性混乱? 一夫一妻制婚姻为什么面临解体? 他认为,这是由于缺少性自由引起的。缺少性自由的主要后果是并不相爱的人硬凑合在一起,而"凑合夫妻"之间的性生活是肯定不会和谐、幸福的。他们往往出于道德或经济的考虑仍维持着夫妻关系,但这样的夫妻关系是不能持久的。夫妻双方都会重新去寻找新的性伙伴,以求获得真正的性快感,这样原有的夫妻关系或者名存实亡,或者干脆解体。一个男人或女人往往同时与几个异性发生性关系,这就是性混乱。他说:"具有性

① Reich,*The Sexual Revolution*,Farrar,straus and Girous Publisher,1974,p.238.

欲满足能力的人,要比那些性欲功能混乱的人,更能适应一夫一妻制。"①

  赖希的"性欲伦理学"是一种赤裸裸的性革命、性解放理论,这一理论在 20 世纪所产生的影响甚至超过了马尔库塞的"爱欲伦理学"。如果说马尔库塞的"爱欲伦理学"曾经使这一世界不得安宁,那么赖希的"性欲伦理学"则曾经使这一世界翻江倒海。事实已告诉人们,赖希所提出的许多观点和主张在当今世界是断然行不通的,他所力主的性解放、性自由所造成的种种负面效应有目共睹。由于国情的不同,民族传统的差异,对赖希的许多观点与主张,我们中国人更不能盲目信奉与引进。在认识到这一点以后,还必须进一步指出,对赖希的"性欲伦理学"不能简单地弃之一旁。无疑,赖希的"性欲伦理学"和马尔库塞的"爱欲伦理学"、弗洛姆的"爱情伦理学"一样,对 20 世纪的人类伦理思想,乃至对整个人类思想产生着深刻的影响。对赖希的这一理论存在着比马尔库塞的"爱欲伦理学"更严重的歪曲与误解,有些人无视赖希把性解放、性自由与性犯罪、性混乱严格的区别,以赖希的这一理论作为旗帜,一味地追求不受任何法律、道德的习俗约束的肉体快感以弥补精神空虚。在这种情况下,就有一个对赖希的这一理论认真梳理,还其本来面目的任务。关键在于,在我们这个世界上,封建主义的包办婚姻尚未根除,浸透着铜臭味的各种形式的资产阶级买卖婚姻更是尘嚣甚上,多数人还未充分获得应有的性权利、性快感,还未充分享受到"寓于爱情中的自然的幸福",因此,赖希对性权利、性快感的论证与呼吁,确实能激荡人们的心灵,确实有其现实意义。

---

① Reich, *The Sexual Revolution*, Farrar, straus and Giroux Publisher, 1974, p. 7.

国家、阶级与革命

——评"西方马克思主义"的政治理论

　　"西方马克思主义"的许多理论家都厌恶政治,赖希甚至提出了"政治即瘟疫"的命题,但仍有不少代表人物积极参与政治活动。"西方马克思主义"没有系统的政治学理论,但其代表人物所提出的一系列政治观点在20世纪的世界舞台上不仅广为流传,而且产生着巨大的实际影响。这些政治观点是对人类在20世纪新的政治生活的概括和总结,尽管有许多言不及义,甚至耳视目听之处,可从总的来说还是瑕不掩瑜。在人们较多地关注"西方马克思主义"的哲学理论的情况下,挖掘一下其政治观点,是一件很有意义的事。

一

　　无论是一种社会思潮,还是某一思想家,其政治理论都首先聚焦于对国家的看法。"西方马克思主义"也不例外,其最有创意的政治理论体现在国家观中。回顾20世纪对国家学说的种种研究,主要成就表现在对国家的本质、国家机器的范围和国家的功能这些问题的认识的深化上。而"西方马克思主义"的国家理论无疑因对这些问题作出鞭辟入里的研究,而代表了 20 世纪国家观的最高成就。

一提起国家理论,人们马上会想起一个经典的观点,即认为国家的本质就是行使统治与专政的功能,而其主要组成部分就是由军队、警察、法庭、监狱等组成的暴力机关。"西方马克思主义"根据 20 世纪新的历史状况向这种传统的国家观提出挑战。这充分体现在葛兰西所提出的两个著名命题中。其一,"国家是用镇压之盾强化了的领导权"①,这是反对把国家同强制机关视为同一物,要求把统治阶级在整个文化领域内为自己意识形态进行辩护的全部组织和技术手段都包含进国家的概念之中。其二,"国家等于政治社会加市民社会"②,政治社会代表暴力,市民社会代表舆论,这是把意识形态和文化方面的统治从国家中突现出来。正因为在"西方马克思主义"理论家看来国家具有这种双重性,所以他们又提出,国家不仅是一个镇压的场所,也是一个利用文化进行欺骗的场所。列斐伏尔的命题"国家是从事欺骗活动的场所"③表述的就是这样一层含义。国家作为上层建筑,一定有经济基础与其对应。传统的观点是把经济基础与作为上层建筑的国家之间的关系理解成是决定者与被决定者的关系,即认为国家根源于经济基础之中。"西方马克思主义"的理论家从葛兰西、柯尔施一直到阿尔都塞、哈贝马斯都反对这样来理解经济基础与作为上层建筑的国家的相互关系,他们提出了"相互决定论",即认为经济基础与作为上层建筑的国家之间不是单向决定的,而是相互决定的。甚至在他们的著作中还会见到"国家造就经济基础"、"国家高于经济基础"这样的命题。鉴于在 20 世纪的下半叶国家在经济生活中的作用日益强化的现实,"西方马克思主义"的理论家又重新估价国家在现代经济生活中的作用,认为干预经济是现代国家的主要功能,国家已成为经济生活的中坚,霍克海默提出了这样一个命题:"国家是总体资本家"。只要看一看当今的国家在现实生活中如何发挥作用以及发挥着什么样的作用,就不难得出结论,"西方马克思主义"理论家无论是把意识形态工具和文化手段视为国家机器的主要组成

---

① Gramsci, *Selections from the Prison Notebooks*, Lawrence & wishart Publisher, 1971. p. 57–58.
② Gramsci, *Selections from the Prison Notebooks*, Lawrence & wishart Publisher, 1971. p. 12.
③ 参见俞吾金、陈学明:《国外马克思主义哲学流派新编》,复旦大学出版社 2002 年版,第389 页。

部分,强调现代国家的经济职能,还是重新解释作为上层建筑的国家与经济基础的关系,突出国家对经济生活的决定作用,都是言之成理的,是基于新的形势对国家学说作出的新发展。

一讲到国家,马上会想起无产阶级专政的国家,而任何当代的国家理论,都无法回避对无产阶级专政的看法。20世纪国际理论舞台上一个最强劲的声音就是对无产阶级专政的声讨。刚开始时主要是西方资本主义国家里的思想家批判无产阶级专政,后来是连实施无产阶级专政的社会主义国家的思想家也争相诅咒无产阶级专政。以至导致不仅大部分的东西方的共产党纷纷宣布放弃无产阶级专政,而且一连串的实施无产阶级专政的社会主义国家相继垮台。"西方马克思主义"的理论家在这一问题上表现出了高度的严肃性、科学性与独创性。他们并不人云亦云地加入反对无产阶级专政的大合唱,对无产阶级专政加以一概否定,也不笼统地肯定无产阶级专政,而是主张对无产阶级专政的功能给予正确的分析。他们有关无产阶级专政的观点确实值得人们回味、深思。无产阶级专政毫无疑义是一种暴力,对无产阶级的评价直接涉及对暴力的评价。凡是对暴力并非一概持否定态度的,当然也不会对无产阶级专政一笔抹杀。"西方马克思主义"的一些理论家对无产阶级专政的肯定正是从主张对暴力作具体分析开始的。他们既认为暴力不可避免,又提出革命暴力有其历史功能。在这一方面以梅洛·庞蒂的论述最系统。请看他的命题:"暴力是个人与他人、社会外界发生关系"、"只要此身在世,暴力就是我们的宿命"、"一切法律都是暴力"、"暴力是一切政权的共同出发点",这是论述了暴力的不可避免性。他还把暴力区分为革命暴力与反革命暴力,认为革命暴力不但不与人道主义相对立,而且是人道主义的伴侣,他的相关命题是:"革命暴力与人道主义携手共进。"①这样在梅洛·庞蒂那里,一方面直言指出无产阶级专政意味着暴力,另一方面又认为无产阶级专政与人道主义并不冲突,他的下述两个命题是同时提出来的:"无产阶级专政的国家实质上仍是暴力统治的国家"、"无产阶级专政便是人道的政权"。别以为这些"西方马克思主义"的理论家如此肯定无产阶级专政,就是在为苏联等社会主义国家中

---

① Merleau-Ponty, *Humanism and Terror*, Connecticut Press, 1980, p.107.

所发生的非人道的行径辩护,就是推崇苏联等社会主义国家在"加强无产阶级专政"的名义下所干的一切。他们的理论与众不同之处在于一方面肯定无产阶级专政,另一方面又反对人为地强化无产阶级专政。他们所坚持的观点是,无产阶级专政尽管是必要的,但不应强化,无产阶级专政的国家不是一般意义上的国家,而是应不断地弱化的国家。他们坚决反对斯大林关于"为使国家消亡首先须加强国家权力"的说法,认为这是用国家主义去代替国家的消亡,把无产阶级专政的国家建设成一个政治专制体。列斐伏尔提出,"加强国家权力是政治异化的极端形式",在他看来,加强无产阶级专政就是一种政治异化。他又提出这样的命题:"无产阶级专政的国家应在制度上确保自己的消亡"、"社会主义阶段是国家机器逐步削弱的阶段"。他还指出,社会主义国家中所发生的个人崇拜等问题其根子就在于强化国家机器,他提出的命题是:"不断强化其国家机器的社会主义国家具有搞个人崇拜的必然性。"在他看来,在这样的国家中,不是其领导人个人想不想搞个人崇拜的问题,而是政权的性质决定了他必然会搞个人崇拜。"西方马克思主义"理论家所有这些关于无产阶级专政的论述都给人以深刻的启示。

<h2 style="text-align:center">二</h2>

在"西方马克思主义"的政治思想中,最引起人们争议的可能就是其涉及阶级问题的论述。不可否认,阶级与阶级斗争的理论是马克思主义的一个不可分割的重要组成部分。尽管越来越多的人在不断地诋毁这一理论,但实际上随着 20 世纪的历史进程,阶级的问题不是渐趋消失,而是越来越鲜明地显现在人们面前,历史不是证伪而是证实了马克思主义的阶级理论,尽管从目前看来只能说是部分证实。"西方马克思主义"的理论家的可贵之处正在于他们一方面不像许多人(包括一些自称是马克思主义者的人)那样轻率地宣布阶级已经消失,另一方面又正视现实,在肯定阶级依然存在的同时,又对阶级结构以及阶级划分等作出了一系列新解释。"西方马克思主义"的阶级理论,虽然原先曾经引起莫大的争议,但随着时间的推移,已逐渐地被人们所接受。

"西方马克思主义"的阶级理论说来说去给人留下最深刻印象的,也是最值得人们称道的,是卢卡奇等早先对无产阶级,特别是无产阶级的意识的性质、作用、内涵的论述,以及一些后期代表人物对工人阶级结构的变化的探索。

确实,如今已很少再能听到像卢卡奇这样的如此地赞美无产阶级的言辞了。请看他的命题:"仅仅无产阶级的存在就是对非人的、物化的生活方式的批判和否定"①,当然,在马克思主义创始人那里也会不时地看到类似的话,但问题在于,在否定无产阶级的历史地位的声音甚嚣尘上的今天,再发出这样的声音那实在是难得了。卢卡奇对无产阶级和资产阶级的历史作用作了深刻的对比,他用这样的命题来揭示资产阶级的局限性:"历史是作为任务,但是作为不可完成的任务交给资本主义思想来解决的。"②他认为只有无产阶级才能真正完成历史使命。他打破了传统的论证无产阶级历史地位的方式,如认为无产阶级代表先进的生产力等,而是从无产阶级作为历史的总体的代表能提供主体与客体的统一的角度来加以论证。他用这样的命题给无产阶级下定义:"无产阶级:主体与客体的统一体。"卢卡奇肯定无产阶级的作用,主要是肯定无产阶级的阶级意识的作用,对无产阶级历史地位的论证,主要是对无产阶级阶级意识历史地位的论证。在这方面他有许多广为流传的命题,如:"只有无产阶级的意识才能指出摆脱资本主义危机的出路"③、"革命的命运取决于无产阶级意识形态上的成熟性"④、"对于无产阶级来说,正确地洞见到社会的本质是首要的力量因素"⑤、"最终决定每一场阶级斗争的问题,是什么阶级在既定的时刻拥有阶级意识"⑥。对于究竟什么是无产阶级的阶级意识,他也有许多精辟的论述。"无产阶级的阶级意识是变成为意识的对阶级历史地位的感觉"⑦,这是强调了阶级意识与对自身历史地位的感觉的内在联系;"阶级意识既不是组成阶级的单个个人所思想、所感觉的东西的总和,也不是它们的平

① 卢卡奇:《历史与阶级意识》,杜章智译,商务印书馆1992年版,第137页。
② 卢卡奇:《历史与阶级意识》,杜章智译,商务印书馆1992年版,第101页。
③ 卢卡奇:《历史与阶级意识》,杜章智译,商务印书馆1992年版,第136页。
④ 卢卡奇:《历史与阶级意识》,杜章智译,商务印书馆1992年版,第129页。
⑤ 卢卡奇:《历史与阶级意识》,杜章智译,商务印书馆1992年版,第127页。
⑥ 卢卡奇:《历史与阶级意识》,杜章智译,商务印书馆1992年版,第107页。
⑦ 卢卡奇:《历史与阶级意识》,杜章智译,商务印书馆1992年版,第133页。

均值"①,这是把阶级意识与工人在日常生活中的心理意识区别开来;"无产阶级的阶级意识就是渴望总体性"②,这是提出了无产阶级的阶级意识的基本内涵就是总体性的观点;"无产阶级的阶级意识最重要的标志不是从眼前而是从长远出发"③,这是指出了无产阶级的阶级意识能够把直接利益融合进长远目标中的特点;"无产阶级的阶级意识与历史是同一的"④,这是揭示了无产阶级的阶级意识是历史的直接推动力。在卢卡奇看来,只要明确了无产阶级的阶级意识的功能,无产阶级政党的性质也一目了然了,于是他又提出了这样的命题,"党是无产阶级阶级意识的支柱,是无产阶级使命的良知"⑤。卢卡奇对无产阶级的阶级意识的论述是独树一帜的,尽管其中不乏片面之词,但从总的来说,属言近旨远,其味无穷。

无产阶级在 20 世纪有没有发生变化?如果有变化的话究竟发生了怎样的变化?它还是否具有革命性?这一直是为人们所关注的问题。目前把今天的无产阶级同马克思所处的时期的无产阶级同日而语,把它们铢两悉称者已很少看到;但借口无产阶级已此一时,彼一时,从而认为它已改弦更张,完全否定其革命性的,则大有人在。"西方马克思主义"理论家之洞见症结在这里再次表现了出来,他们既不像那些抱残守缺者那样闭眼不看已变化了的事实,无视无产阶级的变化,也与那些口口声声说无产阶级已不再是革命的,从而要告别无产阶级的"前卫人物"也截然有别。他们一方面在认可无产阶级变化的前提下对其新的结构作出了认真的分析,另一方面又不放弃无产阶级历史使命的观点,认为这一已变化了的无产阶级仍是资本主义的掘墓人。他们的这一基本观点较完整地反映在马尔库塞的以下四个有着内在联系的相关命题之中:"无产阶级正在消失"、"工人阶级正在扩大"、"工人阶级和无产阶级并不是同一个东西"、"工人阶级仍然是革命的历史代理人"。马尔库塞正视无产阶级的新变化,他认为如果还用原来的标准来衡量无产阶级,那么这一阶级确实找不到了。但在无产阶级消失的同时,工人阶级却在扩大,因为在现代社会,虽然直接从事生产的

---

① 卢卡奇:《历史与阶级意识》,杜章智译,商务印书馆 1992 年版,第 105 页。
② 卢卡奇:《历史与阶级意识》,杜章智译,商务印书馆 1992 年版,第 78 页。
③ 卢卡奇:《历史与阶级意识》,杜章智译,商务印书馆 1992 年版,第 131 页。
④ 卢卡奇:《历史与阶级意识》,杜章智译,商务印书馆 1992 年版,第 58 页。
⑤ 卢卡奇:《历史与阶级意识》,杜章智译,商务印书馆 1992 年版,第 94 页。

工人的人数正在日益减少,但在各非生产部门不占有生产资料,以出卖体力和智力为生的人越来越多。他强调,从在生产过程中的基本地位、从在人数的数量和受剥削的程度来看,不能否认工人阶级仍然是革命的历史代理人。马尔库塞在早先也否定无产阶级的革命性,如他曾提出过这样的命题:"在无产阶级中是不革命甚至反革命的意识占据统治地位",但到了晚年则坚持工人阶级的历史使命的观点。马勒则更加明确地提出了"新工人阶级论",他认为,只有卷入到最发达的技术文明过程中的积极的人民阶层,才能表述它的异化并走向更高的发展形式,由此他提出了这样的命题:"卷入到最发达的技术文明过程中的人就是新的'工人阶级'。"当然他对这一新的工人阶级寄予无限的希望,他的相关命题是:"新工人阶级是革命和社会主义运动的卓越的先锋队。"[1]高兹则一方面强调工人阶级的成分比起马克思的那个时代有了很大的扩展,但另一方面又指出千万不能把科技劳动者也列入工人阶级的行列。他提出了这样的命题:"科技劳动者是被神秘化的工人。"他在这里所说的"神秘化"指的是科技劳动者所造就的科学技术与资本有着不可分割的联系,他们不断地生产着其他劳动者因之而受剥削、受压迫的手段。在他看来,这正是科技劳动者与体力劳动者的区别之所在,也是之所以不能把他们归之于工人阶级的主要缘由。高兹到了晚年鉴于马克思原来所说的无产阶级找不到了,而随后许多人所提出的新工人阶级又成分太复杂,又提出了"后工业的新无产阶级"的概念。他所说的"后工业的新无产阶级"指的是游离于或者未被现实资本主义物质生产过程所同化的各阶层。他有时又把这一"后工业的新无产阶级"称之为"非工人的非阶级",所谓"非工人"指它与传统的工人阶级特点有所区别;所谓"非阶级"指它与特定的社会集团无关。关于这一"后工业的新无产阶级"的历史作用,他用这样的命题加以表述:"后工业的新无产阶级预示着一个在现存社会中的非社会"[2]、"后工业的新无产阶级所关心的是与社会逻辑相对立的合适的自主领域"、"后工业的新无产阶级不是要占有劳动,而是要废除劳动"[3]。他这里所说要废除的"劳动"是指"作为一种外

---

[1] Mallet, *La Nouvelle Classe Ouvriere*, Editions du Seuil, 1969, p. 23, p. 24, p. 41.
[2] Gorz, *Farewell to the Working Class*, South End Press, 1982, p. 67.
[3] Gorz, *Farewell to the Working Class*, , South End Press, 1982, p. 7 – 8.

面强加的义务来体验"的劳动、"浪费自己的生命去谋生"的劳动,而不是指作为自主活动的劳动。"西方马克思主义"关于无产阶级的论述前后有不尽相同之处,其代表人物的一些观点也往往相左,但毕竟提出了许多独特的见解,正是这些见解常常成为今人研究这一问题的基础和出发点。

三

在 20 世纪上半期,"革命"这一字眼,无论是在国内还是在国外,都是新闻媒体、人们的日常话语中出现频率最多的词汇之一。可到了 20 世纪下半叶,特别是到了 20 世纪末,"革命"这一字眼则渐渐淡出了。"西方马克思主义"的政治理论的另一个突出成就是并没有随众去送别革命,而是还坚持要求进行革命变革,并对为什么在当今的年代还有革命的必要性,特别是对在新的形势下如何实施革命作了不可胜数的研究。

在资本主义社会中,无产阶级为什么要起来革命?"西方马克思主义"的一些理论家认为,如果把革命的原因归结为物质生活的贫困,那么由于在今天的资本主义社会中贫困已基本上消除,从而这一社会也就根本不需要革命了。正像他们所指出的那样,从伯恩斯坦开始的新老修正主义者,一切资产阶级御用的思想家,当代的社会民主党的理论家,都是按照这种方法来论证当代人应该告别革命的。"西方马克思主义"的理论家并没有停留在这里,别人的终点却成了他们的起点。他们也承认,在现代资本主义社会中贫困已消除,但并不因此而能得出结论,这一社会不需要革命了。在他们看来,用是否存在贫困来衡量是否需要进行革命,并不是一种马克思主义的观点。他们并不把革命的动因归结为贫困,而是归结为人的本质遭致异化。他们认为,在现代资本主义社会中,正当人们在物质生活方面渐渐走上富裕之路之时,其本质的异化却比以往任何一个时候来得严重,社会与人性的对立日趋尖锐,从而这一社会革命非但必要,而且迫在眉睫。马尔库塞的下述命题基本上概括了"西方马克思主义"在革命动因问题上的基本立场:"革命根源于人的本质的总体颠倒。"马尔库塞还提出:"新的革命从憎恶中产生。"①现代资本主义社会把一种使人丧失人性的生

---

① Marcuse, *Revolution or Reform：A Confrontation*, Precedent Publisher, 1976, p. 73.

活方式强加于人,久而久之,人们就对这种生活方式产生憎恶,这种憎恶感发展到一定程度就会导致革命。以马尔库塞为代表的"西方马克思主义"理论家对这种新的革命动因的论述,尽管同马克思主义从社会基本矛盾的尖锐化,从生产关系一定要适应生产力状况这一客观规律的要求出发来论证社会革命的必然性还有距离,尽管这是一种明显的人本主义的论证,但由于很有针对性地反对了把革命归结为贫困这种既肤浅又颇能迷惑人的经济主义观点,从而引起了人们的普遍关注。现代资本主义社会中的一些新左派一度从这里找到了反抗这一社会的理由。

比起对革命动因的分析,"西方马克思主义"理论家对革命道路的设计则显得更别出心裁,耳目一新,如果说他们关于革命动因的理论还或多或少地可以见之于其他思想家的著作中,那么他们关于革命方式的论述基本上是他们的独创。人们可以对他们这些关于革命方式的论述提出这样那样的批评,但不得不都承认这是一种创见。他们既反对改良主义,走议会道路,又不主张暴力革命。他们主张走总体革命的道路,即认为应从总体上进行反对现行制度的斗争,不仅要搞所有制、政权的革命,而且要在文化等领域开展革命。马尔库塞把这种总体革命称为"大拒绝"。他提出了这样的命题:"'大拒绝'是左派唯一的选择。"①至于如何具体地展开总体革命,进行"大拒绝",各个理论家的主张各有侧重。

一些"西方马克思主义"理论家特别提出要夺取意识形态和文化上的领导权。他们强调西方社会主要是"市民社会"而不是"政治社会",在这里,统治阶级对被统治阶级的统治,不是仅仅建立在暴力的基础上,而是建立在被统治阶级通过选举所给出的"同意"的基础上。哈贝马斯所提出的相关命题是:"统治的稳定性依赖于其自身在事实上的被承认。"在他们看来,统治阶级之所以能做到这一点,关键在于握有意识形态和文化上的领导权。在这种情况下,被统治阶级要摆脱统治,唯一的途径是夺取意识形态和文化上的领导权。葛兰西把这种意识和文化上的领导权又称为"意识形态霸权"或"文化霸权"。他明确提出:"无产阶级必须掌握意识形态的领导权。"他把这种以夺取意识形态和文化上的领导权为宗旨和主要内容

---

① Marcuse, *One-Dimensional Man*, Beacon Press, 1964, p. 265.

的斗争方式称为"阵地战"。在他看来,在现代西方社会不能发动那种直接夺取国家的政治权力、同资产阶级国家进行面对面交锋的"运动战",而应进行逐个夺取阵地,一步一步地获得意识形态和文化上的领导权的"阵地战"。请看他的命题:"阵地战是资产阶级政权未陷入危机的稳定时期无产阶级革命所采取的战略。"以葛兰西为代表的"西方马克思主义"理论家基于对现代西方社会的深刻认识,提出无产阶级革命必须首先掌握意识形态和文化上的领导权。这是 20 世纪无产阶级革命理论的一个重大成果,这一新的革命战略受到包括共产党人、社会民主党人在内的各种左派人士的普遍称颂,绝不是偶然的。

　　另一些"西方马克思主义"理论家注重于改变人的本能结构的革命。他们认为,资产阶级对人的统治已经深入到人的本能结构之中去了,无论是当年的法西斯主义的统治还是今天的资本主义的统治,都有其心理土壤。在这种情况下,只有改变人的本能结构才能使人获得解放。这方面,他们提出的许多命题都产生着广泛的影响。如马尔库塞提出,"可以在人的本能结构中找到彻底毁灭全球这场游戏的根子"[①],他按照弗洛伊德的说法,认为人的本能结构主要由生本能(即爱欲)和死本能(即攻击本能)两部分组成,而后者占上风是现代资本主义社会出现侵略、恐怖现象的根子。基于这样一种认识,他又提出:"所谓革命就是创造条件使人的生本能占有优势。"弗洛姆提出,"与法西斯主义斗争的战场在我的心中",在他看来,法西斯主义最终根源于人的逃避自由的心理机制,所以要消灭法西斯主义关键在于在自身的内心展开一场围剿这种心理机制以及在这种心理机制基础上形成的独裁主义性格结构的斗争,变独裁主义性格为民主主义性格。也正是从这样的认识出发,他又提出:"人必须通过消灭'内在权威'来达到消灭'外在权威'。"赖希确认人的本能结构的存在,他提出,"意识形态是被铆进人的性格结构之中的",法西斯主义和资产阶级的意识形态被埋置进人的性格结构之中就形成了趋向于统治和专制的性格特征。他明确地提出:"法西斯主义根植于独裁主义性格之中。"他所提出的人类解放途径也就是致力于改变人的本能结构,他所提出的相关命题是:"人类

---

　　① 马尔库塞:《当代工业社会的攻击性》,载《工业社会和新左派》,任立编译,商务印书馆 1982 年版,第 17 页。

的未来取决于人类性格结构问题的解决"、"要真正铲除法西斯主义赖于生存的土壤就得造就能够自我调节的人类心理结构"。马尔库塞、弗洛姆、赖希等人提出的本能结构革命理论,吸收了 20 世纪心理学研究的一些成果,虽然明显具有一种心理主义的倾向,但仍不失为一种具有启迪意义的思考。

还有一些"西方马克思主义"理论家把进行日常生活的变革视为至关重要。他们提出,今天的生活从表面上看比以往任何时候都舒适,但实际上比以往任何时候都来得糟糕,究其原因就是日常生活充斥着异化。他们要求把反对资本主义政治、经济制度的宏观革命同日常生活领域的微观革命,即日常生活批判结合起来。在这方面数列斐伏尔的论述最全面、系统。先请看他有关阐述日常生活批判的意义的命题:"日常生活既是赌博的场所,又是斗争的场所"、"可把日常生活看做是革命实践的中心"、"进行日常生活批判是恢复自我的主体性的必由之路"、"没有家庭和日常生活的改变,生产关系就不会改变"、"让我们通过日常生活的革命催生经济和政治的历史性革命"、"现代日常生活的异化最鲜明地体现了资本主义的'现代性'"、"在当今社会中异化笼罩了人的全部生活",从这些命题可以充分看出他一方面把日常生活的异化视为所有异化的中心,另一方面他又相应地把日常生活的批判作为社会变革的中心。再看看他有关如何进行日常生活变革的命题:"把注意力放在生活的喜悦上"、"用非平庸的观点来看待平庸"、"让技术为日常生活服务"、"让日常生活成为一件艺术品"、"不要改变雇主,而要改变生活的被雇佣"。以列斐伏尔为代表的这些"西方马克思主义"理论家要人们离开生产关系、国家政权的改造,而一头栽进神秘的、琐碎的日常生活的迷宫中去漫游固然不可取,但他们强调社会的变革离不开日常生活本身的变革,给人以深刻的启发,苏联东欧剧变的经验教训证明了这一点。

又有一些"西方马克思主义"理论家把实现劳动的解放视为人类唯一的解放之路。他们普遍接受马克思把劳动视为人的本质的思想,从而合乎逻辑地得出结论:人的解放就是劳动的解放。马尔库塞一方面论证了真正使人构成其为人、构成人与动物最根本的区别的是人的自由自觉的活动,即劳动,人的履行这种活动时能获得无尚的满足;另一方面又用弗洛伊德的爱欲论来解释劳动解放论,指出人之所以在这种活动中感到快乐,是由于通过这种活动可以释放大量的里比多。他的相关命题是:"人的解放是爱欲的解放,爱欲解放的核心是劳动的解放。"他认为,人类进入文明状态以来所犯的一个最大的错误可能就是只是在消费领域内寻求满足,而把生产领域的活动都视为只是谋取满足消费的手段,而实际上由于人在生产领域的活动能直接促使人的自我实现,所以唯有它才能证明人自身的存在。他用这样两个命题来说明劳动解放的重要性:"生活的价值在于创造而不在于消费"、"只有扩充人的自主活动的领域,才能增加个人自我实现的可能性"①。至于如何实现劳动的解放,使人真正能在劳动中获取快乐,他提出,关键在于一定要使劳动成为目的而不是手段,他说:"真正有意义的劳动同消遣是一回事。"他还特别指出,必须把当下的那种单纯为了生产物质生活资料的异化劳动同能使人获得快乐的、作为自由自觉的活动的劳动区别开来,对前者来说,不是越多越好,而是尽量减少。这样我们可以在他论述劳动解放的篇章中看到这样的命题:"如果人们消费得好些,就得劳动得少些"、"劳动的废除意味着时间的解放"、"真正的生活始于劳动之外"、"更少地生产,更好地生活"②,他把减少这种劳动作为实现劳动解放的一个重要内容。以马尔库塞、高兹等人为代表的"西方马克思主义"理论家强调实现人的劳动的解放,并不像某些人所说的那样只是一种纯粹的乌托邦,而是同实践马克思的人的全面发展理论、创建新的生活方式联系在一起,它实际上为正处于迷惘中的现代人指明了前进的方向。

---

① Gorz, *Capitalism*, *Socialism*, *Ecology*, *Verso*, 1994, p. 57.
② Gorz, *Capitalism*, *Socialism*, *Ecology*, *Verso*, 1994, p. 31.

评"西方马克思主义"者和西方其他左翼思想家对当今资本主义的民主制度的批评

　　资产阶级的民主制度经过几百年的发展,已形成了一整套的东西,包括议会制、普选制、三权分立和多党制等。这种政治体制作为封建专制政治的对立物,相对于以往的剥削社会自然有其进步意义。问题在于,时至今日这种政治制度对广大人民群众来说仍然具有进步意义吗? 它是富人的专利品还是能为所有人民群众所用? 它实质上是不是一种为少数人服务的同资产阶级私有制相适应并为其服务的政治上层建筑?"西方马克思主义"者和西方的其他左翼思想家尽管不可能对此作出十分深刻和正确的回答,但透过他们对当今资本主义民主制度的批评,我们还是可以大致了解到这种民主制度的端倪。

一

　　福山对西方世界的称颂,在一定意义上说主要是对西方议会民主制度的称颂。于是,德里达就集中剖析西方的议会民主制度。他说道:"还有必要指出议会的自由民主制在世界上处于如此少数孤立的状态吗? 还有必要指出我们称之为西方民主制的东西从来没有处于如此功能不良的状态吗？选举的代表制或议会生活并不是唯一——正如通常的情况那样——被为数众多的社会—经济机制所扭曲，但是它在一个极度混乱的公共空间中的动作已越来越艰难，这种混乱不仅是由电视技术的传媒工具、信息与通讯的新节奏以及各种设备和后者所代表的各种势力的速度造成的，而且并因此也是由它们所挪用的各种新模式、它们所产生的事变和事变的幽灵性的新结构造成的。"①德里达在这里不仅指出了西方的议会民主制度正处于"孤立"和"功能不良"状态，而且认为这种状态不是由外在原因造成的，而是由内在原因，即是其自身产生的新结构所致。

打着维护人权的旗号实行干预，是以美国为首的西方国家把西方的自由民主制度推及整个世界的主要方式。德里达为了揭示西方自由民主制度的"普遍化"的实质，也对西方国家的人权话语进行了分析。他指出，人权话语具有不可避免的局限性，"只要市场规律、'外债'、科技、军事和经济的发展的不平衡还在维持着一种实际的不平等，只要这种不平等和在人类历史上今天比以往流行范围更广的不平等同样的可怕，那种人权话语就仍将是不合适的，有时甚至是虚伪的，并且无论如何是形式主义的和自相矛盾的"②。德里达愤怒地说道，福山等"新福音"的鼓吹者声称：地球和人类历史上的所有人类将永远也不会有暴力、不平等、排斥、饥饿以及由此而来的经济压迫的影响，这是十分虚伪的。他们这样做，"不是在历史终结的狂欢中欢呼自由民主制的来临，不是庆祝'意识形态的终结'和宏大的解放话语的终结，而是让我们永远也不要无视这一明显的、肉眼可见的事实的存在，它已经构成了不可胜数的特殊现场：任何一点儿的进步都不允许我们无视在地球上有如此之多的男人、女人和孩子在受奴役、挨饿和被灭绝，在绝对数上，这是前所未有的"③。德里达还提出，只要这个世界上还有债务问题存在，还有"债权国家"和"债务国家"之分，就不可能真正实现人权。他说："所有关于民主的问题，所有论及人权、人类的将来等等普遍性话语的问题，都只会引起一些形式上的、具有正统思想的和虚伪的托词，只要'外债'还没有以尽可能负责任的、内在一致的和系统的方式正面地

① 德里达：《马克思的幽灵》，何一译，中国人民大学出版社 1999 年版，第 113 页。
② 德里达：《马克思的幽灵》，何一译，中国人民大学出版社 1999 年版，第 120 页。
③ 德里达：《马克思的幽灵》，何一译，中国人民大学出版社 1999 年版，第 120~121 页。

看待。借助于这个名字(指'外债'——引者注),借助于这一象征性的形象,我们正在指明一般的利益,并且首先是资本的利益,在今天的世界秩序中,亦即在全球市场中,这种利益将大多数人置于它的桎梏之下,以一种新的奴役形式制约着他们。"①德里达说得十分清楚,"外债"不除,资本的利益必然将大多数人的利益置于它的桎梏之下,实现民主和人权只能是缘木求鱼,一句空话。

在福山眼里,处于民主体制之下的美国和欧洲共同体国家当然是当下人类的乐园,是人类向往已久的理想社会模式。德里达则针锋相对地指出,"美国和欧洲共同体国家都没有达到普遍国家或自由民主国家的完美状态,甚至还没有接近这一状态",因此福山用美国和欧洲共同体国家作为样板,来说明西方自由民主制度是人间的天堂也是缺乏说服力的。德里达这样说道:"人们怎么能够忽视今天在这两个集团之间以及在欧共体内部所进行的经济大战呢?人们怎么能够对关贸协定以及它所代表的一切、保护主义的综合策略每天都在引起的冲突忽略不计呢?更不用提与日本的经济大战、富国与其余国家之间发生的种种贸易纠纷、贫困化现象、'外债'的穷凶极恶、《共产党宣言》里也谈过的'生产过剩的单瘟疫'和在文明社会里发生的'货币野蛮状态'等等之类了。"②德里达认为,只要借助于传统马克思主义的"提问"方式,就不难看清美国和欧洲共同体国家究竟处于一种什么状态之中。

德里达指出,现实的自由民主制度之陷于失败,与福山称道的大相径庭,并不是偶然的,而是具有必然性的,这是西方自由民主制度的本质特性。他说:"现实中自由民主制度的失败,表明了事实与理想本质之间的断裂,但说这种断裂只存在于这些所谓政权的原始形式、神权统治和军事独裁之中,是太轻率了……这种失败与断裂也先天地由于其定义而成为所有民主,包括最为古老和最为稳定的所谓西方民主的特征。"③作为一个非马克思主义的思想家,能认识到这一点,确实是非常不容易的。

哈贝马斯希望人们思考这样一个问题:"社会福利国家的民主制度在

① 德里达:《马克思的幽灵》,何一译,中国人民大学出版社1999年版,第131～132页。
② Derrida Jacques, *Specters of Marx*, in *New Left Review*, vol. 205, p. 46.
③ Derrida Jacques, *Specters of Marx*, in *New Left Review*, vol. 205, p. 47.

跨越民族界限的情况下能否得到坚持和发展？"①这就是说，他要人们思考：西方式的民主制度在全球化的态势下是否还有前途？当然，他对此作出了否定的回答。他转引霍布斯鲍姆"用晚期浪漫派的笔调"所写下的一段话来表述他对冷战结束以后西方式的民主制度的前景的看法："短暂的20世纪结束了，却留下了一堆问题，没有人能解决这些问题，也没有人声称能解决这些问题。世纪末的人们在全球性迷雾中为自己开拓出了一条通往第三个千年的道路，他们知道的仅仅是，一个历史已经结束了。其余的，他们一无所知。"②他指出，最晚从1989年开始，人们意识到一个时代的终结，但与此同时人们并没有感受到世界已经太平，前途无比光明，人们还是感觉到自己生活在惊恐与不安之中，还是被一种失望和受挫的情感所笼罩。在他看来，关键在于，目前资本主义社会中的"下等阶层"的社会环境正日益恶化，而这一"下等阶层"日益恶化的社会处境乃是当今资本主义社会中"不团结趋势"根源之所在，"这种不团结的趋势必定会危害到自由的政治文化，而民主社会就是建立在这种政治文化的普遍主义的自我理解上面的"③。他强调，目前西方资本主义社会所实施的这种多数人决定的民主制度，只具有一种形式上的正确性，它实际上正对这一制度的合法性构成侵蚀。请看一段哈贝马斯揭露西方议会民主制度实质的精彩话语："多数决定有的只是一种形式正确性，它如果只反映地位下降威胁的阶层对其地位的担忧和捍卫，也就是说，如果只反映右翼民粹主义的观念，就会对程序和制度本身的合法性构成侵蚀"④。

　　哈贝马斯与德里达一样，也对福山关于"历史终结"的说法很不以为然。当有人问到他如何看待苏东剧变以来的东西方对抗的结束的时候，他借机表示，福山关于"历史终结"的说法曾经风靡一时，但"我得声明我对历史终结这种论断不以为然"，并不是历史到了终结点，而是"被操纵的世界已经到达了崩溃点"。哈贝马斯指出，近代思想家认为民主、自由、平等、博爱的国家的建立就是历史的终点，马克思却发现这不过是政治解放，还

① 哈贝马斯：《后民族结构》，曹卫东译，上海人民出版社2002年版，第1页。
② 哈贝马斯：《后民族结构》，曹卫东译，上海人民出版社2002年版，第60页。
③ 哈贝马斯：《后民族结构》，曹卫东译，上海人民出版社2002年版，第62页。
④ 哈贝马斯：《后民族结构》，曹卫东译，上海人民出版社2002年版，第62页。

不是人类解放,因为法律上的平等并不意味着事实上的平等。马克思的这一断言,即使对于现代资本主义社会仍然是适用的。他说道,"资本主义第一次对于兑现共和主义的关于全体公民平等的许诺,没有加以阻碍,而是使之成为可能。民主的宪政国家确实在如下意义上保障平等:每一个公民拥有同等的机会使用他们的权利";"然而当看到无家可归者在默默地增长的时候,不免使人想起 Anatole France 的一句话:人们所希望的不仅仅是一切人都有'在桥梁下睡觉'的平等的权利"。在哈贝马斯看来,目前西方的民主的宪政只是保障每一个公民拥有同等的机会使用他们的权利,而这种权利最后带来的结果便是:一切人都拥有"在桥梁下睡觉"的平等的权利。当人们看到无家可归者在面前默默地增长的时候,也应当像哈贝马斯那样反思一下造成这种局面的原因究竟在哪里? 这种局面与资产阶级的民主制度有着怎样的联系?

二

人们总认为美国是当今世界上最民主的国家,而这种民主最鲜明地体现在新闻自由上。乔姆斯基就是不信这个邪,他就是要让人们睁大眼睛看一看西方的新闻媒体究竟是不是民主的、自由的。在乔姆斯基看来,西方资本主义国家,特别是美国对新闻媒体有着严格的所有权和控制权。某一事件在被确定为值得报道之前,必须事先经过五个层面的"过滤",这一层层的"过滤"无疑就是在进行卓有成效的"反民主"控制。

第一层"过滤":把大多数没有钱的人的东西"过滤"掉。新闻媒体是需要大量投资的,就报纸而言,自由市场的竞争、利润的驱动,造成了一种"越来越强调读者群"的趋势,再加上技术的进步也意味着成本的日益提高。在这种情况下,一般的人是无法进入新闻媒体这个圈子的,他们必然被排除在媒体之外。这样,一个事件是不是加以报道以及如何报道,完全取决于这些掌握媒体的有钱人。反映工人阶级声音的报纸只好退出竞争。乔姆斯基指出,从媒体进入市场以来,集中化和集团化就意味着"持股人、董事们、银行家们关注赢利底线的压力强大无比"。媒体机构"在银行家、机构投资者和大型个体投资者面前,失去了部分本来就有限的自主性",因而后果必然是"媒体巨人……和公司社会里的主流势力关系日益密切"①。

第二层"过滤":把不能带来大量广告收入的东西"过滤"掉。现在的西方媒体越来越依赖于广告收入,这意味着广告商的选择直接影响到媒体的生死存亡。具体地说有两个方面的影响:其一,一些新闻媒体的形式之所以吸引大批受众主要原因就在于它有大量的广告收入,反过来说,广告收入的巨大作用将会越来越助长那些能够吸引大批受众的媒体形式,没有一个电视节目能够在不吸引观众的前提下获得广告支持。乔姆斯基指出,"当社会……已经获得极大的进步时",大众报纸"却退步到旧的文化风格","运用一切能够简化感官刺激,掩盖个人人格的东西"②。其二,工人阶级和激进媒体受到广告者的政治歧视,"广告看重的是那些有钱购买的人,因此政治歧视已被嵌入到广告配置的结构当中去了"③。

第三层"过滤":把非政府的"非客观"的东西"过滤"掉。媒体打的旗帜是提供可靠的信息。这一点正好被那些政府和大的公司所利用。来自政府和大公司的信息总是显得那么可靠,于是媒体就可堂而皇之地作连续的"客观"报道。而正因为已经持有了大量来自政府和大公司的"客观"的信息,新闻媒体也就来个顺水推舟,即不再花钱去寻求真正客观的信息。而正是在这过程中,一些非政府、非大公司的真正客观的信息就被媒体放在一边了。

第四层"过滤":把不承受压力的东西"过滤"掉。实际上,西方的政府和大的公司对新闻媒体一直在施加压力。面临这些压力,媒体的基本态度就是屈服与迎合,也就是说,媒体只能按照政府和大公司的意愿行事。乔姆斯基认为,在这种压力下,媒体只"反映资助者的权力"④。而对其他大量的信息,媒体是不承受压力的,不承受压力的东西自然被置之不理。

第五层"过滤":把"共产主义"的东西"过滤"掉。乔姆斯基认为,在西

① 陈学明:《乔姆斯基对西方媒体的批判性分析》,载《国外理论动态》,2001 年第 11 期,第 23 页。

② 陈学明:《乔姆斯基对西方媒体的批判性分析》,载《国外理论动态》,2001 年第 11 期,第 23 页。

③ 陈学明:《乔姆斯基对西方媒体的批判性分析》,载《国外理论动态》,2001 年第 11 期,第 23 页。

④ 陈学明:《乔姆斯基对西方媒体的批判性分析》,载《国外理论动态》,2001 年第 11 期,第 23 页。

方国家有一种"反共产主义的意识形态",正是这种"反共产主义的意识形态"构成了新闻媒体最有效的"过滤"机制。只要一种东西被视为对国家统治者的财产利益产生了威胁,就把这种东西当做"共产主义的"或"亲共产主义的"加以封杀。这种东西就不可能以客观的形式见之于新闻媒体。乔姆斯基指出,在苏联垮台以后,作为"过滤"机制的"反共产主义的意识形态"变成了"反独裁国家和敌对国家的意识形态",也就是说,现在所出现的是,只要一种东西有损于美国统治者的利益就会被扣上与独裁国家和敌对国家有干系的帽子而加以封锁。

在乔姆斯基看来,贯穿于上述五个层次的"过滤"的主线是"媒体服从于国家和公司权力的利益",而正是国家和大公司相互勾结在一起,共同主导着媒体支持现行权威,限制争论和讨论。那为什么西方的新闻媒体还会给人造成民主、自由的印象呢? 乔姆斯基认为,这主要在于人们往往被一些表面现象所迷惑。他强调,在西方国家,特别在美国,媒体、公司和国家统治者的利益基本上是一致的。就拿商业部门来说,因其规模的不同而分为各种不同的等级,无疑商业部门中那些最有实力最有权势的成分与国家统治者和媒体有着千丝万缕的联系,这部分商人充分认识到了国家对他们的有用之处,认识到了国家在推动私人积累方面扮演着不可或缺的角色,他们怎么不会与政府站到一起呢? 与此同时,乔姆斯基又提出,政府官员、媒体与公司精英三者之间也并不是铁板一块的,他们之间会时常出现不一致,从而会在媒体上争吵。在这种情况下,人们就会被这些争吵所迷惑,以为这些争吵的存在就表明媒体的民主与自由。乔姆斯基要人们仔细分析一下他们究竟是为了什么而争吵。实际上,所有这些争吵都是围绕着"采取何种最好的措施达到共同的目标"所展开的争吵①。因而这些争吵的存在根本说明不了媒体是自由的、民主的。

乔姆斯基用以下两个事实来说明美国新闻媒体自我标榜的民主、公正、自由、客观的虚假性。

第一个事实:美国媒体对越南战争的报道。一般人都认为,对越南战争的报道充分反映了美国媒体的客观性与自由,当时,在美国的新闻媒体

---

① 陈学明:《乔姆斯基对西方媒体的批判性分析》,载《国外理论动态》,2001 年第 11 期,第24 页。

上不仅登载支持美国参战的言论,也刊登了不少反对越战的言论。因为刊登了后者的言论,据说媒体扭转了美国公众对待战争的态度,从而导致了美国的战败。然而乔姆斯基并不这样看,他强调,在越战当中,媒体整个儿接近了这样的观点,即美国的干预是对共产主义侵略的防御。美国的媒体根本就不承认美国侵略了越南,而是认定美国有权干预。在这一点上实际上美国媒体的立场是一致的,几乎没有什么异议。随着美国无法快速赢得胜利的事实日益明显,就出现了反对意见。但是,政府和媒体的鸽派人物反对越战并不是反对侵略,并不是建立在对美国打这场战争是无理的认知上,而只是基于经济和生命的代价太高美国无法承受而反对把这场战争继续下去。其实,当时的美国的媒体也只是在这一限度内允许发出一些不同的声音。这能表明是民主、公正与自由吗?

第二个事实:美国媒体对波兰牧师杰西·波比鲁斯科被波兰警察杀害和对拉丁美洲各地区官方参与的一百多名宗教工作者被害的不同态度。前者发生在 1984 年,杰西·波比鲁斯科是被当时的"敌对国家"杀害的,那时的波兰属于共产主义阵营。后者发生的时间与前者差不多,这一百多名牧师是被具有官方背景的人杀害的,受害者中有七位还是美国公民,其中的四位妇女是先被强奸而后杀害的。乔姆斯基发现,按照文章和新闻的标题、内容篇幅、首页或头条、社论文章等方面的数量标准,美国媒体对前者的关注远远超过对后者的关注。对前者的报道,语气是如此激烈与充满愤慨,而对后者的报道,语气又是如此平淡与冷漠。这哪里有民主、客观和公正可言?

乔姆斯基认为,从美国和其他西方国家的新闻媒体的实际操作来看,非常明显地是在那里正在实施"思想控制"。而借用新闻媒体来实施"思想控制"是西方国家的一个惯用伎俩,其关键步骤就是"把语言夸张、滥用、曲解,以达到意识形态的目标"①。美国政府精于此道,政府非常了解,"控制新闻的最好方式就是用'真相',或者用足以称得上官方消息的所谓的铺天盖地地占据版面,从而迫使其他的新闻被推迟或干脆被取消",这样

---

① 陈学明:《乔姆斯基对西方媒体的批判性分析》,载《国外理论动态》,2001 年第 11 期,第 24 页。

一来,"不停的重复⋯⋯就把主义⋯⋯变成了既成的真理"①。美国的新闻媒体也精于此道,他们不仅知道如何无尽地强调某一话题,而且也知道如何用煽动性语言来达到这一目标或那一目标。"对于某一事件解释的不停重复,将使任何挑战现有解释的声音变得微不足道,难以解释"②。

面对西方国家的新闻控制,西方的"多元主义传统"常常这样加以辩护:属于"受众"的每个人都有能力成为"有选择的"、"应答的"和"主动的"主体,这就是说,受众者面对新闻导向完全可以作出选择是拒斥还是接受,从而问题不在于政府是否实施新闻控制,而在于受众者是否接受这种控制。对此,乔姆斯基驳斥说,个体"选择"、"应答"和"主动",均取决于他的阶级身份。对于个体来说,成为"选择的"、"应答的"和"主动的"有什么意义?用这种说法是揭示不了受众者与媒体之间的真实关系的。真正该提出的问题是,受众中的某个人或某个团体,在什么样的程度上能够使他们自己的"选择"和"应答"被媒体所接受?③ 应该说,乔姆斯基的驳斥是十分有力的,确实如他所指出的,问题不在于受众者有没有选择权这一空名,而在于他一旦作出了某种选择,媒体能接受这种选择吗?媒体能反映这种选择吗?媒体能把这种选择报道出来而加以支持吗?也就是说,受众者究竟有没有办法让媒体这样去做?在乔姆斯基看来,在研究西方式的民主制度是不是一种真正的民主制度时,必须从思考这些问题入手。

美国学者罗伯特·麦克切斯尼也尖锐地揭露了美国的新闻民主的虚假性,揭露了美国新闻媒体只为富人服务的反民主趋势。麦克切斯尼分析说,根据西方民主体制理论,一个民主社会的新闻媒体,它应当具有这样两种功能:其一,对公共部门和私人部门的当权者和期望当权的人的行为进行严格真实的报道,这就是履行监督功能;其二,对当今重大的社会政治问题提供真实可靠的信息和进行广泛客观的阐述。任何一个社会倘若没有能同时兼有这样两种功能存在的新闻媒体业,这个社会就称不上是一个自

---

① 陈学明:《乔姆斯基对西方媒体的批判性分析》,载《国外理论动态》,2001 年第 11 期,第 24 页。

② 陈学明:《乔姆斯基对西方媒体的批判性分析》,载《国外理论动态》,2001 年第 11 期,第 24 页。

③ 陈学明:《乔姆斯基对西方媒体的批判性分析》,载《国外理论动态》,2001 年第 11 期,第 24 页。

由民主的社会。

　　那么用这样两个标准来衡量当今美国的新闻媒体业,美国的新闻媒体又是如何呢?麦克切斯尼指出,按照这样两个标准来衡量,美国的新闻媒体制度是一个可悲的失败的例子,美国的新闻媒体对当权者的监督是那么的软弱无力,而对当今重大社会政治问题提供可靠的信息和可供大众参考的意见方面又是那么的麻木不仁。麦克切斯尼一针见血地指出,总而言之,美国的媒体制度"所显示的是一种反民主的力量",这一点对我们来说"不值得大惊小怪",因为美国的媒体"并不是为了服务于民主而存在的,而是为少数大公司和投资者们谋得最大利润而存在的",可以说,它在这方面"做得非常出色"。从而我们可以从美国的媒体中看到"我们时代的核心矛盾:多数人的民主权利被少数有权的人的个人私利所破坏"①。美国的新闻媒体业自我标榜是"中立的","独立于政治影响之外",而且这一点甚至写进了美国的宪法。但实际情况是,随着印刷出版费用的降低、人口的增长以及作为新闻媒体业的收入的主要来源——广告业的兴起,新闻媒体业逐渐成为一部可以源源不绝地产出利润的机器。这样一来,新闻媒体业也就成了一种商业,从而也就成了只有少数富人才能占有的领地。这些占有新闻媒体业的投资者们和经理们在这一非竞争的市场上完全把公众的利益置之度外,而为所欲为地追求自己最大的利益。

　　纵观美国新闻媒体业的历史和现状,这一行业一旦控制在少数人手中,马上带来三方面的不可弥补的缺陷:第一,在新闻选择上总是把政府官员和著名公众人物的事务作为正当的新闻。报纸常以政界和商界要员的言论作为新闻的导向,这必然使新闻报道带有官方和主流社会的倾向。第二,强调只有具有新闻价值的事件才予以报道,一些重大的社会问题,如种族歧视、环境质量等,往往以不具有新闻价值为名排斥在报道的范围之外。第三,悄悄地向读者、听者和观者,灌输对媒体拥有者、广告商的商业目的,以及对有产阶级的政治目的有利的价值观。

　　麦克切斯尼回顾了自 20 世纪 50 年代以来美国的新闻媒体所经历的两个阶段,认为无论是哪一个阶段的基本特征都是反民主的。在 20 世纪

---

　　①　Robert McChesney, *Journalism, Democracy, … and Class Struggle-socialism: views*, in *Monthly Review*, vol. 52 – 6, p. 3.

50年代至80年代这段时期,美国的新闻记者表面上都有比较独立的新闻报道权,但这种权力实际上是虚假的。那个时期在职业新闻领域里存在着一个普遍认可的原则,那就是仅占美国人口的1%到2%的、控制着大部分资本并且管理着最大的机构的美国的显贵们,只要他们在某一问题上取得了较为一致的看法,那么就应当以此作为既定事实来加以报道。例如,这些美国的显贵们可能对某些具体的细节问题存在分歧,但他们一致同意美国必须在全世界范围内加强其军事和资本的既得利益,于是美国的新闻媒体就不管出于什么理由就大肆宣扬美国有权侵略它想侵略的国家。再如,明明"自由市场"与"民主"没有必然联系,但是美国的显贵们都认为是有联系的,于是美国的新闻媒体就把市场概念的传播看做和民主概念的传播一样重要。进入到20世纪90年代以后,美国的新闻媒体连这种表面上的自主权也不要了。新闻媒体的职业自主终于成了一个空壳。由于政府放松了所有权的管理和新技术的运用,大型媒体联合体在经济运作上已成为可能。当今的美国,七八家大公司主宰着美国的新闻媒体业。另外还有十五家左右的公司和这七八家大公司一起构成了美国的新闻体制。大商业集团想从新闻媒体业中获取像他们在电影、音乐等娱乐业中所获取的一样多的利润。于是他们就采取种种手段来促使新闻媒体业更加适合广告商和母公司的要求,这些手段包括:解雇新闻记者、关闭某些编辑部门、使用更多的免费的公共关系素材、偏重报道高层消费者和投资者感兴趣的新闻等。从这里,美国的新闻媒体已走上了赤裸裸的反民主的道路。

美国的新闻媒体的反民主本质主要体现在其只为少数富人服务,而完全不顾广大穷人呼声这一点上。在一定意义上说,美国的新闻媒体已沦为美国少数富人向穷人进行意识形态斗争的工具。麦克斯切尼用详尽的事实对此加以说明。

在20世纪40年代,大多数发行量中等以上的报纸都有专职负责劳工报道的记者,有的甚至有好几个这方面的专职记者。"如今,整个新闻业也才有不超过十个负责报道这方面问题的专职记者,特别是有关工人阶级经济问题的报道现在几乎已经绝迹了。与此相反,在过去的20年中,新闻报道越来越定位于只占人口二分之一或三分之一的富人身上,这就非常自然地形成了所谓的主流新闻和商业新闻。"①

　　近期美国的两极分化越来越严重,在整个 80 年代和 90 年代里,占 60% 的贫困人口的实际收入降低或没有发生变化,而富人的财富和收入却迅速上升。到1998 年止,如果不把房屋拥有权计算在内,占人口 10% 的富人拥有全国净值的 76%,而这其中的一半多净值归最富的 1% 的人所有。处于低层的 60% 的人口只拥有极小部分的财富。美国的新闻媒体对这些穷人完全熟视无睹,而把报道集中在少数富人身上,"在新闻材料筛选及加工中带有阶级偏见性"②。

　　自 20 世纪 80 年代以来,美国在押囚犯的比率在加速增长,美国现在平均囚犯人数是加拿大的五倍,西欧的七倍,美国的人口占世界人口的 5%,而囚犯人数占世界囚犯人数的 25%。这其中近90%的囚犯是因非暴力原因关押的,而且这些囚犯绝大多数都来自于社会低层。其实并不是穷人比富人犯罪更多,而是现行的司法制度对穷人不利。正因为美国的监狱中关押的是这样一些为媒体拥有者、广告商、记者和高消费层的消费者尽量想避免接触的人,从而新闻报道也就很少光顾他们。穷人,特别是在押的穷人已从富人的视线消失了,"也几乎从媒体中消失了"③。

　　1999 年和 2000 年在西雅图和华盛顿爆发了大规模的示威活动,以抗议世界贸易组织、世界银行和国际货币基金组织所举行的会议。与对小约翰·肯尼迪飞机出事的不分昼夜的全方位报道相比,美国的新闻媒体对上述国际会议期间所发生的示威活动的报道是多么的苍白和微不足道。即使有一些报道,也都集中在对示威活动所造成的财产损失的揭露上。当然也出现了极个别的公正报道这些示威活动的文章,但它们完全被淹没在大量为资本主义叫好的文章之中了。美国的新闻媒体的屁股究竟坐在哪里这不是看得非常清楚吗?

　　麦克切斯尼认为,美国的新闻媒体的反民主、主要为少数富人服务这

---

① Robert McChesney, *Journalism, Democracy, …and Class Struggle-socialism: views*, in *Monthly Review*, vol. 52 – 6, p. 10.

② Robert McChesney, *Journalism, Democracy, …and Class Struggle-socialism: views*, in *Monthly Review*, vol. 52 – 6, p. 11.

③ Robert McChesney, *Journalism, Democracy, …and Class Struggle-socialism: views*, in *Monthly Review*, vol. 52 – 6, p. 14.

一点,实际上美国的不论是左派和右派都是心知肚明的。正因为如此,他作为一个左翼思想家,从不指望美国的主流新闻媒体能反映他的观点,因为即使反映了也因遭歪曲而变得无意义了。有人提出,随着国际互联网的联合媒体制度的产生,可以改变这种局面。麦克切斯尼奉劝善良的人们不要对此抱有幻想。他说:"在一定意义上说,互联网仍然是被那些媒体联合体的拥有者们所掌握着。这些人的权力不仅仅只是基于技术的能力,而且来自于政治上的权力和经济上的能力。"①他强调,如果美国的新闻媒体体系"仍然是一个由作为美国金融业象征的华尔街和作为美国广告业象征的麦迪逊大街所掌握的体制,或者是由媒体拥有者所掌握的体制",那么,"我们就无法想象建立一个更加美好的世界"②。

三

萨义德则指出,美国的新闻媒体反复鼓噪的是这样两个主题:其一,美国社会是一个创新的社会;其二,美国政治生活是民主实践的直接体现。他以1991年美国国家艺术馆题为"作为西方的美国"的展览为例来说明美国的"民主实践"究竟是怎么回事。这个展览是由政府资助的。这个展览用其展品使对西部的征服和将它并入美国的过程变成了一曲颂歌,把征服的实际过程和对土著美洲以及环境的破坏的事实掩盖掉了或浪漫化了。只是由于在19世纪美国绘画作品中有印第安人的形象,由于有印第安人形象的作品与其他作品挂在同一面墙上,由于在旁边还附有描述印第安人在白人手中被贬低的解说,就惹恼了美国国会议员。他们认为这种不爱国的或不够美国化的歪曲是不能容忍的,特别是一个作为政府资助的展览,更不能展出这样的东西。而美国的专家、教授和记者们也纷纷发表言论,认为这是对美国"唯一性"的中伤。萨义德借此评论说:"美国作为一个由多种文化组成的移民国家,它的公共话语的受控制却比其他任何国家来得严厉,它如此迫不及待地要把这个国家表现得一尘不染,要更紧密地围绕

① Robert McChesney, *Journalism, Democracy, ··· and Class Struggle-socialism: views*, in *Monthly Review*, vol. 52 –6, p. 15.
② Robert McChesney, *Journalism, Democracy, ··· and Class Struggle-socialism: views*, in *Monthly Review*, vol. 52 –6, p. 15.

在一个天真、胜利铁幕下的主流话语的周围。这种把事物美化和简单化的行径使美国脱离了其他的社会和人民,也因此而使自己倍加孤立。"①美国所实施的文化战争充分暴露出其推崇的民主的虚假性。萨义德说,在美国,"可以使任何人说任何话,但是,所说的一切或是被吸入到主流中,或是被排斥到边缘上去"②。

在萨义德看来,美国政府所说的民主实际上是推行文化控制,而借助于文化来控制国内,进而征服世界的做法在一定程度上获得了成功。世界历史上从未有过像今天这样,一种文化对另一种文化实行如此大规模的干预,并且能得逞。正因为美国的这种文化政策得逞了,其外交政策也得逞了。"外交政策的行家获得了史无前例的成就,从而也就史无前例地可以免于公众的监督。"③千万不能低估美国新闻媒体对非西方世界的报道对美国人民面对非西方世界态度的影响,更不能低估这种报道在美国外交政策中的功能。公众无法逃避新闻媒体的控制,加上有效的意识形态的配合,"使得美国对非西方世界的帝国主义态度保持了连续性"。"美国政策获得了与其宗旨完全吻合的主流文化的支持:支持那些专制的民心尽失的政权,支持对敢于抵抗美国盟国的殖民地反抗力量的暴力行为施加更大的暴力,支持对合理的民族主义采取持久不变的敌对态度。"④

萨义德认为,当今在西方世界特别在美国有一句非常流行的口号,即"使世界更加民主"。以在全世界范围内推行民主、建立世界新秩序为名,来实现自己的帝国主义和霸权主义的野心,这是当年追求统治全球的宗主国所曾使用的伎俩,而当今的美帝国主义再次祭起了这一"法宝"。他这样说道:"首先令人遗憾的是,美国的现行政策我们都似曾相识。所有追求统治全球的宗主国中心都曾这样说过、做过。在干涉小国的事务时,总会诉诸权力和国家利益的托词;每当出现了麻烦时,或当土著奋起反抗、拒绝一个被帝国主义扶持的言听计从不得人心的统治者时,总是滋生一种摧毁人家的冲动。总是会有人声称'我们'是例外的,我们不是帝国主义,不会

---

① Edward W. Said, *Culture and Imperialism*, Vintage Books, 1994, p. 381.
② Edward W. Said, *Culture and Imperialism*, Vintage Books, 1994, p. 392.
③ Edward W. Said, *Culture and Imperialism*, Vintage Books, 1994, p. 390.
④ Edward W. Said, *Culture and Imperialism*, Vintage Books, 1994, p. 391.

重复老牌帝国主义所犯的错误。而这种声音的后面总是继续犯错误,就像越南战争和海湾战争证明的那样。更糟糕的是知识分子、艺术家和记者的立场。他们在国内问题上经常持进步的态度,充满使人钦佩的感情,但一旦涉及了以他们的名义在海外采取的行动时,却正相反。"①他强调,面对"使世界更加民主"这一口号,我们一方面要认识到这一口号所表达的是"帝国主义式的仁慈",充分体现了帝国主义的欺骗性和伪善性,另一方面我们也要看到企图在这一口号下努力实现自己的霸权的野心最终是必然要破产的。他反复陈说的有着内在逻辑联系的下述几层含义都值得人们回味:当今的华盛顿和大多数其他西方决策者都持有帝国主义式的仁慈——"使世界更加民主"等;这一愿望是必然要失败的;而如今美国政府尚未认识到这一点;正因为尚未认识到,它还将继续把这一愿望强加给全世界;这一愿望之所以必然失败,关键在于这一愿望是其出于本性伪造出来的。

阿明也认为,西方国家,特别是美国的意识形态话语的核心内容是宣扬他们所干的这些征服和扩张行径是为了民主,所以要揭露这种意识形态话语的本质关键在于要弄清楚他们这样做,究竟给民主带来什么。他强调,对发展而言,民主是绝对必要的方面。但他同时提请人们注意,把民主视为发展的一个关键因素似乎只是最近才被广为接受。不久以前,无论是在西方国家,还是在东方国家或者南方国家,民主都被认为是"奢侈品"。资本主义世界统治阶级普遍接受的信条是,只有在解决了社会物质问题以后,民主才会到来。美国正是根据这一信条为其支持拉丁美洲军事独裁者辩护。但是现在这一信条一夜之间被颠倒过来了。现在在世界各地,官方几乎每天都在谈论民主问题,那些渴望获取援助的国家往往千方百计地以拥有民主合格证书作为从富裕的大国获取援助的一个"条件"。

认为只有在解决了社会物质问题以后才能享受民主肯定是错误的,民主是发展的重要因素。问题在于,究竟如何获取民主?阿明认为,目前以美国为首的西方国家到处宣扬资本主义的市场制度与民主天然一致的观点,似乎它们推行全球化,即把西方的市场制度推及整个世界本身就是在

---

① Edward W. Said, *Culture and Imperialism*, Vintage Books, 1994, p. XXVIII.

全世界范围内实施民主,而那些第三世界国家接受西方的市场制度也就是接受民主。当前的时髦话语是宣称"民主"和"市场"这两者是一致的,民主和市场被认为互为存在基础,民主需要市场,市场也需要民主。阿明所致力于驳斥的正是这样一种观点,在他看来,只有驳斥了这样一种观点,才能认清西方国家意识形态话语的实质,进而认清西方国家热衷于全球化,向全世界推行市场制度的实质不是要输出民主,而是要实施霸权主义。

阿明指出,民主原先只是给那些既是公民又是企业家的权利,也就是说,只有私有财产的所有者才拥有民主的权利。但后来民主权利向其他公民扩展了,这一扩展并不是资本主义发展的自发结果,也不是资本主义发展要求的体现。恰恰相反,这些权利是该制度的受害者逐渐赢得的,是他们向该制度斗争的结果。但必须看到,民主权利的扩展必然带来这样一个严重问题:作为该制度的受害者的大多数人的意志与市场为他们准备的命运之间的矛盾通过民主投票表现出来了,这使得该制度出现了不稳定甚至爆炸的危险。至少存在着这样的风险和可能性,即受到质疑的市场不得不服从于社会意志,而这与资本利润最大化是不一致的。换句话说,对一部分人(资本家)而言存在风险,而对另一部分人(工人公民)而言存在另外的可能性,即市场受到调控而不是严格按照市场单方面的逻辑运作。这说明,市场与民主非但不一致而且还存在着矛盾。在这种情况下,或者是改变市场的获取利润最大化的准则以适应由民主显示出来的社会意志,或者把民主形式化和虚无化。阿明认为,在二次大战以后的相当长的一段时间,西方国家的统治者可能主要偏向于前者,而自 20 世纪 90 年代以后,随着在全世界范围内实施市场经济,西方国家的统治者实际上已转向后者,即通过强化市场来掏空民主。阿明指出,现在的实际情形是,"民主正被掏空了一切实质内容,而落入市场的股掌之中"。从表面看,你拥有民主,你可以以你所喜欢的方式自由投票,但实际上这根本没有什么作用,"因为你的命运决定于他处,决定于议会之外,决定于市场当中"①。在这种情况下,民主完全从属于市场,市场越是强大,民主越是形式化。在一切由市场决定的社会里,民主又有什么用呢? 阿明斩钉截铁地指出:"从一开始,民

---

① 萨米尔·阿明:《帝国主义和全球化》,载《国外理论动态》2002 年第 12 期,第 19 页。

主与市场'天然'一致的理论就包含着危险。它假定一个社会与它自身是协调的,这个社会不存在矛盾,就像一些所谓后现代主义者所说的那样。但是现在全球资本主义市场关系已经产生了空前规模的不平等。市场与民主一致的理论今天只是纯粹的教条,是虚构政治学的一种学说。"①他呼吁人们"再也不能接受被普遍宣传的所谓民主与资本主义一致的观念",一定要清醒地认识到当前资本主义推行的全球化和市场经济"潜藏着专制主义"②。

阿明还要人们充分认识作为资产阶级意识形态的另一核心,即资产阶级个人主义的危害以及与民主的相互关系。每一个社会中都存在着个人与集体之间的矛盾。在前现代社会中,这一矛盾是通过社会对个人的否定和驯服而克服的。而在现代资本主义世界的意识形态里,个人与集体的关系被颠倒过来了:现代性通过个人的权利来表明自身,这种权利甚至是与社会相对抗的。阿明强调,不能太看高这一颠倒,实际上这一颠倒只是解放的前提条件。关键在于,它与此同时也释放了个人之间互相争斗的潜能。资本主义伦理观的要旨是崇尚"竞争万岁,让强者获得胜利"。这种伦理观会产生毁灭性的后果,"如果没有限制性因素,那么个人权利这种单方面的意识形态就会产生恐怖和专制"。资产阶级个人主义不是通向民主,而是直达专制。只是这种专制主义不是传统意义上的专制主义,阿明把它称为"软专制主义"。他指出:"'软'专制主义正是美国的一贯特征。"③

阿明这里所作出的两个基本判断,即"民主正被掏空了一切实质内容,而落入市场的股掌之中"和资产阶级个人主义"不是通向民主,而是直达专制",都是值得人们深思的。

美国学者戴维·施韦卡特指出,资本主义的辩护者原先对民主的追求没有比对自由的追求那么迫切,因为他们一直担心大众会利用其民主的权利去冲击富人的财产,而在他们看来,财产是自由的防波堤。他们常常发出这样的感叹:我们还能负担得起一人一票的选举吗? 我们是如临深渊

---

① 萨米尔·阿明:《帝国主义和全球化》,载《国外理论动态》2002 年第 12 期,第 19~20 页。
② 萨米尔·阿明:《帝国主义和全球化》,载《国外理论动态》2002 年第 12 期,第 20 页。
③ 萨米尔·阿明:《帝国主义和全球化》,载《国外理论动态》2002 年第 12 期,第 20 页。

呀！但是，自 20 世纪 70 年代以来，资本主义的辩护者却陷入了"民主狂热"之中，他们看到了民主对于倾覆共产主义具有号召力，并且大力宣扬只有资本主义社会才能与民主制度相容。施韦卡特则要推翻这种观点，力图证明"认为民主只能在资本主义下才能运作，这种观点经不起检验"①，强调"自由放任主义和民主是不相容的"②。资本主义的所谓民主制度实际上是一种多头政治制度，从表面上看，这一制度会让所有的问题都进入民主的程序加以决定，实际上许多问题都会被从自由讨论的领域中剔除。由于资本家具有控制权，所以他们不会把涉及经济变迁等重大问题放到民主的程序之中，他们试图"从投票箱中排除出去的基本议题，亦即他们用抽象努力把它变得晦涩难解的议题，就是总会引起他们深度恐惧的问题"③。施韦卡特注意到，资本主义辩护者对资本主义的所谓民主的推崇主要是对其选举制的推崇，于是他着重分析了资本主义的选举制是不是真正体现了民主。他指出，这种民主选举真正要做到民主，其选民必须是独立自主的选民，而选民要做到独立自主，又必须满足两个条件：第一，成员必须获得对将要通过政治程序决定的议题相当了解，并在贡献他们的解决方案时保持合理的积极性；第二，一定不存在一个稳定的"有特权"的少数人阶级。"简单地说，民主是这样一种制度，选民非常了解情况并表现积极，而且不会被少数特权阶级限制言论"④。可事实上，在资本主义社会中，这两个条件都不可能满足。因为多头政治不是民主制，所以自由放任主义从来也没有满足过第一个条件。至于第二个条件，只要看一下那些有钱的生意人在选举中所扮演的角色，就可知道能否满足。那些有钱人，由于他们拥有财富，从而他们可为政治竞选提供很多经费，而且在代表特殊利益方面，他们也组织得很好，他们接近政府官员特别容易，而且往往在政府上层有代言人。这就是说，在现行的资本主义体制下，"财富可以通过多种渠道来提高

---

① 戴维·施韦卡特：《反对资本主义》，李智、陈志刚等译，中国人民大学出版社 2002 年版，第 211 页。

② 戴维·施韦卡特：《反对资本主义》，李智、陈志刚等译，中国人民大学出版社 2002 年版，第 214 页。

③ 戴维·施韦卡特：《反对资本主义》，李智、陈志刚等译，中国人民大学出版社 2002 年版，第 210 页。

④ 戴维·施韦卡特：《反对资本主义》，李智、陈志刚等译，中国人民大学出版社 2002 年版，第 211 页。

让正式的民主程序反映有钱人利益的可能性"①。施韦卡特非常尖锐地揭露了资本主义民主的实质:"自由放任主义(扶持其他任何形式的资本主义)的政府只有将实业阶层的利益视为特权,除此之外别无选择。用大实话来说,有利于实业阶层的就是有利于国家的,实业阶层一感冒,其他人都得跟着咳嗽。"②

施韦卡特指出,如果资本主义制度确实是一种注重于民主的制度,那么它的对外政策也应贯彻这一民主的原则,但实际上,西方资本主义国家长期以来一直奉行反共高于民主的对外政策。施韦卡特以 20 世纪在国际上所发生的铁一般的事实来说明,如果西方资本主义真的是一种民主的制度的话,它就不会这样做了:不会出于反对革命的需要而于 1918 年出兵俄国;不会如此看好墨索里尼在意大利夺权,也不会如此蓄意地支持希特勒的"经济复苏"计划;不会支持中非和中美洲在 20 世纪 30 年代出现的家长式独裁统治;不会支持中国蒋介石的腐败统治;不会支持法国在第二次世界大战以后企图重新控制印度支那的举动;不会支持在第二次世界大战后分裂朝鲜或者南方极右势力上台,因而可能避免朝鲜战争的爆发;不会在1953 年发动推翻伊朗政府并扶持伊朗国王上台;不会在 1954 年策划破坏危地马拉的民主进程,并在当地以及萨尔瓦多和洪都拉斯鼓励推行军事统治;不会反对越南、老挝和柬埔寨人民有权选择自己的未来,因而有可能避免越南战争;不会反对南非黑人解放斗争;1965 年,当印度尼西亚军队夺取了政权并大肆屠杀了十多万"共产主义分子"时,不会站出来粉饰太平;不会支持和纵容 20 世纪 60 年代至 70 年代在南非大部分地区建立的空前野蛮的军事统治;不会抱着菲律宾的马科斯政权不放,从 1972 年开始,直到 1986 年他日薄西山;20 世纪 70 年代,尼加拉瓜、安哥拉、莫桑比克等地区推翻了人民憎恨的统治者或者殖民政权,不会在这个时候资助反对初生的民选政府的血腥暴乱运动;不会至今念念不忘颠覆古巴这个拉丁美洲唯一消灭了饥饿和无家可归现象的国家。施韦卡特认为,上述事实远远没有

---

① 戴维·施韦卡特:《反对资本主义》,李智、陈志刚等译,中国人民大学出版社 2002 年版,第 213 页。

② 戴维·施韦卡特:《反对资本主义》,李智、陈志刚等译,中国人民大学出版社 2002 年版,第 214 页。

囊括全部,但所列举的这些已足以说明,如果西方资本主义国家,特别是美国真地奉行民主的话,那么 20 世纪的世界将不会是这个样子的。

上面我们评述了七位"西方马克思主义"者和西方左翼思想家从不同的角度对当今资本主义民主制度的批评,这七位思想家均被公认为是当今在思想学术界执牛耳的思想大师。在浩如烟海的批判西方资产阶级民主制度的著作中,我们之所以只是选择了这七位思想家的相关论述,只是为了突出他们的批判的权威性。我们希望人们看了他们的论述,能自然地发出这样的感叹:连这些思想大师也如此看待西方式的民主制度,这一制度难道还值得我们高唱赞歌并亦步亦趋地加以效法吗? 这些思想大师对西方式的民主制度批判有一个共同点,就是集中揭露这种民主制度所说的民主的虚假性,集中揭露这种民主制度只为少数富人和统治者服务的本质。可想而知,他们在批判西方式的民主制度的同时,还深怀着对真正能为极大多数人服务的,而不是作为富人和统治者专利的民主的憧憬。当今我们中国人民渴望民主,希望在中国建立起一种民主的制度,这完全是天经地义的。问题在于,我们在建立自己的民主制度时,千万不能以西方式的民主制度作为楷模,而只能部分吸收其真正有益的东西。这是我们原原本本地把这些"西方马克思主义"者和西方左翼思想家对西方式的民主制度的批评介绍给大家的深刻用意之所在。

评"西方马克思主义"者和西方其他左翼思想家对"别无选择论"的批判

前英国首相撒切尔夫人有句名言:"别无选择。"她的意思是当今的人类除了接受资本主义之外没有其他的选择。正是在这一"信念"的鼓励下,她与西方的其他政要一起,在把东方的一大批社会主义国家"和平演变"为资本主义社会的基础上,又借助于资本主义的全球化,企图把西方的资本主义制度推及整个世界。在我们这里,虽然很少看到有人公开宣扬"别无选择",但在心底里赞同这一说法的则大有人在。有些人尽管也承认在当今资本主义社会中存在着种种弊端,尽管也承认资本主义制度并不那么美好,但是与此同时总带上这么一句:资本主义并不十分完美,但还有比资本主义更好的制度可供选择吗? 在尚未表明还有其他的美好的社会制度存在着的情况下,我们只能走资本主义道路。确实,"别无选择"成了一些人顽强地要把中国引上资本主义道路的主要理由。"西方马克思主义"者和西方其他左翼思想家在分析批判当代资本主义的过程中,竭力论证人类除了接受资本主义之外,还有其他的选择,即论证"另一种选择是可能的"。在一定意义上说,他们对当代资本主义提出尖锐的批评,就是为了让人们摆脱资本主义而走上另一条道路,他们中大多数人明确地把这"另一条道路"理解成就是社会主义道路。所以,这些"西方马克思主义"者和西方其他左翼思想家对当代资本主义的批判的积极意义,不仅仅在于使我们能看清当代资本主义的本质,认清当代资本主义的真相,还在于使我们认识到人类走向社会主义的必然性和可能性,从而坚定我们的社会主义信念。

一

2001 年 5 月在伦敦的示威活动中,有一幅横幅的标语是"摆脱资本主义,用更美好的制度来取代它!"卡利尼科斯认为,在撒切尔夫人提出"别无选择"后的 10 年,在英国伦敦的街头出现了这样一幅标语,"有点讽刺的味道",它"意在提醒人们思考应该用什么制度替代资本主义"①。他明确地说,他的宗旨就是要"能说服更多的人们:寻找另一个世界是实际可行的"②。

当今资本主义社会的维护者声称能满足公正、效率、民主、可持续发展的要求,而实际上这一社会根本无法满足这些要求。"另一个世界"之所以是可行的,就在于它能满足这些要求。卡利尼科斯所说的"另一个世界"就指目前反资本主义全球化运动所追求的那种"社会主义民主社会"。卡利尼科斯就作为"另一个世界"的"社会主义民主社会"将如何满足这些要求作出了详细论述。

这一社会的首要目标是维护公正。但是这种公正并不单纯是所谓的每个人都有权在平等的机会下谋生。这一社会需要的不只是一个公正的社会结构,它还包括公正的社会风尚。这里的公正应包括自由、平等和团结。至关重要的是,这里的公正概念就是要改变"残酷的坏运气"效应;即个人要承担他们本不必负责的意外,而这些意外却使他们失去了生活中的很多机会。他还说道,"如果我们的确是生活在同一个地球上,那么指导我们共同生活的原则应当可以应用于全球的每一个角落",诚如查尔斯·贝茨所说的,"公正原则应当首先用于整个世界,然后相应地落实到每个国

---

① A. T. 卡利尼科斯:《反资本主义宣言》,罗汉等译,上海译文出版社 2005 年版,第 76 页。
② A. T. 卡利尼科斯:《反资本主义宣言》,罗汉等译,上海译文出版社 2005 年版,"引言"。

家","今天的正义只有在世界规模下才能实现"①。

经济效率常常被用来为资本主义辩护。一些人就是强调,公正和效率之间存在着此消彼长的关系,自然资源的平均分配会剥夺高级人才利用其创造高生产率的机会。在卡利尼科斯看来,这种观点是站不住脚的。关键在于,"在平等社会中,人们彼此只是互相抱有公正的动机,而不是依靠自身资源更多地攫取对方"②。在"社会主义民主社会"中完全有可能使平等与效率统一在一起。他这样说道:"在同等条件下,一个能承载更多人类需求的经济制度总是更受欢迎。一个经济制度的生产能力越强,人们可以作出的选择越多,个人和集体就越有可能过上反资本主义运动崇尚的个性化的生活。资本主义大幅度提高了人类的生产能力,而它为此付出的代价却是更多机遇被不平等地分配,生物和社会的多样性被破坏。要解决这个问题不应是寄希望于回到生产力低下的原始社会,而是找到……能够容纳更强大生产能力的经济制度。"③

一些人之所以如此迷恋于当今的资本主义制度,强调它是不可替代的,关键就在于在这些人看来,市场经济是不可替代的。有个叫阿马蒂亚·森的人就从市场与自由联系的角度为市场辩护,进而为资本主义制度辩护,提出"从根本上反对市场好比从根本上反对人类之间的对话"。卡利尼科斯认为,阿马蒂亚·森宣称"人与人之间经济来往的权利"必须在市场经济中得以体现,这是把市场交易与对话作简单的类比,而这种类比"将市场自然化了"④。人类不可能没有语言交往,如果市场也像语言交流那么重要的话,那么对它的约束或废弃也会威胁到人类社会的运行。问题在于,阿马蒂亚·森把语言交流与市场交易混为一谈了。人类不可能没有语言交流,但完全有可能没有市场交易。如果一定要把这种语言交流与市场交易联系在一起的话,那就只能说存在着两种市场。从漫长的人类历史来看,社会经济行为深深扎根于各种社会关系中,如果把这种社会经济行为与市场联系在一起的话,那么这种类型的市场隶属于更广泛的社会机

---

① A.T.卡利尼科斯:《反资本主义宣言》,罗汉等译,上海译文出版社2005年版,第78页。
② A.T.卡利尼科斯:《反资本主义宣言》,罗汉等译,上海译文出版社2005年版,第78页。
③ A.T.卡利尼科斯:《反资本主义宣言》,罗汉等译,上海译文出版社2005年版,第79页。
④ A.T.卡利尼科斯:《反资本主义宣言》,罗汉等译,上海译文出版社2005年版,第83页。

制。而现在我们在资本主义制度下所看到的市场,是一种由市场自身进行控制、调节和引导的经济制度,商品生产和流通的有序性被赋予这种自我调节的机制。后者显然与公正、效率、民主和发展的可持续性是"不相容的"①,也是完全可以被替代的。

卡利尼科斯清楚地认识到,一些人一再坚持除了资本主义"别无选择",说到底是为了反对社会主义的计划经济,他们所说的"别无选择"蕴含着这样的意思:除了资本主义的市场经济,难道还能去选择社会主义的计划经济吗?卡利尼科斯在这一问题上丝毫没有半点的含糊,在他看来,如果社会主义的计划经济确实是不可能成功的话,那么真的除了资本主义的市场经济之外"别无选择"了。于是他就针锋相对地提出,建立社会主义的计划经济是完全可能的。他这样说道:"社会主义计划往往被认为是过时的做法。其实我们现在恰恰需要社会主义计划。至少,通过社会主义计划,我们可以建立这样一种经济制度,即资源的分配和利用,由以'多数原则'为核心的民主决策程序统一安排。"②他还指出,这种社会主义的计划经济与资本主义以前的阶级社会的经济制度不同,尽管那时的资源分配也建立在统一管理的基础上,但整个社会机制是不民主的。而这种社会主义的计划与资本主义的计划也迥然不同。资本主义的资源分配是资本间的竞争和斗争带来的不确定的结果,这些资本联合但又非统一地控制着生产过程。而社会主义的计划是建立在民主的基础之上,它一方面总是遵循着"多数原则",另一方面又确保个人在某些领域拥有排他的重要决策权。

在分析了能够替代资本主义的更好的社会设想之后,卡利尼科斯意味深长地提出了这么一个问题:"与其在放任还是牵制资本主义的破坏性倾向之间左右为难,为何不干脆为资本主义找一个'更好的'替代者呢?"③他认为,目前掀起的反资本主义运动正在寻找这样一个替代者,而他在这里已把这种替代者大致勾勒出来了,这就是"社会主义的民主社会"。他说道,"经过民主计划的社会主义经济","为实现反资本主义运动的目标提

---

①　A. T. 卡利尼科斯:《反资本主义宣言》,罗汉等译,上海译文出版社 2005 年版,第 105 页。
②　A. T. 卡利尼科斯:《反资本主义宣言》,罗汉等译,上海译文出版社 2005 年版,第 89 页。
③　A. T. 卡利尼科斯:《反资本主义宣言》,罗汉等译,上海译文出版社 2005 年版,第 89 页。

供最好的前景"①。诚如他在前面所论述的,他所提出的这种社会设想强
调了自由、平等和团结这些价值取向。他指出,新自由主义——"华盛顿共
识"的价值观突出了布什政府的战争倾向,在实现自由、平等和团结这些价
值观方面十分有限。"它把自由退化成买卖的权利,把平等贬低为一种法
律形式,把团结分裂为个人主义,威胁着这个人人赖以生存并追求梦想的
星球"②。在他看来,当前的反资本主义运动赋予了自由、平等、团结截然
不同的意义。而实现这样的意义,只能靠反对并最终取代全球资本主义。
他豪情满怀地说道:"只有反资本主义运动,才能促进世界范围内的真正解
放,才能使这个星球和星球上的人类团结、民主,从而实现现代化的美景。
正是现在,我们要赢得整个世界。"③

二

施韦卡特则指出,对当代资本主义仅仅揭露它的缺陷还是不够的,还
不能表明必须改变它,因为许多资本主义的辩护者常常使用这样的伎俩:
他们一方面承认资本主义有这些缺陷,但另一方面又提出,"拿出替代物
来,如果拿不出,那说明现行的制度就是最好的"。施韦卡特这样说道:
"在刑事法庭,说服陪审员相信被告确实犯了重罪就足够了。但是在政治
哲学领域,仅仅举证证明资本主义的缺陷是不够的,因为它大多数的缺陷
是众所周知的。对如此众多的(资本主义)批判的一个强有力的反驳如雷
轰顶:'那么拿出你的替代物来!'"④基于这种情况,施韦卡特提出,批判资
本主义更重要的是必须论证资本主义的替代物确实是存在的,只有向人们
揭示出了这种替代物,才能真正可以说服人们去改变资本主义。"如果取
代资本主义至少有一种可行的选择很符合我们的基本准则,那么资本主义
就不再是正当的。"⑤

---

① A. T. 卡利尼科斯:《反资本主义宣言》,罗汉等译,上海译文出版社 2005 年版,第 105 页。
② A. T. 卡利尼科斯:《反资本主义宣言》,罗汉等译,上海译文出版社 2005 年版,第 111 页。
③ A. T. 卡利尼科斯:《反资本主义宣言》,罗汉等译,上海译文出版社 2005 年版,第 111 页。
④ 戴维·施韦卡特:《反对资本主义》,李智、陈志刚等译,中国人民大学出版社 2002 年版,第 2 页。
⑤ 戴维·施韦卡特:《反对资本主义》,李智、陈志刚等译,中国人民大学出版社 2002 年版,第 323 页。

在 2002 年为《反对资本主义》的中文版所写的"序言"中,施韦卡特这样对中文版读者说道:"我的问题是——30 年前是,今天仍然是——凭目前我们自身的情形和所掌握的技术和资源,我们能否有信心宣称:存在着这样的非资本主义的替代物社会,无论是在经济方面,还是在伦理道德方面,它比最好的资本主义形式的性能还要优越?"①当然,在他看来,他已经找到了这样的替代物,这就是所谓的"经济民主"的社会主义。他说:"在对资本主义的反驳中,我详细地提出了这样一种选择,并最终主张这种社会主义形式。我把社会主义这个标签贴在经济民主制上,社会主义不仅在道德上,而且在经济上都优越于资本主义。"②他强调,这种社会主义"并非当时那种主导着世界的社会主义形式","并非苏联模式的翻版",而是一种"自我管理的"、"允满活力的"、"理想的社会主义形式"③。对究竟什么是"经济民主"的社会主义,施韦卡特作出了详尽的说明。

施韦卡特认为,当今人类有充分的理由表明我们必须面对资本主义的替代物问题,也就是说,有充分的理由表明我们必须加强对资本主义替代物的研究。他所说的理由主要有三点:

其一,太多的社会主义的实验在 20 世纪被证明是失败的。没有一个取消了生产资料的私人占有制的国家保留或建构起了自由、开放的选举制度,也没有一个这样的国家保留或建构了像在许多西方资本主义国家所见到的那种广泛的公民自由,这是一个严肃的事实。其二,20 世纪见证了史无前例的社会实验运动:自由市场资本主义、法西斯主义、福利国家资本主义、中央计划的社会主义、市场社会主义、计划性的资本主义、集体农庄、工人互助体,等等。经历了或者起码目睹了这些实验的人们比以往任何时候都清楚:什么体制有效,什么体制无用,为什么有些计划会成功,而另一些却失败了。其三,资本主义可能宣称已经进入了"第一世界",但很少有人会去为我们这个星球上被称为"第三世界"的那部分人声张权利。当然,

---

① 戴维·施韦卡特:《反对资本主义》,李智、陈志刚等译,中国人民大学出版社 2002 年版,"中文版序"。

② 戴维·施韦卡特:《反对资本主义》,李智、陈志刚等译,中国人民大学出版社 2002 年版,第 322 页。

③ 戴维·施韦卡特:《反对资本主义》,李智、陈志刚等译,中国人民大学出版社 2002 年版,"中文版序"。

共产主义的"第二世界"和前共产主义国家正处于大变动状态,经济重组到处都在进行当中。无论是"第三世界"的国家还是"第二世界"的国家,重大的体制变动得定夺下来,既而实施起来。那么变动的方向是什么呢?朝着什么样的方向变动呢?在充满生机和令人信服的模式被确定下来之前,人们是不可能勇敢地往前走的。在这种情况下,人们致力于去研究资本主义的替代物也是情有可原的。

为了证实替代资本主义,建立"经济民主"的社会主义是完全可能的,施韦卡特还具体论述了这种社会主义如何可能从当今的、全球最主要的三种社会形态过渡而来。首先,从发达资本主义过渡而来。施韦卡特承认从发达资本主义转变到经济民主制是一件十分遥远的事,但是在他看来,要实现这种转变也不是完全不可能。他认为,在当今的资本主义社会中,作为经济民主制的三个基础性特征之一的市场已经存在了,而另两个特征,即工厂民主制和对投资进行社会控制,也可逐步加以实施。当然在眼前,这一切不可能马上发生,这只是一个"可能的前景"。在资本主义社会中,革命者只要有着建立"经济民主"的社会主义的坚定的目标,那就可以把分散的各种斗争集合在一起,那资本主义转变为这种社会主义就有了现实的可能。其次,从指令性社会主义过渡而来。施韦卡特十分忧虑地指出,东欧和苏联的一些原先的实施指令性社会主义的国家,现正在向资本主义过渡。他严厉地说道:"我认为,整个东欧和前苏联正在进行经济重构,大部分是误导的和应该谴责的,要么是出于无知,要么迫于西方的压力,要么出于国家政策制定者及其知识界帮闲的自我利益或自我欺骗。现在的改革使多数人惨遭伤害,而且苦难还会更多。"①施韦卡特强调,这些国家朝着这一方面走,是注定会带来灾难的。关键在于,"不能假定西方发达资本主义国家的利益会和前共产主义国家的利益一致"②。那么,这些指令性社会主义的国家难道就没有其他出路了吗?施韦卡特认为,出路就在于改变航向,使改革不是朝着资本主义而是朝着"经济民主"的社会主义方向

① 戴维·施韦卡特:《反对资本主义》,李智、陈志刚等译,中国人民大学出版社2002年版,第298页。
② 戴维·施韦卡特:《反对资本主义》,李智、陈志刚等译,中国人民大学出版社2002年版,第299页。

发展。他说,"他们其实有更好的前进方案","经济民主制而不是资本主义应该成为东欧和前苏联地区改革者用来指导自己的模式","它极有可能比现在这种需要创建和普及资本主义的机构、资本主义的价值观和资本家阶级的几乎没有可能的计划更容易实行"[①]。施韦卡特认为,东欧社会主义国家和苏联的失败并不是因为其技术不如西方,而主要来源于一种"动机性的危机",也就是说,主要由于各种经济和政治的因素破坏了当时政府的合法性。既然如此,如果重新确立了这种合法性,那么这些国家向"经济民主"的社会主义方向发展是完全可能的。最后,从作为发达资本主义核心之附庸的贫困国家过渡而来。这里所说的"从作为发达资本主义核心之附庸的贫困国家"实际上就是"新殖民主义的欠发达国家",也就是所谓的"第三世界"。那里,"每年有数以百万计的人因饥饿和可以预防的疾病而死亡,叛乱、暴动以及游击队运动成为大地上的普遍景象,而镇压暴乱的手段更是难以想象的暴戾凶残"[②]。与发达工业国家比较,第三世界国家有两个更迫切的问题:一是满足所有人口的基本需要,包括衣、食、住、教育和卫生;二是发展经济的要求比第一世界更迫切。要解决这两个问题,也就是说,如果这些第三世界的国家真的是为了寻求满足所有国民的基本需要和致力于合理的发展,那么经济民主制确实是一个可行的模式。接下来必须要回答的一个问题是,传统的指令性的社会主义是不是也能满足这些需要,从而是否也是一种可以选择的模式? 对此,施韦卡特指出:"如果满足了基本需要就万事大吉,那么可以说作为第三世界的发展模式,指令性社会主义比经济民主制要强。但基本需要满足不是全部。指令性社会主义拥有分配上的优点,但在生产上则不然。使经济民主制在分配上不占优势的因素——也就是说,将经济分为竞争合作领域和公共领域,允许无利可图的公司破产,允许供求关系决定价格——正是使它拥有更高的效率和生产力的因素。"[③]施韦卡特的意思是,如果第三世界的国家的目标

---

①　戴维·施韦卡特:《反对资本主义》,李智、陈志刚等译,中国人民大学出版社 2002 年版,第 299 页。

②　戴维·施韦卡特:《反对资本主义》,李智、陈志刚等译,中国人民大学出版社 2002 年版,第 304 页。

③　戴维·施韦卡特:《反对资本主义》,李智、陈志刚等译,中国人民大学出版社 2002 年版,第 307～308 页。

仅仅在于满足最基本的需求,那么确实可以在传统的指令性的社会主义的模式下去加以实现,但如果其目标超出了这一范围,那么在这种模式的社会主义下是不可能实现这些目标的,而必须在"经济民主"的社会主义的模式下去加以实现。他明确地说道:"必须承认,只要基本需要还是基础性的关注点,指令性社会主义就是值得推荐的,它遇到的麻烦是在基本需要满足之后。前进到这一步——合理增长的舞台——经济民主制的结构就大有用武之地了。"①

三

梅扎罗斯强调,批判当代资本主义应当把重心放在批判"别无选择"论上。马克思在1858年曾经说过资本主义世界是个"小小角落",但事实上资本主义制度当今却在不断扩张,资本的幽灵正投射到世界每一个角落。梅扎罗斯说,"资本的历史优势""迄今在'极为广阔的领域'已完全确立","今天,我们生活在为资本的统治所牢牢控制的世界中"②。在他看来,"别无选择"论正是在这样的背景下出笼的。对许多人而言,资本占统治地位这一事态是不可改变的,而这一事态又完全与黑格尔等所提出的"普遍永恒资本"的理论相符合。于是,一些资本主义的维护者就用"别无选择"论来证明自己的行动是合理的。梅扎罗斯指出,在这种情况下,如果对这一口号"黯淡不加以注意",如果"不尝试对它的忧伤含义作出评判和存疑","就很容易使自己屈从于我们时代这个盲目地具有决定论意义的政治口号","而不是向它提出必要的挑战"③。

梅扎罗斯强调,当今如此多的决策者拥抱"别无选择"这一观念,决不是这些人的一种"个人失常"行为,而是"源自于全球资本制度发展的当前阶段",即是由当前全球资本主义制度的特征所决定的。他还特地申明,在这些拥抱"别无选择"观念的决策者中,既有西方的统治者,也有东方的领

---

① 戴维·施韦卡特:《反对资本主义》,李智、陈志刚等译,中国人民大学出版社2002年版,第308页。

② I.梅扎罗斯:《超越资本——关于一种过渡理论》,郑一明等译,中国人民大学出版社2003年版,第1页。

③ I.梅扎罗斯:《超越资本——关于一种过渡理论》,郑一明等译,中国人民大学出版社2003年版,第2页。

导人,在拥抱"别无选择"观念这一点上,目前东西方的统治者几乎没有什么分歧,也就是说,东方一些发展中国家的领导人,也出于对"有利可图的资本积累的利益"以及"占支配地位的资本主义国家的扩张"的"预期",毫无疑义地选择走资本主义道路。

现实的世界是资本主义占支配地位的世界,主张"别无选择"实际上就是要维护现实的世界,不让人们作出对现实世界加以改变的选择。梅扎罗斯揭露说,"别无选择"的口号经常伴随着一个"带有偏见的自我辩护的从句",即强调在现存世界中,不存在对其作出改变的选择。因此,"这个命题被假定为一条自明的真理","自动为一切继续宣称它的人豁免了不能兑付的证明的重负"①。梅扎罗斯在这里非常尖锐地指出了宣扬"别无选择"观念实际上是资本主义的一种自我辩护,正因为如此,"别无选择"变成了一个不证自明的公理,也为那些宣扬者免除了要加以证明的负担,而实际上他们本来是无论如何也证明不了的。

关键在于,现实的资本主义世界真的是如此美好,以至于对它就不能作出其他选择而只能加以接受吗? 对此,梅扎罗斯讲了这么一段令人深思的话:"然而,在我们询问该问题的时候,他们在谈论何种'现实世界'呢? 显然,它是一个极其虚伪的世界。因为在我们实际上碰巧生活的世界中,各种结构性缺陷和爆炸性对抗都被一些人作了辩解式的否认和盲目的忽视。他们期望我们相信,在'现实世界'中,对全球资本制度的免除麻烦的功能所必需的条件,我们除了谦恭接受,别无选择。"②梅扎罗斯在这里首先明确地告诉人们,现实的资本主义世界实际上是一个虚伪的世界,在这一世界中充满着各种结构性的缺陷和爆炸性的对抗。其次他还向人们揭露说,目前这些缺陷和对抗正被一些人"作了辩解式的否认和盲目的忽视",这些人之所以要如此做,无非是要人们相信:面对这一现实的世界,面对这一世界得以存在下去所必需的条件,"我们除了谦恭接受,别无选择"。

---

① I.梅扎罗斯:《超越资本——关于一种过渡理论》,郑一明等译,中国人民大学出版社2003年版,第3页。

② I.梅扎罗斯:《超越资本——关于一种过渡理论》,郑一明等译,中国人民大学出版社2003年版,第3页。

紧接着,梅扎罗斯还继续这样说道:"无论它的对抗是如何具有毁灭性,打着理性、舆论和'现实政治'的名义,我们都被应邀使自身屈从于事态的现存状况。因为在既定秩序的参数之内——被永恒化为基本上不可改变的'现实世界'的合理框架,具有'人性'及其相应的理想的再生产工具:'市场机制'等——面对四处存在的矛盾,找不到任何解决方案。"①在梅扎罗斯看来,这些资本主义的辩护人这样做所取得的成效是,尽管对资本主义现实世界的对抗如何具有毁灭性,但人们只能屈从于这种现实。他们反复地宣扬资本主义的现实世界是合理的,这一世界是具有"人性"的,这一世界有着"市场机制"等理想的再生产工具,所有这些东西作为一些既定秩序的参数紧紧地投射到人们心里,人们置身于这些参数之中即使面对四处存在的矛盾,也无可奈何,找不到任何解决办法。在这种情况下,人们只能这样自己欺骗自己:"阶级和阶级矛盾不再存在,或是不再成问题。"人们也会跟着这些资本主义的辩护人要么忽视"亲眼见证的结构性不稳定的证据",要么为之辩护。这实际上是"用魔法手段""充满幻想地""让我们对每天所面临的各种慢性问题和越来越严重的危机症候一扫而光"②。

梅扎罗斯强调,宣扬"别无选择"的观念实际上已成为一种资产阶级的意识形态,这种意识形态的宗旨就是要达到这样一种状态:"任何现实的变化都不再被视为合法的。"而且"别无选择"的意识形态观念是与那种"将结果与其原因分离的辩护性的幻想式思维"紧紧地联系在一起的。在梅扎罗斯看来,当代世界许多的苦难与不幸都是这种"幻想式思维"所带来的。他说:"分离结果与其原因的企图,是与要求例外的统治地位的同样虚妄的实践紧密相连的。"③资本主义社会的统治者不惜用一切手段维护自己的统治,而其中的一个主要的手段就是将资本主义社会中的一切不良结果与造成这种结果的原因分离开来。梅扎罗斯指出,为什么20世纪中

---

① I.梅扎罗斯:《超越资本——关于一种过渡理论》,郑一明等译,中国人民大学出版社2003年版,第3页。

② I.梅扎罗斯:《超越资本——关于一种过渡理论》,郑一明等译,中国人民大学出版社2003年版,第3页。

③ I.梅扎罗斯:《超越资本——关于一种过渡理论》,郑一明等译,中国人民大学出版社2003年版,第4页。

的许多次以革新热情宣布的"征服贫困之战"总是失利,究其原因就在于这种"征服贫困之战"总是在"资本制度的原因框架"不变的条件下进行的,也就是说总是在不触动"贫困产生的剥削性的结构规则"的前提下进行的。他还指出,正因为有了这种思维方式,从而有人就可以"伪称":"由一小部分资本主义发达国家——几乎不超过人口的7%——对人类绝大部分的新殖民统治和剥削所必然造成的悲惨的和慢性的不发展,根本没有关系。"①

梅扎罗斯指出,一旦共产党和社会主义国家的领导人也认为在当代世界上除了走资本主义道路之外没有其他什么道路好选择时,实际上他们就已离开了社会主义制度,已背离了共产党的宗旨。他这样说道:"一旦主张成为社会主义者的人将'别无选择'采纳为替所从事的政治作辩护,他们就和社会主义不再有任何关系。因为社会主义的设计从一开始就正确地被界定为对既定秩序的选择。"②那些一心一意走资本主义道路的社会主义国家的当权者,总是用"别无选择"来为自己的政治立场辩护,但正如梅扎罗斯所指出的,当他们这样做时,他们已与社会主义没有任何关系了,因为社会主义的本意就是在对资本主义的既定秩序的否定的基础上的一种选择。基于这样一种认识,梅扎罗斯进一步作出判断,戈尔巴乔夫本来就不是什么社会主义者,本来他的社会主义立场就是十分暧昧的。"毫不奇怪,在他当政的岁月,戈尔巴乔夫转向'别无选择'的哲学的后果,是他甚至只好放弃对社会主义的暧昧涉猎。"③在梅扎罗斯看来,像戈尔巴乔夫这样的共产党领导人接受"别无选择"的哲学,放弃社会主义则是早晚的事。

在梅扎罗斯看来,批判"别无选择"论就是要在否定现行的资本主义的基础上选择一种完全不同的社会制度。他说:"考虑到更具威胁的不稳定性,通过一种向完全不同的社会秩序的能承受的转变,从全球资本制度

---

① I.梅扎罗斯:《超越资本——关于一种过渡理论》,郑一明等译,中国人民大学出版社2003年版,第4页。

② I.梅扎罗斯:《超越资本——关于一种过渡理论》,郑一明等译,中国人民大学出版社2003年版,第5页。

③ I.梅扎罗斯:《超越资本——关于一种过渡理论》,郑一明等译,中国人民大学出版社2003年版,第5页。

的矛盾的迷茫中找到一条出路,在今天显得比以前更为紧迫。"①他所说的作为"从全球资本制度的矛盾的迷茫中所找到的出路"就是社会主义制度。当然,这种社会主义不是传统的社会主义,而是一种新的社会主义。对此,他明确地说道:"从 20 世纪的发展和失望来看,对既定秩序构建一种可行的选择,这一历史挑战必然要求对社会主义的策略框架及其实现条件有一个重要的重新认可。我们急需一种社会主义过渡理论,它不仅是对'历史的终结'的荒谬理论化的矫正,而且是对同时伴随的所谓社会主义过早埋葬的矫正。"②按照梅扎罗斯的观点,把社会主义作为"对既定秩序"所构建的"一种可行的选择",是毫无疑义的;但与此同时,必须"对社会主义的策略框架及其实现条件有一个重要的重新认可",人们重新选择社会主义的过程也就是重新认识社会主义的过程。

梅扎罗斯强调,用以替代"现存的全球资本制度"的新的社会主义就是"联合劳动者的自治的社会主义"。而这种"联合劳动者的自治的社会主义"既不同于社会民主党的民主社会主义,又区别于苏联模式的社会主义。对这两种社会主义人们确实不可以再加以选择。在他看来,这两种社会主义模式实际上非但不是对既定社会秩序的否定,而且在某种意义上还适应了等级制的资本制度的内在需求。问题在于,由于这两种社会主义打的是社会主义的旗号,所以这两种社会主义的失败极大地损害了人们对社会主义的信仰。"这两种主要运动的公然的历史失败——社会民主(主义)和受到斯大林主义扭曲的布尔什维克传统——为各种庆祝社会主义理想死亡的狂欢式的宣传放开了闸门。"③这种情况下就使那些反对"别无选择"的叫嚣而向往社会主义的人们面临了极大的选择上的困难。梅扎罗斯告诫左派人士,必须面对这一困难,在既与维护资本主义的"别无选择"论的鼓吹者的对抗中又在对原先的社会主义模式的批判中找到正确的社会

---

① I.梅扎罗斯:《超越资本——关于一种过渡理论》,郑一明等译,中国人民大学出版社 2003 年版,第 6 页。
② I.梅扎罗斯:《超越资本——关于一种过渡理论》,郑一明等译,中国人民大学出版社 2003 年版,第 6 页。
③ I.梅扎罗斯:《超越资本——关于一种过渡理论》,郑一明等译,中国人民大学出版社 2003 年版,第 8 页。

主义选择。他说:"在可预见的将来,这是一切社会主义者不得不面临的
挑战。"①

<h2 style="text-align:center">四</h2>

　　哈特和奈格里通过对当代资本主义已从帝国主义进入"新帝国"统治
时期的分析批判得出了这样一个最基本的结论是:人类正在面对人类历史
上最巨大的压迫和毁灭力量。最难能可贵的是,他们不但揭示了这一压迫
力量的存在,而且还要求人们面对这一力量,不要"以任何形式为旧有的统
治形式感伤怀旧",而是应当看到,"通往帝国的道路和全球化的进程对自
由的力量提供了新的可能性"②。在他们看来,面对帝国的崛起,面对帝国
所代表的巨大的压迫和毁灭的力量,感伤怀旧、缅怀过去是毫无用处的,唯
一正确的态度是正视它、批判它、改变它。按照他们的意见,帝国的崛起对
人类来说不完全是坏事,因为实际上在这过程中为人类获取新的自由、建
立一种新的社会提供了可能性。关键在于,人们如何做到趋利避害和因势
利导。他们强调,"新帝国"这一具有新的形式的"主权王国"和"生产王
国""不但是对社会不平等清晰的表现之所在",而且甚至也是"对帝国力
量最有效的抵抗和替代出现之所在"③。在他们看来,"新帝国"的出现不
仅加剧了人类的不平等,而且与此同时也造就了抵抗它的力量,从而也造
就了替代物。

　　基于这样一种基本判断,他们又提出:"我们认为自己的政治任务不是
简单地抵制这一进程,而是去重新组织它们,再次引导它们通往新的目标。
维持着帝国的芸芸众生的创造力也能够自主地构造一个反帝国,一个可供
替代的全球流动和交流的政治组织。反抗和颠覆帝国的斗争以及建立一
个真正的替代物的斗争,将因此在帝国自身的区域发生。确实,这种新的
斗争已经开始出现。通过这些斗争和酷似它们的斗争,大众将创造新的民

---

　　①　I. 梅扎罗斯:《超越资本——关于一种过渡理论》,郑一明等译,中国人民大学出版社 2003
年版,第 8 页。
　　②　麦克尔·哈特、安东尼奥·奈格里:《帝国——全球化的政治秩序》,杨建国等译,江苏人
民出版社 2003 年版,"序言"。
　　③　麦克尔·哈特、安东尼奥·奈格里:《帝国——全球化的政治秩序》,杨建国等译,江苏人
民出版社 2003 年版,"序言"。

主形式和新的宪政力量,它总有一天将带领我们穿越和超越帝国。"①他们
在这段话中非常清楚地告诉人们,当今人类的任务不是简单地抵制资本主
义向"新帝国"的方向发展,也就是说,不是简单地阻碍从帝国主义向帝国
的发展过程,而是想方设法重新组织这一过程,使这一过程通往人类真正
应当走向的目标。他们对"维持着帝国的芸芸众生的创造力能够自主地构
造一个反帝国",对"在帝国自身的区域内""建立一个替代物",对"穿越和
超越帝国""创造新的民主形式和新的宪政力量"都深信不疑。

他们从各个角度论证说,资本主义进入"新帝国"时期,实际上为人们
超越资本主义,建立一种新的社会形态提供了前所未有的可能性。例如,
他们在讲到"新帝国"时期的信息网络的普遍化时指出:"信息网络则趋向
于某种类似于一种社会生产的同步性。信息积累的革命因而需要在更大
的生产的社会化中向前跃进。这一增加了的社会化,随着社会空间与短暂
性的削减,成为一个无疑用增加了的生产率使资本收益的过程,但也是一
个超越资本时代朝向新的社会生产方式的过程。"②他们在这里强调的是,
"新帝国"时期信息网络的形成、信息积累革命的展开所带来的不仅仅是
资本收益的增加,而且这也是一个超越资本的时代朝向新的生产方式迈进
的过程。还如,他们在分析当今"新帝国"时期所出现的能源和通讯服务
业私有化的新自由化潮流时指出,尽管应当看到"公众与公共财产之间的
内在关系被私有财产的超常力量所取代"已成了一个不争的事实,然而,我
们务必认识到,在信息革命和生产模式的不断改造的新的形势下,"私人财
产的概念日益变得荒谬",私有化的基础"在一定程度上在后现代的生产
模式中被解体","劳动与公共财产趋向于重叠","公共财产"的新理念必
将在新的层次上出现。现在流行所谓"构建",而对财产的构建必然是围
绕着公共财产的建构,"建构概念意味着使代表集体的工程在现实中存在。
除了以共有的方式施行,建构概念别无出路","公共财产乃是大众的化

---

① 麦克尔·哈特、安东尼奥·奈格里:《帝国——全球化的政治秩序》,杨建国等译,江苏人
民出版社 2003 年版,"序言"。
② 麦克尔·哈特、安东尼奥·奈格里:《帝国——全球化的政治秩序》,杨建国等译,江苏人
民出版社 2003 年版,第 242 页。

身、生产和解放"①。他们还借卢梭的话说："善即公共的所有。"②又如,他们在论述目前在"新帝国"内部所出现的非物质劳动的后果时指出,非物质劳动,即生产一种非物质性商品,如一种服务、一个文化产品的劳动,必然一方面使劳动过程"均质化",另一方面又使劳动成为"人际交往和互动性的情感性劳动",在他们看来,这种劳动有着促使劳动者走向合作的内在动力,"非物质劳动的合作方面并非像以前各种劳动形式那样由外界强加或组织起来;相反,合作完全内在于劳动活动自身"③。这就为共产主义的实现提供了现实的可能性。"如今,生产率、财富和社会剩余价值的创造通过语言的、交际的与情感的网络采取了合作的互动性的方式。于是非物质劳动在展现其自身的创造性能量中似乎为一种自发和基本的共产主义提供了潜力。"④更如,他们在预言"新帝国"的政治前景时强调,"新帝国"已经滋生了"导致将生产和消费主体从政治控制的机制中解放出来的一种新的社会动力"。"新帝国"一直所遵循的平衡策略,"面临着新的困难"。而正是这一新的困难,培育着一种完全新的革命形势。"在生产的规范主体性的层面上,在政治对象和经济对象之间的分裂上,似乎我们可以确定一个真正的斗争领域,藉此所有政体的策略和力量间的平衡可以被重新展开——一个真实完全的危机境况,也许最终是革命的形势。"⑤在"新帝国"的景观社会中,看上去不可能出现对之进行抵抗的力量,但实现上这仅仅是意味着"旧的场所和斗争方式的衰退",而与此同时,"更加强大的新场所和斗争方式涌现了出来"。"帝国秩序的景观不是一个铁板不变的世界,其实却展现出其颠覆的真实可能性以及革命的新前景"⑥。最后,他们

---

① 麦克尔·哈特、安东尼奥·奈格里:《帝国——全球化的政治秩序》,杨建国等译,江苏人民出版社 2003 年版,第 286~287 页。
② 麦克尔·哈特、安东尼奥·奈格里:《帝国——全球化的政治秩序》,杨建国等译,江苏人民出版社 2003 年版,第 287 页。
③ 麦克尔·哈特、安东尼奥·奈格里:《帝国——全球化的政治秩序》,杨建国等译,江苏人民出版社 2003 年版,第 279 页。
④ 麦克尔·哈特、安东尼奥·奈格里:《帝国——全球化的政治秩序》,杨建国等译,江苏人民出版社 2003 年版,第 280 页。
⑤ 麦克尔·哈特、安东尼奥·奈格里:《帝国——全球化的政治秩序》,杨建国等译,江苏人民出版社 2003 年版,第 304~305 页。
⑥ 麦克尔·哈特、安东尼奥·奈格里:《帝国——全球化的政治秩序》,杨建国等译,江苏人民出版社 2003 年版,第 307 页。

在论述"新帝国"的力量的有效性时指出,帝国政府的至高的特权,比如它对炸弹、金钱和通讯的垄断,一方面是一种破坏力,另一方面也是对自身的一种否定力量。这里关键的是要搞清楚,帝国之所以能取得成效,并不是自身的力量所致,而仅仅是一种对民众反抗的"反弹"。"当帝国的行为有效时,这并不源于它自身的力量,而是因为事实上它迫于来自民众抵抗帝国力量的反弹。"①当帝国政府使用自己的统治手段时,目的在于破坏民众的解放动力,但与此同时,它又受民众抵抗的驱动。这就是说,"帝国规范的和压制的程序的有效性最终必须追溯到虚拟与组合成的民众行为"。从这里,人们完全可以得出结论:"帝国自身不是一个积极的现实。它在崛起的瞬间倒塌。每个帝国的行为是对民众反抗的反弹,并且形成民众需要克服的新限制。"在这一意义上说,帝国无非是一种寄生物,它"从民众创造能量和价值新源泉的能力中获取活力",而一种"汲取其寄生力量的寄生物"必然会"危及它自身的生存"。这说明"帝国权力的功用势必与其衰落相连",而伴随帝国的衰落的又必然是一种新的社会形态的出现,广大民众一定能借助于帝国的衰落开辟出一个新天地②。

哈特和奈格里强调,超越帝国建立一种新的社会形态在当今西方资本主义社会不仅具有必要性,而且具有现实的可能。这种可能性就在于在当今西方资本主义社会中已出现了致力于抵抗这一社会的新的力量,这种新的力量主要由"流动的民众"组成。在哈特和奈格里看来,在"新帝国"时代,一切都变了,没有了内外空间,没有了工厂和生活场所的区别,一切都已商品化了,这必然导致剥削无所不在。新的劳动力居无定所,他们在从事生产,忍受剥削。从中美到中非,从巴尔干到东南亚,只要随便扫视一下世界,就可看到那些抛入流动中的人的绝望的挣扎。这些深受剥削的"居无定所"的民众,这些"被抛入流动中"的正在绝望地挣扎的民众,就是反抗"新帝国"的中坚力量。"流动的民众"把被归属于一个国家、一种身份和一个民族视为对他们的奴役,于是他们就对这种奴役加以反抗,这种反

① 麦克尔·哈特、安东尼奥·奈格里:《帝国——全球化的政治秩序》,杨建国等译,江苏人民出版社 2003 年版,第 340 页。
② 麦克尔·哈特、安东尼奥·奈格里:《帝国——全球化的政治秩序》,杨建国等译,江苏人民出版社 2003 年版,第 340 页。

抗显然完全是积极的。"从这个角度讲,资本主义全球化的客观空间崩溃了。只有一个被主观流通所激活的空间和一个由个体与群体的不可压制的运动所定义的空间才可能是真实的。"①哈特和奈格里在谈论这些"流动的民众"的作用时,他们特别提到原先为解放第三世界而浴血奋战的英雄们。他们认为,这些英雄们已成为外迁和流动的人口,已冲破了新旧界线,已从只是第三世界的解放力量变成了全球性的解放力量。"第三世界曾由民族国家的殖民主义和帝国主义所构建并陷入冷战,现在随着现代国家的政治规训的旧统治遭到粉碎进而受到毁灭。在它毁灭之时,贯穿全球化的本体论层面的地球上最悲惨者变成了最强大的存在,因为它新型流浪的单一性是最具创造性的力量,而其欲望的全方位运动在其自身是一种未来的自由。"②他们认为,"流动的民众"的存在表明:20 世纪的革命远未被打败,而是每次都推进和改变了阶级冲突的条件,涌现了一种新的政治主体,即反抗帝国权力的反叛的民众。当这种新政治主体活动时,就自动地生产和再生产整个生活的世界。"流动的民众"并非把各国家与民族随便地凑合在一起,它是新的世界的独特的力量。

五

对资本主义在西方世界并不是别无选择的,那么在东方不发达国家就是别无选择的吗? 也就是说,对东方落后国家来说就只能接受资本主义吗? 帕特奈克通过对千年末的亚洲金融危机的分析,论证了亚洲金融危机实际上是资本主义模式的危机,而摆脱这种危机的唯一出路就是亚洲国家以资本主义为导向变为以社会主义为导向。帕特奈克指出,第二次世界大战以后,亚洲许多国家的经济获得了飞速的发展,少数显然作为帝国主义附庸的国家和地区,如南朝鲜、台湾、新加坡和香港等取得了巨大的成就不消说,一批与帝国主义联系密切的其他较大的国家,如泰国、印度尼西亚、马来西亚和菲律宾等也在飞速发展。如果说前者还存在相当程度的经济

---

① 麦克尔·哈特、安东尼奥·奈格里:《帝国——全球化的政治秩序》,杨建国等译,江苏人民出版社 2003 年版,第 341 页。

② 麦克尔·哈特、安东尼奥·奈格里:《帝国——全球化的政治秩序》,杨建国等译,江苏人民出版社 2003 年版,第 342 页。

民族主义的话,那么后者则与帝国主义密切的经济联系就十分明显了。这说明,亚洲国家经济发展的事实与原先马克思主义所预料的正好相反,与资本主义经济联系在一起不是束缚而是促进了亚洲不发达国家和地区的经济发展。当回顾了这一段历史后,帕特奈克马上笔锋一转指出:"具有讽刺意味的是,在千年末,正当反马克思主义的观点似乎大获全胜之时,曾经获取成功的那些'模式'却遭受严重的经济危机的剧痛。"①帕特奈克这里所说的"经济危机的剧痛"主要指的是亚洲金融危机。问题在于,这种经济危机是如何造成的? 帕特奈克认为,"导致这次危机的原因,也正是促使这些模式早期成功的原因"②。随着全球化浪潮的兴起,本来促使亚洲经济大获成功的因素,却变成了导致其迅速陷入危机的罪魁祸首。与全球化紧密联系在一起的金融自由化最终导致了东亚和东南亚的危机,事实证明,国际货币基金组织不仅没有致力于解决这场危机,而且还对这场危机推波助澜。当然,危机的最大的受害者是老百姓,"危机使人们遭受到极大打击,贫困现象急剧增加,而且会影响到以后的数十年"③。他强调,这是亚洲经济向资本主义靠拢、与国际资本主义经济绑在一起的必然后果。亚洲危机是当代资本主义所固有的,这一事实正被有预谋地千方百计地加以掩盖。一些人为了促使第三世界国家和地区加快融入帝国主义体系,就致力于进行这种掩盖。他们把危机的出现归结于这些国家普遍存在的所谓"伙伴式的资本主义",并随之对这些国家的体制加以谴责。实际上,认为危机是"伙伴式资本主义"的结果,是个误导。这正好像把俄罗斯正在发生的危机说成是共产主义的遗产一样荒谬。现在人们开始对这种观点展开反思,"国际金融是仁慈宽厚的,问题出在借贷者"的说法正在受到怀疑。只有把危机与金融自由化和全球化联系在一起进行思索才是一个正确的思路。

面对这种随着金融自由化、经济全球化而出现的危机,亚洲人民、全世

---

① Prabhat Patnaik, *Capitalism in Asia At the End of the Millennium*, in *Monthly Review*, vol. 51-3, p. 54.

② Prabhat Patnaik, *Capitalism in Asia At the End of the Millennium*, in *Monthly Review*, vol. 51-3, p. 54.

③ Prabhat Patnaik, *Capitalism in Asia At the End of the Millennium*, in *Monthly Review*, vol. 51-3, p. 61.

界人民究竟怎么办？帕特奈克指出,尽管全球化的推进者一再宣称人类
"已经进入了这样一个新的阶段,在这一新阶段,作为第三世界的一项实践
方案的资产阶级经济民族主义终结了,也就是说,第三世界的资产阶级致
力于为自己开辟一个独立的空间、建立一种相对独立于帝国主义的资本主
义的企图破产了"①,但是,这并不意味着第三世界反对帝国主义的事业已
经失去了意义。实际上,亚洲人民和全世界人民当今反对帝国主义的必要
性,比起 20 世纪后期的任何时候,都要来得大,只是他们必须采取一种全
新的形式来进行斗争。当前的情况是,要想让所有国家一齐起来限制国际
金融资本的流动显然是不现实的,而倘若由某一个国家单独地起来进行限
制国际金融资本的流动,那么这一国家就势必要遭受孤立之苦。也就是
说,当前无论是进出全球化了的金融资本的旋涡,都是一种痛苦。在这种
情况下,要限制国际金融资本,必须紧紧依靠人民的支持,具体地说,必须
通过制订出确实能够给人民带来明显利益的经济计划和能够使社会和政
治充分民主化的政治方案以获取人民的支持。随着资产阶级民族主义的
终结,必须组织起以工人和农民为基础的反对帝国主义的国家斗争。这里
的斗争必须是"国家斗争",因为在当前反对帝国主义的斗争,国家是唯一
的实际的支点。现正处于从资产阶级国际主义向新的以劳动人民的联合
为基础的国际主义的转变之中,要实现这样一种转变,必须有一个由工人
和农民揭开新篇章的反对帝国主义的国家计划。帕特奈克最后满怀激情
地说道:"一种新型的国际主义并非纯粹是痴心妄想……但道路并不平坦。
在世界上大部分地区的现实存在的社会主义的垮台,以及帝国主义内部相
互对立的相对弱化这些事实,都意味着帝国主义可以轻而易举地平息在世
界上某些特殊地区向它发出的任何挑战。但是,如果这种挑战来自于一个
强大的国家或国家群体,如果这一挑战是建立在获得广泛普遍的支持的基
础之上的,并且如果与这一挑战相伴随的是能使人民保持政治活力的民主
制度的强化……那么,它很可能成为一种再生的社会主义的前兆。"②

---

① Prabhat Patnaik, *Capitalism in Asia At the End of the Millennium*, in *Monthly Review*, vol. 51-3, p. 67.

② Prabhat Patnaik, *Capitalism in Asia At the End of the Millennium*, in *Monthly Review*, vol. 51-3, p. 70.

六

在哈贝马斯看来,正因为当今人类除了资本主义之外还有其他的选择,从而左派还是应当对前景充满信心。他认为,左派没有理由放弃社会主义的目标,"没有理由懊悔,但也不能装成什么也没有发生的样子",他们应当坚决地接受已经发生的事实,确定批判是在观察和分析现实的角度,把历史向未来的社会主义推进。他鼓励左派人士说:"在这方面,社会主义的左派将发现他们的最佳位置,发现他们的政治作用。他们可以成为能使民主法制国家的体制性框架不至于枯萎的政治交往的发酵剂。非共产主义左派也用不着沮丧,情况也许是这样:许多东德的知识分子将不得不使自己适应西欧左派数十年以来所处的境况,即必须把社会主义观念转换成改良主义的对一种资本主义社会进行的自我批判,这种资本主义社会在一种法治和福利国家的大众民主的形式中既展现了自己的长处,同时也暴露了自己的短处。"①哈贝马斯在这里明确指出,当代资本主义在法治和福利国家的大众民主的形式中展现自己的长处的同时,其短处亦暴露无遗。哈贝马斯反对对苏东剧变原因的种种反社会主义的解释。反社会主义者把苏东剧变视为"胜利地结束了1917年由布尔什维克宣告的全球内战:一种又转而反对其自身起源的革命",他对这种看法很不以为然,认为这种观点没有从本质上看问题,最本质的东西是资本主义必然走向自我否定的逻辑。他强调,市场经济、民主政治和多元文化固然是资本主义优越于国家社会主义的东西,但它们自身也在其限度。尤其在当代,经济力量和政治权力已经侵蚀了生活世界,工具理性的片面发展把人变成了从属于市场和权力的怪物。西方社会特有的各种难题,并没有随着柏林墙的倒塌而得到完全解决,"市场经济体系对其外部的、转嫁到社会和自然环境上的代价麻木不仁,在我们那里一如从前伴随着具有危机性的经济增长——这种增长带有众所周知的不均等性和内核中的边缘化,带有经济的回落,甚至萎缩、退化,因此伴有第三世界的野蛮的生活状态、对文化遗产的剥夺和第三世界的饥饿灾难,特别是伴有对自然过分剥削所带来的全球风险

---

① Jürgen Habermas, *Die Nachholende Revolution*, Suhrkamp Verlag. 1990, s. 202.

等"①。在他看来,这就是苏东剧变后的西方资本主义的现实,而正是这一现实告诉人们:面对 21 世纪的挑战,西方社会的发展需要社会主义。

七

乔姆斯基提出新自由主义关于"没有替代现状的其他选择"的论调旨在维护现存体制,而实际上建立另外一种社会是完全可能的。罗伯特·麦克切斯尼对乔姆斯基所作出的下述评价是正确的:"其实,乔姆斯基最大的贡献正在于他揭示出了世界人民向往民主的愿望以及浸润在这种憧憬之中的革命潜力。"②乔姆斯基不断地提醒人们,那些从新自由主义那里获取无穷好处的大公司及其代言人其实很明白他们的体制只是迎合了少数人的需要,于是他们就不惜资助公共媒体,制造出现行的体制是最完美的假象。近来新自由主义者宣扬最多的一点就是强调没有替代现状的其他选择,人类已经发展到了最高的水平。乔姆斯基对这种历史终结说进行了严厉的驳斥。他指出,人类已经走过的历史中,曾经有好几个时期被称做是"历史的终结",比如在上个世纪的 20 年代、50 年代和 90 年代。但其实凡是宣扬历史终结说的都是愚蠢至极的。特别是在当今的时代,改善人类生存条件的技术发展得如此之快,在这种情况下还去宣扬什么除了维护现状,没有其他可选择的观点,实在太牵强附会了。乔姆斯基承认,当今如何建立一个可行的、自由的、高尚的后资本主义秩序尚不明确,这一愿望甚至还带有一点乌托邦主义色彩,但与此同时他又强调,替代现行体制的前景并不是不存在。历史的每一次进步,都必须在某一方面战胜所谓既然以前未做到那就不可能做到的观念。当今人类就是要去做从前未曾做过的事情。人类必须超越新自由主义及其按照新自由主义理念所建立的当今的社会制度,人类应当把建立基于合作、平等、自治和个人自由原则的政治经济制度作为出发点来考虑问题,这种社会经济制度就是后资本主义的社会经济制度。

① Jürgen Habermas,*Die Nachholende Revolution*,Suhv Kamp Verlag. 1990,s. 203.

② R. W. Mcchesney,*Noam Chomsky and The Struggle Against Neoliberalism*,in *Monthly*,*Review*,vol. 50 − 11,p. 45 − 46.

八

女权主义的马克思主义者凯瑟琳·吉布森与朱莉－格雷汉姆用其特有的强奸范本对当代资本主义经济乃至整个资本主义机体的虚弱性作出了尖锐的抨击。金融资本可以说是资本主义的精液,它在传统上可以表述为经济系统的生命之血,其自由循环确保资本主义机体的健康成长。但是,资本正如精液,周期性地冲破其界限,无法控制地喷射和不定向流淌,包括流向自我毁灭。对此,他们具体描述说,"这样一种肉体冲动的场面,一种玷污全球市场的梦遗,发生在 1987 年 10 月,那时整个世界的股票市场大崩盘,使数以百万计的无形财产化为泡影","一个恰当的结尾,适合做一个道德寓言,其中投机者最后受到了应得的惩罚"[①]。

在他们看来,揭露了作为强奸主体的男性和全球化主体的资本主义经济的虚弱性以后,一种替代传统的强奸范本和全球化范本的新的范本的轮廓就大致形成了。构成这种新的范本的大致轮廓是强调行为的双方不再是单向的,而是双向的,即不仅仅强调男性对女性的渗透,资本主义经济对非资本主义经济的渗透,而且强调女性对男性的作用,非资本主义经济对资本主义经济的作用。事实情况是,男性在奸污女性的过程中,终究不是自身的"一泄到底",而且也会想到了那种溢流流动有可能是双向互动的,不可能是不定向的流动,也就是说,也会想到自己可能不但是溢流透射的主动者,而且也可能是被动的接受器,男性每当出现这种感觉时,当然会深感恐惧。"强奸(连同婚姻一起)是一个被承认和被接受的(即便是不可接受的)异性恋行为"[②]。在他们看来男性在强奸过程中所出现的这种感觉,也为资本主义经济在全球化过程中所常有。他们所要提出的新的全球化范本就是要把资本主义经济的这种恐惧感反映出来,"拒绝承认全球化是资本主义的必然刻划"[③],突出在全球化过程中资本主义经济与非资本主

---

① J.K.吉布森－格雷汉姆:《资本主义的终结——关于政治经济学的女性主义批判》,陈冬生译,社会科学文献出版社 2002 年版,第 172 页。

② J.K.吉布森－格雷汉姆:《资本主义的终结——关于政治经济学的女性主义批判》,陈冬生译,社会科学文献出版社 2002 年版,第 176 页。

③ J.K.吉布森－格雷汉姆:《资本主义的终结——关于政治经济学的女性主义批判》,陈冬生译,社会科学文献出版社 2002 年版,第 176 页。

义经济之间的相互渗透。非常清楚,他们所要提出的新的全球化范本就是强调全球化不仅仅有利于资本主义,而且为多样化的经济发展开辟了道路。全球经济本来是通过国际金融市场来打开通道的,现在人们看到进入这个通道的不只是资本主义经济,而且还有"另类",即非资本主义经济。"金融部门可以被看做资本主义机体的一个通道,不只容许资本渗出,而且允许非资本主义侵入。"①整个全球化过程是资本主义经济和非资本主义经济借助于金融部门这一通道相互渗透和相互侵入的过程。

在此基础上他们还提出,既然存在着资本主义全球化,那么为什么不能设想存在着非资本主义的全球化?"如果我们没有为全球资本主义高人一等的形态学所困惑,那就有可能将非资本主义经济关系和非经济关系的一体予以理论说明,将资本主义全球化与非资本主义全球化更新的生存能力看做是共存的,甚至前者促进了后者。"②他们强调的是,市场并非全部是资本主义的或仅仅是资本主义的,商品并非全部是资本主义的产品或仅仅是资本主义的产品。既然存在着另一种全球化的可能性,那么当前世界人民面对汹涌而来的资本主义全球化,不必仅仅通过求助于地方化来抵制全球化,"而可以在为许多可供选择的范本提供机会的过程中,能够刻划经济差异扩大的过程中,自由地重新定义全球化"③。现在整个世界都在关注和议论全球化,而且都把全球化视为对资本主义有利,都认为资本主义可以凭借全球化压倒一切对手而获得新的生命力,凯瑟琳·吉布森与朱莉-格雷汉姆则反其道而行之,用他们的女性主义的马克思主义的特定视角,借助于对强奸范本的剖析,论证资本主义未必会从全球化中捞到多少好处,资本主义未必会通过全球化获得新生。他们声言,他们对强奸范本的反思,促使自己去探索一些新的方法,"用以抵制将全球化表述为监督所有经济交易的社会纪律维持者,从而建立一个地方受到贬抑的世界王国","去设想在全球化范本中重新定位主体,用另一种思路去思考作为其'另

---

① J.K.吉布森-格雷汉姆:《资本主义的终结——关于政治经济学的女性主义批判》,陈冬生译,社会科学文献出版社 2002 年版,第 175 页。
② J.K.吉布森-格雷汉姆:《资本主义的终结——关于政治经济学的女性主义批判》,陈冬生译,社会科学文献出版社 2002 年版,第 181 页。
③ J.K.吉布森-格雷汉姆:《资本主义的终结——关于政治经济学的女性主义批判》,陈冬生译,社会科学文献出版社 2002 年版,第 186 页。

类'的全球化",去思考"基于一种不同构造的资本主义本体形态学"①。他们强调,在当代世界上作为"强奸"方的资本主义机体并非如一些人所宣传的那样强大无比,而作为"被强奸"方的非资本主义机体也并非如一些人所宣传的那样软弱无力,后者替代前者在当今世界上占据主导地位并不是完全没有可能的,建立一种后资本主义的、非资本主义的经济模式也是完全有希望的。

　　以上各位"西方马克思主义"者和西方其他左翼思想家对当今人类除了接受资本主义之外别无选择的驳斥,对人类必然超越资本主义而建立新的社会制度的论证,尽管各自角度不同,也各有其局限性,但从总的来说,确实能够震撼人们的心灵。一百五十多年前,马克思、恩格斯在分析资本主义基本矛盾运动的基础上,宣告资本主义必然灭亡、社会主义必然胜利。但由于在 20 世纪 80 年代以后,随着苏东一系列国家的社会主义的旗帜相继倒下,历史出现了重大曲折,从而连原先信奉社会主义的人也对马克思、恩格斯所说的"两个必然"产生了怀疑和迷茫,以至于当像撒切尔夫人这样的西方政要和右翼思想家发出除了资本主义"别无选择"之类的呐喊时,我们这里不少人竟然从心底里认可。现在这些西方左翼思想家给我们上课来了,正当我们这里一些人对"两个必然"的思想产生疑虑之时,这些西方左翼思想家却以某种方式在这样的历史条件下阐发了"两个必然"的思想。我们必须要明确,中国共产党的开创者提出只有社会主义才能救中国并不是出于对资本主义天生的偏见,而是既基于对中国社会现实恰当的洞见,又缘于对马克思所揭示的历史发展规律的深刻的把握。无论历史演进的箭头发生怎样的偏斜,都不可能改变历史发展的总趋势,也不可能改变社会主义救中国这一历史的必然性。这些左翼思想家对于"别无选择"论的批判的积极意义就在于能坚定我们这一信念。

---

　　① J. K. 吉布森－格雷汉姆:《资本主义的终结——关于政治经济学的女性主义批判》,陈冬生译,社会科学文献出版社 2002 年版,第 185 页。

第三编

"西方马克思主义"代表人物研究

评卢卡奇对罗莎·卢森堡
总体性方法的弘扬与研究

卢卡奇于 1923 年出版的《历史与阶级意识》并没有随着时间的流逝而失去其真理的光辉,相反,越发显示出了其强大的影响力。特别是卢卡奇在书中对罗莎·卢森堡的研究,并借此研究对罗莎·卢森堡的总体性方法的弘扬,更是因具有现实意义而引起了人们的广泛关注。

《历史与阶级意识》是部论文集,收集了卢卡奇在 1920 年前后写的 8 篇论文,而在这 8 篇论文中,就有两篇是专门研究罗莎·罗森堡的,即"作为马克思主义者的罗莎·卢森堡"和"对罗莎·卢森堡《论俄国革命》的批评意见"。卢卡奇在出版论文集时所写的"序言"中对自己为什么如此重视罗莎·卢森堡作出了说明。他说,他之所以"在本书中用这么大的篇幅来阐述、解释和讨论罗莎·卢森堡的理论","是因为罗莎·卢森堡是马克思的学生中唯一对他的终生著作无论在经济学内容还是在经济学方法方面都真正有所发展,并且还将它具体应用于社会的现状上去的人"[1]。卢卡奇在这里对罗莎·卢森堡作出了极高的评价,认为她是在马克思的所有

---

① 卢卡奇:《历史与阶级意识》,杜章智等译,商务印书馆 1992 年版,第 39~40 页。

学生中唯一向前推进了马克思的经济学内容和方法的人,"唯一"两字显然分量是很重的。而且卢卡奇又赞颂了罗莎·卢森堡善于把马克思的理论具体应用于社会发展的现实。卢卡奇的结论是:对于任何一个对解决现实问题感兴趣的人来说,"只有通过对罗莎·卢森堡的基本理论著作的批判性探讨,才能达到真正革命的、共产主义和马克思主义的立场"①。

卢卡奇基于对无产阶级革命屡屡遭受失败的惨痛经历,认定是否有一种正确的马克思主义的方法,是决定革命成败与否的关键。这样他给这一著作提出的主要任务就是:"了解马克思主义的方法,说明它是为解决不这样就难以解决的难题寻求出路的无穷源泉。"②在他看来,要正确地把握马克思主义的方法,就要研究罗莎·卢森堡,特别是研究罗莎·卢森堡《资本积累》一书,因为罗莎·卢森堡在《资木积累》一书中所运用的总体性方法正是马克思主义的基本方法。于是,他把对罗莎·卢森堡的《资本积累》一书的研究,集中于研究其"方法论的前提和结论",而不去探讨罗莎·卢森堡的"积累理论的经济学内容"是否正确③。确实诚如卢卡奇所言,不管罗莎·卢森堡在《资本积累》一书中所提出的一些基本观点,随着时代的变化是否还站得住脚,但她在这一著作中所阐述并加以具体运用的总体性方法则至今还无可厚非,颠扑不破。我们只有用这一方法来武装自己,让其成为我们观察问题和解决问题的主要思维方式,才能在极其复杂的社会背景下认清当下资本主义和当下社会主义的本质,才能知道我们目前的究竟应当做些什么,如何去做,才能扫清我们脑海中的种种动摇共产主义信念的糊涂观念和思想障碍,才能使我们自觉地把当今所做的一切与实现共产主义这一人类的远大目标紧紧地联系在一起。

一

面对资本主义的新发展,面对资本主义资本无限积累的趋势,一切机会主义一下子从资本主义的批判者变成了资本主义的辩护者,他们要求人们放弃对资本主义社会的一切改革,当这一社会的顺从者。老牌机会主义

---

① 卢卡奇:《历史与阶级意识》,杜章智等译,商务印书馆1992年版,第40页。
② 卢卡奇:《历史与阶级意识》,杜章智等译,商务印书馆1992年版,第42页。
③ 卢卡奇:《历史与阶级意识》,杜章智等译,商务印书馆1992年版,第40页。

者伯恩斯坦(Bernstein)是这样,而紧随其后的机会主义者鲍威尔(Bauer)、埃克施坦(Eckstein)等也是这样。在卢卡奇看来,罗莎·卢森堡的《资本积累》一书的意义就在于从根本上揭示了他们这样做的错误之所在,使人们看清资本主义社会在资本积累这一现象背后所掩盖着的东西。

伯恩斯坦为什么会走上成为资本主义帮凶的道路,伯恩斯坦为什么会在《社会主义的前提》一书中如此地为资本主义涂脂抹粉?从方法论上讲,主要是由于把马克思主义歪曲成资产阶级"科学",从而背叛了马克思主义的总体性的研究方法。卢卡奇强调,伯恩斯坦这样做决不是偶然的,"之所以不是偶然的,是因为只要抛弃总体的观点,抛弃辩证方法的出发点和目的、前提和要求;只要把革命不是理解为变化过程的因素,而是理解为同整个发展分离开来的孤立行动,那么马克思的革命方法就必定表现为向工人运动的原始时期倒退。而马克思主义的整个体系也就同作为总体范畴居统治地位的产物的革命原则一起瓦解"①卢卡奇在这里说得非常清楚,丢掉了总体性方法,也就等于丢掉了马克思主义的整个体系,也就意味着不能把革命理解为"变化过程的因素",而只是理解为"同整个发展分离开来的孤立行动",这也就意味着等于丢掉了无产阶级的革命原则,当然也就意味着向现行的资本主义制度投降。伯恩斯坦的基本要求是放弃革命,与资本主义和平共处,在这种情况下,他必然要背叛马克思主义的总体性方法,在这种情况下,他即使打着批评资本主义的旗号,但实际上他的批评"即使作为机会主义也太机会主义了"②。

卢卡奇强调,必须承认资本主义确实发生了很大的变化。资本主义自从进入了帝国主义时代以后,它出现了空前的繁荣。"帝国主义时代的经济发展使得虚假地抨击资本主义制度越来越不可能,使得以'客观的和精密科学'的名义'科学地'分析它的被孤立地加以观察的现象越来越不可能"③。在这种情况下,人们在政治上作出决定是对资本主义采取赞成态度还是继续对之持反对的态度,往往取决于在理论上究竟用什么样的方法来观察资本主义。"或者从马克思主义方面把社会的整个发展作为总体加

---

① 卢卡奇:《历史与阶级意识》,杜章智等译,商务印书馆1992年版,第79页。
② 卢卡奇:《历史与阶级意识》,杜章智等译,商务印书馆1992年版,第79页。
③ 卢卡奇:《历史与阶级意识》,杜章智等译,商务印书馆1992年版,第79页。

以考察,然后再从理论和实践上把握帝国主义这种现象,或者采用只限于从个别科学方面研究个别因素的方法,来回避与这一现象的相遇。"①在卢卡奇看来,只有这两种选择。如果用前一种方法来观察当前的资本主义,即用马克思主义的总体性方法把资本主义的当前的一些现象放到资本主义整个发展过程来加以考察,那么就能把握作为资本主义的发展的最高阶段的帝国主义的本质,但是倘若使用后一种方法来研究当前的资本主义,即只是表面地、孤立地看待资本主义的一些现象,那么就必然会被这些表面现象所迷惑,而根本无法看清帝国主义的本质。显然当时的社会民主党所使用的就是这后一种方法。卢卡奇深刻地指出:"由于这种社会民主党在个别领域里找到'精确的'描述,找到对个别情况'永远适用的规律',帝国主义同先前时代的区别就变得模糊了。机会主义者置身于'一般的'资本主义中,他们似乎觉得这种资本主义的现状越来越正好符合人的理性的本质,正像李嘉图和他的后继者资本主义庸俗经济学家觉得它是'合乎自然规律'一样。"②庸俗经济学家由于未能运用总体性的方法从而得出资本主义是"合乎自然规律"的结论,同样,机会主义者也缘于背叛了马克思主义的总体性的方法从而把资本主义视为"越来越符合人的理性的本质"。显然,机会主义在这里是"朝着庸俗经济学家的方法论方向的理论倒退"③。卢卡奇认为,这就是罗莎·卢森堡《资本积累》一书的出版,以及此书出版后围绕着它所展开的理论斗争的"唯一环境",而不了解这一环境,就根本无法理解罗莎·卢森堡这一著作的意义,也根本无法理解其围绕着这一著作所展开的理论斗争的实质。

　　卢卡奇指出,关键在于如何看待资本主义的积累问题,"如果积累问题一方面被作为政治经济学的个别问题来对待,另一方面又从个别资本家的立场来考察,那么这里实际上就根本不存在什么问题了"④。卢卡奇的意思是,如果不用总体性的方法来研究资本主义的积累问题,那么呈现在我们面前的资本主义确实根本不存在什么问题。机会主义者孤立、静止地研

---

① 卢卡奇:《历史与阶级意识》,杜章智等译,商务印书馆1992年版,第80页。
② 卢卡奇:《历史与阶级意识》,杜章智等译,商务印书馆1992年版,第80页。
③ 卢卡奇:《历史与阶级意识》,杜章智等译,商务印书馆1992年版,第80页。
④ 卢卡奇:《历史与阶级意识》,杜章智等译,商务印书馆1992年版,第80页。

究资本主义积累问题,最后走上迎合、赞颂资本主义的道路是"完全合乎逻辑的"。在机会主义者眼里,剩余价值的实现、积累采取同其他的个别资产者交换的形式进行,而积累的整个问题也仅仅是 G—W—G 和 W—G—W 这些形式在生产、流通等等过程中发生的各种变化的一种形式问题。这样,"积累问题就变成个别科学的一个细节问题,它几乎同整个资本主义的命运毫无联系"①。资产阶级的经济学家,即作为上升时期资本主义的思想代表人物,曾经用这样的方法来研究资本主义积累问题,结果是"把资本主义社会看做唯一可能适合人的'本质'和理性的社会";而社会民主党的思想家,即作为那种变成小资产阶级的工人贵族的思想表现,也用这样的方法来研究资本主义积累问题,即"好像资本主义的积累能够在数学公式的那种真空中进行",结果是"维护资本主义经济制度的永恒存在,提防命中注定的灾难性后果"。卢卡奇深刻地指出:"正如李嘉图使'自然规律'和社会现实等同起来,曾经是上升时期资本主义的一种思想自卫一样,奥地利学派对马克思的解释,它使马克思的抽象概念和社会的总体等同起来,则是没落时期资本主义'合理性'的一种自卫。"②

卢卡奇高度赞扬罗莎·卢森堡运用马克思主义的总体性方法对资本主义积累问题的正确研究。在卢卡奇看来,罗莎·卢森堡清楚地意识到,"如果人们能够无限制地积累资本,那么资本的无限生命力就得到了证明","如果资本主义生产方式能够无限制地保证生产力的提高,即经济上的进步,那么它就是不可征服的"。于是她就正确地通过剖析资本积累问题来考察资本主义。关键正在于,在罗莎·卢森堡那里,"积累由于被放到在其整个社会环境中来看待而成为辩证的。它发展成为整个资本主义制度的辩证法"③。罗莎·卢森堡对积累能力的怀疑摆脱了绝对主义形式,这样积累问题变成了积累条件的历史问题。并由此确信,无限制的积累是不可能的。罗莎·卢森堡这样说道:"在马克思的扩大再生产的模式同现实相适应的因素里,显示出积累运动的终结,它的历史界限,也就是资本主义生产的终结。对资本主义来说,不可能积累就意味着生产力不可能进一

---

①　卢卡奇:《历史与阶级意识》,杜章智等译,商务印书馆 1992 年版,第 81~82 页。
②　卢卡奇:《历史与阶级意识》,杜章智等译,商务印书馆 1992 年版,第 83 页。
③　卢卡奇:《历史与阶级意识》,杜章智等译,商务印书馆 1992 年版,第 87~88 页。

步发展,因此也就意味着资本主义没落的客观历史必然性。由此产生出最后帝国主义阶段(资本历史过程中的结束时期)的矛盾运动。"卢卡奇在引了罗莎·卢森堡的这段话后马上加以评论说:"由于这种怀疑发展成为辩证的确信,它就使一切小资产阶级反动的东西不留痕迹地成为往事:怀疑变成乐观主义,变成对未来社会革命的理论确信。"①

确实,罗莎·卢森堡运用马克思主义的总体性方法来研究资本主义的积累问题取得了引人注目的成果。这种成果主要体现在以下两个层次上:第一个层次是她看到了资本主义的无限积累是不可能的。由于她把资本主义积累总是放到了整个资本主义社会环境中加以考察,由于她把资本主义积累问题变成了积累条件的历史问题,从而她正确地把握到资本主义无限制的积累是不可能的。她从对资本主义无限积累的怀疑,变成对资本主义不可能无限积累的辩证确信。第二个层次是她通过资本主义不可能无限积累这一点,进一步看出结论——资本主义必然灭亡无产阶级革命必然胜利。奥托·鲍威尔等机会主义者一方面不承认资本主义的积累是一个问题,另一方面他们即使看到了资本主义的积累出现了问题,但他们只是把其视为仅是属于资本主义发展的"坏的方面"而强调资本主义还有其"好的方面",认为正确的态度应当是"保存资本主义发展'好的方面',同时消除其'坏的方面'"。由于罗莎·卢森堡具有总体性的眼光,从而她就能够把资本主义这"坏的方面"与资本主义的内在本质联系在一起。正如卢卡奇指出的,在罗莎·卢森堡那里,"承认积累问题发生了问题就意味着承认这些'坏的方面'是同资本主义最内在的被罗莎·卢森堡恢复了的马克思主义总体性方法本质不可分割地联系着的;因此,这种承认意味着必须把帝国主义、世界大战和世界革命理解为发展的必然性"②。也正如卢卡奇所指出的,"如同青年马克思的总体考察透彻地阐明了当时还繁荣着的资本主义的垂死表现一样,在罗莎·卢森堡的考察中,资本主义的最后繁荣由于其基本问题放进了整个历史过程中,而具有了一种可怕的死亡之舞,一条走向不可避免的命运的奥狄浦斯之路的性质"③。

---

① 卢卡奇:《历史与阶级意识》,杜章智等译,商务印书馆1992年版,第88页。
② 卢卡奇:《历史与阶级意识》,杜章智等译,商务印书馆1992年版,第88页。
③ 卢卡奇:《历史与阶级意识》,杜章智等译,商务印书馆1992年版,第83页。

二

卢卡奇认为,罗莎·卢森堡运用总体性方法研究资本主义积累的意义,不仅仅在于使人们认清了进入帝国主义阶段的资本主义的本质,树立了"对未来革命的理论确信",而且在于有力地反对了当时危害工人运动的两种主要倾向或者说两种主要派别,即经济宿命论和伦理反对派。卢卡奇把罗莎·卢森堡的理论与方法,同经济宿命论和伦理反对派尖锐地对立起来,通过弘扬前者来批判后者,是意味深长的。

奥托·鲍威尔这些机会主义者都是经济宿命论者,这是毫无疑义的。他们孤立地、静止地看待资本主义经济,把资本主义分成"好的方面"和"坏的方面",与此同时,"他们期望有一种高度发展的资本主义而没有帝国主义的'弊病',期望有一种'正常化的'生产而没有战争等等的'干扰'"①。卢卡奇引用了罗莎·卢森堡的下述一段话来批判这种以"中派马克思主义"自居的观点:"这种观点是为了使资产阶级相信,即使从它的资本主义自身利益的立场来看,帝国主义和军国主义也是有害于它的;这种观点也是为了用此方式孤立帝国主义所谓一小撮受益者,并因此而组成无产阶级同广大资产阶级阶层的联盟,以便'削弱'帝国主义……使它'不去伤害人',像自由主义在其衰落的时代里从孤陋寡闻的君主政体方面向必须见多识广的君主政体呼吁一样,'马克思主义的中派'则想从听信谗言的资产阶级方面向必须受教育的资产阶级……呼吁。"卢卡奇强调,这种观点的显著特征就是向资本主义投降,而其理论表现就是经济宿命论。"鲍威尔及其伙伴在经济和意识形态方面都屈服于资本主义。他们的这种屈服,在理论上表现为经济宿命论,即他们相信资本主义会'合乎自然规律地'永存"②。理论上的经济宿命论必然会导致政治上的向资本主义的投降,而丢弃总体性的研究方法又必然会导致经济宿命论,这一点被卢卡奇通过对罗莎·卢森堡理论的研究,深刻地揭示出来了。由于鲍威尔及其伙伴就事论事地看待资本主义的积累,无视资本主义积累的历史条件,就经济谈经济,这样他们一方面得出资本主义的积累会无限制地进行下去的结

---

① 卢卡奇:《历史与阶级意识》,杜章智等译,商务印书馆 1992 年版,第 89 页。
② 卢卡奇:《历史与阶级意识》,杜章智等译,商务印书馆 1992 年版,第 89 页。

论,另一方面又从纯经济的角度去论证资本主义是合乎自然规律的。

从表面上看经济宿命论与伦理反对派是水火不相容的,但实际上两者之间有着内在联系。卢卡奇明确地指出:"经济宿命论和对社会主义的伦理改造是密切联系在一起的。"①正因为如此,罗莎·卢森堡反对了经济宿命论,也就反对了伦理反对派。因为机会主义者只不过是资本主义的意识形态附庸和经济附庸,因为机会主义者希望有一种没有"坏的方面"、没有"弊病"的资本主义,他们就同时成为资本主义的"反对派",即成为伦理的反对派。

卢卡奇顺着罗莎·卢森堡的思路,揭露了伦理反对派在方法论上也必然是漠视总体性的。他指出,在伯恩斯坦、奥托·鲍威尔他们那里,既可发现强烈的经济宿命论的色彩,又能找到伦理反对派的影子,这决不是偶然的。这不仅仅因为他们"有必要为自我堵塞了的客观革命道路寻找和找到一种主观代用品",也就是说,他们既然信奉经济宿命论,实际上他们也就放弃了革命的道路,但他们又以革命派自居,于是就求助于伦理反对派这种"主观代用品",即仅仅出于伦理上的要求去反对资本主义,而且又在于他们在方法论上采用反对总体观的以"个人主义"作为出发点的结果,而这实际上也就是庸俗经济学的考察方式。"在个人——不管是个别资本家还是个别无产者——看来,周围世界,他的社会环境(和作为它的理论反映和理论设想的自然)必然显得是无情的和无意义的命中注定的,在本质上永远与他相异的。只有当这个世界在理论上采取'永恒自然规律'的形式,也就是说,只有当它获得一种异于人的、完全不受个人行为能力影响的和捉摸不透的合理性时,只有当人对它采取纯粹直观的、宿命论的态度时,它才能为个人所理解。"②伯恩斯坦、奥托·鲍威尔他们与罗莎·卢森堡不一样,他们完全是从个体角度观察世界的,这样世界在他们面前就必然表现出是一种命中注定的、在本质上是与其相异的。反过来,如果把这个世界视为是呈"永恒自然规律"的形式,也只有他们对世界持这种宿命论的态度时,这个世界才能被个人所理解。

卢卡奇强调,在这种情况下,要想在这个世界里有所行动,无非有两条

① 卢卡奇:《历史与阶级意识》,杜章智等译,商务印书馆1992年版,第89页。
② 卢卡奇:《历史与阶级意识》,杜章智等译,商务印书馆1992年版,第90页。

途径:其一,宿命论地接受按上述方式所认识到的、不可改变的"规律",把这一"规律"用于人的目的;其二,使自己的行为完全向内,即试图在世界的唯一剩下不受约束的地方,也就是说,在人本身上改变世界。这第二种途径实际上就是伦理反对派的途径。卢卡奇对这种途径批评说:"由于世界的机械化必然使其主体,即人本身一同机械化,这种伦理学也就始终是抽象的,即使同与世界隔离开来的人的总体相比,它也只是规范的,而不是真正能动的、能创造对象的。"①在卢卡奇看来,由于世界的机械化已把人本身也机械化了,所以这种只是从人本身出发来改变世界的做法必然是抽象的,而且,即使把与世界隔离开来孤立地来谈论人这一点姑且不论,由于他们所谈论的人也不是作为总体的人,而仅是孤立的个体,从而这种"向内的"行为也不可能是能动的行为。卢卡奇强调,这种伦理的反对派的要害也就是放弃总体性,他这样说道:"有些'马克思主义者'在考察社会—经济现实时放弃了对历史过程作总体的考察,即黑格尔和马克思的方法。任何一个这样的'马克思主义者'一提出行动问题,他就必然回到康德学派抽象的要求伦理学上去。"②

无论是经济宿命论还是伦理反对派都是以理论与实践相分离为主要特征,卢卡奇认为,罗莎·卢森堡反对经济宿命论和伦理反对派,也就是反对理论与实践的分离。他说道:"破坏对总体的考察,就要破坏理论和实践的统一。行动、实践——马克思把实践的要求放在他关于费尔巴哈的提纲之首——按其本质,是对现实的冲破,是对现实的改变。但是,现实只能作为总体来把握和冲破,而且只有本身是一总体的主体,才能做到这种冲破。"③要真正实现理论与实践的统一,必须具备两个基本前提:其一,必须把现实作为总体来加以把握;其二,作为实践主体的人必须本身是一个总体。显然贯穿于这两个前提的核心就是坚持总体性。在卢卡奇看来,罗莎·卢森堡是深谙这一点的,从而她紧紧地把反对经济宿命论和伦理反对派、反对理论与实践的相分离、反对割裂总体性这三者结合在一起。例如,罗莎·卢森堡强调要摆脱"由纯规律的宿命论和纯意向的伦理学造成的困

---

① 卢卡奇:《历史与阶级意识》,杜章智等译,商务印书馆1992年版,第90页。
② 卢卡奇:《历史与阶级意识》,杜章智等译,商务印书馆1992年版,第90页。
③ 卢卡奇:《历史与阶级意识》,杜章智等译,商务印书馆1992年版,第90~91页。

境"，唯一的方法就是从作为一个总体的无产阶级的立场上看问题，从无产阶级所作出的批判是"对总体的考察，从而是理论和实践的辩证统一"①上看问题。

卢卡奇认为，正因为在罗莎·卢森堡看来总体性方法是如此重要，所以她在同机会主义的经济宿命论和伦理反对派进行论战时，深刻地指出了总体的历史考察和机械的局部的历史考察、辩证的历史考察和机械的历史考察之间的本质区别，并在此基础上深刻地阐明了两种革命观之间的本质区别。在他看来，罗莎·卢森堡的下述著名的话可以清楚地说明这一点："这就是布朗基主义的政变同由广大的而且是有阶级觉悟的人民群众夺取政权之间的根本区别。前者是由'坚决少数'发动政变，任何时候都可以发动，像从手枪里发射子弹一样，因此总是不合时宜；而后者本身只能是已经开始的资产阶级社会崩溃的产物，因此它本身就带着合乎时宜出现的经济和政治的合法证书。"

三

罗莎·卢森堡在《资本积累》等著作中所运用的是总体性方法是不是马克思主义的呢？这也正是卢卡奇所着重关注和论述的问题。在他看来，罗莎·卢森堡的总体性方法不仅是马克思主义的，而且还通过对这一方法的运用恢复了马克思主义的真精神。所以，卢卡奇在揭示罗莎·卢森堡的总体性方法对人们正确认识资本主义和反对经济宿命论与伦理反对派的意义的同时，还努力阐述其对复归马克思的本来含义的作用。

卢卡奇明确地指出，罗莎·卢森堡在《资本积累》一书中的表述方式"没有离开马克思的传统"，"更确切地说，她的表述方式同样意味着向原来的、未被歪曲的马克思主义的复归，向马克思本人的表述方式的复归"②。我们知道，卢卡奇有一个明确的观点，即认为马克思主义的主要特征就是渴望总体性。卢卡奇提出："不是经济动机在历史解释中的首要地位，而是总体的观点，使马克思主义同资产阶级科学有决定性的区别。总体范畴，整体对各个部分的全面的、决定性的统治地位，是马克思取自黑格

---

① 卢卡奇：《历史与阶级意识》，杜章智等译，商务印书馆1992年版，第91页。
② 卢卡奇：《历史与阶级意识》，杜章智等译，商务印书馆1992年版，第83页。

尔并独创性地改造成为一门全新科学的基础的方法的本质。"①正因为他认为总体性方法是马克思主义的核心,所以他很自然地得出结论,既然罗莎·卢森堡运用的总体性方法,那么她的方法就是马克思主义的方法。

卢卡奇并不满足于只是笼统地指出罗莎·卢森堡所运用的总体性方法是马克思主义的,而且还详细地考察了罗莎·卢森堡在《资本积累》一书中的表述方式、所运用的方法与马克思的一些著作,特别是与马克思的《哲学的贫困》的具体联系。他指出:"《资本积累》重新采用了青年马克思在《哲学的贫困》中使用的方法和对问题的提法。正像《哲学的贫困》中使用的方法和对问题的提法。正像《哲学的贫困》分析使李嘉图的经济学能够产生和发生作用的历史条件一样,《资本积累》把同一方法运用于《资本论》第 2 卷至第 3 卷未完成的研究。"②马克思当年知道,亚当·斯密和李嘉图作为上升时期的资产阶级经济学家,必然要使自己发现的"自然规律"同社会现实一致起来,必然要由此出发把资本主义社会看成是唯一可能适合人的"本质"和理性的社会,而之所以具有这种必然性的一个重要的原因就是不能总体地认识问题,于是马克思在《哲学的贫困》中推出总体性的方法来推倒亚当·斯密和李嘉图的结论。罗莎·卢森堡同样知道,社会民主党的思想家作为小资产阶级的工人贵族的代言人,必然要把资本主义积累理解成似乎可以"在数学公式的那种真空中进行",必然要由此出发去维护资本主义经济制度的永恒存在,而之所以具有这种必然性,一个重要的原因就是背叛了马克思的总体性方法,于是罗莎·卢森堡就通过复归马克思的总体性方法来与这些社会民主党的思想家相抗衡。

卢卡奇认定《哲学的贫困》是马克思完成的"第一部成熟著作"。马克思在这一著作中不仅用总体性的方法追溯了蒲鲁东的观点的真正来源,即一方面追溯到李嘉图,另一方面追溯到黑格尔,而且又用总体性方法分析了蒲鲁东在什么地方、怎么样、首先是为什么必然误解李嘉图和黑格尔,更用总体性方法无情地研究了蒲鲁东的自相矛盾,深入探讨了产生这些错误的连蒲鲁东自己也不知道的原因。马克思的所有这些做法都被罗莎·卢森堡在《资本积累》一书中熟练地使用。

---

① 卢卡奇:《历史与阶级意识》,杜章智等译,商务印书馆 1992 年版,第 76 页。
② 卢卡奇:《历史与阶级意识》,杜章智等译,商务印书馆 1992 年版,第 82 页。

由于在罗莎·卢森堡的《资本积累》一书出版以后,一些人借用马克思的《资本论》来攻击罗莎·卢森堡,指责罗莎·卢森堡的《资本积累》一书是反对《资本论》的,因此卢卡奇还特地探讨了《资本积累》与《资本论》的内在联系。在这些批评者看来,马克思在《资本论》中"对仅仅由资产者和无产者构成的社会提出了方法论上孤立的假设",也就是说,马克思在《资本论》中所运用的基本方法并不是总体性方法,这与罗莎·卢森堡在《资本积累》中所使用的方法完全相异。对此,卢卡奇加以反驳说:这些批评者对以下事实全都视而不见:"马克思本人的这种假设仅仅是为了比较清楚地理解问题的一种方法论假设,然而,从这种假设出发必须前进到全面地提出问题,使问题适用于社会的总体","他们忽视了马克思在《资本论》第 1 卷中涉及所谓原始积累时已经迈出了这一步"①。卢卡奇承认马克思把社会理解成是由无产者和资产者两极构成从方法论上说是一种孤立的视野,但他马上又指出这仅是马克思考虑问题时的一个假设,马克思从这一假设出发马上又把社会理解成是一个总体。在把社会作为一个总体来论述这一点上罗莎·卢森堡实际上与马克思没有什么区别。卢卡奇还强调,就对资本的积累问题的分析而言,马克思的《资本论》仅仅是一部"未竟著作","这一著作正好在这个问题必须展开的地方中止"②,因此必须承认从马克思对资本积累的分析尚看不出明显地使用了总体性的方法。在卢卡奇看来,罗莎·卢森堡的工作是根据马克思的思路,使用总体性的方法,对资本积累问题进行了深入的研究。这就是说,"罗莎·卢森堡只不过根据马克思的思想把他的未竟之作思考到底,并按照他的精神对它作了补充而已"③。因此,无论是就研究方法还是就基本观点而言,千万不能把罗莎·卢森堡的《资本积累》与马克思的《资本论》对立起来,前者只是继承、发展和补充了后者。

卢卡奇认为,被罗莎·卢森堡在《资本积累》一书中所恢复了的马克思的总体性方法追溯到底来自于黑格尔。"黑格尔的哲学方法——最引人入胜之处是在《精神现象学》里——始终既是哲学史,又是历史哲学,就这

---

① 卢卡奇:《历史与阶级意识》,杜章智等译,商务印书馆 1992 年版,第 81 页。
② 卢卡奇:《历史与阶级意识》,杜章智等译,商务印书馆 1992 年版,第 81 页。
③ 卢卡奇:《历史与阶级意识》,杜章智等译,商务印书馆 1992 年版,第 81 页。

一基本点而言,它决没有被马克思丢掉。黑格尔使思维和存在——辩证地——统一起来,把它们的统一理解为过程的统一和总体。这也构成历史唯物主义的历史哲学的本质"①。当年人们可以清楚地看到,马克思与黑格尔的一些模仿者之间的区别。马克思坚持总体性的方法,把思维与存在的统一理解为一个总体,而"黑格尔模仿者的'绝对'唯心主义意味着使这个体系原有的总体瓦解,意味着使活生生的历史辩证法瓦解,因此最终也意味着取消思维和存在的辩证统一"②。当今人们同样可以看到罗莎·卢森堡和马克思的一些模仿者之间的区别。罗莎·卢森堡坚持总体性的方法,"始终围绕着同一个问题转,即认识历史过程的总体",而"马克思模仿者的教条唯物主义则重蹈使历史现实的具体总体瓦解的覆辙"③。卢卡奇还进一步论述了这两种模仿者之间的区别:"如果说黑格尔模仿者因此而丧失了以自己的纯意识形态结构猜中历史事件的能力,那么马克思模仿者同样表明既没有能力理解社会的所谓'意识形态'的形式同其经济基础的联系,也没有能力把经济本身理解为总体,理解为社会现实。"④马克思当年反对黑格尔的模仿者捍卫了总体性方法,十分可贵,如今罗莎·卢森堡反对马克思的模仿者同样捍卫了总体性方法,也非常可贵。

正因为在卢卡奇看来,马克思主义的核心在总体性方法,从而他就进一步得出结论,恢复马克思主义的总体性方法就是使"马克思主义再生"。罗莎·卢森堡的《资本积累》一书在这一点上起到了关键性的作用。除了罗莎·卢森堡的《资本积累》一书之外,在这一点上还起到关键作用的就是列宁的《国家与革命》。卢卡奇把罗莎·卢森堡的《资本积累》和列宁的《国家与革命》称为"马克思主义的再生在理论上由以开始的两部基本著作"⑤。罗莎·卢森堡和列宁都使历史过程本身作为总体以无与伦比的生动性展现了出来。

---

① 卢卡奇:《历史与阶级意识》,杜章智等译,商务印书馆 1992 年版,第 84 页。
② 卢卡奇:《历史与阶级意识》,杜章智等译,商务印书馆 1992 年版,第 85 页。
③ 卢卡奇:《历史与阶级意识》,杜章智等译,商务印书馆 1992 年版,第 85 页。
④ 卢卡奇:《历史与阶级意识》,杜章智等译,商务印书馆 1992 年版,第 85 页。
⑤ 卢卡奇:《历史与阶级意识》,杜章智等译,商务印书馆 1992 年版,第 85 页。

四

上面我们透过卢卡奇的视野,探讨了被罗莎·卢森堡恢复了的马克思主义的总体性方法的意义。卢卡奇在他所处的历史环境中,敏锐地感觉到了被罗莎·卢森堡恢复了的马克思主义总体性方法对他所处的时代的价值。自卢卡奇揭示被罗莎·卢森堡恢复了的马克思主义总体性方法的意义以来,人类历史差不多已走过了一个世纪的路程。那么在近一个世纪以后的今天,被罗莎·卢森堡恢复了的马克思主义总体性方法还有像卢卡奇所说的意义吗? 卢卡奇论证了这一方法对他所处的时代具有价值,那么对当今我们所处的时代是否也有价值? 我们认为,这一方法随着时代的变化,其现实意义越来越明显地表现出来,尤其对当今的时代,其价值更是无可估量。凡是认真地阅读罗莎·卢森堡的《资本积累》,以及对此作出深入研究的卢卡奇的《历史与阶级意识》的人都会非常真切地意识到,只要能真正掌握被罗莎·卢森堡恢复了的马克思主义总体性方法,对眼下的许多现象和问题我们会一下子看得一清二楚。

首先,这一方法有助于我们正确地认识当代资本主义。卢卡奇对这一被罗莎·卢森堡恢复了的马克思主义总体性方法对认识当时所出现的资本主义资本积累的不断增加的趋势,进而认识当时的资本主义的表面繁荣的意义,作出了深刻的阐述。当今的资本主义比起卢卡奇当时所面对的资本主义来更是不同的,全球化、市场化已使当今的资本主义披上了耀眼的光环,现在有很多人在为当今的资本主义大唱赞歌。在这种情况下,如果我们失去了总体地观察问题和分析问题的眼光,确实会拜倒在当今资本主义的脚下。当年的马克思,以及罗莎·卢森堡和卢卡奇,正是依靠总体性的方法,结合整个社会历史环境分析资本主义的经济发展,以及把眼下的资本主义的发展放到整个历史长河中加以观察,把握了资本主义的本质及必然趋势。面对当今资本主义的新发展,实际上要认清其实质也并不难,只要我们依据被罗莎·卢森堡恢复了的马克思主义总体性方法,像马克思,以及罗莎·卢森堡和卢卡奇那样去认识资本主义,当今资本主义的真面目也会呈现于前。只要把当今资本主义的不可一世放到整个历史过程中去观察,它也同样会走上一条不可避免的命运的奥狄浦斯之路。

其次,这一方法有助于我们正确地认识当代社会主义。与当代资本主义咄咄逼人形成鲜明的对照,当代社会主义显示出一定的颓势。可能在卢卡奇所处的历史阶段,如何正确地认识社会主义的问题并不突出,从而他没有详细论述被罗莎·卢森堡恢复了的马克思主义总体性方法对正确认识社会主义的意义。但在当今的时代,如何看待社会主义的低潮与失败的问题显得异常突出。毫无疑问,被罗莎·卢森堡恢复了的马克思主义总体性方法既能促进我们正确地认识当代资本主义,也有助于我们正确地认识当今的社会主义。总结苏东社会主义失败的教训就需要总体性的方法,只有把内因、外因,近因、远因等诸多因素均考虑进去,全面地探讨苏东社会主义失败的原因,才能真正地找到导致失败的根源所在,从而才能不把苏东社会主义的失败等同于社会主义本身的失败。当今一些社会主义国家显然都在补资本主义的课,在这些国家所实施的一些政策从表面上看与资本主义没有多少区别。要正确地把握这些表面上与资本主义相似而实质上有重大区别的政策,也得借助于总体性的方法。只要把这些政策不仅放到当今世界的整个社会环境中加以观察,又置于整个历史发展的过程中加以研究,其实质与本性就会一目了然。要真正认识社会主义初级阶段的必要性与可能性,也得联系社会主义的历史、现实和未来进行思考,千万不能就初级阶段来谈论初级阶段。

再次,这一方法有助于我们有力地反对经济宿命论和伦理反对派。在卢卡奇的时代,经济宿命论和伦理反对派是危害工人运动的两种主要倾向,于是卢卡奇就着重论述了被罗莎·卢森堡恢复了的马克思主义总体性方法对反对这两种倾向的作用。卢卡奇根据罗莎·卢森堡的思路,鞭辟入里地指出了这两种貌似对立的倾向在方法论上都背弃了总体性的方法,而要真正战胜它们必须牢牢地把握和运用总体性的方法。问题在于,这两种倾向在今天还存在吗? 它们是否还在危害着无产阶级和人类解放事业? 如果我们敢于正视社会现实的话,我们必须得承认,这两种倾向当今不但还存在着,而且还变本加厉地在起着负面效应。我们不是常见一些人从经济宿命论出发,相信资本主义会"合乎自然规律地"永存,要人们去建立一种没有"坏的方面"、没有"弊病"的资本主义吗? 我们不是也常见一些人坚守伦理反对派的立场,当他们自我堵塞了寻找客观革命道路时,就企图找到一种"主观代用品",使自己的行为完全向内,即试图只是通过改变人本身来改变整个世界。在一定意义上说,当今的经济宿命论和伦理反对派比起卢卡奇所处的时代来说,影响更大,危害更深。正因为这两种倾向当今仍是损害无产阶级和人类解放事业的主要力量,从而当年罗莎·卢森堡和卢卡奇为反对这两种倾向所展开的斗争值得我们认真地回味和总结,其中最重要的是,要吸取他们运用总体性方法来反对这两种倾向的经验。我们一定要让被罗莎·卢森堡恢复了的马克思主义总体性方法成为当今人们战胜现时代的经济宿命论和伦理反对派的强大思想武器。

最后,这一方法有助于我们树立共产主义的信念。卢卡奇提出被罗莎·卢森堡恢复了的马克思主义总体性方法最大的价值和意义就是可以使人们具有"对未来革命的理论确信",也就是说,可以使人们树立起共产主义的信念,这是一个言近旨远的见解。马克思坚信共产主义,在一定意义上说,是由于具有总体性的眼光;罗莎·卢森堡和卢卡奇坚信共产主义,在一定意义上说,也是出于总体性地观察世界的结果。而我们当今在共产主义事业遭受重大挫折的情况下,树立起共产主义的信念,更是离不开总体性方法。共产主义是人类的崇高的奋斗目标,当然共产主义的真正实现离当今还很远很远。正因为如此,如果我们不把眼前所做的与实现这一目标紧紧结合在一起,也就是说,如果我们不用总体性的方法把眼前与未来联系在一起,那么,我们就会由于共产主义的真正实现离当今还很遥远从而就否定这一目标的存在。卢卡奇用总体性的方法对什么是共产主义的目标作出了深刻的阐述。他说,共产主义的目标"不是在某处等待着离开运动和通向运动的道路的无产阶级的'未来国家'","也不是在日常斗争的紧张中能愉快地被忘怀,只有在与日常操劳呈鲜明对照的是星期日布道时才能被记住的情况","更不是用来规范'现实'过程的一种'义务'、'观念'",应当说共产主义的最终目标是"与总体(即被视为过程的社会整体)的关系,由于这种关系斗争的各个环节才获得它的革命意义"①。卢卡奇的这段话不仅启发我们不应离开了现实的实际斗争空谈实现共产主义,更启发我们应当把我们的实际斗争与实现共产主义的远大目标联系在一起,

---

① 卢卡奇:《历史与阶级意识》,杜章智等译,商务印书馆1992年版,第73页。

从而赋予日常斗争以意义。

我们这里所谈论的是被罗莎·卢森堡恢复了的马克思主义总体性方法的当代意义。还是卢卡奇说得对,总体性方法实际上不仅仅是一种方法,而是一种无产阶级的立场,是无产阶级阶级意识的主要内容。所以,认可总体性方法的现实意义,实际上也就是认可当今坚持无产阶级立场和无产阶级世界观的至关重要性。

评柯尔施对马克思主义
在本质上是哲学的论证

　　近20年来,不断有人对马克思主义政治经济学和科学社会主义的理论提出批评,而且事实也证明原先的马克思主义政治经济学和科学社会主义的一系列观点确已过时。在这种情况下,如果马克思主义系如通常所理解的那样是由马克思主义哲学、马克思主义政治经济学和科学社会主义三大部分组成,那么即使马克思主义哲学仍然闪耀着真理的光辉,人们也有理由宣布马克思主义因其许多内容已被超越从而在整体上已不合时宜。但是倘若马克思主义并不是像通常所理解的那样由马克思主义哲学、马克思主义政治经济学和科学社会主义"三分天下",而是在本质上是一种哲学,也就是说,不把马克思主义哲学与其他两个部分相提并论,而是认定马克思主义哲学乃马克思主义的核心,那么,只要论证了马克思主义哲学这一马克思主义的核心并没有过时,即使马克思主义政治经济学和科学社会主义的一些观点已不能用于说明当代世界,人们还是可以理直气壮地宣布马克思主义仍然是当今人类前进的旗帜。

　　看来,在理论上说清楚马克思主义在本质上是一种哲学,是对马克思主义当代性的最强有力的论证。"西方马克思主义"的创始人之一柯尔施在80多年前写了一部题为《马克思主义和哲学》的著作,富有说服力地论证了马克思主义是"彻头彻尾的哲学"①。柯尔施在这里所作出的这一论证在当时对反对把马克思主义实证主义化和科学主义化,反对第二国际和第三国际的一些马克思主义研究者对马克思主义进行教条主义的理解,恢复马克思主义的生命力和"真精神"起了很大的作用。可能连柯尔施本人也没有想到,他在当年所作出的这一论证于八十多年以后在马克思主义面临前所未有的挑战的关键时刻,对人们在新的形势下认识马克思主义的本质特征及其力量之所在、回击各种否定马克思主义的思潮,还会具有如此巨大的启发性。

一、究竟如何看待马克思在一些著作中提出的要"终结"和"消灭"哲学

柯尔施指出,无论是资产阶级教授还是"正统的马克思主义"理论家都蔑视和抹杀马克思主义的哲学内容。对前者来说,马克思主义充其量不过是19世纪哲学史中一个相当不重要的分支,从而就把它当做"黑格尔主义的余波"而不予考虑。他们因为"马克思主义没有任何自己的哲学内容"而对之不屑一顾。而后者则认定"马克思主义从其本性上来讲与哲学没有任何关系"②,从而不想大力强调马克思主义理论的"哲学方面"。柯尔施指出,这些"正统的马克思主义"理论家对待马克思主义哲学的态度恰如恩格斯所揭示的费尔巴哈对待黑格尔哲学的态度:简单地把它"随便扔在一边"。当他们这样做的时候,反复地要人们明白,把注意力集中于所谓的马克思主义哲学方面,"对无产阶级的阶级斗争实践是全然无用的,并且将必然总是如此"③。

在柯尔施看来,资产阶级教授如此对待马克思主义哲学不足为奇,因为在19世纪后半期,在资产阶级学者中,"普遍存在着对黑格尔哲学的极度漠视",从而他们就通过把马克思主义哲学说成是完全继承了黑格尔主义来否认马克思在哲学上的贡献,否认马克思主义哲学的独立本质。需要

---

① Karl Korsch, *Marxism And Philosophy*, Monthly Review Press, 1970, p. 75.
② Karl Korsch, *Marxism And Philosophy*, Monthly Review Press, 1970, p. 33.
③ Karl Korsch, *Marxism And Philosophy*, Monthly Review Press, 1970, p. 32.

重视的是这些"正统的马克思主义"理论家对马克思主义哲学的蔑视。他们的这种蔑视要在逻辑上讲得通,其必备的前提是:"马克思主义作为理论和实践在本质上是全然不可变化,并且不包含任何哲学问题上的特定立场的。"①柯尔施要人们特别注意,这些"正统的马克思主义"理论家在否认马克思主义的哲学内容时,往往是以马克思本人的论述作为依据的。例如,第二国际的著名马克思主义理论家梅林就是如此,"他比任何人都更彻底地研究了马克思和恩格斯的哲学起源",他一再强调他接受了"大师们不朽成就的前提","抛弃所有的哲学幻想"②。这就是说,在梅林看来,马克思取得理论成就的前提是"抛弃所有的哲学幻想"。

柯尔施承认,这些"正统的马克思主义"理论家否认马克思主义的哲学内容确实是有一定根据的,这根据就是存在于马克思和恩格斯的著作中的他们要"消灭"和"终结"哲学的大量论述。他指出,尽管马克思和恩格斯经常自豪地强调德国工人运动在"科学社会主义"中继承了德国古典哲学的遗产,但这并不意味着他们认为"科学社会主义或者共产主义主要是哲学","他们毋宁说是把他们的'科学社会主义'的任务看做不仅明确克服和取代全部早先的资产阶级唯心主义哲学的形式和内容,而且也克服和取代全部哲学的形式和内容"③。正因为如此,他们在他们的著作中一再给哲学下"死亡判决书"。

确实诚如柯尔施所言,要真正弄清楚马克思主义与哲学的关系问题,"必须从马克思和恩格斯他们自己的明确论述出发"④,必须正视"至少从1845 年以来,马克思和恩格斯不再把他们的新唯物主义和科学的见解表述为哲学的见解"⑤这一事实,必须正视"马克思和恩格斯主要是在 19 世纪 40 年代,但也在后来的许多场合讲述的废除哲学的话"⑥。

我们现在经常引用的一些马克思和恩格斯赞颂哲学的伟大功能的话,大多数是他们在 1845 年以前说的。例如:"任何真正的哲学都是自己时代

---

① Karl Korsch, *Marxism And Philosophy*, Monthly Review Press, 1970, p. 32.
② Karl Korsch, *Marxism And Philosophy*, Monthly Review Press, 1970, p. 31.
③ Karl Korsch, *Marxism And Philosophy*, Monthly Review Press, 1970, p. 31.
④ Karl Korsch, *Marxism And Philosophy*, Monthly Review Press, 1970, p. 49.
⑤ Karl Korsch, *Marxism And Philosophy*, Monthly Review Press, 1970, p. 48.
⑥ Karl Korsch, *Marxism And Philosophy*, Monthly Review Press, 1970, p. 51.

精神的精华"①、"哲学已成为世界的哲学,而世界也成为哲学的世界"②、"哲学把无产阶级当作自己的物质武器,同样,无产阶级也把哲学当作自己的精神武器"③、"德国人的解放就是人的解放。这个解放的头脑是哲学,它的心脏是无产阶级"④等等,所有这些令人热血沸腾的句子,都是马克思和恩格斯在 19 世纪 40 年代的上半期所说的。而自此以后,在他们的著作中基本上找不到如此赞颂哲学的词句了,相反,充斥着要"消灭"和"终结"哲学的言辞。

马克思在《〈黑格尔法哲学批判〉导言》中,第一次提出了"消灭哲学"的命题。在《关于费尔巴哈的提纲》中,马克思指出:"哲学家们只是用不同的方式解释世界,而问题在于改变世界"⑤,这可以视为对"作为哲学的哲学"的清算。而在《神圣家族》和《德意志意识形态》等著作中,马克思和恩格斯则对哲学正式下达了"死亡判决书"。他们把哲学称为"关于意识的神话"⑥,强调"必须把'把哲学搁置在一边',必须跳出哲学的领域"⑦,甚至还作出这样的比喻:"哲学和对现实世界的研究这两者之间的关系就像手淫和性爱的关系一样"⑧,没有比这对哲学的虚幻性的讽刺更尖刻的了!从这些对哲学的种种批判来看,马克思确实不想把自己的思想与哲学扯在一起,从而把马克思主义说成是非哲学的确实是有理由的。正因为柯尔施非常清醒地认识到了这一点,所以他强调,要论证马克思主义在本质上是哲学,就要对马克思和恩格斯所有这些批判哲学的言辞给予合理的解释,也就是说,要向人们说明白:即使马克思和恩格斯讲过这样的话,也并不意味着马克思主义与哲学无缘。柯尔施的宗旨是"恢复马克思主义的哲学本性",而要实现这一宗旨,就必须解释清楚马克思和恩格斯的所有这些批评哲学的词句。

有人可能这样来理解马克思和恩格斯所说的"终结"与"消灭"哲学:

---

① 《马克思恩格斯全集》第 1 卷,人民出版社 1956 年版,第 121 页。
② 《马克思恩格斯全集》第 1 卷,人民出版社 1956 年版,第 121 页。
③ 《马克思恩格斯选集》第 1 卷,人民出版社 1995 年版,第 15 页。
④ 《马克思恩格斯选集》第 1 卷,人民出版社 1995 年版,第 16 页。
⑤ 《马克思恩格斯选集》第 1 卷,人民出版社 1995 年版,第 61 页。
⑥ Karl Marx&Friedrich Engels, *Werke*(*Band*3), Dietz Verlag, 1958, s. 27.
⑦ Karl Marx&Friedrich Engels, *Werke*(*Band*3), Dietz Verlag, 1958, s. 218.
⑧ Karl Marx&Friedrich Engels, *Werke*(*Band*3), Dietz Verlag, 1958, s. 218.

他们这里要"终结"和"消灭"的是资产阶级哲学,是传统的西方近代哲学,
"终结"与"消灭"资产阶级哲学不等于要把所有哲学都废除掉,当然也不
等于连无产阶级哲学也不要了。柯尔施认为,在一定意义上可以把马克思
和恩格斯所要"终结"和"消灭"的哲学理解成为资产阶级哲学。他说:"我
们应当记住,对他们来说,全部哲学等同于资产阶级哲学。"①所以,他们说
要"终结"和"消灭"以往的全部哲学时,实际上指的是要"终结"和"消灭"
资产阶级哲学。他非常赞同黑格尔在《法哲学原理》中对哲学与现实的相
互关系所作的概括:每一种哲学不过是"被掌握在思想之中的它自己的时
代"。正因为哲学有这样一种属性,所以我们在探讨马克思和恩格斯关于
"终结"和"消灭"哲学的论述时,必须把下述四种趋势作为"一个历史过程
的四种要素来把握":资产阶级的革命运动、从康德到黑格尔的唯心主义哲
学、无产阶级的革命运动和马克思的唯物主义哲学。也就是说,他要求必
须从阶级属性的角度来分析马克思主义的思想体系与西方近代哲学的关
系。马克思主义体系是无产阶级革命运动的理论表现,而包括德国唯心主
义哲学在内的西方近代哲学是资产阶级革命运动的理论表现。两者之间
当然有着内在的联系,"它们必然在精神上和历史上(即在意识形态上)彼
此处于联系之中,就像在社会政治实践领域里,作为一个阶级的无产阶级
的革命运动和资产阶级的革命运动处于联系中一样"②。这种联系主要体
现在马克思主义哲学对西方近代哲学,特别是对德国古典哲学的继承性
上。不能说观念运动的革命运动在 19 世纪 40 年代减弱并最后停止了,而
应该说只是经历了一个深刻的和有意义的变化。德国古典哲学,这一资产
阶级革命运动的意识形态表现并未退场,而是转变成了一种新的科学,这
种科学以后作为无产阶级革命运动的一般表现出现在观念的历史上。这
就是最早由马克思和恩格斯在 19 世纪 40 年代发现和系统论述的"科学社
会主义"理论。但是,这种继承性仅仅是两者相互关系的一个方面,另一个
更重要的方面是马克思主义理论对包括德国古典哲学在内的整个资产阶
级哲学的批判与对抗。阶级属性的不同决定了两者之间的相互对立是主
要的。"新的马克思主义的唯物主义理论'自发地'与资产阶级的唯心主

---

①　Karl Korsch, *Marxism And Philosophy*, Monthy Review Press,1970,p. 48.

②　Karl Korsch, *Marxism And Philosophy*, Monthy Review Press,1970,p. 45.

义哲学相对峙"①。柯尔施强调,如果马克思不坚定地去"终结"与"消灭"资产阶级哲学,那就不可能形成自己的作为无产阶级革命运动理论表现的思想体系。资产阶级哲学不得不停留在它在社会实践中不得不停止下来的地方,也就是说,不得不走向没落,而与此同时,哲学将历史地超越这个障碍。在这一过程中,一种新的哲学必然历史地诞生。当哲学越过历史的障碍时,很有可能造成某种错觉,即"好像在超越资产阶级立场的局限这一行动中,马克思主义自身作为一个哲学的对象就立即要被废弃和消灭"②。必须明确,马克思和恩格斯在批判资产阶级哲学时,并没有取消哲学,而是建立了自己的哲学。柯尔施这样说道:"两位年轻的黑格尔主义者马克思和恩格斯,当他们在19世纪40年代离开黑格尔时,他们是完全自觉地脱离德国唯心主义哲学,并转变到关于历史和社会的唯物主义观念上来的。"③

如果把马克思和恩格斯所提出的"终结"与"消灭"哲学理解成只是要废除资产阶级哲学,那问题就变得十分简单明了了,人们不需要费很多口舌就可以说清楚。尽管在马克思和恩格斯的著作中有大量关于"终结"和"消灭"哲学的言辞,但这并不表明马克思和恩格斯所建立的理论体系没有哲学的特性。可实际上问题恰恰并不是如此简单明了,正如柯尔施所指出的,马克思和恩格斯提出要"终结"和"消灭"哲学不仅仅包含着与资产阶级哲学决裂的含义,而且还确实有连哲学这种形式也要取消掉的意思。他说,马克思和恩格斯"恰恰不是反对特殊的哲学体系——他们要用科学社会主义最终克服和取代哲学"④,"他们的新的辩证唯物主义观点不仅要取代资产阶级唯心主义哲学,而且同时要取代全部哲学"⑤。在他看来,只要深入地研究一下马克思和恩格斯本人的关于"马克思主义和哲学"相互关系的论述,就不难看出这一点。这样,对于认定马克思主义在本质上是哲学的柯尔施来说,一个真正的难题就活生生地摆在他面前:如何在不否定马克思和恩格斯确实要"克服和取代一切哲学"、"废弃哲学这种形式"

① Karl Korsch, *Marxism And Philosophy*, Monthy Review Press, 1970, p. 45.
② Karl Korsch, *Marxism And Philosophy*, Monthy Review Press, 1970, p. 47.
③ Karl Korsch, *Marxism And Philosophy*, Monthy Review Press, 1970, p. 35.
④ Karl Korsch, *Marxism And Philosophy*, Monthy Review Press, 1970, p. 48.
⑤ Karl Korsch, *Marxism And Philosophy*, Monthy Review Press, 1970, p. 49.

的前提下,说清楚马克思主义本身还包含着哲学的内容,甚至其核心还是哲学。

　　为了解开这样一个难题,柯尔施要人们围绕着马克思和恩格斯在许多场合所讲述的废除哲学的话,对下述一连串的问题展开深入的思考:这一废除过程应当如何完成? 或者它是否已经完成? 通过什么行动来完成? 以什么样的速度完成? 是对于谁来说的? 也就是说,这一废除哲学应当被看做是由马克思和恩格斯一次思想上的行动而一劳永逸地完成的吗? 它的完成应当被认为只是对于马克思主义者来说的呢,还是对于全体无产阶级,或者对于全人类来说的呢? 或者,我们是否应当把它理解为一个非常漫长和非常艰巨的,通过各个完全不同的阶段而展开的革命过程? 如果这样的,那么,只要这个艰巨的过程还没有达到它的最终目标,即废除哲学,马克思主义对于哲学的关系又是什么?[①]

　　实际上,当柯尔施把这些问题鲜明地提出来之时,人们已经知道他究竟是如何解开这一难题的了。他解决这一难题的思路已清楚地呈现在他所提出的这些问题之中。显然,在他看来,废除哲学在马克思和恩格斯那里是个最终目标,而要实现这个目标必须经历一个漫长的过程。在这一漫长的过程中,哲学为了最终走向灭亡必须不断地强化自己。也就是说,在哲学走向灭亡的漫长的过程中,哲学不但还存在着,而且很有可能还被强化。他用"不在现实中实现哲学,就不能消灭哲学"这一马克思的名言来结束他的整个论述是意味深长的。他强调的是,作为辩证法家的马克思和恩格斯是通过"实现哲学"来达到"消灭哲学"的。马克思和恩格斯确实是由反对哲学的现实性开始了他们的全部革命运动,但是,他们总是把哲学当做具体的现实而不是空洞的幻想来对待的。他正是根据这样一个基本思路来理解马克思主义和哲学的关系,强调在马克思和恩格斯那里"哲学自身没有由于只是废除它的名称而被废除"[②]。马克思和恩格斯为了最终消灭哲学建立起了自己的哲学,即马克思主义哲学,而且这种哲学构成了整个马克思主义的核心。柯尔施经常用马克思和恩格斯对待国家的态度来与他们对待哲学的态度加以对比。马克思和恩格斯要消灭国家则是确

　　① Karl Korsch,*Marxism And Philosophy*,Monthy Review Press,1970,p. 51－52.

　　② Karl Korsch,*Marxism And Philosophy*,Monthy Review Press,1970,p. 50.

信无疑的,他们不仅反对一种特殊历史形式的国家,即资产阶级国家,他们也从根本上反对国家这种形式,并向人类提出了消灭国家的任务。但与此同时,他们又认为消灭国家不可能一蹴而就,从而他们又主张在消灭国家的过程中国家不仅要存在而且在某个时期还得加强。在柯尔施看来,马克思和恩格斯对待国家的态度与对待哲学的态度是完全一致的。作为辩证法家的马克思和恩格斯始终明白,"哲学的消灭对他们来说并不意味着简单地抛弃哲学"①,所以他们的整个超越与消灭哲学的过程又"混合着哲学的特征"②。柯尔施根据他的这一思路来理解马克思主义和哲学的相互关系,最后得出的结论是:"马克思和恩格斯的辩证唯物主义在本质上是彻头彻尾的哲学……它是一种革命的哲学,它的任务是以一个特殊领域,即哲学领域里的战斗来参与在社会的一切领域里进行的反对整个现存秩序的革命斗争。"③

二、搞清楚马克思主义是不是哲学的关键在于弄明白马克思主义哲学究竟是什么

柯尔施论证马克思主义在本质上是哲学的过程,也就是阐述马克思主义哲学究竟是什么的过程。在他看来,搞清楚马克思主义是不是哲学的关键不仅仅在于对马克思和恩格斯的一系列"终结"和"消灭"哲学的言辞作出富有说服力的解释,更在于弄明白马克思主义哲学究竟是什么。马克思主义是不是哲学最终取决于对马克思主义哲学本身的理解。

柯尔施与卢卡奇一样,把总体性视为马克思主义哲学的内涵和标志。他明确地指出:"马克思主义的唯物主义首先是历史的和辩证的唯物主义。换句话说,它是这样一种唯物主义,它的理论认识了社会和历史的整体,而它的实践则颠覆了这个整体。"④他所说的作为马克思主义哲学主要内涵所在的总体性主要有两层意思:

其一,把社会和历史作为总体来认识和把握。在他看来,马克思主义

---

① Karl Korsch,*Marxism And Philosophy*,Monthy Review Press,1970,p.76.

② Karl Korsch,*Marxism And Philosophy*,Monthy Review Press,1970,p.75.

③ Karl Korsch,*Marxism And Philosophy*,Monthy Review Press,1970,p.75 – 76.

④ Karl Korsch,*Marxism And Philosophy*,Monthy Review Press,1970,p.77.

哲学的基本要求是把社会的各个环节看成是一个有机的整体。在历史的纵向上,把过去、现在与未来联成一体,把历史的瞬间都放到历史的长河中去观察。总体性原则也是注重历史性的原则,这就是强调人的一切活动都是在历史中发生的,从而要真正理解当下的活动,只有把其置入历史的总体之中。而在社会的横断面上,则把社会的各个方面联成一体,把每一个实际接触到的点都放到社会的整个面上去分析。柯尔施具体分析说,"实在"或"社会"是由三个方面构成的:一是"经济",它是唯一真正客观的和非意识形态的实在;二是"法和国家",它们并不全是真实的,因为它们被意识形态所覆盖;三是"纯粹的意识形态",它既不是客观的,总的来说也不是真实的,它是社会生活的一种扭曲的反映。他认为,按照马克思主义的总体性观点,这三者之间有着千丝万缕的联系,共同构成一个有机的整体。有的学者如此评价柯尔施的《马克思主义和哲学》一书:"这一著作的基本假定就是把社会作为一个总体加以说明,在这一不可分解的整体中,每一要素都支持并反映其他要素。"①

其二,强调把理论与实践当做是一个完整的现实的总体,致力于把人的理论活动与人的实际行为真正统一起来。在他看来,马克思主义哲学对总体性的追求,归根到底是对理论与实践统一的追求。在马克思那里,理论与实践的总体性是同主体与客体的总体性、思想与现实的总体性相一致的。他指出,"我们将证明:事实上,马克思和恩格斯绝没有任何这样的关于意识和现实的关系的二元论的形而上学观……他们从来没有想到过他们会被这样危险地误解……因为意识和现实的一致,是每一种辩证法,包括马克思的辩证唯物主义的特征"②。马克思主义从意识与现实的一致性必然引出理论与实践的统一性。马克思主义哲学作为一种无产阶级的理论其本质特征就是与无产阶级的行动不可分。他说:"理论和实践不可分割的相互联系,作为马克思的唯物主义的第一个共产主义类型的最独特的标志,在他的体系的较后期形式中,无论如何也没有被废除。"③马克思主义理论具有不只是理论的,而且也是实践的和革命的目的,仅仅因为这一

① Gorman,*Biographical Dictionary of Neo-Marxism*,Monthy Review Press,1985,p. 237.

② Karl Korsch,*Marxism And Philosophy*,Monthy Review Press,1970,p. 88.

③ Karl Korsch,*Marxism And Philosophy*,Monthy Review Press,1970,p. 59 – 60.

点"就说它不再是哲学,这是不正确的"①,实际上正是这一点构成了马克思主义哲学的主要特征和内容。

柯尔施认为马克思主义自诞生以来经历了三个阶段:第一个阶段开始于 1843 年前后,结束于 1848 年的革命;第二个阶段开始于 1848 年 6 月战斗中的巴黎无产阶级被血腥镇压,一直至 19 世纪末;第三个阶段自 20 世纪初开始。在他看来,第一个阶段马克思主义理论完全是一种哲学理论,第二个阶段在马克思主义创始人那里马克思主义继续是哲学,而在他的一些追随者那里马克思主义变成了与哲学不相干的理论,第三个阶段则是新的一代马克思主义者力图恢复马克思主义的哲学的特性。柯尔施用于判断马克思主义在这些不同的阶段是不是哲学的主要标准,就是看其是否坚持总体性原则和理论与实践的统一。这也可以从一个方面来说明柯尔施确实强调马克思主义哲学的内涵和特征就是总体性原则和理论与实践的统一。

他指出,在马克思主义发展的第一阶段,尽管马克思和恩格斯讲了不少否定哲学的话,但马克思主义这一理论的最初形态"却是完完全全为哲学思想所渗透的"。其理由很简单,"它是一种把社会发展作为活的整体来理解和把握的理论;或者更确切地说,它是一种把社会革命作为活的整体来把握和实践的理论"②。在这一阶段,不仅经济、政治和意识形态,而且历史过程和有意识的社会行动,都构成了"革命的实践"的活的统一体。而到了 19 世纪后半期,即马克思主义发展的第二个阶段,科学社会主义代表了马克思主义一般理论的表达。这一表达比起《共产党宣言》等著作的直接的革命共产主义是不同的。但必须明确,"甚至在马克思和恩格斯的后期著作中,马克思主义理论的核心特征实质上仍然没有变化",因为即使在这一阶段马克思和恩格斯的论述,他们的马克思主义作为科学社会主义"仍然是社会革命理论的唯一整体"③。在这一新的阶段,总体的各个组成部分,它们的经济的、政治的和意识形态的要素,科学理论和社会实践,进一步分离开来了。但尽管如此,在马克思和恩格斯那里,这决不会"产生代

---

① Karl Korsch, *Marxism And Philosophy*, Monthy Review Press, 1970, p. 75.
② Karl Korsch, *Marxism And Philosophy*, Monthy Review Press, 1970, p. 57.
③ Karl Korsch, *Marxism And Philosophy*, Monthy Review Press, 1970, p. 58 – 59.

替整体的大量各个独立要素"。"马克思主义体系自身从未消溶在各个知识分支的总和之中,尽管它的成果的实际的和外在的应用暗示着这样的后果。"①实践证明,在理论上以辩证的方式,在实践上以革命的方式理解的马克思主义哲学、马克思主义的唯物史观,与那些孤立的、自发的各个知识分支,与作为脱离革命实践的科学上的目标的纯理论的考察都是不相容的。这就是马克思主义哲学的精华之所在。

但就是在马克思主义发展的第二个阶段,马克思的一些追随者和支持者们,与他们否定马克思主义的哲学特征相一致,"把社会革命的理论割裂成了碎片"②。他们越来越认为科学社会主义是一些纯粹的科学观察,与政治的或其他阶级斗争实践没有任何直接的联系。在马克思和恩格斯那里本质上是辩证的唯物史观,最后在他们的追随者那里变成了某种非辩证的东西。对一些人来说,"它已经变成了一种专门化的理论考察的启发式原则",而对另一些人来说,"它变成了某种最好称之为一般系统社会学的东西"。正是针对这些马克思的追随者对马克思主义总体性原则和理论与实践相统一特征的阉割、否定,一些新的马克思主义者把马克思主义引入了第三个阶段。这些新的马克思主义者在重建马克思主义哲学的旗帜下,一方面恢复马克思主义的总体性原则,另一方面重构理论与实践的内在联系。

柯尔施认为,无论是就总体性原则而言,还是从与此相应的理论与实践的统一性出发,马克思主义都突出了意识与现实的一致性。马克思认为那种满足于以费尔巴哈式的把全部意识形态表象归结为它们的物质的和世俗的核心的方法是理论的、抽象的、非辩证的。马克思的一生,"都反对那种把关于直接给予的现实的思想、观察、感知和理解与这个现实对立起来,好像前者自身也是直接地被给予的独立本质的非辩证的方法"③。柯尔施强调,马克思和恩格斯的方法不是抽象的唯物主义的方法,而是辩证唯物主义的方法。对于马克思主义来说,前科学的、超科学的和科学的意识,不再是超越于和对立于自然的和社会历史的世界而存在的。如果它们

---

① Karl Korsch, *Marxism And Philosophy*, Monthy Review Press, 1970, p. 59.
② Karl Korsch, *Marxism And Philosophy*, Monthy Review Press, 1970, p. 60.
③ Karl Korsch, *Marxism And Philosophy*, Monthy Review Press, 1970, p. 91.

也是作为世界的一个"观念的"组成部分的话,那么它们就作为世界的真实的和客观的组成部分而存在于这个世界之中。"事实上,马克思和恩格斯绝没有任何这样的关于意识与现实的关系的二元论的形而上学观","意识和现实的一致,是每一种辩证法,包括马克思的辩证唯物主义的特征"①。

三、否认马克思主义的哲学特征必然导致马克思主义丧失革命性

柯尔施如此致力于论证马克思主义在本质上是哲学,归根结底是为了恢复马克思主义的革命性。在他看来,恢复马克思主义的哲学特征与恢复马克思主义的革命性是完全一致的。在他那里,马克思主义与哲学的关系问题,是同"哲学是如何关联于无产阶级的社会革命的"这一问题紧密相连的。

柯尔施回顾无产阶级的斗争历史得出结论:凡是轻视、抹杀马克思主义的哲学内容,那么在出现马克思主义的理论危机的同时,无产阶级的革命运动也必然出现危机。第二国际的理论家之所以走上了放弃甚至背叛革命的道路,一个重要原因就是对马克思主义哲学的忽视。就拿鲁道夫·希法亭来说,他于1909年10月出版了《金融资本》一书,公开强调马克思主义是一种"客观的"科学理论,而不是渗透着价值判断的哲学。自此以后,他实际上充其量只是一个改良主义者,而不再是一个无产阶级的革命家了。当这些第二国际的理论家强调马克思主义是一个经济体系或者是一种社会学说时,他们实际上所做的就是"将一个统一的关于社会革命的一般理论改变成对于资产阶级的经济秩序,资产阶级的国家,资产阶级的教育体系,资产阶级的宗教、艺术、科学和文化的批判。这些批判按其本性来说,不再必然发展为革命的实践;它们同样地能够发展为各种各样的改良企图,这些企图基本上仍保持在资产阶级社会和资产阶级国家的界限之内"②。这种对马克思主义革命学说的歪曲,即歪曲成为不再导致实际的

①　Karl Korsch,*Marxism And Philosophy*,Monthy Review Press,1970,p. 88.
②　Karl Korsch,*Marxism And Philosophy*,Monthy Review Press,1970,p. 63 - 64.

革命行动的纯粹的理论批判,与对马克思主义的哲学特征的抹杀是相平行的。原初的马克思主义的社会革命理论衰变为没有任何革命结果的社会的理论批判,是忽视马克思主义哲学的必然结果。

柯尔施还指出,坚持马克思主义的哲学特征与无产阶级革命激情之间是相辅相成的。如果抹杀了马克思主义的哲学特征,必然带来无产阶级革命的低落。同样,在无产阶级革命处于低潮的背景下,也必然会排斥马克思主义的哲学内容。在一个相当长的历史时期内,虽然马克思主义在整个欧洲,甚至在整个世界上缓慢地传播开来,但是它事实上没有实际的革命任务要去完成。因此,革命的问题甚至在理论上对于大多数马克思主义者来说,已经不再作为现实世界的问题而存在了。对于改良主义者来说,这些问题已完全消逝了。即使对于正统的马克思主义者来说,这些问题也全然失去了《共产党宣言》的作者面对它们时的那种直接性,而退却到了遥远的未来。在这样一种环境下,人们即使还去研究马克思主义,也会习惯于对之进行所谓非哲学的纯"客观"的科学研究,把其分割成一个个独立的学科加以学术考察,把其禁锢在书斋里仅仅作为某种学问去"啃"。

正因为在坚持马克思主义的哲学特性与保持马克思主义的革命性之间有着如此紧密的内在联系,所以当一些无产阶级革命家在革命处于低落时期力图重新激起革命的激情,重新组织力量向旧世界发起冲击之时,都从重建马克思主义哲学、恢复马克思主义的哲学特征入手。罗莎·卢森堡就是这样。她明确地认识到,要复兴革命,必须使表达这种革命的共产主义者的理论概念采取一种新的形式,即不是采取第二国际理论家那里的"科学与客观"的经济学和社会学形式,而是采取哲学形式。第二国际的大多数马克思主义理论家对哲学问题的极度轻视,是丧失马克思主义运动的实践的、革命的特征的表现。现在要使马克思主义运动重新具有实践的、革命的特征,首要的就是高度重视哲学问题。于是,她就对马克思主义哲学作出了卓有成效的研究。长期被人打入冷宫的马克思主义的哲学理论在罗莎·卢森堡等人那里又部分地获得了新生。与此相应,总体性原则又作为马克思主义的一个基本原则被鲜明地提了出来,理论与实践之间的内在联系又被有意识地重建。另一个"西方马克思主义"的创始人卢卡奇同样赞扬罗莎·卢森堡对马克思主义哲学,特别是马克思主义总体性方法的弘扬,认为罗莎·卢森堡坚持总体性的方法,"始终围绕着同一个问题转,即认识历史过程的总体",而"马克思模仿者的教条唯物主义则重蹈使历史现实的总体瓦解的覆辙"①,两者给无产阶级和人类解放事业带来了两种截然不同的结果。

无产阶级在夺取政权之前,由于面临夺取政权的革命任务,从而需要用马克思主义哲学来激发革命意志,并需要以马克思主义哲学作为观察问题和处理问题的思想武器,这是毫无疑问的。那么,在无产阶级夺取政权以后,是不是随着这一革命任务的"完成"无产阶级就可以放弃马克思主义哲学,可以建立并信奉一种没有哲学内容的马克思主义呢?柯尔施对此作出了否定的回答。他强调,无产阶级夺取政权以后,仍然存在着坚持马克思主义的哲学特征的需要,而这种需要同样来自于"革命实践的压力"。他这样说道:"在夺取了政权以后的革命转变时期,无产阶级必须在意识形态领域内完成一定的革命任务,这一任务不亚于在政治和经济领域完成的任务,所有这些任务永远是相互作用着的。马克思主义的科学理论必须再次成为《共产党宣言》的作者所描述的东西——不是作为一个简单的回复,而是作为一个辩证的发展:一种关于包括整个社会一切领域的社会革命的理论。"②无产阶级夺取了政权,在一定意义上胜利地完成了经济领域和政治领域的革命任务,但在意识形态领域里的革命任务远没有完成,这就决定了无产阶级在夺取政权以后仍然需要一种由哲学支撑着的"包括整个社会一切领域的社会革命的理论"。这就是说,在这一新的历史阶段,马克思主义理论家所必须要面对的不仅仅有"国家对于社会革命和社会革命对于国家的关系问题",而且还有"哲学对于社会革命和社会革命对于哲学的关系问题"。在无产阶级夺取政权的过程中回避这一问题,会导致机会主义,并引发马克思主义内部的危机,而在无产阶级夺取政权以后,如果对这一问题没有明确的立场,割断哲学与社会革命的内在联系,放弃通过坚持马克思主义的哲学特征来促使社会革命的深入展开,那么同样会带来灾难性的后果。柯尔施强调,"在这个新的革命斗争时期",哲学与社会革命关系这一问题"必须被重新提出","并且必须恢复正确的——辩证的和

① 卢卡奇:《历史与阶级意识》,杜章智等译,商务印书馆1992年版,第85页。
② Karl Korsch, *Marxism And Philosophy*, Monthy Review Press,1970,p.70.

革命的——原初的马克思主义观"①。

在柯尔施看来,马克思主义哲学的这种革命性是由马克思主义哲学的内涵和特征所决定的。如前所述,坚持总体性原则和理论与实践的统一是马克思主义哲学的内涵和主要特征,这样一种哲学决定了其具有改造世界的无穷力量。他要求用马克思主义的哲学观来审视马克思主义哲学本身。马克思主义哲学决不是一些空洞的幻想,它同样是具体的现实。也就是说,它不仅仅是理论的,也是实践的。柯尔施提出了"马克思主义哲学现实性"的概念,旨在强调马克思主义哲学本身就是改变旧世界的一种现实的革命力量。马克思主义哲学的直接功能就是进行哲学的批判,实践证明,马克思和恩格斯即使在后期也没有放弃这种哲学的批判,而是"在更深刻、更彻底的方向上发展了他们的哲学批判"②。马克思和恩格斯在后期所进行的政治经济学批判,实际上也是一种哲学批判,而且正是在"更深刻、更彻底的方向上发展了的"哲学批判。只要我们坚定不移地发挥马克思主义哲学的批判功能,马克思主义哲学将不仅仅在批判旧世界而且在建设新世界中焕发出强大的力量。

四、维护马克思主义的哲学特性必须在两条战线上同时战斗

毫无疑问,柯尔施强调马克思主义在本质上是哲学,维护马克思主义的哲学特性,主要是针对第二国际的理论家的。他认为,第二国际的领导人走上背叛革命的机会主义道路,与他们否认马克思主义的哲学内容密切相关,于是他把对第二国际领导人在政治上的机会主义和投降主义路线的揭露,与对他们抹杀马克思主义的哲学特性紧紧地结合在一起。

正因为如此,柯尔施本人对他的《马克思主义与哲学》发表以后,会在第二国际的领导人和理论家中间产生强烈反响,甚至会遭到他们的激烈攻击是有着充分思想准备的。事态的发展果然没有出乎柯尔施的意料,包括卡尔·考茨基在内的几乎所有的第二国际的领导人和理论家看到了柯尔

---

① Karl Korsch,*Marxism And Philosophy*,Monthy Review Press,1970,p.71.

② Karl Korsch,*Marxism And Philosophy*,Monthy Review Press,1970,p.86.

施的这一著作后都出离愤怒,卡尔·考茨基专门撰文对柯尔施的观点加以驳斥。这些第二国际的领导人和理论家一方面坚持把哲学与马克思主义对立起来;另一方面则指责柯尔施硬把哲学与马克思主义扯在一起,是对马克思主义的"原初的"形式的"毫无道理的偏爱"①,是无视马克思和恩格斯本人以及第二国际的理论家对这种"原初的"形式的"建设性的发展"。

柯尔施意识到,为了维护马克思主义的哲学特性,必须坚持不懈地同第二国际的领导人和理论家公然否定哲学与马克思主义之间内在联系的倾向作斗争。他写了《关于"马克思主义和哲学"问题的现状——一个反批判》一文,在有针对性地回击他们的指责的过程中,深入地阐发了马克思主义在本质上是哲学。他这样说道:"《马克思主义和哲学》的目的在于重新强调马克思主义的这个哲学的方面。这样一来,它就与所有那些早先自觉地表现为对马克思主义的康德主义的、马赫主义的或其他的哲学上的'修正主义者'的德国的和国际马克思主义的集团站到了对立面。其中最突出的派别是在正统的马克思主义的社会民主党内部占统治地位的核心集团中发展起来的,它对马克思主义越来越采取一种反哲学的、科学实证主义的观点。"②他在这里再一次指出:"在整个19世纪下半叶,在马克思主义与哲学的关系上没有发生决定性的变化。这正如哲学在中世纪没有变化一样。"③他承认,马克思和恩格斯在其思想的发展过程中有一段时期持有"反哲学"的立场。他说:"我把马克思和恩格斯在19世纪40年代的辩证唯物主义的、批判的和革命的理论描述成一种'反哲学'。"④但与此同时他马上又指出,必须看到,一方面这种"反哲学""实质上依然是哲学的",另一方面在过后不久一种哲学的发展在马克思和恩格斯那里又在与"反哲学"的立场的冲突中"出现"了,实际上"它是对前者的补充"。"这最先见之于19世纪50年代后期,在马克思和恩格斯本人的著作里,然后更晚些时候在他们最好的门徒拉布里奥拉和俄国的普列汉诺夫的著作中。这种理论特征或许可以规定为一种向黑格尔哲学的回归,而不只是向19

① Karl Korsch,*Marxism And Philosophy*,Monthy Review Press,1970,p. 102 – 103.
② Karl Korsch,*Marxism And Philosophy*,Monthy Review Press,1970,p. 117 – 118.
③ Karl Korsch,*Marxism And Philosophy*,Monthy Review Press,1970,p. 105.
④ Karl Korsch,*Marxism And Philosophy*,Monthy Review Press,1970,p. 105.

世纪 40 年代狂飙与突进运动时期黑格尔左派的本质上是批判的和革命的
'反哲学'的复归"①。针对卡尔·考茨基他们关于"他们把哲学从马克思
主义中清除出去是对马克思主义建设性的发展"的说法,柯尔施尖锐地指
出,这种使马克思主义脱离哲学变成一门"实证科学"的行径,这种把马克
思主义"扩展"成一种"不仅对革命时期而且对非革命时期也有效的理论"
的行径,是"剥夺了马克思主义理论的本质上革命的特征"②。

大大出乎柯尔施意料的是,他的《马克思主义和哲学》一书出版以后,
不但受到了来自第二国际理论家的攻击,而且还受到了第三国际理论家的
围剿,所受到批判的程度甚至远远超过前者。他说,一旦他的这一著作被
外界所知,会遭到俄国的每一个报刊的"超乎寻常的敌意的攻击"③。他意
识到,他在这一著作中的观点除了与第二国际理论家的立场不一致外,还
与第三国际的理论家的立场"具有更强烈的对抗性"。他说:"我对今天哲
学革命任务的看法甚至可能同第三个派别具有更强烈的对抗性。这个派
别主要是从俄国马克思主义的两个派别中产生的,现在主要以新的布尔什
维克'马克思列宁主义'的理论家们为代表。"④

柯尔施的宗旨是论证马克思主义在本质上是哲学,是维护马克思主义
的哲学特性,而第三国际的理论家也并不否认马克思主义的哲学内容,甚
至一再宣称"恢复了真正未经篡改的马克思哲学的完全哲学的意识形
态"⑤。既然如此,他们为什么也要如此激烈地批判柯尔施的观点呢? 关
键在于,纵然他们同意柯尔施把马克思主义归结为是哲学的做法,但他们
绝不赞同柯尔施对马克思主义哲学的内容和特征的解释。形势的发展迫
使柯尔施还得回击来自第三国际理论家对他的指责。他所写的《关于"马
克思主义和哲学"问题的现状———一个反批判》一文,实际上主要的内容
是对来自第三国际理论家的批判展开"反批判"。

如前所述,柯尔施强调坚持总体性和理论与实践的统一是马克思主义
哲学的内涵和特征,而马克思主义哲学的精髓之处在于突出了意识与现实

---

① Karl Korsch, *Marxism And Philosophy*, Monthy Review Press,1970,p.106.
② Karl Korsch, *Marxism And Philosophy*, Monthy Review Press,1970,p.108.
③ Karl Korsch, *Marxism And Philosophy*, Monthy Review Press,1970,p.118.
④ Karl Korsch, *Marxism And Philosophy*, Monthy Review Press,1970,p.118.
⑤ Karl Korsch, *Marxism And Philosophy*, Monthy Review Press,1970,p.119.

的一致性。对马克思主义哲学的这样一种解释,是第三国际的理论家所不能容忍的。他们指责柯尔施的这种解释是对马克思主义哲学的"唯心主义的背叛"。柯尔施申辩说,在马克思主义与哲学关系这一问题上,不但要看到马克思主义并没有离开哲学而是以哲学为核心这一点,同时更应看到马克思主义确实已经超越了旧的哲学传统,马克思主义哲学是已经超越了旧的哲学传统的新哲学这一点。具体地说就是马克思主义哲学已经超越了"在意识与它的对象之间划一条严格的界限"的传统思维方式。柯尔施指出,正是他假定了马克思主义哲学"对于意识和存在的关系上粗糙的、前辩证的,甚至是前先验的观念的这种批判","无意中触及了那时有计划地从莫斯科分发到整个共产主义世界的'哲学'世界观的要害"①。这些俄罗斯马克思主义理论家所坚守的哲学世界观实际上是早已被马克思和恩格斯所批判地超越了的"唯物主义的 ABC 观点",从而实际存在的不是其他什么人对马克思主义哲学加以"唯心主义的背叛",而是这些俄罗斯的马克思主义理论家用"唯物主义的 ABC 观点"来曲解马克思主义哲学。这样做的结果是,"片面地把辩证法变成了客体、自然和历史","把认识仅仅描绘成主观意识对这种客观存在的被动的镜子式的反映",这样一来,"既破坏了存在和意识的辩证的相互关系,而且作为一个必然的结果,又破坏了理论和实践的辩证的相互关系"。柯尔施强调,这些俄罗斯马克思主义理论家的所谓的唯物主义"来源于一种绝对的和既定的形而上学的存在观","尽管它的全部声明都宣称自己不是形而上学,但它不再是完整意义的辩证法,更不用说辩证唯物主义了"②。

在对俄罗斯的马克思主义理论家展开"反批判"的基础上,柯尔施进一步指出,对马克思主义哲学实际上有着两种不同的理解:其一是像俄罗斯马克思主义理论家那样的按照传统的"二元论的形而上学观"来解释马克思主义哲学;其二是像他那样把坚持总体性原则以及理论与实践相一致视为马克思主义哲学的内涵和主要特征。由于前面一种解释不符合马克思主义哲学的实际,是一种"虚构"出来的马克思主义哲学,所以,人们也就有理由把这种所谓的马克思主义哲学从马克思主义中剥离出来,从而进

① Karl Korsch, *Marxism And Philosophy*, Monthy Review Press, 1970, p. 122 – 123.

② Karl Korsch, *Marxism And Philosophy*, Monthy Review Press, 1970, p. 132.

一步得出马克思主义与哲学无缘的结论。这样看来,为了维护马克思主义的哲学特性并进而维护马克思主义的革命性,更加迫切和重要的不是与那种公开否认马克思主义的哲学内容的倾向相抗衡,而是与那种尽管不否认马克思主义是哲学,可与此同时却又把马克思主义哲学歪曲成"二元论的形而上学观"的倾向展开斗争。

上面我们从四个方面论述了柯尔施的《马克思主义和哲学》一书所给予我们的启示。归结起来就是:马克思主义在本质上是一种哲学,马克思主义的哲学的特性决定了它是一种革命的学说,马克思主义丧失了哲学的特性也就丧失了其革命的特性;尽管马克思和恩格斯曾经提出过要"终结"和"消灭"哲学,但不能因此而否认马克思主义在本质上是一种哲学,关键在于必须用马克思的"不在现实中实现哲学,就不能消灭哲学"的辩证思维来理解这些有关"终结"与"消灭"哲学的言辞;维护马克思主义的哲学特性,必须在两条战线上同时战斗,既要反对那种轻视和反对马克思主义的哲学内容的倾向,又要与把马克思主义哲学歪曲成"二元论的形而上学观"的倾向作斗争;搞清楚马克思主义是不是哲学的关键在于弄明白马克思主义哲学究竟是什么,即必须明确马克思主义哲学以坚持总体性和理论与实践的统一为内涵和主要特征。最后还须说明的是,本文主要从揭示"启发意义"的角度论述了柯尔施的《马克思主义和哲学》一书,而不管这种启发是来自正面的、侧面的还是反面的。因此,本文并没有对这一著作的种种错误与不足之处作出全面的分析,这只能留在其他场合加以完成。

评哈贝马斯对当代
资本主义的最新研究

哈贝马斯原先是"西方马克思主义"的重要代表人物,但在 20 世纪 70 年代以后,他放弃了马克思主义的立场,相应地也从一个资本主义的批判者变成了资本主义的辩护人。但是在苏东剧变后,当许多人更起劲地为当代资本主义大唱赞歌之时,他却对当代资本主义作出了批判性的分析,千方百计地论证当代资本主义并没有随着其对立面的受挫而注入强大的生命力,相反陷入了更深重的危机之中。来自这位思想大师对当代资本主义社会的新认识,尽管无疑其中具有不少片面不实之词,但对我们正确、全面地认识当代资本主义是有启发作用的。

一

哈贝马斯于 1990 年出版的论文集《追补的革命》,不但对苏东社会主义失败的原因作出了分析,而且在新的历史背景下对当代资本主义展开了批判。他认为,批判的左派没有理由放弃社会主义的目标,"没有理由懊悔,但也不能装成什么也没有发生的样子"。他们应当坚决地接受已经发生的事实,通过正确地观察与批判资本主义,把历史向未来的社会主义推进。他鼓励左派人士说,"在这方面,社会主义的左派将发现他们的最佳位置,发现他们的政治作用",要求他们"把社会主义观念转换成改良主义地对一种资本主义社会进行的自我批判,这种资本主义社会在一种法治和福利国家的大众民主的形式中既展现了自己长处,同时也暴露了自己的短处"①。哈贝马斯在这里明确指出,当代资本主义在法治和福利国家的大众民主的形式中展现自己的长处的同时,其短处亦暴露无遗。哈贝马斯反对对苏东剧变原因的种种反社会主义的解释。反社会主义者把苏东剧变视为"胜利地结束了 1917 年由布尔什维克宣告的全球内战:一种又转而反对其自身起源的革命",他对这种看法很不以为然,认为这种观点没有从本质上看问题,最本质的东西是资本主义必然走向自我否定的逻辑。他强调,市场经济、民主政治和多元文化固然有许多优越之处,但它们自身也有其局限。尤其在当代,经济力量和政治权力已经侵蚀了生活世界,工具理性的片面发展把人变成了从属于市场和权力的怪物。西方社会特有的各种难题,并没有随着柏林墙的倒塌而得到完全解决,"市场经济体系对其外部的、转嫁到社会和自然环境上的代价麻木不仁,在我们那里一如从前伴随着具有危机性的经济增长——这种增长带有众所周知的不均等性和内核中的边缘化,带有经济的回落,甚至萎缩、退化,因此伴有第三世界的野蛮的生活状态、对文化遗产的剥夺和第三世界的饥饿灾难,特别是伴有对自然过分剥削所带来的全球风险等"②。在他看来,这就是苏东剧变后的西方资本主义的现实,而正是这一现实告诉人们:面对 21 世纪的挑战,西方社会的发展需要社会主义。

二

1992 年,哈贝马斯出版了他在苏东剧变后最有影响的一部著作《在事实与规范之间——关于法律和民主法治国的商谈伦理》,这是一部论述法哲学的学术专著,但在其中也涉及哈贝马斯对当代资本主义的基本态度。他在"前言"中说道,在苏联模式的"国家社会主义"崩溃以后,在"国际性内战"结束以后,"那自认为是胜利者的一方,却并不因其巨大胜利而欢欣

---

① Habermas, Jürgen, *Die Nachholende Revolution*, Suhrkamp Verlag. 1990, s. 202.

② Habermas, Jürgen, *Die Nachholende Revolution*, Suhrkamp Verlag. 1990, s. 203.

鼓舞。就在它可以独占现代性的道德—实践自我理解的遗产的时刻,面对在全球性社会危机四伏的层面上积极推进对资本主义进行福利国家的、生态主义的驯服这个任务,它却气馁退缩了。对市场导控之经济的系统逻辑它毕恭毕敬;在国家科层之权力媒介的过分负担面前它至少是小心翼翼。但是,对于那种实际上已经受到威胁的资源——贮藏在法律结构之中、急需持续更新的社会团结——它却置若罔闻,缺少哪怕只是有些相似的敏感性"①。哈贝马斯对当代资本主义现实境况的这段描述既贴切又生动。他首先指出,当代资本主义社会的统治者并没有因为在与社会主义的争斗中取得了巨大的胜利而感到欢欣鼓舞。紧接着,他便从三个方面批判地分析了当代资本主义的无能:其一,尽管它独占了对现代性遗产的解释权和实践权,但正当需要它推行福利国家、生态主义路线来应对全球性社会危机之时,它却"气馁退缩"了;其二,它在市场经济的逻辑面前太"毕恭毕敬",在国家科层之权力媒介的过分负担面前太"小心翼翼";其三,在其赖以生存的资源遭到威胁时,它竟然"置若罔闻",甚至缺少起码的"敏感性"。他还一口气罗列了当代资本主义面临的四个方面的"可怕的局面":经济增长的生态极限、南北半球生活条件之间的差别日益增长提出了明显挑战;将国家社会主义改造为一种分化开来的经济系统机制提出了独一无二的历史任务;来自南部和东部贫困地区的移民潮形成严重压力;重新抬头的种族战争、民族战争和宗教战争、核讹诈和国际性资源分配之争危机重重。他断言:"面临这种可怕的局面,西方民主法治社会的政治却失去了方向感和自信心。"②他进一步指出,在西方资本主义国家的"华丽的陈词滥调背后","占上风的却是胆怯懦弱","即使在那些成熟的民主国家,现行的自由建制也并非太平无事"③。

---

① 哈贝马斯:《在事实与规范之间——关于法律和民主法治国的商谈理论》,童世骏译,三联书店 2003 年版,第 5 ~ 6 页。
② 哈贝马斯:《在事实与规范之间——关于法律和民主法治国的商谈理论》,童世骏译,三联书店 2003 年版,第 6 页。
③ 哈贝马斯:《在事实与规范之间——关于法律和民主法治国的商谈理论》,童世骏译,三联书店 2003 年版,第 6 页。

三

　　1996 年,哈贝马斯出版了他的政治哲学著作《包容他者》,该书是哈贝马斯自苏东剧变以来围绕着"话语政治"所展开的思考的主要理论成果,其中自然也包含着他对当代资本主义的一系列批判性的评论。特别是第四部分"论康德的永久和平观念"一节,这是为了纪念康德的"永久和平论"一文发表 200 周年而撰写的论文。他把康德对"永久和平"的渴望,放到当今全球化的历史背景下进行考察,对当今资本主义社会提出了许多尖锐的批评。他这样说道:"今天,在全球范围内,四通八达的媒体、网络以及系统等,形成了紧密的符号关系和社会关系,结果就是当地的事件与远方的事件相互作用,相互呼应。这些全球化过程使得容易受到破坏的复杂社会变得越来越脆弱。一方面,由于风险巨大,核大国之间的军事冲突变得越来越难以捉摸;另一方面,地区冲突却越来越频繁,导致大量的伤亡。此外,全球化也使古典国际法的一些主要前提出现了问题——比如,国家的主权,以及对内和对外政策的严格区分等。"①哈贝马斯的这段话不但点出了全球化的主要特征,而且揭示了由西方发达资本主义国家主要推动的全球化所带来的主要危害所在,这就是加剧冲突和破坏古典国际法的准则。在哈贝马斯看来,全球化所带来的最严重的后果就是削弱了民族国家,也就是"剥夺了康德所说的自由国家联盟主体的独立基础"。他具体揭示说:"非政府的行为者,如跨国公司和具有全球影响的私人银行,削弱了在形式上得到承认的民族国家的主权。"今天,30 个全球最大跨国公司中的任何一个,年收入都比联合国 90 个成员中任何一个的年生产总值高出许多。"随着经济的非民族化,特别是随着金融市场和工业生产在世界范围内联系的日益紧密,国家政策失去了对一般生产条件的控制——因此也就不再是维护已取得的社会发展水平的杠杆"②。哈贝马斯在这里明确指出了在全球化浪潮中国家已"不再是维护已取得的社会发展水平的杠杆",这一点是非常深刻的。他强调,一个真正企图把握当今资本主义世界本质的人,必须正视当今世界的一切罪恶和不幸都源自于资本主义全球化这一

---

① 哈贝马斯:《包容他者》,曹卫东译,上海人民出版社 2002 年版,第 201 页。
② 哈贝马斯:《包容他者》,曹卫东译,上海人民出版社 2002 年版,第 201、第 202 页。

事实。他说:"生态失衡,福利和经济力量的不平等,武器交易,特别是原子武器、生物武器的扩散,恐怖主义,毒品犯罪等等,所有这些带来的危害是显而易见的。谁不对国际社会的学习能力一开始就感到失望,他就必须把他的希望寄托在这样的事实之上,即:这些危险的全球化早就在客观上把整个世界联合成为一个不由自主的风险共同体。"①

四

比起《包容他者》来,哈贝马斯于 1998 年出版的另一部政治哲学专著《后民族结构》对当代资本主义的批判更为直接和尖锐。他在该书的"前言"中明确指出,他写作此书就是为了探讨这么一个问题:"社会福利国家的民主制度在跨越民族界限的情况下能否得到坚持和发展?"②他所说的"社会福利国家的民主制度",就是指当代资本主义制度;他所说的"跨越民族界限的情况下",就是指在全球化的态势下。非常明显,他在这部著作中要探讨的是现代资本主义制度在全球化的态势下"能否得到坚持和发展"。他的整部著作从各个角度作出了否定性的回答。他转引霍布斯鲍姆"用晚期浪漫派的笔调"所写下的一段话来表述他对冷战结束以后的当代世界的看法,"短暂的 20 世纪结束了,却留下了一堆问题,没有人能解决这些问题,也没有人声称能解决这些问题。世纪末的人们在全球性迷雾中为自己开拓出了一条通往第三个千年的道路,他们知道的仅仅是,一个历史已经结束了。其余的,他们一无所知"③。他指出,最晚从 1989 年开始,人们意识到一个时代的终结,但与此同时人们并没有感受到世界已经太平,前途无比光明,人们还是感觉到自己生活在惊恐与不安之中,还是被一种失望和受挫的情感所笼罩。"在那些社会福利国家制度至少取得历史性社会政治成就的国家里,失望的情绪正在蔓延。世纪末,被社会福利国家制度驯服的资本主义出现了结构性的危机,没有任何社会关怀的新自由主义重新开始抬头"④。哈贝马斯把"没有任何社会关怀的新自由主义重新开

---

① 哈贝马斯:《包容他者》,曹卫东译,上海人民出版社 2002 年版,第 213~214 页。
② 哈贝马斯:《后民族结构》,曹卫东译,上海人民出版社 2002 年版,第 1 页。
③ 哈贝马斯:《后民族结构》,曹卫东译,上海人民出版社 2002 年版,第 60 页。
④ 哈贝马斯:《后民族结构》,曹卫东译,上海人民出版社 2002 年版,第 60 页。

始抬头"与"资本主义出现了结构性的危机"联系在一起则是意味深长的。不仅仅要看到原有的一些老问题在当今世界都依然存在,如世界和平和国际安全、世界经济的南北不平衡以及生态平衡的破坏等,而且更应看到:一方面,这些老问题在当今"都具有全球性";另一方面,"由于出现了新问题,而且超出了过去的挑战的范围,从而使这些老问题变得更加尖锐"。他所说的"新问题"就是资本主义世界的活力的锐减。在他看来,西方发达资本主义国家正是依靠这种活力,"和经济上处于依附地位的第三世界国家比较起来,它们能够保持它们的相对独立性",但如今资本主义的全球化正在严重"限制七国集团的活动能力","对于战后欧洲形成的政治秩序和社会秩序而言,经济全球化构成了主要的挑战"①。他特别提请人们注意目前在经济合作组织国家中所出现的一些转向:福利支出遭到削减,进入社会保障体系也变得困难,失业的压力加重。他要人们清醒地认识到,各种指标已经标明,随着两极分化,贫困面在不断扩大,社会也越来越不稳定。经济上的不稳定必然与政治上的不稳定联系在一起,他提醒人们注意在当今资本主义社会中的"下等阶层"的境况,"这些'下等阶层'处于贫困线上,而且还在继续不断地受到其他社会阶层的排挤,他们无法再依靠自身的力量来改变自己的社会处境"②。这一"下等阶层"日益恶化的社会处境乃是当今资本主义社会中"不团结趋势"根源之所在,"这种不团结的趋势必定会危害到自由的政治文化,而民主社会就是建立在这种政治文化的普遍主义的自我理解上面的"③。在他看来,目前西方资本主义社会所实施的这种多数决定的民主制度,只具有一种形式上的正确性,它实际上正对这一制度的合法性构成侵蚀。请看一段哈贝马斯揭露西方议会民主制度实质的精彩话语,"多数决定有的只是一种形式正确性,它如果只反映地位下降威胁的阶层对其地位的担忧和捍卫,也就是说,如果只反映右翼民粹主义的观念,就会对程序和制度本身的合法性构成侵蚀"④。

---

① 哈贝马斯:《后民族结构》,曹卫东译,上海人民出版社 2002 年版,第 60 页。
② 哈贝马斯:《后民族结构》,曹卫东译,上海人民出版社 2002 年版,第 62 页。
③ 哈贝马斯:《后民族结构》,曹卫东译,上海人民出版社 2002 年版,第 62 页。
④ 哈贝马斯:《后民族结构》,曹卫东译,上海人民出版社 2002 年版,第 62 页。

五

哈贝马斯对现代资本主义的态度反映在他对一系列重大事件的评述上。

首先看一看他如何看待海湾战争。他区分了海湾战争的四个维度,即权力政治的维度、殖民主义的维度、现代战争的维度和战争的道德维度。他认为,从战争的道德维度来看,尽管有联合国的授权,但"决不是一种警察的行动",因为它并没有站在联合国的立场上,而是变成了美国和西方国家实现自己利益的工具。这场战争不是在联合国的命令下完成的,主导战争的国家甚至不向联合国报告它们的行动。这些难以阻止它们为所欲为的行为,更谈不到防止它们趁机实现自己的私心。从现代战争的维度看,为了避免重蹈越战的覆辙,海湾战争经过了精心的组织和策划。高技术手段的运用保证了计划的精确实现,新闻媒介也处于严密控制之下。人们从电视台、广播和报纸上只能看到军方希望他们看到的东西。所有非人性的方面都被筛选掉了,"直到今天,伤亡数字仍然处于阴影中,我们只能自己猜测:究竟是死了十万人? 二十万人? 还是更多?"他一方面提出,尽管与联合国直接采取军事行动相比,这场由美国及其盟国进行的战争显得有些可疑,但毕竟有合法性;另一方面则又强调,这种合法性只是名义上的。在他看来,"国际法的贯彻有赖于国际社会的有组织的合作,而不是依赖一个乌托邦式的世界政府"。

再看一看他如何看待北约空袭南斯拉夫。曾有中国学者拜访哈贝马斯,就北约空袭南斯拉夫事件征询哈贝马斯的看法,哈贝马斯这样说道:"用杀人去制止杀人,用暴力去反对暴力显然是应该受到批判的,也是行不通的。米洛舍维奇和南斯拉夫政权用暴力处理民族冲突,从而使许多无辜平民遭到杀害,引发了难民潮,必须受到谴责。但北约以更加猛烈的军事手段去打击米洛舍维奇政权,造成更大的灾难,同样应当受到谴责。现在看来,在北约空袭中死伤的人数比科索沃冲突中死亡的人数更多。假如北约把米洛舍维奇当做战犯控告到国际法庭,那么,北约领导人更有理由作为战犯而受到审判。"[1]哈贝马斯强调,"北约的自我授权不应成为惯例"[2]。

---

① 章国锋:《哈贝马斯访谈录》,东方出版中心 2000 年版,第 151 ~ 152 页。
② 哈贝马斯:《兽性与人性——一场法律与道德边界上的战争》,载《读书》,1999 年第 9 期。

在他看来,美国是打着人权的旗号对南斯拉夫实施空袭的,但实际上美国是别有用心的。他说:"美国也同别的民族一样,首先考虑的是自己的利益,而它的利益与所宣称的规范目的并不总是一致的。"他这样询问那些天真地认可美国的行为的善良的人:"按照这一十足美国式的、亦即某民族的具有规范取向的强权政治的观点,不顾一切困扰、不妥协地把对南斯拉夫的战争一气打到底,必要时甚至派地面部队——这,在今天应该是说得过去的。至少这有前后一致的好处。可是,假如有一天,另外一个地区的——比如亚洲——军事联盟使用武力推行人权政治,而这又建立在他们对国际法和联合国宪章与我们迥然不同的解释上,那么,我们又该怎么说?"①哈贝马斯的意思十分明白:以美国为首的北约不顾其他国家和地区人们的反对,以自己的意愿解释国际法和联合国宪章;你美国可以这样做,别的国家也可以这样做,假如有一天,别的地区的军事同盟也不顾"我们"的反对,按照他们与我们不同的对国际法和联合国宪章的解释,在我们这里强行推广他们所理解的人权政治,我们又有什么话说呢?

最后看一看他如何看待"9·11"事件。他把"9·11"事件定性为"自杀的凶手把作为文明标志的运输工具当做杀生的武器,以反对西方文明的资本主义堡垒"②。他认为,"9·11"事件中自杀的凶手和策划者是冲着西方现代文明,即当代资本主义而来的。这可以从自杀的凶手穆罕默德·阿塔的遗嘱中得知,是宗教信念促使他们这样去做的。对他们而言,全球化是最大的撒旦。而电视屏幕中的画面也使目睹了这场世界末日般灾难的人们不由自主地联想起《圣经》中的画面。美国总统在最初的反应中所使用的复仇语言,也带有《旧约》的色彩。哈贝马斯认为,关键在于他们为什么要反对现代资本主义文明。他说:"在伊斯兰凶手身上,明显地存在着动机与手段的不同步。这反映了凶手故乡文化与社会发展的不协调,而这种不协调是由于快速和彻底的现代化所造成的。在我们这里,这种现代化过程幸运地被认为是一个创造性的破坏过程,但在伊斯兰国家,传统生活方式的解体给人们带来了莫大的痛楚,而且还没有找到补偿的途径。改善物质生活条件固然是途径之一,但关键还在于,由于情感屈尊,精神发生了深

① 哈贝马斯:《兽性与人性——一场法律与道德边界上的战争》,载《读书》,1999年第9期。
② 哈贝马斯:《后民族结构》,曹卫东译,上海人民出版社2002年版,第162页。

刻的变化,这一点在政治上表现为宗教与国家的分离。在欧洲,我们也是用了几个世纪的时间才充分认识到现代的两面性特点。"①从这段话里可以看出,哈贝马斯认为这些伊斯兰凶手之所以要敌视西方资本主义,根本原因在于西方资本主义的现代文明给他们带来了灾难。在他看来,连生活在资本主义社会中的人们都已意识到资本主义的现代性本来就具有两面性。当这种现代性推及非西方国家时,解体了那里原有的生活方式,其负面效应给那里的人们带来了莫大的痛楚,而仅仅依靠改善物质生活是无法补偿这种痛楚的。哈贝马斯认为,恐怖主义是应当反对的,但不能用战争的方式反对,在一定意义上说,"'反恐怖主义战争'不是战争"②。他说,"面对由于脱僵的市场而蔓延的全球化,我们许多人都希望政治能以另一种形式回归。当然,回归的不是那种原初的全球化安全国家,即由警察、秘密警察,现在也包括军队所代表的国家形式,而是那种在全世界范围内塑造文明的国家形象"③。显然,哈贝马斯既不认同"由于脱僵的市场而蔓延的全球化",也不认同与之相适应的"全球化安全国家"。下面一段话可以视为哈贝马斯通过反思"9·11"事件,对当代资本主义所提出的一语中的的批评,"由于自由主义国家的道德来源于宗教,因此,自由主义国家应当能够意识到,面对更高层次上的新的挑战,'共同的人性文化'(黑格尔语)已经不复存在了。今天,市场语言透入了每一个毛孔,将一切人际关系都归结为自私自利的模式。但是,以相互承认为基础的社会纽带,用契约概念、合理选择概念以及利益最大化概念等是无法概括的"④。

哈贝马斯与德里达一样,也对福山关于"历史终结"的说法很不以为然。当有人问到他如何看待苏东剧变以来的东西方对抗的结束的时候,他借机表示福山关于"历史终结"的说法曾经风靡一时,但"我得声明我对历史终结这种论断不以为然",并不是历史到了终结点,而是"被操纵的世界已经到达了崩溃点"。哈贝马斯指出,近代思想家认为民主、自由、平等、博爱的国家的建立就是历史的终点,马克思却发现这不过是政治解放,还不

---

① 哈贝马斯:《后民族结构》,曹卫东译,上海人民出版社2002年版,第163页。
② 哈贝马斯:《后民族结构》,曹卫东译,上海人民出版社2002年版,第163页。
③ 哈贝马斯:《后民族结构》,曹卫东译,上海人民出版社2002年版,第163页。
④ 哈贝马斯:《后民族结构》,曹卫东译,上海人民出版社2002年版,第169~170页。

是人类解放,因为法律上的平等并不意味着事实上的平等。马克思的这一断言,即使对于现代资本主义社会仍然是适用的。他说道:"资本主义第一次对于兑现共和主义的关于全体公民平等的许诺,没有加以阻碍,而是使之成为可能。民主的宪政国家确实在如下意义上保障平等:每一个公民拥有同等的机会使用他们的权利";"然而当看到无家可归者在我们眼前默默地增长的时候,不免使人想起 Anatole France 的一句话:"人们所希望的不仅仅是一切人都有'在桥梁下睡觉'的平等的权利。"在哈贝马斯看来,当人们仅仅拥有形式上的平等,即仅仅拥有"在桥梁下睡觉"的平等的权利时候,怎么能谈得上"历史的终结"?

论高兹的"生态学的马克思主义"

　　随着西方社会中生态运动的蓬勃兴起,生态学的马克思主义也不断发展。生态学的马克思主义已成了当今"西方马克思主义"中最有影响的思潮。我们在这里在对生态学的马克思主义在总体上作一简要的探讨的基础上,着重通过论述其主要代表人物高兹的若干部相关著作,再具体看一看生态学的马克思主义究竟是一种什么样的理论。

一、什么是"生态学的马克思主义"

　　要搞清楚生态学的马克思主义的基本内涵,必须明白其与生态社会主义的区别与联系,而要把握生态社会主义的含义,首先得知晓其与生态主义(ecocentrism)的界限之所在。

　　在生态运动的"绿色"旗帜下,聚集着形形色色的思潮和流派。这些思潮和流派大致可分为"绿绿派"(Green-greens)和"红绿派"(Red-greens)两大阵营。属于前者的主要派别有生态原教旨主义者(ecofundamental-isim)、生态无政府主义者和主流绿党等,他们的理论统称为生态主义。而属于"红绿派"阵营的既有一些社会民主主义者,也有一些马克思主义者,他们的理论统称为生态社会主义。生态主义与生态社会主义的区别可以归纳如下。

首先,在对造成现代社会环境退化、生态危机的根源问题上,生态主义回避资本主义制度,而生态社会主义则把矛头直指资本主义制度。生态主义用非历史的等级概念来取代阶级剥削的概念,认为适用于一切生产方式的"等级制度的权力关系"是引起环境退化、生态危机的根源;而生态社会主义,特别是生态社会主义阵营中的马克思主义者,则强调生产关系、阶级关系是经济、社会和政治剥削的根源,而经济、社会和政治直接导致环境退化和生态危机。前者对现代社会中环境退化和生态危机的批判,基本上不涉及私有制和资本主义的基本制度,而后者则坚持认为资本主义制度是生态危机的真正根源。

其次,由于两者在对造成环境退化和生态危机的根源上存在着这一尖锐的分歧,从而双方在如何消除环境退化、生态危机的问题上,立场也截然有别。生态主义认为资本主义有消化全球生态危机的能力,主张在资本主义制度内实施自由市场、分散化的经济、基层民主以消除生态危机。生态社会主义,特别是生态社会主义阵营中的马克思主义者,则强调资本主义不可能为解除生态危机找到根本的出路,而认为只有废除资本主义制度,废除由这一制度带来的贫困和不公正,才能最终解决生态问题和环境问题。

再次,相应地,两者在消除环境退化和生态危机后应建立什么样的社会的问题上,即两者的社会目标也迥然不同。生态主义把新社会运动视为社会变化的主角,反对把消除环境退化和生态危机与社会主义联系在一起,崇尚"回到丛林去"的浪漫主义,以建立"生态乌托邦"为社会政治理想;生态社会主义,特别是生态社会主义阵营中的马克思主义者,主张与新社会运动结盟,但强调工人阶级是社会变化的主角,在政治上立足于社会主义,以实现生态与经济、社会和谐发展,建立没有剥削和压迫的社会主义为理想目标。

最后,在社会目标问题上的分歧,与对待人类中心主义的态度的区别密切相关。生态主义之所以反对把消除环境退化和生态危机与社会主义联系在一起,主要在于在生态主义者看来,社会主义以人为中心。生态主义从反对工业化对自然的掠夺出发,进而反对人类中心主义,而持生态中心主义的立场。生态社会主义,特别是生态社会主义阵营中的马克思主义者,不是一般地反对人类中心主义,而是反对人类中心主义的资本主义形式。尤其是进入20世纪90年代以后,生态社会主义强调人类在检讨自身对自然界的态度的同时,不应放弃"人类尺度",提出要重返人类中心主义。

生态主义与生态社会主义在上述种种问题上的分歧,直接反映了其理论基础和文化价值取向的不同。生态主义的理论基础是无政府主义,而生态社会主义的理论基础是社会主义。隐含在上述种种分歧背后的是无政府主义与社会主义的对立。生态主义的文化价值取向具有严重的后现代主义色彩,批判启蒙理性,否定工业社会及其发展观,主张反增长、反技术、反生产,就是明例。生态社会主义的文化价值取向则明显是现代主义、理性主义的,这可以从其不否定工业社会的发展观,而主张建立一个以维护生态平衡为基础,又能充分保证现代人享受现代文明成果的社会经济制度中充分看出。

生态社会主义与生态学的马克思主义不是同一个概念,前者包含后者,但并不等于后者。在生态社会主义阵营中,唯有那些带有强烈的马克思主义倾向的人才是生态学的马克思主义者。而在生态社会主义阵营中,除了一些马克思主义者之外,还有一些其他的生态理论家,如社会民主主义者。当然,不管是什么派别、什么样的人,只要是同属于生态社会主义的阵营,由于都以社会主义为理论基础,都主张生态社会主义,从而都与生态主义相区别。但无疑,它们与生态主义相异的程度是不一样的。一般地说,在生态社会主义阵营中,数生态学的马克思主义与生态主义的界限最鲜明,对立最严重。例如,生态社会主义阵营中的一些社会民主主义者,也赞同以分散的小生产与现代化的大生产相抗衡,从无政府主义出发来设计未来理想社会,这就与生态主义走到一起去了。生态社会主义阵营中的个别的社会民主主义者,甚至与生态学的马克思主义的距离远于与生态主义的距离。

在生态社会主义阵营中,生态学的马克思主义者与其他人的最主要的不同之处在于,比较自觉地运用马克思主义的观点和方法,去分析当代资本主义的环境退化和生态危机,以及探讨解决危机的途径。尽管在严格的意义上,他们运用的不是传统意义上的马克思主义的观点和方法,而是西方马克思主义的观点和方法,但他们毕竟公开地明确地自称是"马克思主义者"。

生态学的马克思主义者一般说来都承认与马克思主义的渊源关系,承认生态社会主义是在马克思主义思想指导下形成的一种社会主义思想。他们强调,生态社会主义并没有离开马克思主义的理论传统,但又是对传统马克思主义的一种"补充"、"发展"或"超越"。他们中的大多数人都认定在马克思的著作中已包含了深刻的生态理论,马克思是最早的生态社会主义者,现在需要做的是挖掘、发扬和进一步推进马克思的生态理论。他们中有的人虽然不主张一味地从马克思的著作中为生态社会主义寻找某种"合法性"的根据,但也不否认研究马克思主义对当代生态运动有着重大意义。他们认为,对当代生态运动来说,马克思主义的重要意义不在于理论本身,而在于它的批判精神和它的方法论。

生态学的马克思主义者特别重视马克思主义的方法论。如马克思对资本主义社会的系统分析方法、马克思将社会问题和自然问题联系起来考察的方法、马克思的辩证分析方法、马克思唯物主义地看待人类社会历史的方法等。纵观生态学的马克思主义者的著作,可以非常清楚地看到他们是如何受这些马克思主义方法论的启示,而展开对其全部的生态理论的论述的。

生态学的马克思主义在西方世界被视为是一种政治生态学,它的浓厚的政治生态学色彩不但与生态主义形成了鲜明的对照,就是与同属于生态社会主义阵营的其他思潮也大相径庭。生态学的马克思主义既然是作为一种政治生态学,它便具有建立起政治学与生态学之间的内在联系的显著特征。生态学的马克思主义者把"人与自然的新陈代谢"理解为政治生态学的对象领域,认为这便是生态学与政治学之间有机联系的真正中介。而且他们又强调,这种意义上的"新陈代谢",在很大程度上来源于马克思,它体现了马克思政治经济学批判的唯物主义基础特征。他们认为,作为一种政治生态学的生态学的马克思主义,一方面它是**政治的**,从而它不会忽视人的剥削关系这一面;另一方面它又是政治的**生态学**,所以它能够在更广泛地对自然的剥夺这一背景下把握这些关系。作为一种政治生态学的生态学的马克思主义,是以不仅对人的剥削关系的批判,而且也对盘剥自然的批判为出发点的。

生态学的马克思主义理论观点最早见之于 20 世纪 40 年代出版的霍克海默与阿多诺合著的《启蒙的辩证法》一书。该书在马克思主义的旗帜下对启蒙的辩证过程的揭示,对人追求支配和统治自然的知识形式的批判,对"田园牧歌式的生活"的神往,可以说是开了生态学的马克思主义的先河。但是,生态学的马克思主义作为一种理论体系的真正形成,那还是在 20 世纪 60 年代以后的事。生态学的马克思主义从其产生到现在大致经历了这样三个时期。

其一,20 世纪六七十年代:生态学的马克思主义的形成时期。波兰的哲学人文学派的主要代表人物沙夫是真正意义上的第一个生态学的马克思主义者,他以一个共产党人和马克思主义者的身份参与了"罗马俱乐部"的工作。而前东德共产党人鲁道夫·巴罗则最早谋求"绿色"与"红色",即生态运动与共产主义运动的结合,他不但参与了生态学的马克思主义的创建,而且率先把生态学的马克思主义的观点付诸实践。但是,真正对生态学的马克思主义的形成作出决定性贡献的,还不是这两个人,而是法兰克福学派,特别是法兰克福学派的马尔库塞。马尔库塞在《论解放》和《反革命与造反》等著作中,以马克思的《1844 年经济学哲学手稿》为依据,详细地论述了马克思主义的关于人与自然相互关系的理论,论证了"解放自然"的必要性和可能性。后来的所有的生态学的马克思主义的观点,都可以追溯到马尔库塞的这两部著作。在法兰克福学派中对生态学的马克思主义在理论上作出重大建树的,除了马尔库塞外,还有施密特。施密特在《马克思的自然观》一书中所阐述的"人化自然"思想是生态学的马克思主义理论体系的一个重要组成部分。生态学的马克思主义虽然在 20 世纪六七十年代已经形成,但对当时兴起伊始的生态运动的影响并不是很大,在这一运动中的地位并不是很高,只能算做是"万绿丛中一点红"。

其二,20 世纪七八十年代:生态学的马克思主义的体系化时期。生态学的马克思主义在这一时期体系化,并获得一定的发展得益于生态运动本身的如火如荼。生态运动在 20 世纪七八十年代的深入展开,受之于各种

生态理论思潮的驱动,而生态运动本身的深入展开,又进一步促进了各种
生态理论思潮的发展。在各种生态理论思潮中,发展最快的就是生态社会
主义,尤其是其中的生态学的马克思主义。生态学的马克思主义正是在这
一时期形成了较为完整的理论体系。无论是在生态危机的根源、遏止全球
生态危机的社会力量、应当采取的手段和方式方面,还是对未来社会的构
想方面,都有了一套较系统的看法。特别是非常明确地提出了生态社会主
义的政治、经济、文化和社会生活的要求,这是生态学的马克思主义体系化
的最主要的标志。这一时期使生态学的马克思主义体系化的理论家主要
是两部分人:一部分来自于北美,代表人物是加拿大的本·阿格(Ben Ag-
ger)和威廉·莱斯(William Leiss),他们所写下的一系列论述生态问题的
著作是生态学的马克思主义的代表作;另一部分来自欧洲,主要人物有阿
什顿(F. Ashton,代表作是《绿色之梦:红色的现实》)、博克金(M.
Bookchin,代表作是《走向一个生态的社会》)、哈维(D. Harvey,代表作是
《资本的极限》)等,而最主要的人物是法国的安德烈·高兹(Andre Gorz),
他的一些著作同样被认为是生态学的马克思主义的代表作。考察这一时
期的生态学的马克思主义的发展过程,我们不难发现"从红到绿"的特征,
即许多的生态学的马克思主义者,原先是马克思主义、社会主义理论家,后
来转入生态学领域,致力于用马克思主义的理论和方法研究生态问题,成
了生态学的马克思主义者,有人把此称为"当代西方马克思主义、社会主义
的日益'绿化'"。必须指出的是,这一时期的生态学的马克思主义在整个
生态运动中已有了举足轻重的地位。如果说 20 世纪六七十年代的生态运
动是"万绿丛中一点红",那么到了七八十年代,则是"红绿交融",即生态
学的马克思主义对生态运动的影响,已和其他生态理论思潮平起平坐。

其三,20 世纪 90 年代以后:生态学的马克思主义的发展时期。东欧
社会主义国家的易帜、苏联的解体,并没有给生态学的马克思主义带来多
少不利影响,相反,自 20 世纪的 90 年代以来,生态学的马克思主义进入了
一个飞速发展的阶段。无论是在理论建树方面,还是在实际作用方面,其
发展势头都超过了以往任何一个阶段。生态学的马克思主义成了西方马
克思主义中最有影响的一个派别。甚至可以说,生态学的马克思主义代表
了当代马克思主义的演变方向。意大利理论家卢西那·卡斯特林那就这

样说道,生态学的马克思主义"无疑代表了我们这个世纪(指20世纪——引者注)的最后年月里马克思主义发展的一个新阶段"①。生态学的马克思主义这一时期理论上的建树一方面见之于其从资本主义生产方式与生态危机的联系上对资本主义的系统批判,特别是"生态帝国主义"概念的提出,使这种批判与对全球化问题的研究结合在一起;另一方面表现在其全面推出了生态社会主义的构想,这一构想比起其在20世纪七八十年代所提出的生态社会主义的要求,更为完整、成熟,完全改变了以前还多多少少地接受生态运动的政治纲领和社会理想的局面。同样,这一时期的生态学的马克思主义与生态运动之间也存在着双向互动的关系,一方面,生态学的马克思主义在这一时期对生态运动产生着越来越大的实际影响;另一方面,生态运动对生态学的马克思主义也产生着更为强大的驱动力。生态学的马克思主义在20世纪90年代以来的飞速发展是与生态运动在这一时期的更深入地展开成正比的。还应注意到,生态学的马克思主义的迅猛发展又与20世纪90年代以后在西方世界兴起的一场关于社会主义的大讨论不无关系。在这场大讨论中,生态社会主义,特别是其中的生态学的马克思主义,因其对人类日益恶化的生态环境的深切关注和对社会主义的独到见解,而受到人们的普遍重视。在这一时期,除了原有的一些生态学的马克思主义者继续比较活跃外,又涌现了一批新的生态学的马克思主义者,其中具有代表性的有法国的乔治·拉比卡(G. Labica),英国的瑞尼尔·格仑德曼和大卫·佩珀等。观察这一时期生态学的马克思主义的发展历程,一方面我们可以继续看到"从红到绿"、"红色绿化"的现象,即原有的马克思主义理论家、共产党以及其他左派人士纷纷进入生态学领域,甚至与绿色运动结盟;另一方面则还可看到"从绿到红"、"绿色红化"的现象,即一些绿色运动的理论家拉近了与马克思主义的距离,程度不等地接受马克思主义的基本政治要求和价值观念,并努力用此来重新解释其生态理论。而随着"绿色红化"现象的出现,在生态运动中"红色"的地位又进一步增强了,现在已不是"红绿交融",即"红""绿"平分秋色的问题,而是呈"红色"后来者居上的趋势。

---

① 参见米路斯·尼科利奇编:《处在21世纪前夜的社会主义》,赵培杰等译,重庆出版社1989年版,第58页。

二、高兹生平

高兹(Andre Gorz 1924—2007)既是存在主义的马克思主义的重要代表人物,又是生态学的马克思主义的主要理论家。

高兹于1924年生于奥地利,父亲是犹太人,母亲是天主教徒。在1939年纳粹德国吞并奥地利以后,他移居瑞士。第二次世界大战结束以后,他又来到法国,从此他就主要生活在法国。

高兹的前半生与萨特及其存在主义紧紧联系在一起。早在学校读书的时候,他就对萨特的著作产生了浓厚的兴趣。1946年,他在洛桑见到了萨特,那次会见对高兹以后的发展产生了决定性的影响。萨特对高兹对他的著作如此熟悉而惊叹不已,两人大有相见恨晚之感。从此,高兹以萨特为师,萨特也把高兹视为自己的得意门生。

高兹不但在学术观点上追随萨特,而且在政治上也不断地向萨特靠拢。20世纪50年代初,他像萨特一样在政治上向左转,即与共产党紧密合作。而到了50年代中期的"波匈事件"以后,他又与萨特一起同共产党疏远。

众所周知,萨特是在与共产党脱离关系以后才开始从事马克思主义与存在主义的"综合",成为一个存在主义的马克思主义者的。高兹也一样,他也是在几乎与共产党不发生关系以后,逐渐地对马克思主义产生兴趣。他一方面用马克思主义的观点去重新反思原先的存在主义观点,另一方面又致力于从存在主义的立场出发去批评和修正马克思主义。

1961年,高兹就任萨特和梅洛·庞蒂等人创办的《现代》杂志的政治编辑。1968年法国爆发"五月风暴",高兹与萨特一起,旗帜鲜明地站在造反的学生一边,在《世界》杂志上发表宣言,称赞学生运动是克服社会异化制度的英勇努力。

在这一段时期,高兹写下了一系列体现存在主义与马克思主义相结合的著作,其中有:《卖国贼》(1958年,萨特曾为该书作序)、《历史的精神》(1959年)、《艰难的社会主义》(1967年)、《改良和革命》(1969年)等,而最著名的则是写于1964年的《劳工战略》一书。高兹在这部著作中用存在主义的马克思主义的观点,对当代无产阶级的地位和现状,以及产生根本社会变革的可能性进行了新的探索,这部著作对当时法国的新左派产生了相当大的影响,法国 1968 年的"五月风暴"的爆发显然在很大程度上与这部著作有关。

进入 20 世纪 70 年代以后,高兹的思想产生了重大转折。这倒并不是指他原先的左派立场有了改变,而是说他的研究领域转移了,这就是转移到政治生态学领域。他从一个存在主义的马克思主义者变成一个生态学的马克思主义者。他是一个典型的"由红变绿"的理论家。1973 年,政治生态学的主要杂志《未开化的人》创刊了,高兹是这一杂志的重要撰稿人。

当然,当时转向政治生态学领域从而成为一个生态学的马克思主义者的,也绝非高兹一个人。但高兹的生态学的马克思主义有着与众不同的特点。

首先,在所有的生态学的马克思主义者中间,以高兹从生态学的角度对当代资本主义的批判最尖锐、系统。他认定"以经济增长为目的"的当代资本主义是不可能解决日趋严重的生态危机的,而且他的批判具有这样一个显著的特点:把对资本主义社会的批判与对生产力、科学技术的批判紧紧联系在一起。

其次,如此强烈地通过对当代资本主义社会生态危机的批判来直接论证建立社会主义社会的必要性的,可能也唯有高兹。他强调,生态运动必须成为一个更广泛的斗争的一部分,而决不能停留于生态运动本身。基于这样一种观点,他探讨了在"五月风暴"失败后社会主义革命的可能性问题,他认为这种可能性就来自于生态危机。在他看来,对当代资本主义社会的生态危机,只能按照民主的、社会主义的方式解决。

最后,与其他的生态学的马克思主义者形成鲜明的对照,高兹不仅从解决生态危机的角度论述了社会主义社会形态建立的必要性和可能性,而且具体、生动地描述了生态社会主义的乌托邦图景。他关于生态社会主义的构想尽管充满了乌托邦主义色彩,但对人们产生了强烈的吸引力。

高兹后期著作中最出名的当然是几部集中论述政治生态学的著作,如《生态学和政治》(1975 年)、《生态学与自由》(1977 年)、《资本主义、社会主义和生态学》(1991 年)等。除此之外,还有几部著作也极有影响,它们虽然从表面看所论述的是政治生态学以外的问题,但实际上也无不与政治生态学有关,如《劳动分工的批判》(1973 年)、《告别无产阶级》(1980 年)、《通往天堂之路》(1985 年)、《经济理性批判》(1988 年)等。

由于我们这里剖析的是作为生态学的马克思主义者的高兹的思想,所以我们也仅限于述解高兹的几部后期著作。

三、对高兹《劳动分工的批判》(1973 年)的评述

高兹认定现代文明社会中所出现的生态危机、自然危机根源于资本主义的生产方式,而资本主义的生产方式是同资本主义的劳动分工联系在一起的,这样,他对现代文明社会的生态危机、自然危机的分析始于对资本主义劳动分工的批判。

高兹对资本主义劳动分工的批判主要体现在其 1973 年出版的《劳动分工的批判》一书中。《劳动分工的批判》是法文版的原名,英译本则改名为《劳动分工:现代资本主义的劳动过程和阶级斗争》。全书分上下两篇:上篇题为"资本主义的劳动过程及阶级斗争";下篇题为"反对资本主义劳动分工的斗争"。高兹在此书中从各个角度剖析了资本主义劳动分工的危害与危机,并且又从对资本主义劳动分工的批判追溯到对资本主义社会中技术的批判,特别是抨击了"技术中性"论,与此相关的,还剖析了科技劳动者的地位和作用。

1. 资本主义的劳动分工是一切异化的根源

高兹一开篇就一针见血地指出:"资本主义的劳动分工是一切异化的根源。"[①]他首先运用马克思在《资本论》中的论述来说明自己的观点:资本主义的劳动分工"把工人变成畸形物,它压抑工人的多种多样的生产志趣和生产才能","独立的农民或手工业者所发挥(虽然是小规模地)的知识、判断力和意志"都被资本家从工人那里夺走、加以没收,并把它们融入于它的机器、它的劳动组织和它的技术之中。并且,"……物质生产过程的智力作为别人的财产和统治工人的力量同工人相对立"。体力和脑力的这种分离"使工人变成局部工人",它"……把科学作为一种独立的生产能力与劳

---

① Andre Gorz, *The Division Labour: The Labour Proces and Class-Struggle in Modern Capitalism*, The Harvester Press, 1978, p. Ⅶ.

动分离开来,并迫使它为资本服务"①。

高兹还通过考察实施他的工人自治方案的障碍来论证他的结论。他认为,工人自治最直接的目标就是实现权力分散和自主,但就是资本主义的劳动分工使这两大目标落空。在一个工厂里,脑力劳动和体力劳动的分工,就使废除等级制的努力付诸东流。更严重的是,资本主义的劳动分工使工厂由一个独立地生产商品的经济单位,变成只是一个和几百里外的其他单位融合在一起的生产单位,整个工厂往往只是生产产品的一个或几个部件,它依存于几百里外的另外的工厂,在这种情况下,这个工厂的工人的自主从何谈起? 当今通行国际劳动分工,所谓国际分工就是生产的专业化和决策的集权化,这就从根本上决定了权力分散和自主的不可能。

高兹还指出,从资本的观点来看,强迫劳动导源于劳动分工。资本家为了实现追逐利润的目的,必然要实施劳动分工,而这一目的总是同工人相冲突的。古典资本主义时期是这样,现代资本主义时期也是这样。与劳动分工联系在一起的工业资本总是意味着专制、暴力。工业资本的本性决定了对工人的劳动实施严格的分工,从而强迫从工人那里获得最大限度的产出。在资本主义的工厂里允许所有者对全部有效劳动生产出来的产品取得所有权和控制权,资本主义的劳动分工因此而获得发展。工人必然强烈地抵制这种不平等,同时也抵制这种劳动分工,所以在资本主义的生产目的不可能改变的情况下,只能强制推行这种劳动分工,即只能对工人的劳动实行强制。只要工业资本存在一天,资本主义的劳动分工也就存在一天,对工人的强制也就必然存在一天。从这一意义上说,"工厂暴政和工业资本自身一样古老"。

显然,高兹是把对资本主义的劳动分工的批判同资本主义生产目的的批判联系在一起的。他认为,劳动专门化,体力劳动与脑力劳动的分离,精英们对科学的垄断,工厂规模的日益扩大,都不仅是出于更有效地进行生产的需要,而主要是为了让资本主义的统治长治久安。欲问为什么要实施劳动分工,全部的原因就在于能使资本增值这一资本主义的生产目的。这一目的到了工人那里,只有对其实施强制性的分工才能得以实现。工人的

① 《资本论》第一卷(上),人民出版社1976年版,第399~400页。

劳动服从于劳动工具的统一的动作,形成一种兵营式的秩序。这种秩序在工厂里周密地安排为一种完善的制度,它充分地发挥了对工人的监督作用。

高兹进而指出,如果发生向共产主义的转变,即改变仅仅是能使资本自身增值这种生产目的,那必然是用自愿合作代替等级制度的分工,体力劳动和脑力劳动重新统一。高兹的这部著作形成于中国的"文化大革命"期间,可能受当时中国的一些错误宣传的影响,他竟然把中国当时的劳动形式视为用自愿合作代替等级制度分工的典型事例。他指出,中国正在发生的事实证明,复杂而严密的劳动分工、对先进的机器的使用,并不比成队的男人和女人自愿地联合在一起,使用那些被他们自身所熟练运用的简单工具更有效率。

把异化与劳动分工联系在一起,是马克思主义的一个基本观点。高兹基于资本主义最新发展的现实,重新强调了这一点,而且他针对当代人的一些模糊认识,反复强调了当代资本主义的强制性的劳动分工是同资本主义的生产目的联系在一起的。这不仅在理论上站得住脚,而且具有现实意义。至于他把中国的"文化大革命"作为一个正面的实例加以运用,这一方面反映了他对中国的实际情况缺乏了解,另一方面则说明他作为一个西方马克思主义者,跳不出乌托邦主义的窠臼。

2. 资本主义的技术史可以读做直接生产者地位下降的历史

高兹把资本主义劳动分工说成是一切异化的根源,而又把资本主义的技术视为实施资本主义的劳动分工的缘由。这样,他又很自然地从对资本主义的劳动分工的批判延伸为对资本主义的技术的批判。

高兹明确地指出:"从整体上说,资本主义的技术史可以读做直接生产者地位下降的历史。"[①]他认为,尽管这种地位的下降并不是直线的,但总的趋势就是这样。具体地说,他主要从以下两个方面来说明这种地位的下降。

其一,从随着技术的发展,生产者与机器的关系的变化来说明。他说:"极大多数原先富有地位的生产工人的职业技艺被划分给那种已接近于专

---

① Andre Gorz, *The Division Labour : The Labour Proces and Class-Struggle in Modern Capitalism*, The Harvester Press, 1978, p. 57.

业化的自动化。他们所握有的控制权力,从而也是控制生产过程的权力,被转移给作为一种非人为的专业功能。自动化的力量完全贯彻于这一过程之中。伴随机械化(这种机械化使生产任务地位下降并陷于分裂)的是,自动化也使控制本身地位下降和陷于分裂。在机械化已经处置了生产者的所有的控制权力并且把这些权力转移给专门的代理者以后,自动化也把控制的功能转移给了机器,机器如今控制了它们先前的监督者。"①在他看来,技术越是发展,机械化、自动化的程度越高,相应地直接生产者也越来越从属于机器,而不是机器从属于人。人愈发失去了对机器的统治地位。

其二,从随着技术的发展,生产者所受压抑的变化来说明。他说,在资本主义条件下,技术一方面创造出更高的生产率,另一方面又使生产者的技能变得毫无用武之地。工人的劳动变成无意义的劳动,从而也被剥夺了自主性。丧失了自主性的劳动毫无乐趣可言。所以,这种劳动所蕴含的是对生产者的极大的压抑。资本主义的技术的本性决定了它必然是同直接生产者的受压抑联系在一起的。他说道:"……正是工厂的技术,强迫实施某种劳动的技术分工,这种技术分工转而要求有某种服从的模式,等级制度和专制统治。因此技术明显地是工厂里一切事情的母体和最终根源。"②高兹在这里不仅指出了技术是工厂里一切不幸事情的最终根源,而且论述了技术的发展是与工人受压抑的增加成正比的。

高兹所说的资本主义的技术,既包括生产技术,也包括统治技术。他在批判资本主义的技术时,着重揭示了"技术中性"论的错误。他说:"实际情形是,'亚洲共产主义运动'的推进和欧洲生产流水线上工人的造反突然使这样一个神话破灭,我们社会的特权和权力正是建立在这一神话的基础之上,这一神话就是:科学技术是'中性的',它们既没有阶级内容又没有阶级烙印,它们不是出于资本积累的需要而完全是从'客观需要'出

---

① Andre Gorz, *The Division Labour: The Labour Proces and Class-Struggle in Modern Capitalism*, The Harvester Press, 1978, p. 57.

② Andre Gorz, *The Division Labour: The Labour Proces and Class-Struggle in Modern Capitalism*, The Harvester Press, 1978, p. Ⅷ - Ⅸ.

发来引入劳动分工的。"①高兹在这里把"技术中性"论视为特权和权力赖以建立的神话。

那么，为什么"技术中性"论是错误的呢？他说："一直到今天，极大多数的马克思主义者仍然认为生产力，特别是科学技术，作为意识形态是中性的，他们把这些生产力的发展视为天生是积极的。"②在他看来，强调科学技术是中性的观点的主要错误在于，看不到科学技术并不是独立于占统治地位的意识形态之外的，它们服从于生产过程，并且被融合于其中，它们永远以资本主义生产为标志。他认为，所谓科学技术意识形态就是资产阶级意识形态，科学技术的文化和技能，清楚地打上了资本主义生产关系的印记，打上了把体力劳动和脑力劳动分割开来的印记。在资本主义社会中，科学技术所代表的生产力的发展，是同破坏力不可分割地联系在一起的。

他进而指出，正因为科学技术对社会并不是中性的，所以那种认为科学技术在资本主义社会中产生消极的社会作用是由于对科学技术加以资本主义式应用的观点也站不住脚。科学技术在资本主义社会中深深地被资产阶级使用科学技术的目的、被它们在资本主义内发挥其职能所限制。他不同意把机器和对机器的资本主义使用严格区别开来。在他看来，只要资本主义技术仍然存在，即使改变了资本主义的生产关系，那也丝毫改变不了工人受压抑的状况。他说："只要物质母体仍然未改变，那对于工厂的'集体占有'，就纯粹只是法律上所有权的抽象转移，这种转移永远不能终止工人的受压抑和屈从的状况。"③高兹强调，资本主义社会中的异化有其深刻的原因，"物质母体"——科学技术本身就是一个重要因素。

高兹把资本主义社会中的异化，同资本主义的劳动分工，进而同资本主义的技术联系在一起分析，揭示出现代资本主义社会中的直接劳动者并没有随着资本主义的技术的发展而改变其受压抑的状况，给人以启发。但

---

①　Andre Gorz, *The Division Labour: The Labour Proces and Class-Struggle in Modern Capitalism*, The Harvester Press, 1978, p. Ⅶ.

②　Andre Gorz, *The Division Labour: The Labour Proces and Class-Struggle in Modern Capitalism*, The Harvester Press, 1978, p. 159.

③　Andre Gorz, *The Division Labour: The Labour Proces and Class-Struggle in Modern Capitalism*, The Harvester Press, 1978, p. Ⅸ.

他通过突出科学技术对社会的非中立性来否定社会制度的不同,会对科学技术采取不同的方式,从而使科学技术产生不同的社会效应,显然是偏颇的。

3. 科技劳动者是被神秘化的工人

高兹在探讨资本主义的劳动分工以及资本主义的技术的作用与社会功能的过程中,相应地分析了科技劳动者的社会地位和阶级属性的问题。与对资本主义的技术持强烈的否定态度相一致,他极力反对高科技劳动者,反对把科技劳动者视为工人阶级的一部分。

他说:"我们可以断言,他们(指科技劳动者——引者注)是被神秘化了的工人,他们的等级制的特权维持着这种神秘化。"①这里,高兹把科技劳动者定义为"神秘化的工人",而且认为正是其等级制的特权在维持着这种神秘化。

那么为什么说科技劳动者是"神秘化的工人"呢?他们究竟"神秘"在什么地方呢?他们与体力劳动者区别在哪里呢?请看他的一段论述:"……即使把产业中的科技劳动者视为被剥削、被异化的生产性的劳动者似乎是正确的话,那么认为他们纯粹地是工人阶级的一个组成部分,却是错误的。虽然下述说法千真万确:他们所造就的科学技术是同其相异化的,是属于资本的层面上的,是作为一种其无法加以控制的异化的力量与其相面对的。但是下述说法也言之成理:从工人阶级的观点来看,科学技术是剥削和榨取剩余价值的手段。换句话说,科技劳动者与资本之间有着一种工人阶级与之不可能具有的那种关系。只要科技劳动与体力劳动还是平行地,但却又是分离地完成着,那么,千真万确的是,科技劳动者就还是在生产着其他劳动者因之而受剥削和压迫的手段,从而必然被其他劳动者视为资本的代理人。反之,体力劳动者并不生产科技劳动者因之而剥削的手段。所以,就科技劳动者与体力劳动者之间的直接的关系而言,这种关系并不是一种交互的关系,而是一种等级制的关系。"②从高兹的这段话

---

① Andre Gorz, *The Division Labour: The Labour Proces and Class-Struggle in Modern Capitalism*, The Harvester Press, 1978, p. 176.

② Andre Gorz, *The Division Labour: The Labour Proces and Class-Struggle in Modern Capitalism*, The Harvester Press, 1978, p. 167.

中可以知道,科技劳动者的"神秘化"指的是他们所造就的科学技术与资本有着不可分割的联系,他们不断地生产着其他劳动者因之而受剥削、受压迫的手段,这正是科技劳动者与体力劳动者的区别之所在,也是之所以不能把他们归之于工人阶级的主要缘由。

高兹认为,就科技劳动者与体力劳动者的关系而言,通常有两种情况:其一,科技劳动者在生产过程中占有支配地位,他们在指挥、组织、监督体力劳动者,这些体力劳动者尽管也掌握着生产的技能,但在生产过程的等级制中,地位十分低下,必须服从于科技劳动者;其二,科技劳动者在生产过程中从事的也只是一些日常的、重复性的劳动,他们与同一生产过程中的体力劳动者平起平坐,没有绝对的支配权和控制权。在高兹看来,一些人之所以误认为科技劳动者的阶级属性已与体力劳动者没有多少差别了,可以将他们认定为"新工人阶级"了,关键在于只注意到了第二种情况,而忽视了第一种情况的存在。可实际上,大量存在的是第一种情况。

高兹把科技劳动者排斥于工人阶级之外,但实际情况是,目前西方大量的罢工和造反不但有科技劳动者参加,而且往往是由他们所发起和领导的,那么究竟如何来看待这一现象呢?高兹认为,尽管这些科技劳动者在罢工和造反中提出了与体力劳动者大致相同的问题,如废除等级制等,但不能就此作出断言,这是他们"跳跃到无产阶级阶级意识的标志"。他这样说道:"科技劳动者的造反通常带有深深的歧义性:他们往往不是作为无产阶级,而是为了反对被当做无产阶级对待而起来造反的。他们反对的是等级制组织、他们工作的局部化和无意义,反对的是他们社会特权的部分或全部的丧失。"①高兹指出,从表面看,在这一点上,科技劳动者与无产阶级的造反并没有多少差别,因为"觉醒了的无产阶级的斗争也正是为了反对成为无产阶级"。可实际上两者之间有着天壤之别。关键在于,怎样斗争和为了什么而斗争。具有阶级意识的无产阶级能够认识到,他们的斗争只是为了整个阶级的解放,为了改变整个社会关系的制度;"而在通常情况下,科技劳动者并没有这样的斗争目标。他们反对等级制和权威的斗争,通常只是维护其曾经作为职业的'中产阶级'成员而享受的特权的一个组

① Andre Gorz, *The Division Labour: The Labour Proces and Class-Struggle in Modern Capitalism*, The Harvester Press, 1978, p. 178.

成部分。他们拒绝使自己(并且只是为了其自身)无产阶级化,同时确信能避免这一厄运,因为他们认为自己与工人是有区别的。所以,他们的斗争就其性质而言实际上是反对垄断主义而不是反对资本主义,这就是这一斗争的歧义性所在"①。

科技劳动者在今天已成为工人阶级的一个重要组成部分,这一点为当今许多马克思主义研究者所确认,就是高兹本人在早期(如在 1963 年出版的《劳工战略》一书中)也曾与马勒等人一起,极力宣扬"新工人阶级论",把科技劳动者引入工人阶级之中。但事隔十余年,可能出于对资本主义的技术和劳动分工批判的需要,他又千方百计地论证科技劳动者与体力劳动者的本质区别,极力贬低科技劳动者在革命斗争中的作用,否定其工人阶级的阶级属性。尽管这一论证不乏启发之处,但总的来说属一面之词。

四、对高兹《生态学和政治》(1975 年)的评述

高兹在 1975 年出版了《生态学和政治》一书。《生态学和政治》是法文版的原名,英译本则改名为《作为政治学的生态学》。全书共设四章,依次是:"生态学和自由"、"生态学和社会"、"工具的逻辑"、"医术、健康和社会"。这部著作的出版,标志着他从一个存在主义的马克思主义者转变成一个生态学的马克思主义,这部著作也确立了他在生态学马克思主义中的主要代表人物的地位。这部著作不但是生态学马克思主义,而且也是现代西方政治生态学的奠基性著作。我们了解生态学马克思主义和政治生态学的基本观点,必须从这部著作入手。

1. 政治生态学的基本含义

政治生态学,是近年来西方较为流行的一种理论,也是生态学的马克思主义的重要观点之一。正是高兹在本书中为政治生态学奠定了基本的理论构架。

高兹指出,原先人们总把生态学看成与生产与经济活动无关的学科。后来,人们则把生态学纳入经济学的范畴,把它视为保证经济活动正常进行而应予考虑的经济学的一门分支。他说:"随着经济活动不断地对环境

---

① Andre Gorz,*The Division Labour*:*The Labour Proces and Class-Struggle in Modern Capitalism*, The Harvester Press,1978,p. 178 – 179.

造成了伤害,而这样做的时候,经济活动的追求也危及到了自身,深深地改变了它的存在条件,生态学就不再是一门独立的学科了。生态学开始关注经济活动必须尊重的外在的约束力,以使这种经济活动不至于产生与自身的宗旨相违背,同自身的持续发展相左的后果。"①

高兹进而指出,从生产和经济活动的角度来研究生态问题,使生态学变成一门特殊的经济学,反映出生态学这门学科的深化。但是,这远不能实现现代人对生态学这门学科的期待。关键在于,生态学应具有单纯把它视为经济学所无法包容的含义。他说:"从经济理性中是无法衍生出伦理原则来的,马克思最早看出了这一点。"②当然,即使把生态学纳入经济学的范畴,也不能从中衍生出伦理原则来。既然如此,生态学还须突破经济学的界限,探索一种同经济理性并不完全一致的生态理性。他说:"为了理解和克服这些'反生产性',人们必须同这种经济理性决裂。生态学应该做的是:向我们揭示如何在物质生产的界限和缩减中而不是在物质生产的增长中,合理地应付贫乏和疾病,合理地应付工业文明的梗阻和死结。它应证明,保护自然资源要比利用自然资源,维护自然循环要比干涉自然循环,更有效和更具'生产性'。"③

在高兹看来,要使生态学完成这样一种使命,就应使它走近政治学,建立起生态学与政治学之间的某种联系,揭示生态学和生态问题所蕴含的社会政治意义。一当这样做了以后,也就是说一当使生态学成了一门政治生态学以后,其反对技术法西斯主义、现代资本主义的功能就将充分展示。他这样说道:"生态学作为一门纯粹的科学学科,它并不意味着是必然地要抵制独裁主义的、技术法西斯主义的解决方法。对技术法西斯主义的抵制并不是产生于对自然平衡的科学的理解,而是产生于政治和文化的选择……应该把生态学用来作为推进对我们文明和社会展开激烈批判的杠杆。"④

高兹强调,不能把政治生态学理解成是政治学的一个分支,因为这样

---

① Andre Gorz, *Ecology as Politics*, South End Press, 1980, p. 15.
② Andre Gorz, *Ecology as Politics*, South End Press, 1980, p. 15.
③ Andre Gorz, *Ecology as Politics*, South End Press, 1980, p. 16.
④ Andre Gorz, *Ecology as Politics*, South End Press, 1980, p. 17.

做只是狭义地把握生态学原有的含义,没有给政治学增加任何新的内涵;也不能把政治生态学理解成是生态学的一个分支,因为这样做过分地扩大了生态学对政治学的影响范围,而仍然局限于生态主义的观点。这两种做法共同的地方是都没有真正建立起政治学与生态学的内在联系。他认为,政治生态学把"人与自然的新陈代谢"视为生态学与政治学之间有机联系的真正中介,从而也把"人与自然的新陈代谢"作为自己的对象领域。这种新陈代谢既可以从自然方面分析,也可以从社会方面分析。从自然方面分析这种新陈代谢,可以看到它是由支配各种物质过程的自然规律支配的;而从社会方面加以分析,则可以看到它是由支配劳动分工和财富分配的制度化规范支配的。前者支配因素可归于生态学方面,后者则可以归于政治学方面,而两者的结合力及其相互作用构成了政治生态学的领域。他还指出,政治生态学,作为政治学,当然注重对人的剥削关系的剖析,但作为政治**生态学**,它则在更广泛的对自然的剥夺这一背景下来剖析人的剥削关系。这就是说,政治生态学是以不仅对人的剥削关系的批判,而且也对盘剥自然的批判为出发点的。

那么为什么说这种政治生态学的观点是马克思主义的呢? 在高兹看来,其主要理由在于这种观点在一定程度上来源于马克思,特别是来源于马克思关于人与自然的新陈代谢的社会理论。马克思论述人与自然的新陈代谢的两个基本范畴,即在生产过程中人与自然之间的物质和能量的交换——"生产力"范畴,以及支配人与自然新陈代谢的人与人之间的关系——"生产关系"范畴,就是政治生态学的基本构架。但是他同时又指出,马克思的理论只是政治生态学的一个不可缺少的理论来源,还不足于成为政治生态学的全部理论基础。实际上,建立政治生态学的理论基础的过程,就是创造性地发展马克思主义的过程。例如,在建立政治生态学的理论基础时,除了运用上述两个范畴之外,还须引进第三个范畴,即从自然方面支配新陈代谢的人的和非人的自然限制——"自然条件",这第三个范畴的引进,就是对马克思主义的重大发展。

不可否认,高兹对政治生态学的建立作出了重大的贡献。关于他把生态问题与社会政治问题联系在一起加以研究的思想,被许多研究者所肯定与效仿。

2. 资本主义的利润动机必然破坏生态环境

高兹用他的政治生态学的观点来分析当今的生态问题,得出的基本结论是:资本主义的利润动机必然破坏生态环境,资本主义的"生产逻辑"无法解决生态问题,以及与这些生态问题紧密相连的全面的社会危机。

高兹指出,每一个企业都是自然资源、生产工具和劳动力等要素的联合体。"在资本主义的生产条件下,把这些要素联合在一起就能生产出最大限度的利润","任何一个企业都对获取利润感到兴趣。在这种情况下,资本家会最大限度地去控制自然资源,最大限度地增加投资,以使自己作为强者存在于世界市场上"①。他强调,追求利润这一动机同生态环境必然是相冲突的,利润动机必然驱使人们破坏生态环境。

他具体地分析说:"资本主义的企业管理首要关注的并不是如何通过实现生产与自然相平衡、生产与人的生活相协调,如何确保所生产的产品仅仅服务于公众为其自身所选择的目标,来使劳动变得更加愉快。它所关注的主要是花最少量的成本而生产出最大限度的交换价值。"②把降低成本看得比保护生态环境更加重要,这就是资本主义的"生产逻辑"。

高兹也注意到了在当今资本主义社会中,一些企业也在重视环境保护的工作。于是他特地对此作了剖析。在他看来,分析这一现象时必须充分估计到以下两点:其一,这是不得已而为之;其二,这种环境保护的工作是十分有限的。他说,目前在一些发达资本主义地区,人群的拥挤,空气和水的污染已经达到这样一个极点,即现在要使工厂在那里继续进行生产并实现增长,必须处理它的有害气体和工业废水。也就是说,工厂现在必须重新塑造适合于进行生产的环境和自然资源,以前这些被看做是自然的一部分,可以任意拿取。可见资本主义社会的企业重视环境保护的动机还是出于确保增加利润的需要。问题在于,治理污染的装置尽管十分必要,但须大量增加固定资产的投资,这又与其赢利的目的相矛盾。"总之,在固定资产、资本投入(资本的'有机构成')剧烈增加,从而也使产品的成本剧烈增加的同时,销售价格却没有相应地跟上去。两者必居其一:或者利润率下

---

① Andre Gorz,*Ecology as Politics*,South End Press,1980,p. 5.
② Andre Gorz,*Ecology as Politics*,South End Press,1980,p. 5.

降,或者产品价格提高。"①当然,在资本主义制度下,唯一的选择就是"提高价格",而这将陷入新的恶性循环之中。高兹最后得出的结论是:"生态的限制集合到一起终将导致如下结局:价格上升趋势超过工资上升势头,购买力下降,也就是说,控制污染的费用减少了购买消费品的个人收入。"②而这隐含着的是穷人相对来说变得更贫穷,富人变得更富裕,不平等加剧了,各种社会问题更是层出不穷。

高兹认为,正因为资本主义的利润动机必然破坏生态环境,所以生态运动必然要与资本主义的利润动机发生冲突,因此,生态运动要顺利地开展下去,所面对的是整个资本主义制度,从这一意义上说,"生态运动是巨大的斗争场所"。他不但指出了围绕着生态运动斗争的严峻性,而且分析了目前这一斗争的焦点之所在。他认为焦点就在于资本主义社会的统治者企图在转嫁和治理生态危机中获得私利,而生态运动必须冲破这一功利主义。摆在我们面前的现实是:当资本主义用尽了每一种高压统治和欺骗的办法以后,开始按照自己的道路从生态学的死胡同中走出来,它把生态学的需要当做技术的强制加以吸收,同时使它们适合于剥削的条件。在资本主义制度下,保护生态环境的费用所产生的利益已成为与绝大多数人无关的而为有特权的人所享有的一种奢侈品。鉴于这种情况,高兹向致力于生态运动的人们提出了这么一个重大问题:是资本主义适应生态学的强制呢,还是一场社会的、经济的和文化的革命来废除资本主义的强制,从而在个人与社会、人与自然之间建立起一种新的关系? 高兹认为,对这一问题不能作出正确的回答,生态运动便会步入歧途。

高兹用其特定的语言分析了资本主义社会的生态危机根源于资本主义生产的利润动机。他不但正确地指出了伴随生态运动的除了人与自然的斗争之外,还有人与人的斗争,而且鲜明地揭示了斗争的焦点所在。他关于资本主义社会的统治者正企图在转嫁和治理生态危机中得益的警告是非常有针对性的。

3. 资本主义的危机从本质上说就是生态危机

高兹指出,在当代资本主义社会中存在着各种各样的危机,只要仔细

---

① Andre Gorz, *Ecology as Politics*, South End Press, 1980, p. 6.
② Andre Gorz, *Ecology as Politics*, South End Press, 1980, p. 6.

分析一下就不难看出,所有这些危机都与生态问题有关,或者说都源自于生态危机。

　　他认为,在当今资本主义社会中,"生产也就是破坏"①,即任何生产过程都是同生态系统的破坏不可分割地联系在一起的。在这种情况下,要认清资本主义社会的危机,就不能把生态因素撇在一旁,即离开了生态因素,就无法索解资本主义社会的各种危机。他说,在当今资本主义社会中,"所有文化都在盘剥自然和更改生命圈",只要明确了这一点,就可知晓,"毫无疑问,生态因素在当今的经济危机中起着决定性的和咄咄逼人的作用",资本主义社会的各种危机,"均被生态危机所激化",正是在这一意义上,可以说资本主义的危机从本质上说就是生态危机。②

　　高兹具体分析了资本主义社会中过度积累危机、再生产危机以及生态危机三者的关系,以说明生态危机是资本主义社会的一切危机的最终根源。他首先把过度积累的危机归结为再生产的危机。他说道:"资本主义在其'发达资本主义'阶段,其发展主要依靠的是用机器取代工人,用死劳动取代活劳动……但机器是损耗性地进行生产的;而这些机器所体现的资本的投资又必须得到回报,这就意味着:投资者期望得到远多于装置所损耗掉的回报。只要机器主要用来生产剩余价值(通过操纵机器的工人的中介),机器就是资本。资本的逻辑就是不断地追求增长。"③高兹从这一论断出发,进一步论述说,资本主义过度积累的危机能否得到遏止,就取决于能否有效地组织再生产。"这就是富裕社会积累的性质。"④但实际情况是资本主义社会不可能组织有效的再生产。那么为什么不能呢? 高兹于是从再生产的危机追溯到生态的危机。高兹从以下两个层次上说明当代资本主义社会中的再生产危机以消耗和破坏资源为前提,从而再生产危机也是同生态危机密切相连不可分:其一,为了逃避过度积累危机,再生产越来越变为浪费性的,即破坏性的。"它加速破坏了它以此为基础的不可再生的资源;它所过度消费的是那些基本上是不可再生的资源,如空气、水、森

---

①　Andre Gorz, *Ecology as Politics*, South End Press, 1980, p. 20.

②　Andre Gorz, *Ecology as Politics*, South End Press, 1980, p. 21.

③　Andre Gorz, *Ecology as Politics*, South End Press, 1980, p. 21 – 22.

④　Andre Gorz, *Ecology as Politics*, South End Press, 1980, p. 23.

林、石油等,它以相当快的速度使这些资源趋于匮乏。"①其二,面对着被掠夺的资源的枯竭,工业采取各种极端的措施,"企图通过进一步扩大生产来克服由扩大生产所带来的匮乏","但是这种由扩大生产而形成的产品并没有为最终的消费增添了什么,它们被工业自身消费掉了"②。最后,他对这三种危机之间的关系归纳说:"我们所面对的是典型的过度积累的危机,这种危机被再生产危机所加剧,而说到底再生产危机最终又根源于自然资源的匮乏。"③

高兹还指出,把包括过度积累危机、再生产危机、生态危机在内的当代资本主义社会的所有危机连成一体的是资本主义的这样一个规律:资本主义使未满足的需要的增长超过它能满足的需要的增长。他提出,当代资本主义社会中经济增长的主流是被一种不平等制度刺激起来的综合过程。本来,经济增长为满足人的需要创造了条件,但由于这种经济增长是与不平等的制度联系在一起的,所以这种满足也是相对的、有条件的。从表面上看,这种经济增长的结果使大多数人能够很快享受到那些迄今只为精英们所独占的特权,这种特权(如高等学校的文凭、小轿车等)因此而贬值,贫困线所表示的生活水平提高了一个等级。如果进一步观察,那就不难发现,当这种原有的特权被相对满足的同时,新的特权又从那些大多数人被排挤在外的地方被创造出来。这就是说,资本主义的经济增长在满足原有的特权的同时必然是创造出新特权,在满足原有需求的同时必然创造出新的需求。资本主义的经济增长不是消灭而是无休止地在制造匮乏,而其目的在于重新创造不平等与等级制度。由此出发,他得出结论:资本主义使未满足的需求的增长超过它所能满足的需求的增长。

尽管高兹把当代资本主义社会中的生态危机视为这一社会的其他危机的最终根源,提出资本主义社会中的所有危机本质上是生态危机并不可取,但是,他把生态危机与其他危机联系在一起进行思考,还是给人以诸多启示。而他对资本主义使未满足的需要的增长超过它所能满足的需要的增长的揭示,则从另一个方面深刻地批判了资本主义制度的实质。

---

① Andre Gorz, *Ecology as Politics*, South End Press, 1980, p. 26.
② Andre Gorz, *Ecology as Politics*, South End Press, 1980, p. 27.
③ Andre Gorz, *Ecology as Politics*, South End Press, 1980, p. 27.

4. 核技术代表一种独裁主义的政治选择

高兹在《劳动分工的批判》一书中通过批判"技术中性"论,把资本主义异化的根源归结于资本主义的技术。在此书中他进一步地阐述了这一观点。

高兹在这里明确提出,技术本身是可分的,即可以分为"以资本主义生产逻辑为标志的技术"和"温和的技术"、"后工业的技术"。前者建立在对工人和自然进行合理性统治的基础之上。核技术就代表一种独裁主义的政治选择。"核技术预示着和决定着一个集权的、等级森严的和警察统治的社会。"①应用核能源时所使用的是一种高度集中的技术,它导致把决定权集中于少数人手中,核力量本身就要求对人民实行严厉的控制。他借用他人的话说道:"全核社会是一个充满警察的社会⋯⋯建立在这样一种能量选择的基础上的社会,哪怕是最起码的自主权,老百姓也不可能具有。"②高兹把此称为"核技术法西斯主义"。他认为后一种技术抛弃统治,趋向于促使个人间以及个人与自然之间的融合,尊重劳动者和自然。日光、潮汐、风力和生物能这样的一些可以再生的资源,应用它们时所使用的就是分散型的技术,它们服从于大家的控制,人们不能出卖它们,它们也不产生利润。这些可再生的资源技术是潜在地反资本主义和民主的,它们的存在是实现人类解放的必要前提。

在区分两种不同技术的基础上,高兹进一步说道:"社会选择正以技术选择为借口而强加于我们。这些技术选择正赤裸裸地成为唯一的可能的选择,而不是必要的最有效的选择。对资本主义来说,它只致力于发展这样一些技术,这些技术与其发展的逻辑相一致,符合它的继续统治。它要消除那些不能强化现存的社会关系的技术,哪怕这些技术对其所宣称的目标也具有较多的合理性。资本主义的生产和交换关系已经铭刻在由资本主义馈赠给我们的技术之中。"③高兹的这段话包含三层含义:其一,在当今的时代,所谓社会选择实际上就是技术选择,也就是说,选择什么样的社会说到底就是选择什么样的技术;其二,资本主义社会正使这种技术选择

---

① Andre Gorz, *Ecology as Politics*, South End Press, 1980, p. 19.
② Andre Gorz, *Ecology as Politics*, South End Press, 1980, p. 109.
③ Andre Gorz, *Ecology as Politics*, South End Press, 1980, p. 19.

成为唯一性的选择,即只选择有利于资本主义的统治的技术;其三,目前资本主义的生产和交换关系已浸透在资本主义的统治者所强加给这一社会的技术,即资本主义技术之中。

基于这样一些认识,高兹明确地指出,开展生态运动主要不在于停止经济增长,限制消费,而在于如何选择技术。他认为,在当今的形势下,改变技术就是改变社会,生态运动必须改变现存的社会,而改变现存的社会又必须从改变技术入手。他说:"为着不同的技术的斗争是为一个不同的社会的斗争的核心。国家的结构和性质在很大程度上取决于它所运用的技术的性质和力度……工具的转换是社会转换的基本前提。"①

那么,在生态运动中究竟如何转换技术呢? 对此,高兹提出了如下四点要求:其一,在群体的层面上使用和控制技术,也就是说要实施对技术的集体使用和控制;其二,技术的运用有助于促进经济自主性;其三,技术的运用不能对环境造成伤害;其四,技术的运用有利于生产者和消费者对产品和生产过程共同行使控制权。

高兹认为,当一种新的技术运用之时,也就是新的社会主义制度建立之日。社会主义有着与资本主义不同的技术选择与技术原则。他说:"倘若社会主义运用与资本主义一样的工具的话,那它与资本主义就没有什么区别了。"②

高兹在把技术区分为资本主义的技术和社会主义的技术,并进而提出运用不同的技术决定了形成不同的社会制度,而建立新的社会制度全然取决于运用与资本主义不同的技术,这是一种典型的技术决定论。但他提示人们注意在开展生态运动时不能忽视对技术的运用这一点,还是给人以启示的。

五、对高兹《经济理性批判》(1988 年)的评述

高兹把当代资本主义社会中的生态危机归结于资本主义的利润动机。资本主义的利润动机属资本主义的经济理性(Economic Reason)的范畴。这样,他又从对资本主义利润动机的批判延伸为对资本主义经济理性的批

---

① Andre Gorz, *Ecology as Politics*, South End Press, 1980, p. 19.
② Andre Gorz, *Ecology as Politics*, South End Press, 1980, p. 20.

判,这是从较抽象的哲学层面上来探讨资本主义生态危机的根源。其代表作就是发表于 1988 年的《经济理性批判》一书。该书正文共设三篇,分别是:"劳动的变质"、"经济理性批判"、"定位与建议"。还有一个附录。

1. 当前的危机是一种什么样的危机

高兹在本书"导论"的一开头就写下了这么一段话:"我们当今所经历的并不是现代性的危机。我们当今所面临的是需要对现代化的前提加以现代化。当今的危机并不是理性的危机,而是合理化的(日益明显的)不合理的动机的危机,正如被变本加厉地追逐的那样。当前的危机并不意味着现代化的过程已经走到了尽头而我们必须走回头路。倒不如说具有这样一层含义:需要对现代性本身加以现代化,需要反身性地将现代化本身纳入其自身的行为领域,即将合理性本身加以合理化。"①

当今各种各样的后现代主义思潮都认为现代性出现了危机。高兹的这段话主要是针对后现代主义对现代性本身的批判的。在他看来,当前的危机不是现代性本身的危机,也不是理性的危机,这种危机并不意味着现代化已走到了尽头,而必须沿着原路走回去。他强调当前的危机是在合理化过程中那种"不合理的动机"的危机,也就是说,问题不是出在现代化、合理化本身,而是出在支配现代化、合理化的那种"不合理的动机"。基于这一认识,他提出,现在需要做的是将现代化本身加以现代化,将合理化本身加以合理化,即不是将现代化倒回去,返回到前现代化去,而是进一步推进、完善现代化。

他进一步指出,确实,倘若我们将现代化定义为生活领域的文化演变,以及与这些领域相应的活动的世俗化,那么,这一过程远没有完成。现代化的过程创造了自己的神话,维护着一种新的信条,这一信条被理性的探询和合理化的批判所遮盖着。业已确立的现代化的界限已经变得可以轻而易举地被突破。"'后现代主义者'所说的标志着现代性的终结的东西,以及所谓的理性的危机,实际上是那种选择性的、片面的合理化,即我们称之为工业主义的东西赖以确立的准宗教的非理性的内容的危机"②。高兹在这里再次强调现代化的过程并没有完成,而业已确立的现代化的界限正

---

① Andre Gorz, *Critique of Economic Reason*, Verso Books, 1989, p. 1.
② Andre Gorz, *Critique of Economic Reason*, Verso Books, 1989, p. 1.

被不断突破。出现危机的不是现代性本身,而是其准宗教的非理性的内容。

高兹认为,如果坚持当前的危机就是现代性的危机的观点,那么我们就必然处于对过去的怀旧的伤感之中,而不能赋予那些引起我们过去信仰崩溃的变革以新的含义和方向,从而也就不能从危机中走出来。

看来在高兹那里,关键在于如何将现代化本身加以现代化,将合理化本身加以合理化。那么究竟如何做到这一点呢? 高兹认为,这就要改变现代化的观念,即那种把现代化视为是没有界限的、可以漫无边际地加以突破的旧观念。他说,"我希望证明现代化具有本体论的和存在论的界限,证明这些界限只有伪合理化、非理性的手段才能加以突破,而正是这种伪合理化、非理性的手段,使合理化走向了反面","这里我的主要目的之一就是给我们能加以合理化的领域划定界限"①。所谓划定界限,就是确立在现代化、合理化过程中哪些是可以做的,哪些是不可以做的,而不像现在那样什么都可以做。

高兹反对把当前的危机看成是一种现代性本身引起的危机,而认为是现代化过程中的非理性动机造成的危机,并在此基础上又反对笼络地否定现代化,而主张给现代化划定界限,这是一种真知灼见。

2. 何谓经济理性

高兹认为,要给现代化确立一个界限,必须考察经济理性在当代资本主义社会中的运作情况,因为在资本主义社会中的现代化进程是与经济理性的运作联系在一起的。那么何谓经济理性呢?

请看他的一段论述:"计算机化和机器人具有一种经济的合理性,确切地说,它以尽可能有效地使用生产的因素的经济的欲求为主要特征……这种合理性的目的就在于使这些'因素'经济化,它要求用简单的度量衡单位对这些要素的安排能够加以衡量、计算和计划,并且能够表述它们,而不管这些要素是什么样的。这一度量衡单位就是'单位耗费',这种耗费本身就是劳动时间(工作的小时)的一种功能,而劳动时间又体现在产品和用来生产产品的手段(广义地说即是资本,它是积累起来的劳动)之中。

---

① Andre Gorz, *Critique of Economic Reason*, Verso Books, 1989, p. 2.

从经济合理性的观点来看,由于所使用的手段的日益有效而在全社会性的范围内节省下来的工作时间构成了这样一种工作时间,它可以用来生产附加财富……通过安排这种被节省下来的劳动时间给予失业者以补偿,其方式或是雇用这些失业者从事其他经济活动,或是付给他们一定报酬让他们去干那些以前既不付酬也不被认为属于经济活动范围的事。"①从他的这段话中我们大致可以知道,他所说的经济理性(经济合理性)以计算和核算为基础,与计算机化和机器人联系在一起,把由于劳动手段的改进所节省下来的劳动时间尽一切可能加以利用,让其生产出更多的额外价值。

高兹详尽地论述了这种经济理性的形成过程。我们可以通过考察他对这一过程的论述,进一步把握他所说的经济理性的含义。

高兹指出,在前资本主义的传统社会中,当人们可以自由地决定其需求的程度和工作的程度之时,经济合理性是并不适用的。他说:"那时,人们为了使其工作控制在一定的限度内,就自发地限制其需求,工作到自认为满意为止,而这种满意就是指自认为(所生产的东西)已足够了。不过,足够这一范畴则是调节着满意的程度和劳动本身的量之间的平衡。"②在那个时代,人们在劳动和生产中所遵循的原则是"够了就行"(Enough is Enough)。人们在自己的一小块土地上耕耘所获得的东西,完全是用于满足自己的家庭、牲畜的需要,即使有时到野地里或旁人的森林中去砍柴,也只是用于做燃料。这就是说,那时人们的行为与其"生活"的时间、运动和节奏一致。在高兹看来,关键在于对"足够的"这一范畴的理解。他说,在那个时代,"'足够的'范畴并不是一个经济的范畴,它是一个文化的和存在论的范畴。说'够了就行'是指使用更多的东西未必就能提供更好的服务,更多并不是更好。诚如英国人所言:'知足常乐'(Enough is as good as a feast)"③。高兹在这里强调的是,在传统社会中,当经济理性并不占支配地位时,"足够的"范畴只是一个文化范畴,人们信奉的是"够了就行"和"知足常乐"。

高兹认为,经济理性的出现是与资本主义的诞生同步的。当人们学会

---

① Andre Gorz, *Critique of Economic Reason*, Verso Books, 1989, p. 2 – 3.

② Andre Gorz, *Critique of Economic Reason*, Verso Books, 1989, p. 111 – 112.

③ Andre Gorz, *Critique of Economic Reason*, Verso Books, 1989, p. 112.

了计算和核算,即不是为了自己的消费而是为了市场而进行生产之时,经济理性也就开始起作用了。他说,"经济合理性发端于计算与核算","从我的生产不是为了自己的消费而是为了市场那一刻开始,一切就开始变了"①。他还说:"于是,计算和核算就成了具体的合理化的典型形式。它关注的是每单位产品本身所包含的劳动量,而不顾及那种劳动的活生生的感受,即带给我幸福还是痛苦,不顾及它所要求的成果的性质,不顾及我与所生产的东西之间的感情的和美的关系……我的活动取决于一种核算功能,而无须考虑兴趣和爱好。"②

高兹在这里实际上不仅论述了经济理性是如何产生的,而且也提出了经济理性的具体内容。他说:"在经济理性的指导下,生产必然仅仅是被商品交换所支配,它必然被在一个自由的市场上进行交换这一原则所驱使,在这一市场上,被割裂的生产者面对着同样是被割裂的购买者,它们在竞争中发现自身。"③既然在经济理性的指导下,生产主要是为了交换,那么这种生产必然是越多越好。于是,"足够的"这一范畴就不像在传统社会中那样仅仅是一个文化的范畴,而变成了主要是经济的范畴。其标志是突破了原来的"够了就行"的原则,而开始崇尚"越多越好"(The More the Better)的原则。高兹说道:"替代'够了就行'这种体验,提出了一种用以衡量工作成效的客观的标准,即利润的尺度。从而成功不再是一种个人评价的事情,也不是一个'生活品质'的问题,而是主要看所挣的钱和所积累的财富的多少。量化的方法确立了一种确信无疑的标准和等级森严的尺度,这种标准和尺度现在已用不着由任何权威、任何规范、任何价值观念来确认。效率就是标准,并且通过这一标准来衡量一个人的水平与效能;更多要比更少好,钱挣得更多的人要比钱挣得少的人好。"④在这一段文字下面高兹加上了重点符号,因为这一段话比较完整地表述了经济理性的含义。高兹提出的所谓经济理性的原则,就是"计算与核算"的原则、效率至上原则、越多越好原则。

---

① Andre Gorz, *Critique of Economic Reason*, Verso Books, 1989, p. 109.
② Andre Gorz, *Critique of Economic Reason*, Verso Books, 1989, p. 109 – 110.
③ Andre Gorz, *Critique of Economic Reason*, Verso Books, 1989, p. 110 – 111.
④ Andre Gorz, *Critique of Economic Reason*, Verso Books, 1989, p. 113.

从他对经济理性的含义的阐述来看,他所说的经济理性实际上就是资本主义的生产方式。马克思早已对资本主义生产方式的特点作过淋漓尽致的分析,高兹的论述基本上没有超出马克思的分析的范围。

3. 经济理性的危害在哪里

在高兹看来,马克思对资本主义生产方式的批判就是对经济理性的批判。所以他首先借用马克思的观点来揭示经济理性的危害。他说,在马克思和恩格斯看来,作为资本主义特征的经济合理性"要扫除所有从经济的观点看来是不合理的价值和目标,而只是留下个人之间的金钱关系,留下阶级关系,留下人与自然之间的工具关系,从而产生了一个一无所有的工人——无产者阶级,这个阶级沦为只是可以无限地加以交换的劳动力,被剥夺了任何特殊的利益"[1]。按照马克思主义的观点,合理化的过程"一方面在人与自然之间造就了一种造物主性质的、创造性的关系,这种关系是机械化的一大成果;另一方面又赋予这样一种劳动组织难以置信的支配生产力的权力,这种劳动组织既使劳动又使劳动者失去一切人性味"[2]。"作为资本主义合理化的一大成果,劳动不再是一种个人的活动,不再受制于基本的必然性,但也付出了重大代价,这就是劳动失去了其界限,劳动不再变成有创造性的了,不再是对普遍的力量的肯定,它使从事劳动的人非人化。"[3]高兹在这里强调,按照马克思的观点,经济理性的危害可以归结为一方面使人与人之间的关系变成金钱关系,另一方面使人与自然之间的关系变成工具关系,而核心的问题是使劳动者失去人性。

高兹说:"哈贝马斯曾用'认识—工具合理性(cognitive-instrumental rationality)'来表示技术—科学的、经济的和管理的方法的统一体。"[4]在他看来,哈贝马斯所说的"认识—工具合理性"实际上就是经济理性,于是,他借用哈贝马斯对"认识—工具合理性"的批判进一步剖析经济理性的危害。他说:"……经济合理性,作为'认识—工具合理性'的一种特殊形式,它不仅仅扩充到了其并不适合的制度的行为,而且使社会的统一、教育和

---

① Andre Gorz, *Critique of Economic Reason*, Verso Books, 1989, p. 19.
② Andre Gorz, *Critique of Economic Reason*, Verso Books, 1989, p. 20.
③ Andre Gorz, *Critique of Economic Reason*, Verso Books, 1989, p. 20.
④ Andre Gorz, *Critique of Economic Reason*, Verso Books, 1989, p. 108.

个人的社会化赖以存在的关系结构'殖民化'、异化和支离破碎。哈贝马斯就把这种由'经济—管理的亚制度'发展起来的'势不可当'的动因所推动的'殖民化'视为理性,视为由金钱和国家权力所支配的变异的调节。"①这样,高兹根据哈贝马斯对"认识—工具合理性"的批判,认为经济理性的主要危害在于使生活世界"殖民化"。

他还具体分析了生活世界"殖民化"的内容。他说:"我想指出经济合理性和'认识—工具合理性'的共同根源,它们的根源就在于思维的一种(数学的)形式化,把思维编入技术的程序,使思维孤立于任何反思性的自我考察的可能性,孤立于活生生的体验的确定性。种种关系的技术化、异化和货币化在这样一种思维的技术中有其文化的锚地,这种思维的运作是在没有主体的参与下进行的,这种思维由于没有主体的参与就无法说明自己。欲知这种严酷的殖民化是如何组织自己的,请看:它的严酷的、功能性的、核算化的和形式化的关系使活生生的个人面对这个物化的世界成了陌路人,而这一异化的世界只不过是他们的产品,与其威力无比的技术发明相伴的则是生活艺术、交往和自发性的衰落。"②从高兹的这段话中可以知道,他所说的生活世界的"殖民化"从表层看就是"种种关系的技术化、异化和货币化","个人面对这个物化的世界成了陌路人","生活艺术、交往和自发性的衰落",从深层看则是"思维的形式化"、"把思维编入技术的程序"。

上述这一些是贯穿于整个资本主义时期的经济理性的普遍性的危害,只不过在当代资本主义社会中这种危害进一步加剧而已。但高兹对经济理性危害性的揭露并没有到此为止,他还进一步分析了当代资本主义社会中经济理性新的危害。这就是经济理性在当代资本主义社会中出现了新奴隶主义。由于科学技术和相应的生产力的飞速发展,现代人实际上已赢得了大量的自由时间。社会已不需要那么多的劳动时间来生产物质生活资料。但因为当代资本主义社会中经济理性仍然在起作用,也就是说,整个社会还受"越多越好"的原则驱使,从而造成对节省下来的劳动时间加以不平等的分配,即人口中日益增大的一部分不断地被从经济活动的领域

---

① Andre Gorz, *Critique of Economic Reason*, Verso Books, 1989, p. 107.
② Andre Gorz, *Critique of Economic Reason*, Verso Books, 1989, p. 124.

中排除出去或被边缘化,而另一部分职业精英则继续从事现在的工作或甚至更多的工作。这种做法符合"越多越好"的经济理性,进一步提高了劳动生产率,创造了越来越多的物质财富,但与此同时进一步扩大了两极分化,使前者沦为后者的奴隶。他说:"对经济领域中劳动的不平等分配,以及与此相伴随的对由技术发明所创造的自由时间的不平等分配,导致了这样一种情境,在这种情境下,一部分人能从另一部分人那里购买到额外的空闲时间,而后者则沦为只是替前者服务……对于至少是提供个人服务的这部分人来说,这种社会分层也就是服从于和人身依附于他们为之服务的那些人。曾经被战后工业化所废除掉的'奴隶阶级'再次出现了。"①高兹认为今天这种"被职业精英雇用来的人做仆人的工作"和以前"富人阶级雇佣了一大批家内用人"没有多少区别。

高兹沿着马克思的思路对经济理性危害性的揭露,尖锐而深刻。尤其是他对当代资本主义社会中"新奴隶主义"的批判,具有一定的警世作用。

4.如何超越经济理性

如前所述,在高兹看来,要解除当前现代化过程中出现的危机,关键在于给现代化划定界限。他所说的给现代化划定界限,实际上也就是给理性划定界限。他强调,现代化不能再在经济理性的支配下进行下去了,而应超越经济理性,确立一种新的理性,使现代化按照一种新的行为理性发展。

由于高兹主要把"越多越好"视为经济理性的原则,从而他认为"逃避经济合理性"的控制就是摆脱"越多越好"的原则。他强调必须打断"更多"与"更好"之间的联结,使"更好"与"更少"结合在一起。他认为,只要我们生产更多的耐用品以及更多的不破坏环境的东西,或者生产更多的,但每个人都可以得到的东西,那么,工作与消费得越少,但生活得却更好,这是可能的。他说:"特别是当人们发现更多的并非必然是更好的,发现挣得越多、消费得越多并非必然导向更好的生活,从而发现还有着比工资需求更重要的需求之时,他们也就逃脱了经济合理性的禁锢……当人们认识到并不是所有的价值都可以量化的,认识到金钱并不能购买到一切东西,认识到不能用金钱购买到的东西恰恰正是最重要的东西,或者甚至可以说

---

① Andre Gorz, *Critique of Economic Reason*, Verso Books, 1989, p. 6.

是最必不可少的东西之时,'以市场为根基的秩序'也就从根本上动摇了。"①

高兹认为,只有挣脱掉经济理性的禁锢,才能为现代人开辟出一个足够大的自由空间。在这一空间中,人们的生活不再完全被劳动所占据,不再被劳动所迷惑。人们发现这是一个价值不能被量化的领域,发现这才是生活自主的领域。以经济为目的所进行的劳动大大减少之时,自主的行为有可能在社会中占据支配地位。应当把经济理性从闲暇时间中驱除出去。这样,闲暇将不再只是剩余或补偿,而是必不可少的生活时间和生活的原因。要使闲暇压倒劳动的同时,使自由时间压倒非自由时间。让这种自由时间成为一切普遍价值的承担者,即让创造性、欢乐、美感和游戏,战胜劳动中各种效率、谋利的价值。高兹提出,当劳动降低到从属的地位,而自由的时间成为一切普遍价值的承担者之时,就出现了"一个可能的其他社会的远景"。他说,"这个未来社会不再是一个以劳动为基础的社会"②。他还说:"这里所涉及的是从一个生产主义的以劳动为基础的社会向一个时间解放了的社会的转折,在这一社会中文化和社会被赋予比经济更大的重要性,一句话,这是向一个德国人称之为'文化社会'(Kulturgesellschaft)的社会的转折。"③

那么超越经济理性是不是仅仅意味着让闲暇时间压倒劳动的时间,使社会不再以劳动为基础呢? 高兹认为,并非如此。高兹所论述的超越经济理性的更重要的一个内容就是使劳动本身也成为一种自主性的行为,即不仅要把经济理性从闲暇时间中驱除出去,也要让经济理性在劳动时间中无立足之地;不仅要在劳动之外寻求个人的自由发展,而且也要在劳动之内寻求个人的自由发展。他认为这里至关重要的是不能使劳动仅仅成为挣工资的手段,如果是这样,劳动必然失去其意义、动力和目标。实际上,人们为取得报酬的劳动所达到的不是其为自己所选择的目标,而是根据付给他们工资的人所制定的程序和时间表。他说:"存在着一种普遍性的混淆,这就是'劳动'(work)与'工作'(job)或'就业'(employment)之间的混淆,

① Andre Gorz, *Critique of Economic Reason*, Verso Books, 1989, p. 116.
② Andre Gorz, *Critique of Economic Reason*, Verso Books, 1989, p. 212.
③ Andre Gorz, *Critique of Economic Reason*, Verso Books, 1989, p. 183.

'劳动的权利'和'挣钱的权利'以及'得到收入的权利'之间的混淆。"①在他看来,现在人们普遍把挣钱的权利等同于劳动的权利,实际上你有权挣钱并不表示你已真正获得了劳动的权利,而在劳动领域超越经济理性就是让人们不仅获得挣钱的权利,而且真正获得劳动的权利。高兹认为,一般来说,劳动有三个层面,这就是:劳动过程的组织;与所生产的产品的关系;劳动的内容,即行为的性质和劳动所要求的人的才能。他强调,应该使劳动者在这三个层面上都能获得权利,从而都具有自主性。具体地说就是:这种劳动应是劳动者自己组织的;这种劳动是对自我确定的目的的自由追求;这种劳动应达到劳动者个人的目的。

鉴于目前出现了将大批人驱赶出经济活动领域,而只是让一小部分职业精英从事经济劳动,从而使前者沦为后者的仆人的情况,高兹特别指出了当前公平地分配劳动岗位的重要性。他认为,面对劳动岗位日益减少的局面,有着两种不同的解决办法:其一是像现代资本主义社会所正在发生的那样,把减少掉的劳动岗位交给一部分职业精英,而让大部分人失业下岗,再让前者廉价去购买后者的劳动为其效劳,当他的奴隶;另一种解决办法就是"尽管劳动减少了但仍然让每个人能够劳动",哪怕把劳动时间减少到一天两小时,也得让每个人都在劳动岗位上。他认为,如果被排斥出经济活动领域,那就无从谈起劳动的权利和劳动的自主性。所以在目前情况下,劳动的解放第一位的要求就是把劳动的时间减少些,但必须每个人都能从事劳动,都有其劳动的岗位。他说:"劳动的解放和'劳动得少些从而每个人都能从事劳动'的理念,说到底是劳动的斗争运动的发源地。"②

高兹关于如何超越经济理性的论述尽管充满了浪漫主义色彩,完全继承了西方马克思主义的传统,但其中不乏深刻的见解。

六、对高兹《资本主义、社会主义和生态学》(1991年)的评述

出版于1991年的《资本主义、社会主义和生态学》一书,是高兹在苏东

---

① Andre Gorz, *Critique of Economic Reason*, Verso Books, 1989, p. 221.

② Andre Gorz, *Critique of Economic Reason*, Verso Books, 1989, p. 221.

剧变后推出的一部重要著作。全书由九篇相对独立的论文构成,它们是:
(1)"错位,定位:保卫现代性";(2)"需要重新定义的左派";(3)"资本主义、社会主义和生态学";(4)"正在重新定义的社会主义";(5)"新奴隶";(6)"'劳动'的危机和后工业的左派";(7)"处于冲突中心的新老角色";(8)"左派的道路在哪里? 在后工业时代的社会变革";(9)"较短的时间,同样的工资"。另外还有一个附录,题为"存在着一种欧洲的左派吗? 理论的和政治的询问"。

本书进一步深化了他在《通向天堂之路》和《经济理性》等著作中的观点,其中关于资本主义、社会主义与生态保护之间的关系的论点特别引人注目。该书的出版者指出:高兹在本书中所提出的观点,必将对人类活动产生影响,推进个人自我实现的可能性。

1.保护生态环境的最佳选择是先进的社会主义

高兹在这部著作中首先要论证的就是只有在先进的社会主义制度下才能消除生态危机。

他认为,要有效地开展生态保护工作,必须具备这样的社会环境:

生产实用的不易损坏的物品,生产易于修理可长时期使用的机器,生产较长时间不会过时的服饰。当人们都生活在一个广泛的集体共有的服务设施之中时,对于易损坏的、昂贵的和浪费能源的物品的需求将会消失。当有舒适的公共交通工具送你去休养胜地时,当有一个人们所要求的遍及城乡的交通网络,自行车和汽车都畅通无阻时,人们是否仍然渴望和高速公路上拥挤的交通联系在一起呢?

中央计划的主要工业仅仅为满足居民的基本需要而生产。为了避免大量的失业,减少劳动时间,实行 20 小时工作周,各个城镇都有用完整的工具系列、机器和原料装备起来的工场,在那里市民们为自己而生产,依照他们的情趣从事生产。

人们有充分的闲暇时间去学习自己感兴趣的东西,不仅有读和写,而且包括各种手工艺,即所有那些被商业从人们身上剥夺并且只有通过买卖才能重新获得的各种专业技术。

高兹指出,这样的社会环境就是社会主义的社会环境。认为只有在这样的社会环境下才能实施生态保护等于认为只有在社会主义制度下才能实施生态保护。所以,"保护生态环境的最佳选择是先进的社会主义"。

在高兹看来,社会主义制度之所以为生态保护提供了可能性,关键在于社会主义不以利润作为生产的动机。他认为,在我们面前有两种理性:一是经济理性,即资本主义的以利润为生产动机的理性;二是生态理性,即社会主义的以生态保护为宗旨的理性。前者是与生态保护相冲突的,而后者才与生态保护相一致。真正的社会主义所实施的必然是生态理性。他通过论述两种理性的区别来说明只有社会主义制度才有可能实施生态理性,从而才有可能实施生态保护。

他说道,"生产力的经济规则与资源保护的生态规则截然有别。生态理性旨在用这样一种最好的方式来满足(人们的)物质需求:尽可能提供最低限度的、具有最大使用价值和最耐用的东西,而花费少量的劳动、资本和资源就能生产出这些东西。与此相反,对最大量的经济生产力的追求,则旨在能卖出用最好的效率生产出来的最大量的东西,以获取最丰厚的利润,而所有这一切都建立在最大量的消费和需求的基础之上。只有通过这种最大量的消费和需求,才有可能在资本的增值方面获取回报。其结果是,在企业的层面上最大量的生产力的发展导致了整个经济领域浪费的日益加剧。但是,从生态的观点看是对资源的浪费和破坏的东西,用经济的眼光来衡量则是增长之源:企业间的竞争推进了创新,而销售量和资本循环的速率促进了产品的陈旧过时和飞速更新。从生态的观点看似乎是节俭的措施(如生产耐用品、保护病者和稀有者、实施低能源和资源的消费等),使那些在经济学上可用国民生产总值的形式加以衡量的产品大为减少,其表现为在宏观的经济层上未能充分利用资源。"[1]高兹在这里清楚地向人们描述了两种理性的区别:经济理性不惜对资源肆意开发,不顾对生态环境的破坏,追求最大限度的生产和消费,而生态理性力图尽量少动用劳动、资本和资源,努力生产耐用的、具有高使用价值的东西,以满足人们适可而止的需求。而隐藏在这两种截然对立的理性背后的是两种完全对立的动机,即利润动机和生态保护动机。在资本主义的利润动机支配下,实施生态理性是不可思议的,因为这必然带来堵塞增长之源的后果。基于

———————

[1] Andre Gorz, *Capitalism*, *Socialism*, *Ecology*, Verso Books, 1994, p. 32 – 33.

这一认识,高兹反复强调,要实施生态理性,必须改变资本主义的利润动机,而这就意味着变资本主义生产方式为社会主义生产方式。社会主义生产方式可以而且应该与生态理性联系在一起。他认为,社会主义生态方式的合理性存在于生态理性的合理性之中。

高兹认为,在现存社会的生产方式即资本主义生产方式下,是无法实施生态保护的。实施生态保护的要旨是控制消费,而控制消费的一个前提则是公平、合理地进行产品的分配。显然,在现存的生产方式下是不可能做到这一点的。他说,现存社会的框架和消费模式是建立在贫富不均、特权和追求利润的基础之上——零增长或负增长只能意味着停滞、失业和贫富之间差距的扩大。在现存的生产模式的框架中,在产品分配更趋平均的同时,就有可能限制和压制经济的增长。在现存的社会生产方式下,哪一个人能用什么办法来分配那些由于数量限制而变得稀缺的产品,如豪华的汽车、带私人游泳池的房屋以及其他成千上万种新产品?工业每年用新产品像洪水般地冲击市场使旧产品贬值,同时再生产不平等和等级制度。而现在又有哪一个人能用什么办法来平均分配大学学位、管理职位或财产占有权?高兹强调,在这种情况下,唯一的出路就是突破现存社会的生产方式,建立一种真正能体现公平分配原则的生产方式,即社会主义生产方式。

高兹在这里通过分析经济理性与生态理性的对立,以及通过揭示经济理性与资本主义生产方式、生态理性与社会主义生产方式的内在联系,来说明社会主义社会形态建立的必要性,说明保护生态环境的最佳选择是建立社会主义的生产方式,富有说服力,是一种深刻的理论分析,充分显示了其作为一个生态学的社会主义者、生态学的马克思主义者的基本立场。

2. 苏联模式的社会主义提供了一幅资本主义基本特征的滑稽的放大画

高兹反复强调,保护生态环境的最佳选择是先进的社会主义。那么,他所说的社会主义是一种什么样的社会主义呢?与现存的社会主义有一种什么样的关系呢?在《作为政治学的生态学》、《通往天堂之路》、《经济理性批判》等著作中他对此已有所论述,而在这部著作中则作了更详尽的阐发。

高兹认为,他所说的能有效地实施生态保护的社会主义,完全不同于现存的和传统的社会主义。为了强调这一点,他在这部著作中的一开头特

地指出："作为一种体系,社会主义已死了。作为一种运动和有组织的政治
力量,它行将就木。它曾经提出的所有目标都过时了。唯一承受这种社会
主义的社会力量消失了。它已经失去了它的预言的方面、它的物质基础、
它的'历史主体';正在导致即使不是无产阶级,至少也是工人阶级消失的
历史的和技术的变化已经表明,这种社会主义关于劳动和历史的哲学被曲
解了。"①我们当然不能完全同意他对现存的和传统的社会主义的处境的
这一基本估计,只需搞清楚,高兹是在竭力把他所憧憬的那种社会主义与
现存的和传统的社会主义区别开来。

　　高兹所说的现存的和传统的社会主义主要是指苏联模式的社会主义。
在他看来,苏联模式的社会主义在不能有效地实施生态保护这一点上,几
乎与资本主义没有什么不同。关键在于,苏联模式的社会主义奉行的也是
经济理性。而不是生态理性,也就是说,在苏联模式的社会主义制度下,社
会生产和人的行为同样受制于经济理性。只要是受制于经济理性,那不管
是用计划还是用市场进行调节,都不会产生真正的社会主义。他强调,苏
联模式的社会主义仅仅向人们提供了一幅资本主义基础特征的滑稽的放
大画,因为它把追求积累和经济增长作为其主要目的。唯一与资本主义不
同的是实施这种积累和增长的方式,即它试图用精心规划的、中心化的、外
在的整体经济控制的市场取代自发的外在机制。在一切行为领域中,它使
得体系的全面合理性所要求的功能行为与个体的自我控制的行为方式的
合理性相互分离。苏联模式的社会主义也曾实施过种种改革,但由于这些
改革的基本思路是建立在消费主义的基础之上的,即这种改革并没有对追
求的目标作丝毫的改变,而只是对实现这种目标的手段进行了调整,所以
这种改革的结果是越来越向西方资本主义靠拢,而远离真正的社会主义。
他认为,社会主义的本质是使经济行为服从于社会的目的和价值,如果不
朝这一方向努力,那现存的和传统的社会主义就不能成为真正的社会
主义。

　　基于"现存的社会主义与资本主义在奉行经济理性、对抗生态保护这
一点上没有实质性的区别"这一基本认识,高兹甚至对现存的社会主义的

①　Andre Gorz, *Capitalism*, *Socialism*, *Ecology*, Verso Books, 1994, p. Ⅶ.

"科学性"提出疑问。他说:"'科学社会主义'的概念已经失去了所有的意义。在所谓的'现存的社会主义'的范围之内,它的信条的所谓的科学性,只具有这样一种实践功能:以'非科学'和'主观'为借口,无视人的需求、欲望和异议,强制人服从于业已形成的工业机构的制度命令。'现存的社会主义'的计划把社会当做是一架集中化的工业机器,并要求人们服从这架机器的命令。人们的生活被完全地合理化了,也就是说,被官僚—工业的强大机器完全有组织地功能化了。倘若对抗这种功能化……则被谴责为小资产阶级和低级的个人主义。"①

高兹详尽地阐述了社会主义与资本主义之间的真实联系。他说,社会主义只能在与资本主义的联系中加以理解,"社会主义是对资本主义的积极的否定"②。社会主义根源于资本主义现代化的歧义性和不完整性之中,根源于自由市场经济的极端的效应之中。资本主义带来的不仅是激进的解放的因素,而且也带来了剥削和异化的新的形式,不管在任何地方,只要存在资本主义,社会主义也就被引进来了。因为开天辟地第一次,个人从国家或君王的专制主义中解放了出来,从等级森严的依附性中解放了出来,个人获得了追求自己的物质利益的权利。众所周知,这种给予人们的权利启动了在自由的市场中"一个人对抗所有的人"的斗争。没完没了的竞争迫使每一个企业最大限度地去利用其生产要素,也就是说,最大限度地去获取生产率、利润,最大限度地去进行投资和发明创造。经济理性借助于市场的逻辑从宗教、伦理的戒律中解放了出来。"资本主义过去是,现在仍然是这样一种社会的唯一的形式,这一社会带着最大限度地提高生产率的目的,使竞争成为第一信条,不懈地追求把社会、教育、劳动、个人和集体的消费纳入资本无所不包的价格服务体系之中,其结果是把经济理性的统治扩充到生活和劳动的所有领域,这种经济理性借助于市场的逻辑肆无忌惮地显示自己。"③

高兹进一步说道:"社会主义运动形成于这样一种斗争之中,这种斗争的主体是团结在一起的个体,它建立在伦理的要求的基础之上,对经济理

① Andre Gorz, *Capitalism*, *Socialism*, *Ecology*, Verso Books, 1994, p. 38.
② Andre Gorz, *Capitalism*, *Socialism*, *Ecology*, Verso Books, 1994, p. 39.
③ Andre Gorz, *Capitalism*, *Socialism*, *Ecology*, Verso Books, 1994, p. 39.

性所发挥作用的领域施加新的社会限制。只有这种限制才能确保劳动者的完整性,以及确保他们无论在个体的层面上还是在集体的层面上有自我决定自己怎样度过自己的一生的权利。社会主义运动的含义及目标过去是,现在仍然是使个人从这样一些领域中解放出来,在这些领域中,市场的逻辑、竞争和利益的功能,正阻碍着个人获得独立和自我实现。"①在高兹看来,在资本主义社会中已存在着社会主义的因素,这正是社会主义与资本主义内在联系之所在。但如果把社会主义理解成只是旨在增加物质财富,把资本主义的经济理性加诸于社会主义,那这种社会主义与资本主义没有什么两样。真正的社会主义不是继承而是抛弃经济理性,限制经济理性的作用,而代之以价值理性,只有这样,才能真正符合社会主义的含义和实现社会主义的宗旨。

高兹虽然深刻地论证了唯有社会主义才能正确实施生态保护这一观点,但他在论述这种社会主义时把它与现存的社会主义对立起来,对现存的社会主义全盘否定,这明显具有片面性。至于他所提出的资本主义与社会主义的相互关系,即认为尽管在资本主义社会中已具有社会主义的因素,但只有摒弃经济理性,才能建立起真正的社会主义,则是一种真知灼见。

3. 更少地生产,更好地生活

高兹在批评苏联模式的社会主义的基础上,提出了他自己对社会主义的设想。他曾在《经济理性批判》一书中论述过"更少"与"更好"之间的内在联系,这里,他则进一步地提出了"更少地生产,更好地生活"的设想,以此作为他理想中的社会主义的主要生活模式。

高兹指出,造成现行的资本主义社会出现危机的原因是生产能力的过度发展,以及在此基础上所形成的技术的破坏性,因此克服这些危机只能是建立一种新的生产方式。这种新的生产方式的核心是对资源、能源作精心安排,尽量缩减消费规模。也就是说,这种新的生产方式的宗旨不是更多地生产,而是更少地生产。由此可见,作为资本主义的替代物的社会主义的首要特征就是更少地生产。问题在于,在"更少地生产"的情况下,能

---

① Andre Gorz, *Capitalism*, *Socialism*, *Ecology*, Verso Books, 1994, p. 38.

否给人们带来"更好地生活"。高兹认为,这是有可能的,而这也正是社会主义的优越性之所在。

他认为,在社会主义制度下,生产的目的将不再是为了追求最大限度的利润,所以将会中止奢侈品的生产,而主要是生产那些人们确实需要的耐用、易修理、易生产并且无污染的东西。实行这样的生产,必然带来两大结果:其一,社会劳动将被限制在生产生活所需求的东西上边,从而工作时间能同时得到缩减,这将使人们获得更多的自由时间,大大地扩展他们的自由选择行为,个人和公众将以今天难以想象的方式显现自己并使自己的生存方式多样化;其二,人们在改变相互之间的关系的同时也改变了同环境的关系,环境与人不再处于对立的状态,而是和谐相处,人们重新恢复了与自然界的活生生的内在联系。高兹强调,这两大结果都是同人们新的生活方式,即真正幸福的生活方式联系在一起的。马克思所期望的理想社会的生活方式不正是这样的生活方式吗?

高兹还对这种"更少地生产,更好地生活"作了具体的描述。他认为,"更少地生产"的说法实际上还不够确切,而应正确地表述为"人们根据他们的想象而不是根据需要来进行生产"。正是根据想象来生产,所以能使人们进入一种新的境界,在那里,市场消失,每个人都感到满足,人们共聚在一起,每个人各自计划自己的生活。人们不会被迫去从事那种千篇一律的、单调的、厌烦无趣的劳动。

高兹认为,社会主义是一个充满平等的社会,而"更少地生产,更好地生活"将直接导致社会走向平等。他说,现代资本主义的生产方式所带来的经济增长使广大人民群众享受原来只有那些精英们才能享受的特权的同时,又把他们排挤在新的特权之外。现代资本主义社会的座右铭是:"对每个人都一样好的东西没有价值,你必须有着若干东西好于他人才能受到尊敬。"这一座右铭是现代资本主义社会中人们普遍接受的价值观念。当人们都具有了某种物品以后,这件物品就失去了价值,而唯有那些只有少数人占有的物品才是高贵的,才值得人们去追求。现代资本主义社会的统治者正是利用了这样一种价值观念和心理状态,才不断地制造新的需求,控制人们,维护不平等。随着"更少地生产,更好地生活"的实施,人们所生产的是那些为所有人真正所需要的东西,既不给予任何人以特权,也不

缩小任何人的权利。这样的社会,诚如马克思所言:每个人的自由发展是
一切人的自由发展的条件。社会主义的平等正是从这里开始产生的。

　　高兹强调,实施"更少地生产,更好地生活",不可能在资本主义社会
的框架中进行,这实际上是对现代资本主义社会进行生态学的重建,它包
含着对资本主义的超越和对社会主义的开拓。他通过考察德国社会民主
党1989年的纲领来说明这一点。这一纲领明确地要求以最少量的劳动、
资本和资源去获得尽可能少量但又具有高度的使用价值和耐用性的货物。
高兹列举了这一纲领的若干内容:"对我们的经济从产品设计到消费和物
质的再循环进行生态学的重建","对涉及能源的生产和运输的所有环节
进行生态学的重建","对化学工业、运输业和农业进行生态学的重建"。
这些活动"必须保证生活的基本要素和改善其质量","必须促进自治和自
主的创造性活动","那些危及生活的自然基础的活动必须缩减和消失"。
"技术上的发明不仅必须有助于生态学的重建和理性化",而且也必须"提
高劳动生产率、使缩短劳动时间成为可能","把我们从异化劳动中解放出
来"①。高兹把德国社会民主党1989年纲领中所提出的这些要求归纳为:
"最大限度的生产率和利润率的经济标准服从于社会—生态标准。"②接着
他就分析说,这些要求在资本主义社会中表面上看也可实施,但由于改变
不了资本主义发展的基本态势,从而在实施过程中或者变质或者夭折。只
有在社会主义的制度下,由于社会发展的基本宗旨与这些要求相符合,从
而这些要求能切实有效地得以实施。他强调,德国社会民主党1989年纲
领中的这些涉及"更少地生产,更好地生活"的要求,本身就包含着对资本
主义经济理性的"新的和激烈的限制"③。他认为德国的社会民主党实际
上已把"更少地生产,更好地生活"作为未来的社会主义基本特征。

　　高兹不但论证了只有社会主义才能有效地消除生态危机,解决环境问
题,而且提出这种社会主义的基本特征就是"更少地生产,更好地生活",
这是一个极有针对性,给人以深刻启发的见解。但正如许多学者所指出的
那样,这一见解带有浓厚的乌托邦主义色彩,他所说的社会主义是"乌托邦

---

① Andre Gorz, *Capitalism*, *Socialism*, *Ecology*, Verso Books, 1994, p. 31 – 32.
② Andre Gorz, *Capitalism*, *Socialism*, *Ecology*, Verso Books, 1994, p. 32.
③ Andre Gorz, *Capitalism*, *Socialism*, *Ecology*, Verso Books, 1994, p. 31.

主义的社会主义"。

4. 左派的目标:扩充人的自主活动的领域,增加个人自我实现的可能性

高兹告诫西方的左派在制定自己的战略时必须注意如下事实:

在1961年至1988年这一时期内,产业工人阶级的人数在英国减少了44%,在法国减少了30%,在瑞士减少了24%,在西德减少了18%。在这十二年的时间中,欧洲的一些国家大约有三分之一甚至一半的工业劳动岗位不存在了。法国在这十二年时间中所减少的工业劳动岗位差不多与从1890年至1968年所创造的工业劳动岗位一样多。[①]

正是在这期间,产生了大量的服务部门的岗位。但是这些劳动岗位是钟点工,非常不稳定,并且又是低技能的。它们并不为专业的发展提供机会,它们并不承受可以构成在社会主义教义中所说的工人阶级和劳动的那种本质和价值。工业劳动阶级似乎已经衰弱了并部分已被主要由女性构成的后工业无产阶级所取代。鉴于这一阶级所处环境的不稳定性和所担负的工作的性质,不可能从其劳动中衍生出可承受起经济的、技术的和政治的权力的那种社会地位和使命。[②]

从量的角度看,一个人的劳动生涯开始较晚而结束较早,并且期间又常常被中断。一个成年人在1960年的专职劳动时间为2 150小时,到了1990年则减少至1 650小时,而且在这1 650小时中还得减去150小时的病假时间。在过去的30年时间中,成年人的劳动量(即所有劳动者的劳动时间的总和)减少了28%。与此同时,每小时的劳动产品增加了三倍,而失业,或者倒不如说"靠自己劳动挣钱来养活自己"的不可能性,达到了无以复加的程度。[③]

高兹在列举上述事实后即提出,在这种新的形势下,左派究竟应该如何干?如何成为一个社会主义者呢?他着重指出了以下两点。

其一,他说:"劳动已经改变了,'劳动者'也已改变了。"[④]如果说成为

---

① Andre Gorz, *Capitalism*, *Socialism*, *Ecology*, Verso Books, 1994, p. Ⅶ.
② Andre Gorz, *Capitalism*, *Socialism*, *Ecology*, Verso Books, 1994, p. Ⅶ.
③ Andre Gorz, *Capitalism*, *Socialism*, *Ecology*, Verso Books, 1994, p. Ⅷ.
④ Andre Gorz, *Capitalism*, *Socialism*, *Ecology*, Verso Books, 1994, p. Ⅶ.

一个社会主义者就要为工人的解放而斗争,那么,他们仅仅是作为只占总人口的15%的这样一些工人的意识形态的代言人吗？这些人仍然主要地依据其劳动来确定身份,他们首先感觉到自己还是个劳动者,他们把劳动作为一种潜在的自我实现的、创造性的活动加以经历。但是,社会主义者难道不是要使所有的劳动都成为创造性的、自我实现的活动吗？高兹的意思是,面对着真正从事传统工业劳动的工人只占总人口的15%这一实际情况,左派、社会主义者不能仅仅着眼于这一部分人,也就是说,不能仅仅只为这部分人的利益而斗争,不能只把实现这部分人的解放作为自己的奋斗目标。

其二,就是对那些仍然在从事工业劳动的产业工人而言,他们实际上真正的劳动时间也是很少的,他们的大部分生命活动与工业劳动无缘。在这种情况下,就有一个如何正确理解职业在个人生命和社会中的未来地位的问题。当一个社会日益发展的技术可以用越来越少的劳动来创造出越来越多的财富的时候,在这一社会中劳动时间的减少是必然的。不但从事工业劳动的人数大大减少了,而且劳动者的劳动时间也骤减。在这种情况下,退一步讲,即使左派、社会主义者所服务的对象仍然主要是产业工人,也不能仅仅着眼于他们的劳动时间,而应着眼于其整个生命活动。也就是说,左派、社会主义者的目标不仅仅是使这些产业工人在劳动期间感到自己解放了,而且应使其在非劳动期间,乃至在整个生命活动中都感到自己解放了。

这样高兹就把左派、社会主义者的奋斗目标定位为不仅仅使产业工人而且使所有的人都获得自我实现,不仅仅使劳动者的劳动而且使劳动者的非劳动性的活动都成为一种自主的创造性的活动。

高兹进而指出,这里关键的是要改变目前的那种"付薪劳动"形式。如果不改变目前通行的"付薪劳动"形式,要实现所有人的所有活动都自主化是不可能的。他说:"我们是否不得不去寻找一种替代付薪劳动的活动资源和社会一体化模式？我们是否必须超越完全职业化的社会,而去计划建立一种'完全活动性'的社会,在这一社会中,每个人的收入不再是其出卖劳动所获得的价格？"①在他看来,消除了付薪劳动模式的社会就是社

---

① Andre Gorz, *Capitalism*, *Socialism*, *Ecology*, Verso Books, 1994, p. IX.

会主义社会,而这种社会主义是对现存的资本主义的否定。"'社会主义'这一术语不再涉及任何现存的社会秩序"①。那么,这是否意味着社会主义的观点以及与社会主义相关的东西都已失去了意义？我们能否忘记资本主义统治着世界经济而无须向这一世界提供一种新的社会模式？我们无论如何不能忘记这一点:我们的社会是资本主义社会,而社会主义也不需要用存在于其他地方的另一种社会制度来规定自己,它只需要把自己规定为资本主义的对立面。也就是说,它是对这样一种社会样式的激烈的批判,在这一社会中,技术、劳动、日常生活结构、消费模式和发展模式等,都具有最大可能地获取利润这一标记。② 高兹强调,左派、社会主义者倘若真正要把实现所有人的所有活动自主化作为自己的奋斗目标,就不能回避废弃付薪劳动与现存的资本主义彻底决裂这一点。

高兹还提出,左派、社会主义者把废弃付薪劳动,实现所有人的所有活动的自主化作为自己的奋斗目标,就意味着对劳动本身进行彻底的改造。他说,劳动这一近代概念原本指的是为其他人所从事的一种活动,它有两个基本特征:其一,它必须在公共领域而不是在私人领域进行;其二,它必须为了社会的他人而不是为了个人进行。而当商品关系随着工业资本主义的发展占了统治地位之时,它具有了第三种特征:它必须具有被认可的效用和价值,而这一点被将其交换的可能性,即将其出卖,将其作为商品的可能性所证明。"劳动由于具有了商品形式,它就成了'一般的'社会劳动、抽象劳动,参与到生产的总体的社会过程之中。"③他认为,现在摆在左派、社会主义者面前的重大课题就是如何使劳动成为自主活动。他说:"解放劳动,使劳动成为自主活动的愿望,内在于真正劳动的本质,并且内在于劳动的异化之中。当劳动被异化之时,真正的劳动使主体把其作为自主活动的能力加以履行。"④高兹在这里提出解放劳动的愿望实际上蕴含在劳动本身之中,哪怕目前这种劳动还处于异化状态。而左派、社会主义者的当下任务就是使这种愿望变成现实。

---

① Andre Gorz, *Capitalism*, *Socialism*, *Ecology*, Verso Books, 1994, p. IX.
② Andre Gorz, *Capitalism*, *Socialism*, *Ecology*, Verso Books, 1994, p. IX.
③ Andre Gorz, *Capitalism*, *Socialism*, *Ecology*, Verso Books, 1994, p. 54.
④ Andre Gorz, *Capitalism*, *Socialism*, *Ecology*, Verso Books, 1994, p. 57.

　　高兹根据目前资本主义社会的新的发展,强调实现所有人的所有活动的自主化,真正实现劳动的解放才是左派、社会主义者的奋斗目标。这在理论上是站得住脚的,并且也具有极强的现实意义。问题在于,他离开了对社会的现实改造,抽象地谈论人的活动的自主化,就难以跳出乌托邦主义的窠臼。正如西方许多评论者所指出的,如果西方的左派、社会主义者真正接受了高兹的观点,高举起使所有人的所有活动自主化的旗帜,那么,其结果充其量只是使人们思想上得到一次洗礼而不会触动现实社会的一根毫毛。

评 J. B. 福斯特的"新帝国主义"论

世界上许多人都认为当今的帝国主义已进入了一个新的阶段,并把此称为"新帝国主义"。这里我们集中评论美国左派思想家 J. B. 福斯特(John Bellamy Foster)论述"新帝国主义"的三篇文章。通过这三篇文章,我们不但可以了解到目前西方世界研究"新帝国主义"的一些情况,而且能够知晓西方左派是如何对进入一个新的发展时期的帝国主义展开尖锐的批判的。

一

2001 年岁末,《每月评论》刊登了 J. B. 福斯特的一篇题为《帝国主义和〈帝国〉》(Imperialism and "Empire")的文章。这篇文章分外引人注目,因为作者在这里通过把美国最近的畅销书《帝国》(Empire)和著名左翼学者梅萨罗什(Meszaros)的新著《要么是社会主义,要么是野蛮状态》(Socialism or Barbarism)的观点作了比较,旗帜鲜明地提出了现存的国际秩序是美国单极霸权主宰世界的观点。

由哈特(Michael Hardt)和内格里(Antonio Negri)所著的《帝国》一书

不仅在美国而且在整个世界都十分畅销。福斯特要人们充分关注这一著作,因为在这一著作中有着关于当今世界的新的判断。他认为,这一著作最新奇之处是作出了这样一个判断,"旧的欧洲式的扩大民族国家范围的帝国主义或殖民主义已经结束了。与此相应,不借助于直接的政治控制而是通过工业力量来达到经济支配和剥削的新殖民主义也寿终正寝了"①。什么是传统的帝国主义? 无非就是通过阻止某些资本的流动,以利于另外一些资本的生存与发展。可在当今这种现象不见了,当今是要求任何资本都不受地域限制而可以自由流动。当今已形成了一个以资本自由流动为标志的世界市场,而且可以自由流动的不仅是资本,劳工的国际流动也在与日俱增。这种世界市场一旦形成,传统的地域区分,如什么中心与边缘,南方与北方之类已变得没有意义,当今美国和巴西、英国和印度之间只存在度的区别,而不存在质的不同。总而言之,按照《帝国》一书的观点,世界市场形成之时也是传统的帝国主义消亡之日。

在福斯特看来,哈特和内格里的《帝国》一书的意义是要人们重新认识什么是美国和什么是帝国。美国还是一个民族国家吗? 按照哈特和内格里的观点,"今日之美国已不是传统意义上的民族国家"②。美帝国主义这一称谓已不适用于今日之美国,因为当今任何国家都不可能像近代欧洲国家曾经做过的那样充当世界领袖,包括今天的美国在内。越南战争时期美国曾充当过世界领袖,那时是以美帝国主义的名义与越南打仗的。但越南战争可以说是美帝国主义的终结点,自此以后,世界进入了一个全球宪政治理时代,美国也已失去了作为一个民族国家的身份。后来的海湾战争美国并不是以美帝国主义的身份而是以唯一有能力施行国际主义的力量的名义投入战争的,也就是说美国发动海湾战争不是出于民族动机,而是源于国际动机。所以,乔治·布什有理由宣称海湾战争宣告了新世界秩序的产生。那么,美帝国主义已不存在了是不是意味着帝国主义也就消失了呢? 福斯特认为,《帝国》一书的独特之处在于论证了新的帝国的产生,或者说赋予帝国一种新的意义。按照哈特和内格里的解释,当今的帝国已不是指某个特定的国家,而是指整个新的世界秩序。美国式的宪政已扩展到

① John Bellamy Foster, *Imperialism and "Empire"*, in *Month Review*, vol. 53 – 7, p. 1.
② John Bellamy Foster, *Imperialism and "Empire"*, in *Month Review*, vol. 53 – 7, p. 2.

全世界,整个实施美国式宪政的世界构成了一个大的帝国。正因为哈特和内格里这样来理解帝国,从而他们很自然地认为当今反对帝国主义的斗争,不能仅仅局限于本土性的反抗帝国。他们相信,当今的斗争只能是争取全球化,以及争取在更大程度上实现美国宪政制度扩展所预示要带来的成果。

福斯特把《帝国》一书的基本观点揭示出来,为的是与之商榷,对之展开批判。而他进行商榷和批判的主要方法是推出另一部著作,即梅萨罗什的新著《要么是社会主义,要么是野蛮状态》,把两者放在一起进行比较分析,通过褒后者来贬前者。

在他看来,全部的关键在于,哈特和内格里在《帝国》一书中所提出的帝国秩序是不是真的存在。而梅萨罗什的著作正是对此作出了有力的回答:根本不可能存在。他根据梅萨罗什的思路,在两个层面上对这一问题作出回答。

首先,要使西方资本主义成为全球资本主义,或者说要使全球以美国为主导而普遍实行宪政治理,必须有一个前提,这就是:以美国为代表的当今西方的资本主义确实非常美好,值得将其推向全球。可事实上,以美国为代表的当今的西方资本主义仍然有着不可克服的矛盾。他借用梅萨罗什的分析,一口气列出了当代资本主义十大不可克服的矛盾:1.生产和生产控制之间的矛盾;2.生产和消费之间的矛盾;3.竞争和垄断之间的矛盾;4.发达和欠发达即中心和边缘之间的矛盾;5.世界经济扩张和资本家之间的矛盾;6.积累和危机之间的矛盾;7.生产和破坏之间的矛盾;8.支配劳工和依赖劳工之间的矛盾;9.雇用和解雇之间的矛盾;10.不惜一切代价的增长和环境破坏之间的矛盾。他还引用梅萨罗什的话说:"要想克服其中任何一个矛盾都是不可思议的。"①当然,其中大部分矛盾都是资本主义制度所固有的,只要资本主义制度存在,这些矛盾也就必然存在,而且在当代资本主义还呈加剧状态,其中有些矛盾则是当代资本主义新滋生的,即使是这些新产生的矛盾在眼下也看不出有任何消失的迹象。

其次,姑且承认当代资本主义在某些方面有了新的发展,但也不能得

---

① John Bellamy Foster, *Imperialism and "Empire"*, in *Month Review*, vol. 53－7, p. 4.

出当代资本主义会推及整个世界的结论。关键在于,当代资本主义的发展只是在"水平"方向上的发展,这种发展的程度再高也不可能使其在"垂直"方向上扩展。尽管当代资本主义竭力推行全球化,但是人们可以非常明显地看到,资本体系依然从结构上与普遍性不相容。资本主义的所谓平等自由的理念常常会被"垂直性"的秩序所抵消。

正是从这里福斯特把我们引向思索一个至关重要的问题:当今世界上众多的不发达国家有没有可能进入全球资本主义体系,从不发达走向发达?如果这种可能性是存在的,那么哈特和内格里所说的帝国秩序也有可能是存在的,但假如没有这种可能,那么哈特和内格里所说的帝国秩序就是子虚乌有的东西。对此,福斯特作出了明确的回答:"不发达国家作为一个整体,没有任何希望在经济上有可能'赶上'发达资本主义国家,世界的边缘地区也没有任何希望有可能出现持续的经济和社会发展。"①现在的实际情况是,这些不发达国家的工人的生活水平在下降。从 20 世纪 70 年代开始的长阶段的结构性危机使资本不能哪怕是暂时地解决一下那里的矛盾。所有外部援助不再足以支撑那里的秩序。确实资本具有破坏性的控制力量,问题在于资本在破坏以前的社会关系的同时却不可能建立起新的社会关系,即不可能建立起能向资本主义靠近的新的社会关系。不发达国家永远只能游离于资本主义体系之外,西方发达资本主义国家进入这些地区,目的不是要把它们拉入发达国家的行列,而只是要控制这些不发达国家。福斯特要人们,特别是不发达国家的人们看清这一点。

在福斯特看来,只要把这一问题想清楚了,也就不难理解当今美国的所作所为的实质了。从表面上看,"9·11"事件以后美国发动的阿富汗战争等似乎证明哈特和内格里的判断是正确的,美国似乎是以"世界警察"的角色做这一切的,美国似乎并不是出于民族动机。而恐怖分子是国际性的,他们所挑战的是整个世界体系,而美国正是为了这个体系和代表这个体系而与之展开斗争。事实果真如此吗?福斯特指出,根据梅萨罗什的解释,我们能得到不同的解释。先看一看恐怖分子的真正的矛头所向。他们并没有攻击全球主权——纽约的联合国,而是攻击了美国的金融和军事力

---

① John Bellamy Foster, *Imperialism and "Empire"*, in *Month Review*, vol. 53 – 7, p. 4.

量即美国全球力量的象征物——世贸大厦和五角大楼。联合国总部大楼和世贸大厦同在纽约,那为什么恐怖分子所驾驶的飞机不是撞向联合国总部大楼而是撞向世贸大厦呢?这难道不值得人们深思吗?当然恐怖分子的攻击不能说是正义的,但有一点是肯定的:这是美国漫长帝国主义历史以及试图建立全球霸权的结果。也就是说,恐怖分子所针对的是美帝国主义的霸权行径。再看一看美国是为了什么和代表什么与恐怖分子展开斗争的。以前欧洲殖民主义只是占领了边缘地区的一部分,而当今之美国在69个国家和地区建有军事基地并拥有毁灭性的武器,它正在全球范围内展开一系列的军事进攻,它难道仅仅是为了打击恐怖分子吗?显然不是。美国实际上是为了维护自己的霸权,为了控制整个世界而打击恐怖分子和进行一系列的军事活动。它在这样做时只是代表了美国的垄断集团,即只代表了美帝国主义。福斯特非常赞赏《要么是社会主义,要么是野蛮状态》一书"把美帝国主义视为恐怖性危机的中心"①。

福斯特强调,尽管使当今的世界更加全球化是必要的,但在"资本主义统治之下进行全球治理是不可能的"②。哈特和内格里的错误就在于把不可能的事当做可能的。当前的世界现实就是人类处于单极帝国主义国家以一种荒唐的方式进行的暴力统治之下。面对这样一种态势,人类仅存的希望就是重建社会主义。在这个时候人们很自然地想起了罗莎·卢森堡的名言:要么是社会主义,要么是野蛮状态,这句话"从来也没有像今天这样具有如此全球性的紧迫性"③。

福斯特用罗莎·卢森堡的这句名言来结束全文是意味深长的。尽管福斯特对《帝国》一书的理解并不完全正确,但他所要阐明的主题"当今的世界秩序是由美国单极霸权对世界的主宰"鲜明而正确,他要人们面对这种局面通过重建社会主义来摆脱美帝国主义的统治也是入情入理。奉劝一切对美帝国主义抱有幻想的人们,认真地读一读福斯特的这篇文章,认真地看一看福斯特所竭力推荐的梅萨罗什的这一著作,认真地思索一下作为梅萨罗什的这一著作名的罗莎·卢森堡的这句名言!

---

① John Bellamy Foster, *Imperialism and "Empire"*, in *Month Review*, vol. 53−7, p. 7.
② John Bellamy Foster, *Imperialism and "Empire"*, in *Month Review*, vol. 53−7, p. 7.
③ John Bellamy Foster, *Imperialism and "Empire"*, in *Month Review*, vol. 53−7, p. 9.

二

J. B. 福斯特在 2002 年 11 月 1 号的《每月评论》上发表了题为《重新发现帝国主义》(The Rediscovery of Imperilialism)的论文。这篇文章直接揭露了当代资本主义的帝国主义的本性。

正如福斯特所指出的,帝国主义这个术语本来是一直被排斥在资本主义世界主流政治话语之外的。"只要苏联存在着,只要在周围还明显地存在着反帝国主义的强大革命潮流,那资本主义就不可能公开地在推进文明的名义下去接受帝国主义的概念。对美国出于抵抗革命或控制市场的目的而对第三世界的广泛的军事干涉行动,美国官方总是用冷战动机,而忌讳用帝国主义的意图来加以解释"①。这就是说,在冷战时期,尽管美国一再地对外进行军事干涉,但那时从不自称自己的行为是出于帝国主义的目的。当冷战的另一方整天批判资本主义是帝国主义之时,资本主义当然不可能把自己的行为与帝国主义联系在一起。

冷战结束后,一切都变了,连帝国主义这个概念也从贬义词一下子变成了褒义词。原来对帝国主义这个概念唯恐避之而不及,而现在则是趋之若鹜。福斯特指出:"美国的知识分子和政治精英正在以饱满的热情倡导美国必须履行赤裸裸的'帝国主义'或'新帝国主义'使命。"②这种说法不断地见之于《纽约时报》、《外交事务》等知名媒体。按照福斯特的分析,帝国主义这一概念的"命运"的这种改变,多半与布什政府的反恐战争有关。布什政府制定了一个"国家安全战略",公开提出使用军事力量保护国家利益可以不受任何限制和约束。布什政府的这种扩张意图一提出,美国的知识分子就加以论证和美化,其主要手法就是重新解释帝国主义的概念,首先把这一概念从荒谬变成入情入理,然后又把美国的帝国主义行为说成是天经地义、顺天应人,是在履行推广文明的伟大历史使命。

福斯特摘录了一些见之于美国媒体的公开赞美帝国主义,特别是公开赞美美国的帝国主义行径的言论,这些言论触目惊心,我们在这里也不妨转录一下。

---

①　John Bellamy Foster, *The Rediscovery of Imperilialism*, in *Month Review*, vol. 54 - 6, p. 6.

②　John Bellamy Foster, *The Rediscovery of Imperilialism*, in *Month Review*, vol. 54 - 6, p. 1.

哈佛大学的迈克尔·伊格内蒂夫(Michael Ignatieff)在 2002 年 7 月 28 日出版的《纽约时代杂志》上发表文章说:"帝国主义通常是白人的负重。这一称谓曾使白人背上恶名。但是帝国主义并不因为在政治上是不正确的从而不再具有必要性。""事实上,美国的整个反恐战争都是帝国主义的行为。对美国人来说,这种说法可能感到不太习惯,他们不喜欢把自己的国家说成是一个帝国。但是,面对这些部署在全球的美国士兵、间谍和特种部队,你还有什么更好的称呼吗?"①

乔治敦大学的专门研究全球正义的教授约翰·伊伦伯里(John Ikengerry)在 2002 年 9—10 月号的《外交事务》上撰文说:"有这样一幅新帝国主义的景象:美国把自己置于全球主宰者的地位,它有权制定规则、决定威胁、使用力量和建立正义。""美国的帝国目标和所制定的规则与老牌的帝国相比,要节制和仁慈得多。"②

《华盛顿邮报》的专栏作家塞巴斯蒂安·马拉比(Sebastian Mallaby)自称是"不情愿的帝国主义者",他在 2002 年 4 月号的《外交事务》撰文对这一称谓解释说:"就布什政府而言,新帝国主义的逻辑是无法拒绝的。"③

马克斯·布特(Max Boot)在 2001 年 1 月 15 日的《旗帜周刊》上发表了一篇题为《美帝的理由》的文章,在这篇文章中有这么一段话:"美国目前所采取的军事行动所面临的景象,与当年一代又一代的英国殖民战士战斗过的大地上所面对的大致相同。这全都是一些不得不有待于西方军队去消除混乱局面的地方。阿富汗和其他混乱地区都迫切需要来自外国的开明治理,身着马裤、头戴太阳帽的充满自信的英国人曾经提供过这种治理。"④

《大西洋月刊》的评论家罗伯特·卡普南(Robert Kaplan)最近出版了一部题为《黩武政治》的书,在这部著作中他明确地指出,当今美国的十字军东征"给世界遥远的地方带去了在美国温情的帝国影响下的繁荣"⑤。

曾任卡特总统国家安全事务顾问的布热津斯基(Zbigniew Brzezinski)

---

① John Bellamy Foster, *The Rediscovery of Imperilialism*, in *Month Review*, vol. 54 – 6, p. 2.
② John Bellamy Foster, *The Rediscovery of Imperilialism*, in *Month Review*, vol. 54 – 6, p. 2.
③ John Bellamy Foster, *The Rediscovery of Imperilialism*, in *Month Review*, vol. 54 – 6, p. 2.
④ John Bellamy Foster, *The Rediscovery of Imperilialism*, in *Month Review*, vol. 54 – 6, p. 2 – 3.
⑤ John Bellamy Foster, *The Rediscovery of Imperilialism*, in *Month Review*, vol. 54 – 6, p. 3.

提出,美国要确保帝国的地位,第一要务是"阻止那些附属国家合谋联合起来,保持其依赖性,使其处于温驯的和被保护状态,与此同时,使这些野蛮人无法团结一致"①。

哈佛大学的欧林战略研究所主任斯蒂芬·彼得·罗森(Stephen Peter Rosen)在 2002 年 5—6 月号《哈佛评论》上发表文章说:"我们的目的(即美国的军事目的)不是战胜某个对手,而是维护我们的帝国地位,维持帝国秩序。"②

亨利·基辛格(Henry Kissinger)写了一篇题为《美国还需要外交政策吗?》的文章,这篇文章开宗明义:"美国正处于昔日最伟大的帝国也望尘莫及的权势的顶峰。"③

还有比这更赤裸裸的帝国主义语言吗? 还有比这更狰狞的侵略者的面目吗? 真感谢福斯特收集了这些言论,使我们了解了当今的美帝国主义究竟是什么。

福斯特撰写这篇文章的目的当然不仅仅在于把这些吹捧帝国主义,同时吹捧美国的帝国主义行径的观点和言论端出来,而在于还帝国主义,还美国的帝国主义行径的本来面目,也就是说,他要向人们说明,由资本主义高度垄断而发展成的帝国主义,是人类历史上最腐朽、凶恶的一种社会制度,而美国实施帝国主义政策,则完全是反文明、反进步和反人类的。帝国主义这一概念仍然是一个贬义词,与此相应,美国实施帝国主义政策仍然是一种罪恶的而不是进步的行为。

福斯特提请人们注意,在美国的官方语言中,使用"帝国"、"帝国主义"这些术语都是极有"规则"的:其一,竭力强调美国的动机是"仁慈的";其二,尽量避免涉及经济帝国主义,而是"谨慎地把帝国和帝国主义限制在军事和政治领域之内";其三,回避"把帝国主义与资本主义和剥削联系起来"④。这说明,美帝国主义确实害怕把帝国主义与经济垄断、经济剥削联系起来,而福斯特就是要反其道而行之,强调要真正认清帝国主义的本质

---

① John Bellamy Foster, *The Rediscovery of Imperilialism*, in *Month Review*, vol. 54 – 6, p. 3.
② John Bellamy Foster, *The Rediscovery of Imperilialism*, in *Month Review*, vol. 54 – 6, p. 3.
③ John Bellamy Foster, *The Rediscovery of Imperilialism*, in *Month Review*, vol. 54 – 6, p. 3.
④ John Bellamy Foster, *The Rediscovery of Imperilialism*, in *Month Review*, vol. 54 – 6, p. 3.

必须从分析其经济基础入手。

　　福斯特回顾了帝国主义这一概念发展的历史。无论是 1898 年查尔斯·科南特(Charles Conant)首次发表的《帝国主义的经济基础》一文,还是约翰·霍布森(John Hobson)于 1902 年首次出版的《帝国主义论》一书,都强调帝国主义是由于经济和金融利益集中并支配整个经济而引起的,而解决收入分配不公和国内经济需求的激进改革会结束帝国主义的冲动。福斯特认为,研究帝国主义最重要的著作当属列宁于 1916 年出版的《帝国主义是资本主义的最高阶段》一书。在这本书中,列宁把帝国主义与垄断资本主义联系在一起。按照列宁的观点,垄断资本主义与各帝国主义国家间的竞争密不可分,它首先以争夺全球市场的形式表现出来,随之而来的结果是把世界划分为帝国主义势力范围并由此导致争夺势力范围的斗争。而列宁关于帝国主义的更为宽泛的观点不只是集中在为剩余资本寻找出路的必然性问题上,而同时也强调在垄断阶段资本主义必然追求对原材料的垄断性控制和对国外市场的控制。福斯特认为,列宁以后的一些马克思主义者虽然对帝国主义也作出了一些研究,但基本上都致力于分析帝国主义的一般特征,如中心与外围的分裂的问题等。

　　福斯特在追溯了帝国主义理论发展史以后,毫不含糊地说道:"列宁对一种新的,更为发达的资本主义形式的认识,连同他对资本的集中和垄断以及垄断阶段出现的分析,在我们这个时代,即以全球化高级阶段的垄断资本主义为主要特征的时代,仍然具有重大意义。"①他还特地指出,"这正是马克思主义者帝国主义理论的成功之处"②。在他看来,正是马克思主义者的帝国主义理论,深刻地揭示了资本主义对外围的制度性剥削和帝国主义列强之间的竞争状况。借助于这一视角,对当今的帝国主义的实质可以看得一清二楚。

　　这里的关键在于,明明美帝国主义的行为是凶恶的,可那些美国的官方媒体却拼命要把此说成是仁慈的。这样,美国的帝国主义就变成了仁慈的帝国主义。在福斯特看来,要揭穿美国帝国主义的仁慈的假面具,除了要借助于马克思主义关于帝国主义的理论,即从经济根源上分析帝国主义

---

① John Bellamy Foster, *The Rediscovery of Imperilialism*, in *Month Review*, vol. 54 – 6, p. 6.
② John Bellamy Foster, *The Rediscovery of Imperilialism*, in *Month Review*, vol. 54 – 6, p. 6.

的理论这一理论武器之外,主要是引导人们面向事实,让事实来教育人们。他一口气列举了六个方面的客观事实,要人们对此"千万不要忘记":

"千万不要忘记"美国 1991 年发动伊拉克战争所导致的结局是美军永远驻扎在沙特阿拉伯,而这又导致包括基地组织在内的伊斯兰原教旨主义者常常出没于沙特阿拉伯,并以此为基点攻击美国;"千万不要忘记"正是美国在阿富汗支持反对苏联的伊斯兰原教旨主义的战争,本·拉登最初接受的是美国的恐怖主义训练;"千万不要忘记"萨达姆·侯赛因在两伊战争期间一直受到美帝国主义的庇护;"千万不要忘记"沙特阿拉伯和伊拉克已探明的石油资源分别占世界的第一位和第二位;"千万不要忘记"阿富汗是通向中亚的门户,是世界上石油和天然气储备丰富的地区之一;"千万不要忘记"现在美国的军事基地遍布中亚并且想赖在那里不走。

福斯特认为,只要我们正视这些客观事实,就不难理解美帝国主义究竟是一种"好的帝国主义"还是一种"坏的帝国主义"。西方的主流社会重新发现帝国主义这一概念并在褒奖的意义上使用它,其真正的目的是"为美国军事和政治统治辩护,使其与造成穷国与富国的鸿沟的勾当脱离干系"。福斯特指出,这正是"马克思主义的帝国主义理论所强调的",也正是"新的反全球化——反资本主义运动所看重的"①。

帝国主义这一概念本来明明是马克思主义者和左派用于揭露和批判垄断资本主义的一个术语,而如今西方的主流话语却大言不惭地自称是帝国主义并对帝国主义行为大加赞赏,这说明了什么呢? 福斯特认为,这只能说明,"美国所代表的,特别是其掌权者主导的"那个资本主义走向垄断的、没落的过程是"不可避免的",这已成为"无法逃避的现实"。环顾今日之世界,尽管人们对以美国为代表的新帝国主义的反抗才刚刚开始,但人们不可能忘记这一常常被"美国的学究们所遗忘的历史":"美国帝国主义与过去的那些掠夺性的帝国没有什么两样,并也将遭遇与过去的帝国相同的命运:内部的反抗与日俱增,而'野蛮人'就在家门口站着呢。"②

① John Bellamy Foster, *The Rediscovery of Imperilialism*, in *Month Review*, vol. 54 – 6, p. 12.
② John Bellamy Foster, *The Rediscovery of Imperilialism*, in *Month Review*, vol. 54 – 6, p. 16.

三

2003 年 7—8 月号的《每月评论》又刊登了 J. B. 福斯特（John Bellamy Foster）的一篇题为《帝国主义的新时代》（The New Age of Imperialism）的文章。这是一篇在西方世界产生广泛影响的讨伐美帝国主义的檄文。

2003 年 4 月 26 日出版的《经济学家》杂志提出了这样一个问题：是否存在着这样一个阴谋集团，它操纵着作为世界上最强大的国家美国的外交政策？是否主要是由这样一批空想家在不适当地使用权力来干涉其他国家的内部事务、创建一个帝国、蔑视国际法？该杂志自己给出的答案是"并非如此"。它拒绝阴谋集团理论，即认为美帝国主义的行径并不主要是由于美国政局被以小布什为首的新保守主义的阴谋集团所控制，而是强调"美国的政治精英就美国应充分发挥自身的力量以重塑世界这一观念几乎达成了共识"。在福斯特看来，《经济学家》杂志拒绝阴谋集团理论是正确的，但它把此归结为"美国精英的共识"也是片面的。问题在于，为什么美国的政治精英在美国扩张这一点上会如此步调一致、呼吸相通？他的整篇文章正是围绕着这一问题展开的，即他要探讨美国霸权主义的真正根源何在。他的基本观点是："……帝国主义并非简单地是一项政策，而是一种根植于资本主义发展的本性之中的有规则的现实。人们如果把所谓'单极世界'的兴起与帝国主义的历史变化联系在一起思考，那就不会把帝国主义在当代的发展简化为少数强权人物的疯狂野心。"①

福斯特首先说明资本主义于 19 世纪末 20 世纪初进入帝国主义时代，以及 20 世纪 50 年代和 60 年代一个更新的帝国主义阶段的出现，都是由资本主义本性所决定的。帝国主义的形成与发展都与生产集中而导致的垄断资本主义的成长相关。资本主义必然被无限制的积累冲动所控制，这一方面决定了资本主义经济是一种不断扩张的世界经济，另一方面又导致了资本主义国家在政治上被分为众多相互竞争的民族国家，而且在各个层次都分为中心和边缘。他认为，列宁对帝国主义的形成与特征已作过深刻的分析，至今没有过时。

---

① John Bellamy Foster, *The New Age of Imperialism*, in *Month Review*, vol. 55 - 3, p. 1 - 2.

　　这里,他郑重地向人们推荐哈里·马格多夫(Harry Magdoff)在 1969
年出版的《帝国主义时代:美国对外政策的经济学》一书,因为这本书开启
了人们对于美帝国主义如何形成的系统分析。正如当今人们提出了美国
的霸权主义是否缘于阴谋集团的问题一样,当时马格多夫也提出了这样的
问题:越南战争是美国对外政策的更一般、更一贯的图谋的组成部分,还是
一群特定掌权者偏离了正道? 马格多夫的答案是:有一些掌权者主导了这
一过程,但它反映了根源于资本主义本身的美国外交政策的固有倾向。在
福斯特看来,马格多夫的高明之处就在于一方面不认为美国对第三世界的
干预是冷战的产物,另一方面又不把越南战争归结为一位总统及其身边谋
士的错误。
　　帝国主义古典阶段随着第二次世界大战和随后的非殖民化运动而终
结。在 20 世纪 50 年代和 60 年代,一个更新的帝国主义阶段出现了。如
果说帝国主义形成之时是以英国霸权为标志,那么在这一新的帝国主义阶
段的特征就是美国取代英国掌握了资本主义世界经济的霸权。从表面上
看,这一时期的帝国主义的扩张与霸权同苏联的存在有关。苏联的存在为
第三世界的革命运动开拓了空间,也促使资本主义大国构筑一个冷战军事
联盟来巩固美国的霸权。美国正好借用冷战的需要建立起布雷顿森林体
系——关税及贸易总协定、国际货币基金组织和世界银行,其目的在于加
强对中心国家所实施的经济控制,特别是美国对于外围、进而对整个世界
市场的控制。
　　在福斯特看来,把美帝国主义的崛起说成是冷战的产物,确实不是完
全没有道理,但无疑没有抓住问题的要害。他这样说道:"美国的军国主义
说到底与它的帝国的角色密切相关,它不简单地是、也不主要是美国与苏
联冷战的产物,这种冷战只是提供了条件。美国的军国主义深深地根源于
美国自身的需要,为了行使资本主义世界经济的霸权力量,它感到有必要
通过诉诸武力来使其他国家的门户向外国投资开放。"①在福斯特看来,经
济利益在这里起了关键的作用。美国总是在可能会增进其公司利益的地
方使用武力,美国总企图通过使用武力从外围地区吸收经济剩余并使外围

---

①　John Bellamy Foster,*The New Age of Imperialism*,in *Month Review*,vol. 55 - 3,p. 4.

不发达状态永远保持下去。其结果早被马格多夫所预料到,他一方面作过关于第三世界债务陷阱的警报,另一方面又作过关于银行和金融资本的作用增大的分析。福斯特认为,马格多夫的这两个方面的认识是独特的,都为后来,即20世纪80年代初以后的历史所证实。

福斯特认为,自20世纪80年代末开始帝国主义进入了一个新时代。"没有什么东西比美利坚帝国在中东和里海等重要地区的扩张,更典型地表现了帝国主义进入了新时代了。"①1991年的海湾战争标志着美帝国主义的新时代和美国全球权力扩张的开始。苏联的削弱和灭亡助长了美国这一对于控制世界石油、进而统治全球具有至关重要意义的地区的干预。新时代的美帝国主义究竟想要干什么,福斯特引用了大量材料来加以说明。

1992年3月,媒体披露了五角大楼的一份报告。这份报告由老布什政府的国防部起草。它宣称:"在苏联垮台之后,我们目前的战略是必须把精力重新集中于预先防止出现一个潜在的、未来的对手。"②

2000年9月,新保守主义者发表了题为《重建美国的防务》的报告,该报告提出:美国迄今尚没有遇到全球性对手的挑战,美国的大战略的目标就是尽可能地保持和扩展这种优势。美国在21世纪主要战略目标是保持美国主宰下的和平。为了实现这个目标,必须在全世界范围内建设新的海外基地,采取前瞻性行动来向外扩展美国的安全防线。③

2002年9月,美国政府提交给国会的《国家安全报告》提出了对于潜在敌人的先发制人攻击原则。该报告宣称:美国必须挫败任何敌人把自己的意志强加给美国以及美国的盟友和朋友的任何企图。美国的力量定将足够强大,足以促使潜在的敌人放弃发展超越美国或与美国平起平坐的军事力量的企图。④

迈克尔·赫什(Michael Hirsh)在其《与我们自己交战》一文中提出,美国作为霸权国,干预"失败国家"和使美国自身重要战略利益受到威胁的

① John Bellamy Foster, *The New Age of Imperialism*, in *Month Review*, vol. 55 - 3, p. 6.
② John Bellamy Foster, *The New Age of Imperialism*, in *Month Review*, vol. 55 - 3, p. 9.
③ John Bellamy Foster, *The New Age of Imperialism*, in *Month Review*, vol. 55 - 3, p. 10 - 11.
④ John Bellamy Foster, *The New Age of Imperialism*, in *Month Review*, vol. 55 - 3, p. 11.

地区是理所当然的。这种干预应当伴有国家建设和多边主义的承诺,可这种承诺实际上只是一种装扮成多极性的单极性,即以多极为名来行使单极性。这不是一个关于美国是否应该扩展帝国的讨论,而是一个关于帝国的诱惑是否应该伴随帝国责任的争论。①

兰德公司国际安全与防务政策中心主任詹姆斯·托宾斯(James Dobbins)在外交关系委员会的报告中指出:关于国家建设的分歧性争论结束了。两党都明确地准备使用美国的军事力量来改革那些流氓国家,修补业已破碎的社会。②

上述所有这些言论说明了什么呢?福斯特认为,说明客观存在的"超级力量"和所谓的"安全需要"在驱使着美国奉行扩张主义,"在全世界范围内推行美国资本主义的控制符合其统治者的最高利益"。福斯特抱怨一些左翼思想家目光短浅地把这种新的帝国扩张当做仅是少数人的图谋,即与军事和石油部门特殊利益有关的人的图谋。在他看来,这些左翼思想家的这种观点是"一个危险的幻象"。他强调指出:"这里所存在的并不是什么阴谋,而是一种根源于统治阶级的需要和帝国主义原动力之中的共识。"③

帝国主义的新时代也就是全球霸权资本主义时代。在这一时代,美国尽一切能力扩张自己的帝国权力,使广大第三世界国家以及资本主义世界各国都屈从于自己的利益。波斯湾和里海的石油占世界石油总储量的比重在不断地上升,这就更进一步地刺激美国控制这些石油资源的野心。当然,美国的所有这些行径是以牺牲现实和潜在的对手为代价的。但必须明白的是,美国的狼子野心是不会收敛的,它必然会被无止境的经济欲望所驱使,美国对国外市场的垂涎是不会改变的,增进美国公司在国外的利益是美国国家的天职。福斯特认为,只要不是仅仅从所谓"阴谋"的角度去看待美国的扩张主义,就能充分地认识这一点。

那么美国的这种史无前例的帝国主义行径将会给世界带来什么呢?福斯特指出,美国公司和国家的这种扩张对世界大多数人来说是极其危险

① John Bellamy Foster, *The New Age of Imperialism*, in *Month Review*, vol. 55 - 3, p. 11 - 12.
② John Bellamy Foster, *The New Age of Imperialism*, in *Month Review*, vol. 55 - 3, p. 12.
③ John Bellamy Foster, *The New Age of Imperialism*, in *Month Review*, vol. 55 - 3, p. 13.

的。这个谋求霸权的帝国主义国家力图永远对世界实施极端残暴的统治,这必然威胁着人类。由美帝国主义所控制的世界秩序必然是荒谬的、非理性的秩序。

福斯特强调,由美帝国主义所控制的这个世界绝对不会是太平的。美国和其他大国之间的分歧即帝国主义之间的争斗是帝国主义的一个重要组成部分。当美国力图使自己在全球帝国秩序中取代世界政府之时,其他资本主义大国怎肯善罢甘休,帝国主义国家之间怎能相安无事? 至于那些第三世界的广大弱小国家,也不会束手待毙! 它们很可能采取各种形式的非对称作战战略。考虑到现代武器的空前杀伤力并可以在极广泛的范围内扩散,所有这些趋势的最终结果就是意味着史无前例的毁灭。非常明显,帝国主义的新时代是这样一种所谓"美国治下的和平":"为新的全球灾难开辟道路"①。

那么人类面对这样一个帝国主义的新时代有没有出路呢? 福斯特认为,"在这种荆棘载途的情境下,最大的希望就寄托于在美国和世界各地的日益高涨的自下而上的反抗运动"②。他高度赞扬自 1999 年 11 月西雅图风暴以来占据世界舞台的中心位置的反全球化运动,他认为这已成为人类历史上声势最为浩大的全球反抗浪潮。他强调,"帝国主义的新时代也是反抗的新时代","美国统治阶级扩张美利坚帝国的战略从长远来看是不可能实现的"③。

福斯特在这里无论是对资本主义进入帝国主义新时代,美国肆无忌惮地实施霸权主义并不是出于一些人的"阴谋",而是资本主义发展的本性使然的分析,还是对由美国控制的当代世界的内在矛盾和发展前景的探讨,都是不易之论,值得我们深思。

---

① John Bellamy Foster, *The New Age of Imperialism*, in *Month Review*, vol. 55 - 3, p. 14.
② John Bellamy Foster, *The New Age of Imperialism*, in *Month Review*, vol. 55 - 3, p. 14.
③ John Bellamy Foster, *The New Age of Imperialism*, in *Month Review*, vol. 55 - 3, p. 14.

析萨义德的"后殖民主义"理论的最新成果

　　20 世纪 70 年代末,以萨义德的《东方学》一书为标识,在西方世界形成了后殖民主义思潮。这一思潮真正产生广泛影响则是在 20 世纪 80 年代末 90 年代初,即在苏东剧变以后,这与其代表人物,特别是其主要代表人物萨义德在这一时期非但没有放弃对当代资本主义的批判,反而借助于对东西方文化关系的研究,更加严厉、更加坚定地讨伐资本主义有关。

　　萨义德的《东方学》一书拉开了后殖民主义的序幕,也开创了立足于中心和边缘的结构来解释西方和东方的关系,并进一步通过这一解释揭露帝国主义的文化霸权的先河。苏东剧变后这些后殖民主义理论家对当代资本主义的讨伐,基本上是对《东方学》一书中的观点的继承和发展。所以有必要先了解一下该书的基本观点。

　　萨义德在《东方学》一书中强调,西方世界长期以来存在着这样一种信念:西方文化不仅属于西方,而且具有普世性,可以把西方文化视为一种全人类的标准。正是在这样一种信念的支配下,形成了"东方学",而西方世界正是依靠炮制和宣传"东方学"来统治东方世界的。"东方学"始终把东方作为西方的"他者"来研究,作为西方的边缘来研究,作为西方的反面来研究。"东方学"家把东方视做有待解剖的标本,有待教化的学生,有待审判的嫌疑犯,甚至是有待改造的罪犯,使东方由异于西方的世界变成了有待改造的罪犯。"东方学"不断把东方作为一种边缘性存在,不断证实西方的中心位置。"东方学"作为一种思维方式,它建立在二元对立的基础上。这些对立包括:理性、发达、文明、高级的西方,与非理性、落后、野蛮、低级的东方;不断进步的西方与永恒如一、始终不变的东方;自我界定的西方与没有能力界定自己的东方;作为主体的西方与作为客体的东方;作为普遍性的西方与作为特殊性的东方,等等。

萨义德认为,正是在"东方学"的影响下,西方才完成了对东方的征服。他甚至这样说:"每一个欧洲人,不管他会对东方发表什么看法,只要他受过'东方学'的教育,最终都几乎是一个种族主义者,一个帝国主义者,一个彻头彻尾的民族中心主义者。"在现代"东方学"的兴起与英法等西方国家夺取东方大片殖民地之间有着惊人的平行关系。西方殖民者越是要把东方人从所谓的黑暗中拯救出来,"东方学"中的东方的形象就被抹得越黑;而"东方学"家把东方的形象抹得越黑,殖民者也就越是需要拯救东方。二者相辅相成,共同促成了殖民主义历史。

萨义德还指出:殖民统治者不但用西方的思想去理解东方,而且鼓励东方人用西方的方式理解和解释现实。"东方学"对东方民族文化身份的扭曲,最终有赖于东方人的自觉认同。"东方学"的最要害的地方是使自己不但得到了西方人,而且得到了东方人的认同。萨义德说道:"现代东方,参与了其自身的东方化。"在"东方学"的影响下,东方人像西方人一样视西方的价值观为唯一可取的价值观,西方所走过的道路为人类社会唯一的道路,认为西方代表了人类的"现代",东方则处于"传统"的地带,东方人除了重复西方的道路,别无他途。

苏东剧变后,萨义德继续进行其"东方学"的研究,继续通过这一研究揭露西方帝国主义对东方的文化入侵。由于这是在苏东剧变后,西方政要趾高气扬的背景下进行的研究,萨义德的"后殖民主义"理论又有新的发展。

一

萨义德在苏东剧变后对当代资本主义的批判主要反映在他于1993年

出版的《文化与帝国主义》一书中。如果说在《东方学》中,萨义德主要以中东地区为对象,探讨了帝国主义是如何以话语想象地构想出所谓东方的形象,那么,在作为《东方学》的姊妹篇的《文化与帝国主义》中,他把视野已扩展到了中东以外的其他殖民地,如非洲、印度和澳大利亚等地区,他通过对简·奥斯汀、加缪和康拉德等文学作品的解读,进一步揭露了西方文学与帝国主义的关系,即揭示西方帝国主义是如何通过这些文学叙事来建立其作为"他者"的殖民地的文化经验。

萨义德在该书的"前言"中直言:"本书写作的时代,可以说是冷战结束后美国作为最后的一个超级大国而崛起的时代。"①他认为,作为一个有着阿拉伯生活背景的知识分子,生活在这样的一个时代,最迫切需要做的事情就是质疑美国的强权政治。这本书最吸引人的地方正在于,它揭示出当今美国鼓吹的"世界新秩序"的论调,与以前的老牌帝国主义使用过的花言巧语如出一辙,无非是"我们注定要领导世界"之类的话语。萨义德在这里针对当今美国的强权政治说了一段令人警醒的话:"首先令人遗憾的是,美国的现行政策我们都似曾相识。所有追求统治全球的宗主国中心都曾这样说过、做过。在干涉小国的事务时,总会诉诸权力和国家利益的托词;每当出现了麻烦时,或当土著奋起反抗,拒绝一个被帝国主义扶持的言听计从不得人心的统治者时,总是滋生一种摧毁人家的冲动。总是会有人声称'我们'是例外的,我们不是帝国主义,不会重复老牌帝国主义所犯的错误。而这种声音的后面总是继续犯错误,就像越南战争和海湾战争证明的那样。更糟糕的是知识分子、艺术家和记者的立场。他们在国内问题上经常持进步的态度,充满使人钦佩的感情,但一旦涉及了以他们的名义在海外采取的行动时,却正相反。"②中国的一个学者读了这段话后发出这样的感慨:"这不啻是对英美借反恐怖主义之名发动的伊拉克战争的一个最好的诠释。当然,我们不要以为萨义德是在为恐怖主义辩护,因为在这里,问题的根本不在于要不要反对恐怖主义,而在于当强国指认某个国家或民族为恐怖主义分子时,它是否考虑过到底谁是造成恐怖主义的真正历史源头?那其实就是它们自己!尤其是,当这些强国借反恐怖之名掩盖其

---

① Edward W. Said, *Culture & Imperialism*, Vintage edition, 1994, p. XXVI.
② Edward W. Said, *Culture & Imperialism*, Vintage edition, 1994, p. XXVII.

真正的政治和经济意图,使战争合法化时,那些所谓保护人类安全的说法就显得多么的可笑。"①

萨义德详尽分析了19世纪末的一些人,特别是康拉德的文艺作品中的帝国主义的形象,并且把这些形象直接与当今的美国联系在一起。他指出:"冷战结束后,美国政府关于'世界新秩序'的表述,它那种孤芳自赏的气味、难以掩饰的胜利情绪和它对责任的庄严承诺,都是康拉德……描写过的:我们是老大,我们注定要领导别人,我们代表着自由和秩序。没有美国人能逃脱这种感觉体系。"②这种话语、这种感觉,不但被西班牙和葡萄牙人使用过,还以惊人的频率多次被当代的英国人、法国人、比利时人、日本人、俄国人使用过,现在,又轮到了美国人。就这样,萨义德通过分析康拉德的文艺作品中的帝国主义的形象,把当今美国的那种"我们是老大,我们注定要领导别人,我们代表着自由和秩序"的霸权主义嘴脸紧紧地与历史上的老牌帝国主义联系在一起,并揭示出当今的美国的不可一世的凶恶行径与老牌帝国主义相比有过之而无不及。这本书的力量不仅仅在于把历史上的帝国主义用文化入侵东方的真相如实地描述了出来,更在于富有说服力地向人们指出当今的美国正在沿袭历史上的帝国主义的行径,充当现时代入侵东方的主要角色。

萨义德指出,康拉德既是反帝国主义者,又是帝国主义者。当他无所畏惧地揭露那种自我肯定和自我欺骗的海外统治的腐朽时,他是进步的;而当他承认,非洲或南美洲本来可能有自己的历史和文化,这个历史和文化被帝国主义者粗暴践踏,但最终他们被自身历史和文化所打败时,他是极为反动的。而萨义德之所以要分析康拉德的这种两面性,也主要在于为了揭露当今以美国为首的帝国主义的欺骗性和伪善性。他认为,不应把康拉德的这种两面性简单地视为其历史时代的产物,而应注意到,"当前华盛顿和大多数其他西方决策者以及知识分子并没有比他进步多少"。"对于康拉德所发现的帝国主义式的仁慈——包括'使世界更加民主'等愿望的必然失败的命运,美国政府仍未有清醒的认识。它还在将自己的意志强加

---

① 吴琼:《爱德华·萨义德在〈文化和帝国主义〉中称帝国主义用文化入侵东方》,载《环球时报》,2003-09-29.

② Edward W. Said, *Culture & Imperialism*, Vintage edition,1994,p. XⅧ-XⅨ.

于全世界,特别是中东地区。康拉德至少还有勇气认识到,这样的企图从来没有实现过,因为它把策划者引入更深的、自以为无所不能和自我满足(像在越南那样)的幻觉之中。这种企图的失败,还由于他们出于本性要伪造证据"①。萨义德的这段话一气呵成,其中有着内在逻辑联系的几层含义都值得人们回味:当今的华盛顿和大多数其他西方决策者都持有帝国主义式的仁慈——"使世界更加民主"等;这一愿望是必然要失败的;而如今美国政府尚未认识到这一点;正因为尚未认识到,它还将继续把这一愿望强加给全世界;这一愿望之所以必然失败关键在于这一愿望是其出于本性伪造出来的。

萨义德还提出,我们可以在康拉德的作品中看出他对他时代帝国主义意识形态既批判又再现,我们可以用同样的方式来看我们自己的态度:我们对操纵别人的企图是随声附和还是拒斥。他的意思是,康拉德的作品使我们每个人都必须面对这样一个尖锐的问题:对美国政府一心要操纵别人的行径我们究竟是随波逐流还是坚决斗争?他提请人们注意目前西方世界中已经发出的不同的声音。他指出,从康拉德的时代到现在,世界的变化使那些处于宗主国地位的欧洲人和美国人感到震惊和意外,他们置身于大量非白人的移民中间。而这些非白人的移民正日益滋生强烈的诉求,即要求世界倾听他们的话语。"帝国主义的一大功绩是把世界缩小了"②,"由于现代帝国主义所促进的全球化过程,这样的声音早已成为事实"③。他认为不能像美国政府那样轻易地否定当今世界的分离主义、沙文主义的言论,因为这些言论在一定程度上反映了人们要求解放的欲望。他这样说道:"诚然,在印度、黎巴嫩或南斯拉夫都出现过令人不安的分离主义和沙文主义的言论;也出现过非洲中心论、伊斯兰中心论或欧洲中心论等等。但是,这些言论不会否定帝国主义的统治下获得自由的斗争;反之,却证实了一种彻底的解放思想的生机。这一思想反映出人民独立、争取言论自由和从被压迫的桎梏下解放出来的愿望。"④

---

① Edward W. Said, *Culture & Imperialism*, Vintage edition, 1994, p. XX.
② Edward W. Said, *Culture & Imperialism*, Vintage edition, 1994, p. XXIV.
③ Edward W. Said, *Culture & Imperialism*, Vintage edition, 1994, p. XXII.
④ Edward W. Said, *Culture & Imperialism*, Vintage edition, 1994, p. XXIII.

萨义德的《文化与帝国主义》一书最有力度的是题为"免受统治的未来"的最后一章,在这里,他集中抨击了当今的美国的霸权主义的实质,特别是抨击了当今的美国利用文化来实施霸权主义的行径。他指出:"冷战的结束与苏联的解体无疑把世界的版图改变了。美国作为最后一个超级大国获得了胜利,它预示着世界将要由一个新的力量体系构成。"①那么这一新的力量体系究竟是什么样的呢? 他要人们睁大眼睛仔细瞧瞧下面这些事实:帝国主义无疑仍然是经济、政治与军事关系中最强大的力量。在这些关系中,经济不发达国家从属于经济发达国家。最大的特征是穷国与富国间存在着巨大的经济差异。强大者变得更加强大,弱小者更加弱小、贫穷。两者之间的差距超过了至少在欧洲已不那么严重的社会主义与资本主义制度之间的差距。在这一世界格局中,美国占有支配的地位,"我们今天是生活在一个美国正在不断地崛起的时代"②。美国在当今世界上真正做到了为所欲为。

他特别提请人们注意当今美国控制世界的新特点。

其一,把自己的所作所为解释为"对全球的责任"。他认为,当今美国的政治生活患有严重的"偏执狂"。不论美国做什么,这些当权的美国领袖总喜欢把它的所作所为解释为"对全球的责任"。这种"全球责任论"是"与二战后美国的全球利益的不断扩充相一致的",也同"知识精英们所提出的它拥有莫大力量的概念相符"③。一些美国的知识精英反复宣传这样的观点:既然没有任何前殖民地人民或国家有能力向美国进行军事或经济挑战,那么那里的人民就应当对美国的行为加以克制。事实上,只有欧洲和美国有资格领导世界。而且美国正处于"青少年",它正在履行一度由英国担当的角色。1991年美国派65万士兵到6 000英里以外去击退伊拉克对一个盟国的入侵,就被人说成这是受"一种使命感、历史的必要性和传道般的热情"所驱使。

其二,把自己的所作所为标榜为"合法的"。萨义德指出,美帝国主义的贪欲是建立在制定法律的基础之上的。美国声称要通过订立全世界的

---

① Edward W. Said, *Culture & Imperialism*, Vintage edition, 1994, p. 341.
② Edward W. Said, *Culture & Imperialism*, Vintage edition, 1994, p. 344.
③ Edward W. Said, *Culture & Imperialism*, Vintage edition, 1994, p. 345.

经济发展与军事部署程序来实现"国际利益"。在这一方面当今的美国与古罗马帝国无异。古代的罗马曾经占有了执行法律的合法权利,今天的美国自我制定的法令同样覆盖了包括中国和前苏联在内的全世界。美国政府声称它的军用飞机有权在全球领土上空飞行。美国自以为可以凭借自己的巨大财富就可以超越国际体系之上,愿意充当法律的载体。美国人喜欢认为,凡是他们所想要的都是全人类所想要的,应当由他们来纠正世界上的错误,管它什么矛盾与不一致。"美国正不断地把自己关于法律与和平的观念强加给世界。非常令人吃惊的是,对此美国并没有仅仅停留在进行一些尝试,而且还付诸于实践。"[1]从彻头彻尾的战争到政变和公开的颠覆,从暗杀到对"反政府军"的财力支持,它什么都做得出来。

其三,把自己的所作所为说成是"具有一致性"。萨义德认为,当今的美国的当权者总喜欢把自己的行动说成是举国一致的行动,似乎整个美国都相信其行径是在"保护它的利益、维护秩序、以正义对付非正义"。萨义德承认,这种把对海外的军事行动说成是举国一致的,确实有一定的根据。因为在当今美国统治者的主流意见占有绝对优势,尽管有不同的声音存在,但这种声音一直未能有效地阻止美国的行动。"政府、决策者、军方、思想库、新闻媒体和学术界众口一词地赞同使用美国武力的必要性和正当性。"[2]与此同时萨义德又指出,这种"一致性"实际上是"伪装起来的一致性"。当真的擂起战鼓,把几十万吨炸弹投放到一个遥远的敌国头上时,这种表面上的"一致性"就马上消失了。他这样说道:"统治定会引起抵抗;帝国之争必然会招致暴力,这种暴力或许会带来某种好处和快乐,但其必然结果则是两败俱伤。在对以往的帝国主义记忆犹新的时代,这仍然是真理。试看今日之世界,有政治头脑的人不计其数,不会有任何国家会乐于认可美国领导世界的历史使命是不可变更的。"[3]

萨义德认为,上述这些新特点的形成与当今美国新的文化观念密切相关,当今美国的文化促成了这些新特点的形成。他研究的重心是当今美国的文化和意识形态是如何使美国走上一条变本加厉地对外扩张的道路的。

---

[1] Edward W. Said, *Culture & Imperialism*, Vintage edition, 1994, p. 346.

[2] Edward W. Said, *Culture & Imperialism*, Vintage edition, 1994, p. 347 – 348.

[3] Edward W. Said, *Culture & Imperialism*, Vintage edition, 1994, p. 348.

他说:"虽然美国扩张主义主要是经济性质的,但它仍然有赖于不断公开说明的、关于美国自身的文化观念和意识形态并与它同步。"①"强权与合法性双管齐下,一种力量存在于直接的统治中,另一种力量存在于文化领域。这两种力量的双管齐下是老牌帝国主义霸权的一个特点。在当今美国世纪中,其不同之处仅在于文化扩张的范围的突飞猛进。"②这主要是由于传播与控制信息的工具的空前发展,而正是这些传播和控制信息的工具时常使美国人在不知不觉的状态下疯狂地广泛地介入对外扩张。

萨义德认为,20世纪末,新电子技术对自由独立的威胁可能大于殖民主义本身。新型媒体比所有过去的西方技术都表现出更大的对第三世界目标的文化"渗透力"。与此同时,明眼人都会看到,为这种文化"渗透力"执掌牛耳的是美国。只要看一下下述事实就一清二楚了:少数美国跨国公司控制着世界上多数国家所依赖的新闻的制作、传播,尤其是选择,连萨达姆·侯塞因也得依赖于由美国所控制的新闻媒体所提供的信息,发源于美国的各种形式的文化控制有效无阻地扩张,造成了一种合并和依赖的新机制,"这个机制不仅可以用来臣服与胁迫美国自己的人民,而且还有较弱较小的文化"③。萨义德把此称为"传媒帝国主义"。"传媒帝国主义"所操纵的媒体,从一开始就为战争而动员人民以外,整天就在非常专业地贩卖有关中东的"学问",好像它们非常了解阿位伯世界似的:阿拉伯人只懂得暴力;野蛮与暴力是阿拉伯世界文明的一部分;伊斯兰教是一种容纳他人的、种族隔离主义的、"中世纪"的、狂妄的、残忍的、反妇女的宗教。正是在这样的关于阿拉伯世界的"知识"的灌输下,美国人"看到'阿拉伯人'终于受到惩罚的情景,似乎获得了一种高程度而又无可名状的享受"④。萨达姆·侯赛因就成了希特勒,成了巴格达的屠夫、疯子而必须被打倒。萨义德指出,美国媒体的整个宣传都是"殖民主义"的,"一个由西方哺育和支持的第三世界独裁者没有权利向白人的、优越的美国挑战"⑤。20世纪20年代英国曾经因为伊拉克敢于抵抗殖民主义统治而轰炸过它,事隔70年

① Edward W. Said, *Culture & Imperialism*, Vintage edition, 1994, p. 350.
② Edward W. Said, *Culture & Imperialism*, Vintage edition, 1994, p. 352.
③ Edward W. Said, *Culture & Imperialism*, Vintage edition, 1994, p. 353.
④ Edward W. Said, *Culture & Imperialism*, Vintage edition, 1994, p. 358.
⑤ Edward W. Said, *Culture & Imperialism*, Vintage edition, 1994, p. 359.

以后,美国也这样做了,所不同的是,美国这次打的是道义的旗号。

萨义德强调,美国正在进行着针对阿拉伯人和伊斯兰的文化战争,其主要手段就是对阿拉伯人和伊斯兰进行种族主义刻画,即把其刻画成恐怖主义,把整个阿拉伯世界描绘成是个巨大的不毛的贫民窟,把阿拉伯人描绘成是萨达姆的这样那样的变种。沙漠风暴说到底是一场针对伊拉克人民的帝国主义战争,为了打垮并杀死萨达姆竟然不惜去打垮并杀死伊拉克人民。但是这一如此血腥的战争竟然瞒过了美国人民。这靠的是什么?主要靠的是文化歪曲。美国的电视和其他新闻媒体,不断地把这场充满痛苦的战争描绘成毫无痛苦的电子游戏,而把正在屠杀阿拉伯人的美国刽子手则描绘成公正、清白的战士形象。"美国人民在电视上观看战争时,基本上不加怀疑地认为他们看到的是事实。但是,他们实际上所看到的是在历史上从未见到过的那么加以掩盖的战争。电影、电视和书报的消息都出自于政府,主要的新闻媒体则是相互抄袭而已,接着又在全球范围内被抄袭或播送。"①正是由于受这种文化宣传的欺骗,当前的美国人普遍滋生一种"新文明自豪感",这种"新文明自豪感"正在变成类似于"俾斯麦文化"一样的东西,它使美国人"惯于以此来蛊惑人心,并因而堕入邪恶"②。

萨义德特别提到了美国所发动的文化战争对"恐怖主义"和"原教旨主义"这两个词汇的制造和使用。这两个词汇是当今媒体使用频率最高的词汇,如果人们想分析逊尼派和什叶派、库尔德人和伊拉克人之间的政治冲突,就不能不借助于"恐怖主义"和"原教旨主义"这类词或形象。"这些词完完全全是由华盛顿和伦敦这样的宗主国的主流知识界挑选出来的。这些词使人望而生畏,但它们的真正内涵却未被分析或确定。它们代表了一种道德的力量,对使用这些词汇的人带有明显的赞赏,而由这些词汇所指称的人则在道德上处于防御的地位,并已经给他们定了罪"③。被放大了的"恐怖主义"和"原教旨主义"的形象带来的惧怕和恐怖感加速了对占统治地位的规范的屈从。反对"恐怖主义"和"原教旨主义"蕴含着一种弘扬西方文化和西方美德的倾向,因为"恐怖主义"和"原教旨主义"往往是

①　Edward W. Said, *Culture & Imperialism*, Vintage edition, 1994, p. 366.

②　Edward W. Said, *Culture & Imperialism*, Vintage edition, 1994, p. 365.

③　Edward W. Said, *Culture & Imperialism*, Vintage edition, 1994, p. 375.

作为后者的对立面加以宣传的,反对前者就是赞颂后者。"在这种心态下,'别人'最终都会成为我们的敌人,因为他们企图毁掉我们的文明和生活方式。"①

萨义德指出,美国的新闻媒体反复鼓噪的是这样两个主题:其一,美国社会是一个创新的社会;其二,美国政治生活是民主实践的直接体现。他以1991年美国国家艺术馆题为"作为西方的美国"的展览为例加以说明。这个展览是由政府资助的。这个展览用其展品使对西部的征服和将它并入美国的过程变成了一曲颂歌,把征服的实际过程和对土著美洲以及环境的破坏的事实掩盖掉了或浪漫化了。只是由于在19世纪美国绘画作品中有印第安人的形象,由于有印第安人形象的作品与其他作品挂在同一面墙上,由于在旁边还附有描述印第安人在白人手中被贬低的解说,就惹恼了美国国会议员。他们认为这种不爱国的,或不够美国化的歪曲是不能容忍的,特别是一个作为政府资助的展览,更不能展出这样的东西。而美国的专家、教授和记者们也纷纷发表言论,认为这是对美国"唯一性"的中伤。萨义德借此评论说:"美国作为一个由多种文化组成的移民国家,它的公共话语的受控制却比其他任何国家来得严厉,它如此迫不及待地要把这个国家表现成一尘不染,要更紧密地围绕在一个天真、胜利铁幕下的主流话语的周围。这种把事物美化和简单化的行径使美国脱离了其他的社会和人民,也因此而使自己倍加孤立。"②美国所实施的文化战争充分暴露出其推崇的民主的虚假性。萨义德说,在美国,"可以使任何人说任何话,但是,所说的一切或是被吸入到主流中,或是被排斥到边缘上去"③。

在萨义德看来,美国的统治者这种借助于文化来控制国内,进行征服世界的做法在一定程度上获得了成功。世界历史上从未有过像今天这样,一种文化对另一种文化实行如此大规模的干预,并且能得逞。正因为美国的这种文化政策得逞了,其外交政策也得逞了。"外交政策的行家获得了史无前例的成就,从而也就史无前例地可以免于公众的监督"④。千万不

① Edward W. Said, *Culture & Imperialism*, Vintage edition,1994,p. 376.
② Edward W. Said, *Culture & Imperialism*, Vintage edition,1994,p. 381.
③ Edward W. Said, *Culture & Imperialism*, Vintage edition,1994,p. 392.
④ Edward W. Said, *Culture & Imperialism*, Vintage edition,1994,p. 390.

能低估美国新闻媒体对非西方世界的报道,给予美国人民对非西方世界的态度的影响,更不能低估这种报道对美国外交政策的功能。公众无法逃避新闻媒体的控制,加上有效的意识形态的配合,"使得美国对非西方世界的帝国主义态度保持了连续性"。"美国政策获得了与其宗旨完全吻合的主流文化的支持:支持那些专制的民心尽失的政权,支持对敢于抵抗美国盟国的殖民地反抗力量的暴力行为施加更大的暴力,支持对合理的民族主义采取持久不变的敌对态度。"①美国之所以如此的不可一世,主要在于目前它在国内有一种"共识力量",而这种"共识力量"是由其新闻媒体制造出来的。萨义德这样说道:"美国在世界上所表现出来的强大力量是与其在国内的强大的'共识力量'相一致的。这种由媒体制造出来的'共识力量'是前所未有的。反对这个共识从来没有这样困难;而不自觉地屈从于它则从来没有这样容易和顺理成章……今天,美国就具有这种力量,尽管它的经济实力在衰退。"②

美帝国主义逐渐地演变为文化帝国主义从某种意义上说,这是历史的必然,因为现实使美国的统治者懂得他必须这样做。萨义德指出,呈现在人们面前的是这样一种情景:到处是难民和"船民",到处是忐忑不安和伤痕累累的流动工人,到处是贫困但又顽强挣扎的无家可归者。他们的存在,使西方城市中忙于购买圣诞礼物的人暗淡无光。还有那些无法加以统计的移民和外来打工者,他们提供了廉价的劳动力。"世俗的和宗教的权贵们,跻身于日益不满的正在发出挑战的城市大众和差不多被遗忘的、没人关注的大量人群之间,必然求助于一种新的统治方式"③。这些难民、无家可归者和移民都是后殖民时代和帝国主义争斗的产物,他们的流动性和顽固不羁,使他们无法融入既定的秩序之中。只有对他们发动一场文化战争,实施文化征服,才能最大限度地减轻其对现存社会秩序的威胁。没有比求助于传统、民族或宗教属性和爱国主义更方便、更容易吸引人了。由于这种求助是凭借于针对大众的大众媒体来扩大和传播的,从而它就显得格外强有力和行之有效。萨义德指出,随着苏东社会主义集团的解体,随

---

① Edward W. Said, *Culture & Imperialism*, Vintage edition, 1994, p. 391.
② Edward W. Said, *Culture & Imperialism*, Vintage edition, 1994, p. 391 - 392.
③ Edward W. Said, *Culture & Imperialism*, Vintage edition, 1994, p. 396.

着包括中国在内的对集体经济的放弃,随着第三世界反帝民族主义的终结,"我们进入了一个巨大的不确定的新时代"。在这一新的时代,"从细微的日常生活到世界上的各种力量,都在折磨着本来就已经被困扰的人的灵魂,并且没有什么可以减轻它们的力量和缓和它们所造成的危机"①。在这种情况下,唯有实施文化控制,才能使人麻木,失去对现实真实情况的认识能力。

萨义德在《文化与帝国主义》这部著作的结尾处告诫全人类,美国文化帝国主义"正在全球范围内把文化与认同合为一体"。这一做法带来的最糟糕的结果是,"使人们相信他们只是,主要是,只能是白人、黑人或西方人、东方人"。萨义德承认,"正如人类创造了自己的历史一样,他们也创造了自己的文化和种族认同。没有人能否认悠久的传统、习惯、民族语言和文化地理的持续性"。但是他同时又指出,"除去畏惧和歧视以外,似乎没有理由死抱住这些东西的特殊和不同点不放,好像这是人类生活的全部"。正确的做法是不让人们只记住自己是白人或黑人,西方人或东方人,而应模糊这些界限,但倘若这样去做,就意味着"更充满同情、更具体、更相对地考虑他人",亦意味着"不去企图统治他人,不去把别人分类,分贵贱,特别是不去不停地强调'我们'的文化和国家是天下第一"②。问题在于,华盛顿的那些权贵愿意这样吗? 在萨义德看来,这是全部的关键所在。

二

萨义德从发表《文化与帝国主义》一书至 2003 年逝世这 10 年时间里,从来也没有停止过对美国为代表的西方资本主义列强的政治和文化的批判,从来也没有停止过对巴勒斯坦、阿拉伯民族和整个第三世界的利益的捍卫。这里仅以进入 21 世纪后他所发表的三篇文章为例加以说明。

2001 年 10 月 21 日萨义德在美国《国家周刊》上发表题为《无知的冲突》的文章,批驳了"9·11"之后在西方世界沉渣泛起的"文明冲突"论,批驳了以美国为首的西方列强利用这一理论煽起对阿拉伯世界的愤恨。他认为,塞缪尔·亨廷顿的"文明冲突"理论主要宣传这样一个论题:冷战结

---

① Edward W. Said, *Culture & Imperialism*, Vintage edition, 1994, p. 400.

② Edward W. Said, *Culture & Imperialism*, Vintage edition, 1994, p. 407 - 408.

束以后世界政治进入了"一个新阶段"。在这一新阶段全球政治的主要冲突将发生在属于不同文明的国家和集团之间,文明的冲突将主导世界政治。未来的战争将依照文明的划分而进行。在他看来,塞缪尔·亨廷顿提出这一理论"关注的是相互敌对的决策者、福山之类的理论家以及那些为全球主义和宗教主义的兴起以及国家的消解而欢庆过的人"①。塞缪尔·亨廷顿的这一理论的错误在于"没有阐述每一种文明的内在动力和多样性,没有关注现代大多数文化在关于每种文化的定义或阐述上存在着很大争议的事实,没有关注当我们以一种宗教或一种文明的姿态进行言说时其中可能包含的巨大的煽动性和全球的无知"②。他认为,塞缪尔·亨廷顿这样做具有很强的意识形态性,"他想将'文明'和'身份认同'纳入一条它们并非所是的轨道"。

萨义德忧心忡忡地看到,"9·11"事件以后,西方世界不断地推崇塞缪尔·亨廷顿的"文明冲突"理论,"西方世界与世界其他地区对立的范式一如既往",美国的权贵们"用塞缪尔·亨廷顿的观点来吹捧西方的优越性,声言'我们'是如何如何拥有莫扎特和米开朗琪罗而他们却没有"。美国的西方世界的新闻媒体极力赞扬塞缪尔·亨廷顿对伊斯兰世界所进行的"无情、彻底而敏锐的"评论,它们"不是去启发读者,而是激起他们心中作为'西方一员'的愤慨之情,以及告诉他们在当前形势下需要做什么"③。正是在对塞缪尔·亨廷顿的"文明冲突"论的一片贩卖声中,"在西方(尤其在美国),自封的斗士滥用了丘吉尔式的雄辩言辞,与它的憎恨者、劫掠者及破坏者展开了战斗"。④

萨义德认为这里的关键在于,塞缪尔·亨廷顿的"文明冲突"论及其贩卖者千方百计地要在西方世界与世界其他地区,特别是阿拉伯世界之间划出一道不可逾越的鸿沟,那么,这道鸿沟是否真的存在? 他指出:"原始激情和精确的专业知识以某种方式结合能够证明以下说法是虚假的:在'西方'和'伊斯兰世界'之间、在过去和现在之间、在我们和他们之间存在

---

① 萨义德:《无知的冲突》,载《国外理论动态》2002 年第 12 期,第 22 页。
② 萨义德:《无知的冲突》,载《国外理论动态》2002 年第 12 期,第 22 页。
③ 萨义德:《无知的冲突》,载《国外理论动态》2002 年第 12 期,第 23 页。
④ 萨义德:《无知的冲突》,载《国外理论动态》2002 年第 12 期,第 23 页。

着不可逾越的鸿沟,更不用说引起了无穷争论的身份认同和民族性这些概念了。"①擅自划分界限、讨伐异己,以我们的善去反对他们的恶、去消灭恐怖主义、去完成终结国家的存在,并不会使假想的实体更为真实。他强调:"关于伊斯兰世界和西方世界这种无所助益的划分带来的问题是:它们误导和困扰了力图理解混乱的现实的人。"②

萨义德强调,西方列强的使命是建立"西方"对其历史文化之敌的压倒优势。可惜它们在这样做时忽视了以下事实:在创造这种新的战线的过程中,西方利用了伊斯兰世界的人道主义、科学、哲学、社会学和历史编纂学等,在查理大帝时代和古典主义时期,伊斯兰因素就已经影响了西方世界,伊斯兰世界从一开始就内在于西方。基于对世界文明关系的这一认识,萨义德这样说道:"我们(包括西方人、穆斯林及其他人)都受到诸种文化的熏陶。既然这些文明是人类文明的一个组成部分,那么力图将它们割裂是徒劳无益的。这是充满张力的时代,用强势或弱势群体、关于理性或无知的世俗政治、关于正义与非正义的普遍原则等术语来进行思考要比漫无边际地寻找夸大的抽象概念要好,这种概念或许可以提供暂时的满足感,但几乎不能提供任何关于自我的知识或深邃的知识。'文明的冲突'这样一个论题是一种策略,就像'世界战争'一样,它有利于加强防御性的自豪,而无助于批判性地理解我们时代令人困惑的相互依赖。"③萨义德在这里鲜明地表述了这样一个基本观点:目前在西方世界广泛流行的关于非西方世界,特别是伊斯兰世界与西方世界相互对立的观念是以美国为首的西方列强在塞缪尔·亨廷顿的"文明冲突"论的基础上人为地制造出来的,其目的是为干预、征服、统治、欺凌非西方世界制造根据和提供借口。而事实上根本就不存在这种水火不相容的截然对立。如果一定要对现存的世界作一剖析和划分的话,那么,引用正义与非正义、强势与弱势的概念显然要贴切得多。无论是萨义德对塞缪尔·亨廷顿的"文明冲突"论的荒谬性的分析,还是他对目前以美国为首的西方列强利用这一理论来实施霸权主义实质的揭露都是一针见血的。

---

① 萨义德:《无知的冲突》,载《国外理论动态》2002年第12期。
② 萨义德:《无知的冲突》,载《国外理论动态》2002年第12期。
③ 萨义德:《无知的冲突》,载《国外理论动态》2002年第12期。

2002 年 4 月 2 日,萨义德又在由乔姆斯基参与组织的网站 http://www.zmag.com 上发表了题为"设想一下:幸存之后会发生什么"的文章。他在这篇文章中根据中东局势,特别是巴以冲突的最新进展,尖锐地批评了美国的对外政策。他首先分析了当前巴以冲突的现状。他说,今天,任何一个与巴勒斯坦有关的人士都处于极度的震惊与愤怒之中。以色列在乔治·布治惊人的无知和荒唐的支持下,对巴勒斯坦发动了全方位的侵略。这次侵略比 1971 年和 1982 年的大规模侵略更为严重。今天的政治和道德氛围更加冷酷和简单化,美国的权力更趋稳固,反恐战争已经完全占据了全球的议事日程。沙龙的杀人本性无以复加,他正以更少的负罪感去造成更大的伤害。

所有这一切是如何造成的? 萨义德认为,很重要的一个因素是美国利用新闻媒体尽展其破坏功能。"媒体扮演了一个更具破坏性的角色,它几乎彻底脱离了 35 年来以色列对巴勒斯坦领土的非法占领的历史语境来突出巴勒斯坦人的自杀性攻击。"[1]在他看来,以色列对巴勒斯坦所做的一切都是由美国导演的一场经过周密和科学安排的运动的结果。"这场运动为以色列的行为提供了合法性,同时贬低和抹杀了巴勒斯坦人的行动。"[2]这不只是保持强大军事实力的问题,而是组织舆论的问题,尤其是在美国和西方;这种力量来源于逐步有条不紊的工作,它使以色列处在容易让人产生认同的位置上,巴勒斯坦则被当成以色列的敌人,因而是可恶的、危险的、反对"我们的",甚至"一提起'巴勒斯坦'这个概念,每个美国人的脑海中马上会联想到'恐怖主义'"[3]。冷战结束以来,就组织舆论、塑造形象和思想方面而言,欧洲退到了一个几乎无足轻重的位置,而美国则成了主要的战场。

关键在于,以色列的沙龙政府和美国的布什政府的这种行径能否得逞。萨义德断然认为,不会得逞。他首先指出,沙龙对巴勒斯坦全面的否定和仇恨最终并不会带来任何政治或军事上的胜利,而其后果也会比过去任何时候都更加使他的努力和他的整个生涯深受其害。"不管沙龙多少次

---

[1] 萨义德:《设想一下:幸存之后会发生什么》,载《国外理论动态》2002 年第 6 期。
[2] 萨义德:《设想一下:幸存之后会发生什么》,载《国外理论动态》2002 年第 6 期。
[3] 萨义德:《设想一下:幸存之后会发生什么》,载《国外理论动态》2002 年第 6 期。

笨拙而愚蠢地为他的恐怖行为粉饰,一场对手无寸铁的人民发动的战争永远都不会像所梦想的那样带来真正持久的政治后果。巴勒斯坦人将永远不会撤离。另外,沙龙将毫无疑问地以耻辱告终,并且被他的人民唾弃。除了破坏巴勒斯坦和巴勒斯坦人的一切事物,沙龙没有任何别的计划,然而即使在他大发雷霆,紧紧抓住阿拉法特和恐怖行为不放的时候,他也只把人们的注意力引向了他自身的盲目和偏执。"①其次他指出,作为沙龙政府的后台的布什政府的处境也好不了多少。他说:"我们确信越来越多的美国人民和其他国家的人正逐渐清醒过来,放弃对以色列的幻想,并且开始厌恶它,认为它像一个受美国保护的开销巨大的病人,它加深了美国的孤立,严重地损害了美国在其盟国和本国公民中的声誉。"②鉴于上述基本分析,萨义德作为美籍巴勒斯坦人满怀信心地指出:"事实上,我们是一个完整的民族和完整的社会,尽管以色列对巴勒斯坦进行了残暴的攻击,我们的社会仍在运作。我们是一个完整的民族,因为我们有一个正在运作的社会,它在过去的 54 年中坚持了下来,它还将继续前进,尽管我们作为一个民族,在此期间遭到了各种侮辱,遭遇了历史的各种残酷转折、各种不幸、各种悲剧。"③

2003 年 3 月 7 日,即伊拉克战争爆发前夕,萨义德在美国 Z 杂志网站 http://www.zmag.org 上又发表了题为《全球危机》的论文。他在这篇短文中一方面分析了美国人被"9·11"事件激发起来的爱国主义情绪,以及这种爱国主义所表现出来的表面上的一致性;另一方面则揭示这种表面上的一致性所掩盖着和隐藏着的美国内部的争端和矛盾。他说,自己作为一个在美国舒适地生活了多年的美国公民,只是由于自己有着巴勒斯坦的血统,从而还保留着局外人特有的一种比较的视野。他说,美国和以前的古典帝国的差异在于:虽然历史上每一个帝国都声称不会重蹈其前辈过度扩张的覆辙,但当前这个帝国在这样做的同时,却令人震惊地声明了它出于神圣的利他主义的动机,声明其动机是纯洁的和善良的。而且更令人不可思议的是,美国政府声言的这种虚伪的美德还得到了那些前左翼和自由知

① 萨义德:《设想一下:幸存之后会发生什么》,载《国外理论动态》2002 年第 6 期。
② 萨义德:《设想一下:幸存之后会发生什么》,载《国外理论动态》2002 年第 6 期。
③ 萨义德:《设想一下:幸存之后会发生什么》,载《国外理论动态》2002 年第 6 期。

识分子的认可,这些人以前曾反对美国的海外战争,如今却以狂热的爱国主义或犬儒主义精神,支持美国政府发动战争。为什么会出现这样的转变? 萨义德认为,"9·11"事件在其中确实起了作用。"对五角大楼和世贸中心的恐怖袭击被看成是不可理解的,没有人想到它们可能起源于海外深受美国干涉之苦的世界。"①萨义德强调,恐怖主义是可憎的,但这些美国人没有认识到其根源在于美国的霸权主义使广大的第三世界人民深受其害,正因为如此,"在所有关于美国对阿富汗以及现在对伊拉克的反应所做的严肃分析中,历史感和均衡感都已经消失"②。

他指出,当今在美国千方百计地在树立美国的正面形象。正直、善良、经济发展和社会进步,已成为美国的标识。"美国等同于善,善就要求绝对的忠诚和爱。"③既然美国是善的化身,那么其人民对其绝对忠诚和充满爱意则是理所当然的。请看,在出租车上,在房子的正面、窗户以及屋顶上,全都挂满了随风飘扬的美国国旗。它是国家形象的体现,象征着英雄式容忍和一种被不屑一顾的敌人包围的感觉。这种爱国主义甚至还体现在消费上,"9·11"之后,美国人被动员起来积极地去购物,以显示对邪恶的恐怖分子的藐视。媒体中充斥着恐怖主义问题研究专家、甚至从未到过中东的中东政策分析家的声音,他们千篇一律地讨论着"我们"需要对伊拉克做点什么。一般民众认为,美国居于历史之上或者超越了历史。萨义德强调,"由于共识是可以制造的,因而它永远在当下起着作用"④。关于美国的这些共识正在当下的美国产生不可估量的效能。布什等人正是利用这种共识所体现的爱国主义,动员军队进行一场离家6 000英里的"抓获萨达姆"的战斗。这种共识实在是必不可少的,"它将把学生塑造成顺民,欣然接受一些既定的关于美国内部及其他世界的关系的观念"⑤。

萨义德在这篇文章中同样揭示了美国的媒体在制造共识中所扮演的重要角色。他指出,美国的由大众媒体主导的公共领域,正在建构、组合并控制各种讨论,无视多样性和差异现象。他列举了许多实例加以说明。例

---

① 萨义德:《全球危机》,载《国外理论动态》2003 年第 6 期。
② 萨义德:《全球危机》,载《国外理论动态》2003 年第 6 期。
③ 萨义德:《全球危机》,载《国外理论动态》2003 年第 6 期。
④ 萨义德:《全球危机》,载《国外理论动态》2003 年第 6 期。
⑤ 萨义德:《全球危机》,载《国外理论动态》2003 年第 6 期。

如,建构一种"集体性的我们",把总统、在联合国任职的国务秘书、沙漠中的军事力量说成是"我们"的利益的代表,并把"我们"的利益解释为"自卫的、没有不可告人动机的、完全纯洁的"①;再如,故意隐瞒和回避一些历史事实,对美国曾经武装并鼓励萨达姆和本·拉登这一事实绝口不提,对非裔美国人的奴隶制度和对美国印第安人财产剥夺及准灭绝行为,更是讳莫如深,说成是与制度完全无关,所有这些都"得整合进国家共识中"②;还如,强调任何人的反对行为都是对美国人的反对,都是嫉妒"我们"的民主、自由、财产和伟大,因为法国人固执地反对美国对伊拉克发动战争,于是不断地向法国人和整个欧洲人提醒:"在20世纪美国曾两次拯救了他们",要他们"在美国军队真正发动战争时作壁上观"③;又如,很少提及那些美国应负直接责任的不公平政策,对伊拉克的制裁造成了平民的灾难,对支持沙龙针对巴勒斯坦平民的行动,对支持土耳其和哥伦比亚政权及其对民众的凶残行径,"都是被禁止谈论的"④;更如,美国的主流话语,即把美国说成是诚实的经纪人、无私的裁决者和友善的资助者,不会受到质疑,不会让人们去思索美国干所有这一切时的真实动机:权力、经济利益、资源掠夺和种族歧视等,即使有时有所涉及,也"总是使用政府的委婉术语"⑤;最后,百般美化政府官员,把他们说成是代表了"绝对的道德智慧",明明是劣迹斑斑的人也委以重任,反抗之声甚少。除了关注政府要员的不为任何控告玷污的优雅表象,对他们的其他事情一概不闻不问,可以从那些对政府官员的评论者的毕恭毕敬、可鄙的讲话方式和语气中,清楚地见到"对权威的盲从,不管是出于自愿还是被迫"⑥。

在萨义德看来,所有这些都说明美国的实用主义信仰在起着作用。他说:"这种行为背后的原因是美国对实用主义的信仰,他们把实用主义当成处理现实的哲学。"⑦美国人在思想上信奉实用主义哲学,在行动上必然也

---

① 萨义德:《全球危机》,载《国外理论动态》2003年第6期。
② 萨义德:《全球危机》,载《国外理论动态》2003年第6期。
③ 萨义德:《全球危机》,载《国外理论动态》2003年第6期。
④ 萨义德:《全球危机》,载《国外理论动态》2003年第6期。
⑤ 萨义德:《全球危机》,载《国外理论动态》2003年第6期。
⑥ 萨义德:《全球危机》,载《国外理论动态》2003年第6期。
⑦ 萨义德:《全球危机》,载《国外理论动态》2003年第6期。

持实用主义的态度。在当今的美国,后现代的反唯名论与这种实用主义结成了同盟,这和分析哲学一道成为美国大学中很有影响力的一种思维方式。虽然一些"顽强的异议传统",如黑格尔哲学和海德格尔哲学在主流话语内部发展起来,但被有意识地掩盖起来。实用主义在当今的美国绝对占据着统治地位,美国人目前这种利用媒体制造共识,煽动爱国主义情绪,压制不同的声音等行径,都是建立在这种实用主义的思维方式的基础之上的。

难道在当今的美国只有共识而没有矛盾和冲突吗? 这正是萨义德所着重思考的。他给自己提出了一连串的问题:布什好斗的外交政策以及他那危险的、无知的、实用的见解背后的美国是团结一致的吗? 美国的身份永远也不会改变了吗? 在一个必须与美国的军事力量共存的世界中,美国是否还代表着某些东西,使世界其他地区无需噤若寒蝉就能与之打交道呢? 他自己回答说:"我力陈以另一种方式看待美国,把它看成一个充满争议、动荡不宁的国家。我认为,把美国理解成一个经历着一种严重的身份冲突的国家更为准确。这种冲突类似于其他地区的别样的纷争。美国或许已经赢得了冷战的胜利,但其结果远不明朗,斗争也远未结束。"①萨义德所作出的"美国或许已经赢得了冷战的胜利,但其结果远不明朗,斗争也远未结束"的判断,是十分尖锐而深刻的。在他看来,美国执政者集权化的军事权力和政治权力有其内在的辩证法,这种辩证法必然会起着作用,会把美国引向反面。

他说:"如果我们考察给人印象深刻的、强有力的、反对伊拉克战争的因素,那另一种迥异的美国图景就出现了。"②在当今美国的各种反对力量中,他特别提到了"受理想主义激发的学生",他说这是一个"原则性强、有时候是准无政府主义的群体","他们深深地怀疑全球化,尤其是怀疑经济全球化"③。他还提到了被欧洲人、非洲人和亚洲人说成是"左派"的那些人,他说这些人是"重要而又令人敬畏的经验和良知的支持者",虽然"两党制的控制是如此强有力,以致一个有组织的国会左翼运动或社会主义运

---

① 萨义德:《全球危机》,载《国外理论动态》2003 年第 6 期。
② 萨义德:《全球危机》,载《国外理论动态》2003 年第 6 期。
③ 萨义德:《全球危机》,载《国外理论动态》2003 年第 6 期。

动事实上从未存在过很长时间"①。他更提到了"非裔美国人",说这些人相当激进,正在奋力抗议"警察的暴力、工作歧视以及住房和教育方面的不平等"②。他说,许多群体和个人已经对"9·11"之后盲目的爱国主义作了抵御。他们维护公民自由,其中包括言论自由,这些自由受到所颁布的美国爱国法案的威胁。与此相关的是电脑空间的斗争,斗争的双方是官方的美国和非官方的美国。"在当前急剧的经济衰退过程中,某些问题,诸如贫富差距、公司高层的挥霍和腐败、贪婪的私有化方案给社会安全体制所带来的危险等,严重损害了独特的美国资本主义制度的盛名。"③

　　坚持站在被压迫的弱小群体一边的萨义德,对未来还是充满了希望。他说,当今的美国,不同的文化,尤其是移民文化,是相互交织在一起的。全球化的一个或许是无意识的后果是有着共同利益的一些全球运动的形成,如人权运动、妇女运动、反战运动等。美国与这些运动并非没有任何联系,"我们必须透过美国表面上的一致,看到其中存在的诸多争端和矛盾,这些争端和矛盾同时也涉及世界其他国家的人民"。他强调:"这就是希望和激励之所在。"④

　　萨义德仅仅是后殖民主义的一个代表人物,除他之外,还有许多代表人物,如斯皮娃(Gayatri Chakravory Spivak)、巴巴(Homi Bhabha)、范农(Franz Fanon)、霍尔(Stuart Hall)、扬格(Rovert Young)等,他们的共同点是从后殖民主义理论出发,展开了对当代资本主义的独特的批判。他们的这种批判已经并将继续影响着人们对当代资本主义的思考。

---

① 萨义德:《全球危机》,载《国外理论动态》2003年第6期。
② 萨义德:《全球危机》,载《国外理论动态》2003年第6期。
③ 萨义德:《全球危机》,载《国外理论动态》2003年第6期。
④ 萨义德:《全球危机》,载《国外理论动态》2003年第6期。

析萨米尔·阿明的
"依附理论"的最新成果

　　2000 年 9 月 1 日,中共中央编译局等单位邀请一些国际著名学者到中央编译局出席题为《全球化与当代资本主义》的国际学术报告会,其中有依附理论学派的执牛耳者萨米尔·阿明。阿明在演讲中则反复强调马克思主义在分析当代资本主义中的功能。他认为,"因为有资本主义社会的存在",马克思主义"还将发挥分析、改变世界的功能"[①]。而用马克思主义的分析方法来观察当代资本主义,"我们就可以看出:资本主义并不是一种具有活力的社会制度,它和人性有很大的矛盾之处"[②]。与此形成相应的对照,社会主义将会是一种充满活力的、而且是符合人的根本价值的社会制度。在他看来,当前的资本主义不管如何发展,它总要向社会主义过渡,问题在于如何过渡。"资本主义当前还是一个继续发展的全球体系,在这

---

　　① 参见薛晓源:《敌视资本主义——"全球化与当代资本主义"国际学术报告会实录》,载《马克思主义与现实》2000 年第 6 期。
　　② 参见薛晓源:《敌视资本主义——"全球化与当代资本主义"国际学术报告会实录》,载《马克思主义与现实》2000 年第 6 期。

样的全球体系下,如何实现向社会主义的过渡目标?"①他首先回答说:"我不认为建设社会主义是人类追求的虚幻目标,我认为苏联和中国的经验也仅仅是在迈向社会主义万里长征中的第一步,我对社会主义的前途充满信心。"②

萨米尔·阿明在中共中央编译局的演讲基本上反映了他在苏东剧变后对一系列重大问题的新思考。这里,我们通过剖析萨米尔·阿明的一些近著,具体地探讨一下他的这些新思考。

一

苏东剧变后依附理论学派分析批判当代资本主义的代表作是萨米尔·阿明的《资本主义的危机》一书。该书实际上是阿明的两部著作,即《时代旋律的批判》和《心路历程——半个世纪的审视》的合集。前者主要分析了当今资本主义所特有的经济危机,抨击了"两极分化现象"在当今资本主义社会已到了登峰造极的程度;后者主要审视了二战后资本主义精神的发展历程,记载了社会主义与资本主义理论形成和演变的过程。这里我们主要考察该书的前半部分,即《时代旋律的批判》中对当代资本主义的分析批判。

阿明为该书的前半部分,即《时代旋律的批判》所写的"前言"可以视为依附理论学派声讨当代资本主义的"宣言书"。任何一个有着正义感的人读了这一"前言"都会被深深地震撼。他在这一"前言"中首先分析了面对当代资本主义的新发展,既得利益者和牺牲者的各种态度。

先看既得利益者的表演:人们总是去参加有钱人一次又一次如出一辙的狂欢,急着去独占更多的财富、填塞过量的食物,此外还要吞服一些药水以防消化不良。这些人心里一直在念叨:"马克思死啦"、"再也没有什么力量可以改变现状"、"我们可以高枕无忧"。其中有一小部分人可能感觉到了还有什么威胁存在,稍有点担心,于是就提请同伙把宴会上的残羹剩

---

① 参见薛晓源:《敌视资本主义——"全球化与当代资本主义"国际学术报告会实录》,载《马克思主义与现实》2000 年第 6 期。
② 参见薛晓源:《敌视资本主义——"全球化与当代资本主义"国际学术报告会实录》,载《马克思主义与现实》2000 年第 6 期。

饭分一点给穷光蛋们。

再看牺牲者的态度:在牺牲者的阵营中,有些人在哀泣自己的毁灭,有些人采用记述过去辉煌斗争的办法来逃避悲惨的现实,但他们没有搞清楚自己失败的原因。还有一些人则认命了,他们想:"上帝是站在敌人一边的,我们有什么办法呢? 只能让这些牲口来怜悯我们吧,到分开敌我的栅栏跟前去吧,他们会从那儿扔过一些宴会上的残羹剩饭来。"但是还有这样一些人,他们冷静地号召大家重新振作团结起来,分析新形势,权衡两个阵营各自的优劣,努力弄清人民大众遇到的新挑战,他们是这样为明天的斗争和胜利进行准备。

阿明对既得利益者和牺牲者两大阵营的分析形象、深刻和正确。我们从这里既可看到他对当代资本主义的广大既得利益者的蔑视和憎恨,也可领悟到他对广大牺牲者哀其不幸怒其不争。当然他希望牺牲者都能像他那样持最后一种态度。

他作为牺牲者中持最后一种观点的代表,对当代资本主义作出了如下基本判断:"《共产党宣言》发表 150 年后的今天,我们又一次面对富人的欢宴。然而资本规律赢得的这种暂时的、单方面的胜利并没有带来资本主义的辉煌扩张,相反却是更加深重的危机。事实上,资本的阶级敌人出现一时衰弱之后,资本那永无止境的贪欲便彻底撑破了这个制度荒谬的不合理性。它奉行的不平等原则颠覆了它进一步扩张的可能性。消费被扭曲了,富人们奢侈浪费,但大多数人民和劳动者日益贫困,富人们想要把穷人们纳入剥削制度中也越来越困难。资本的逻辑就这么把他们边缘化了,然后满足于管理危机。只要对手的社会力量还没有重新聚集起来,危机便可以继续管理下去。不过这一悖论——资本的胜利为危机的延长开辟了道路——仅仅是表面现象。读读《共产党宣言》,我们就会豁然开朗,因为该书向我们展示了一个显而易见的道理:资本主义无法克服它自身的基本矛盾。"[1]萨米尔·阿明的这段话一气呵成,完整地表达了他对当代资本主义的看法。《共产党宣言》发表 150 周年了,资本主义没有灭亡,相反至今仍面对"富人的欢宴"。可是这仅仅是表面现象,资本主义的胜利只是暂时

—————————

[1]　萨米尔·阿明:《资本主义的危机》,贾瑞坤等译,社会科学文献出版社 2003 年版,第 4 页。

的、单方面的胜利,这一胜利并没有使其走向辉煌,相反却是陷入更加深重的危机之中。关键在于,尽管资本的敌人衰弱了,但是资本永无止境的贪欲颠覆了其合理性,其主要表现为两极分化日益严重。资本的拥有者企图将穷人纳入剥削制度之中,但这无济于事,因为资本的逻辑必然会把穷人边缘化。于是资本的拥有者能够做的事情就是想方设法去对付危机。资本的胜利有可能会延缓这种危机,但奉劝资本的拥有者们不能对此抱有太大的希望,因为《共产党宣言》早已把这一简单明了的道理大白于天下:资本主义无法克服它自身的矛盾。

阿明列举了当今的资本的拥有者及其代理人为了进一步扩张自己的利益所采取的种种措施:取消劳动者的既得利益,破坏社会保障制度和就业保障制度;重新回到赤贫工资制度;把处在边缘地区的部分国家恢复成原材料供应者,减少它们发展成为工业生产者的机会;加速地球资源的浪费。紧接着他就这样抨击道:"这就是当今统治力量的计划。真是反动派的一片痴心妄想!它表达的是有钱人内心的欲望。他们要实现梦想的狂妄举动在我们所处的这个时代爆发出来。"①

阿明断言,西方有钱人促使资本主义长治久安的企图肯定是要破产的。他说,在《共产党宣言》发表150周年之际他之所以要推出这部著作,就是为了"指出反动派的这种痴心妄想是绝对实现不了的"②。关键在于,这"首先在科学上站不住脚"。西方有钱人所信奉的是一种"纯经济"学,而这种"纯经济"学之所以站不住脚,是因为它一心一意要证明无法证明的东西。它执迷于相信市场有调节功能,它会造成普遍的、自然的平衡,实现最佳社会组合。马克思实际上早就提醒我们"相信自然平衡主宰社会纯属荒谬"③。马克思认为研究自然平衡毫无用处,从而他研究社会不是去分析什么自然平衡,而是分析社会制度的矛盾,研究那些决定历史局限性的社会矛盾。阿明满怀深情地说道:"今天,我们重读《共产党宣言》一书,

---

① 萨米尔·阿明:《资本主义的危机》,贾瑞坤等译,社会科学文献出版社2003年版,第4页。

② 萨米尔·阿明:《资本主义的危机》,贾瑞坤等译,社会科学文献出版社2003年版,第4页。

③ 萨米尔·阿明:《资本主义的危机》,贾瑞坤等译,社会科学文献出版社2003年版,第5页。

立刻会被马克思的这一高见所折服。他的分析虽然诞生于一个半世纪以前,可比起那些新自由主义者对一帆风顺的经济学所发表的言论却更接近我们今天的现实。"①

　　阿明承认,当今的资本主义社会比起马克思写作《共产党宣言》时所面对的那个资本主义社会,确实已发生了很大的变化。例如,劳动的社会化把价值规律的消亡提上了议事日程,而这种社会化与1848年时的劳动社会化是无法相提并论的;资本主义短视的合理性提不出能被未来全球所接受的管理方式,从而产生了现在的毁灭性的后果,而这种后果是一个半世纪以前的人们根本想象不出的;全世界范围内的两极分化现象虽然在《共产党宣言》的时代已存在,但只有在今天达到了史无前例的规模。阿明认为,所有这些新变化不是证明马克思的思维方式过时了,需要用资产阶级的思维方式来取而代之,而是愈加证明唯有马克思的思维方式才能说明这些新变化。

　　他在这篇"前言"的结尾处写下了如下一段意味深长的话:"历史证明,资本主义——像所有其他社会制度一样——是能够在它的扩张阶段克服自身矛盾的,但它留给后代的矛盾,其对立程度则更加尖锐。我在阅读中发现,论证是马克思常用的一种方法,我要进一步论证、指出的是:人类的进程仍然是有待确定的,它并不是由哪个和生产力发展相连的决定论规定好了的,或者是其他什么超社会的力量事先规划好了的。因此,人类从来没有像现在这样需要在两条对立的道路中作出选择:让资本主义的必然发展把我们带至某种类似集体自杀的境地,或者相反,大家一齐动手,共同发掘人类的潜能,从中释放出那个在全球飘荡的共产主义幽灵。"②让我们仔细地领会一下阿明的这段微言大义,它清清楚楚地告诉我们:资本主义尽管在目前阶段尚能够克服自身的一些矛盾,但它留下来的矛盾则更加尖锐;不要认为资本主义仍然处于尖锐的矛盾中,它会自然地被社会主义所取代,因为人类的进程并不是由某种决定论所规划好了的;事实上,人类从

---

① 萨米尔·阿明:《资本主义的危机》,贾瑞坤等译,社会科学文献出版社2003年版,第5页。
② 萨米尔·阿明:《资本主义的危机》,贾瑞坤等译,社会科学文献出版社2003年版,第5页。

来没有像现在这样需要在两条对立的道路中作出选择;我们一定不能让资本主义的必然发展把我们带到某种类似集体自杀的境地,而是要共同发掘人类的潜能,释放出那个在全球飘荡的共产主义幽灵。

作为本书的上半部分的《时代旋律的批判》共有八章,全都是围绕着"两极分化"现象加剧这根主线对当代资本主义展开批判。

阿明认为,促进资本主义在二次大战后在经济上获得飞速发展主要有三大因素:其一,劳资双方的历史妥协,在发达资本主义国家中,凯恩斯主义用对积累进行调节的新方法替代了以前削减工资的竞争调节方式;其二,苏维埃主义用社会主义的计划,实际上是"无资本家的资本主义",来对抗西方资本主义,而这种对抗反而刺激了资本主义;其三,边缘国家的资产阶级在本国谋发展的国家计划,因民族解放运动的胜利而得以实现。他进而指出,这三种因素的逐渐消失也正是当今资本主义出现危机的根源。他说:"上述三种因素的成功强化了世界范围内各国家、各地区之间的相互依赖,所以它们逐渐走到了尽头。我们的危机根源也就在此。苏维埃国家的垮台,第三世界资产阶级的民族振兴计划无力抵抗强势资本的进攻,资本要把这些边缘国家统统变为自己的附庸,危机因此便增加了全球化不断深化的国际背景。"①

第二次世界大战后,"在和东方竞争的激励下,同时也为了适应已经获得的边缘地区的飞速发展,资本主义开创了一个辉煌扩张的新阶段",但是目前它确实已陷入了新的危机之中。面对这一危机,他提出了一连串的问题要人们展开思考:这次以金融危机为主要内容的危机是否将成为新一轮的积累模式定型所无法回避的一个阶段? 这一以排斥和萧条相伴的危机现象扩大到整个资本主义世界,人们能无限期地忍受吗? 一方面是西方社会及其控制的边缘地区的冷清萧条,另一方面是东亚的飞速崛起,这两者之间的对比是否在全球范围内已经开始弱化单极化发展方向? 或者是它将导致出现建立在若干个新垄断中心基础上的、全新的单极化发展模式? 一种新的、可能不再破坏地球生态的积累方式是否正在形成? 资本主义的韧性能否战胜它的意识形态桎梏和体制羁绊,开辟出意料之外、能够超越

① 萨米尔·阿明:《资本主义的危机》,贾瑞坤等译,社会科学文献出版社2003年版,第13～14页。译文略有改动。

它固有规模的康庄大道？或是由这些桎梏和羁绊导致最后的灾难？或是出现新的革命浪潮和创新浪潮重新规范世界一体化的进程？阿明在本书中企图对这些问题作出回答，尽管可能只是部分的，甚至肤浅的回答。

阿明认为，一个社会总是由某种理论社会思潮所支撑的，当代资本主义也有为其提供理论基础的社会思潮。从而分析当代资本主义的走向，必须从观察为其提供理论基础的社会思潮入手。而能够满足当代资本主义发展要求的"唯一思想"就是主张全球化的新自由主义。随着苏维埃政权的消失以及伴随这一政权的社会主义思想的消失，主张全球化的新自由主义等思潮盛行于当代，甚至已在资本主义世界一统天下，不像以前那样，还有个对手限制它，与其平分秋色。

阿明强调，作为当代资本主义的"唯一思想"的社会思潮，总有一个不变的核心。这个不变的核心就是其经济属性。他说："资本主义所特有的思想体系始终具有经济属性，那些最后演变为经济理论的资产阶级言论构成了资本主义思想体系的核心。"[①]不过他又指出，这个具有经济属性的思想体系同时也是一种社会及政治哲学的产物。这种思想创立了个人自由的观念，并且确立了现代政治民主的实施范围。作为现代资本主义社会的"唯一思想"的新自由主义等思潮，一方面把自己定位于"纯经济学"，强调只遵循自己的规律，不理会其他因素，受永恒倾向的驱使，精确地制定出一套由市场调节功能演绎的普遍平衡理论。而另一方面，这种经济理论又自觉地为当权者服务，启发当权者采取有效行动、划分市场、巩固国家在世界系统内的地位。"这时候的经济理论必然要迎合现实的政策目标，远离纯经济的抽象因素。"[②]

在指出当代资本主义的"唯一思想"既是经济理论又不断地超越经济理论这一特征以后，阿明用下面一段话揭示了其真正的实质和功能之所在："资本主义言论万变不离其宗的那个理论硬核，就是不仅要证明资本主义能够运转（它有效地运转着），而且要指出这种合理的运转符合人们的

---

① 萨米尔·阿明：《资本主义的危机》，贾瑞坤等译，社会科学文献出版社 2003 年版，第20页。

② 萨米尔·阿明：《资本主义的危机》，贾瑞坤等译，社会科学文献出版社 2003 年版，第21页。

普遍需要,因此资本主义也是合理的,甚至应该是'永恒'的,它是历史的'终结'。"①全部的关键在于,当代资本主义的"唯一思想"继续推崇"经济人"的概念,用这一概念所蕴含的个人绝对自由的观念来论证当代资本主义的合理性和永恒性。

接下来阿明非常精彩地揭露了当代资本主义社会实际上是不可能真正履行"经济人"理论的。按照这个理论的逻辑,社会应该能创造出实施这种个人自由所必需的条件,而且必然能创造出这些条件。在这些条件下,构成地球居民的所有个体可以在市场上相遇,然后在一种无懈可击的平等中切磋并确立互相之间的关系,因为任何人都不应该享受特权,所有的产品都将在透明的市场上交易。在阿明看来,显然当代资本主义社会根本不可能做到这一点。"如果把这种逻辑演绎到极端,资本主义的捍卫者们就该害怕了。所以,人们极少这么做。"②实际上,在"经济人"理论的鼓吹者所推崇的所谓以自由为核心的市场模式后面隐藏着一个真实的完全不同的市场模式。这个真实的模式具有两重性:从国家这一层面来看,三个市场,即产品市场、劳动市场和资本市场融为一体;从世界体系这一层面来看,只存在两个市场,即产品市场和资本市场,而没有劳动市场。基于这种分析,阿明得出结论:"由于纯粹的资本主义不存在,而现实中存在的资本主义又没有形成类似纯粹资本主义的东西,而是成了另外一种不同的样子。"③那么,这"另外一种不同的样子"究竟是一种什么样子呢?请看阿明的论述,"民族和国家存在着并且竞争着,竞争的特点是卖方控制市场,私有制左右着收入分配","统治阶级利益都是实实在在的,尽管那些人在原则上就否认这些利益的真实存在","在通常情况下,'唯一思想'会把市场、国家、民族、社会妥协等等因素融合在一起,经常采用强有力的、现实主义的、符合实际的形式来表述自己"④。

① 萨米尔·阿明:《资本主义的危机》,贾瑞坤等译,社会科学文献出版社2003年版,第22页。
② 萨米尔·阿明:《资本主义的危机》,贾瑞坤等译,社会科学文献出版社2003年版,第23页。
③ 萨米尔·阿明:《资本主义的危机》,贾瑞坤等译,社会科学文献出版社2003年版,第25页。
④ 萨米尔·阿明:《资本主义的危机》,贾瑞坤等译,社会科学文献出版社2003年版,第25页。

阿明明确地指出,作为当代资本主义社会的"唯一思想"的"全球化的新自由主义"不可能把这一社会从危机中拯救出来。他说:"这种自称'全球化的新自由主义'思想更确切地说,应该叫做'在放纵的全球化背景下的非社会的新自由主义'。但这么一来,它就成了非现实的,无法真正地、充分地实现。"①这种新自由主义的教义人们实在太熟悉了,如私有化、开放、浮动汇率、削减公共开支、放开市场等,但所有这些教义持久不了,因为它们关死所有能克服危机、通向新一轮扩张的大门,使资本主义陷入致命的危机。当代资本主义的客观现实处处与新自由主义相左。例如,它所鼓吹的世界主义被大肆删改,劳动力市场被众多限制移民的措施所累,处在不利的境地;对自由竞争崇高的赞颂无法解释为什么系统禁止垄断的行动越来越多;它所宣扬的未来贬值论使环保人士的警告变得毫无疑义;它虽然宣称奉行反民族主义原则,但是列强(尤其是美国)不断地在所有领域,特别是军事的、经济的领域炫耀实力。

阿明通过对当代资本主义的"唯一思想"的考察所得出的基本结论是,这一思想"始终建立在帝国主义看待世界的基础之上,对民主的宣扬纯粹是纸上谈兵"②。他认为,这一思想正好与本质上推行不平等,导致世界范围内两极分化现象的资本主义的发展演变过程相一致。在自由民族主义阶段(1880—1945),帝国主义是列强冲突的代名词;在战后的资本主义阶段(1945—1980),帝国主义表现出如下特点:一是排在美国霸权主义之后的其他各帝国主义国家战略趋向一致,二是帝国主义被迫撤离社会主义地区,然后与民族解放运动进行谈判,商讨如何维护它们在亚、非、拉美边缘地区的存在。随着社会主义和第三世界的激进民粹主义的倒台,帝国主义又一次处在了进攻的位置。"在我们这个时代,'全球化'(或者说世界化)无比狂妄地占据了意识形态领域,它只不过是对资本主义制度含有帝国主义特性这一事实的再一次确认而已。由此看来,我们可以说'全球

---

① 萨米尔·阿明:《资本主义的危机》,贾瑞坤等译,社会科学文献出版社 2003 年版,第31 页。

② 萨米尔·阿明:《资本主义的危机》,贾瑞坤等译,社会科学文献出版社 2003 年版,第32 页。

化'一词就是帝国主义的同义词。"①把"全球化"视为帝国主义的同义词,是阿明分析当代资本主义的"唯一思想"所作出的一个基本判断,这一判断代表了以他为首的依附理论学派对"全球化"的基本看法。

二

最近几年,阿明不时地在西方的一些左派刊物上发表文章抨击当代资本主义,这些文章在依附理论学派中也颇有代表性。下面就让我们浏览一下其中的若干篇。

阿明在 2001 年 6 月号的《每月评论》上发表了一篇题为《帝国主义和全球化》的论文,严厉地驳斥了当前西方资产阶级意识形态把资本主义市场制度与民主视为天然一致的观点,对西方资产阶级借助于推行市场经济为名,在全球范围内践踏民主、实施专制的行径作出了深刻的揭露。

他强调,帝国主义并不是资本主义的一个阶段,资本主义按其本性就是帝国主义,帝国主义与资本主义与生俱来。帝国主义就是对世界的征服,资本主义同样意味着是对世界的征服。迄今为止帝国主义对世界的征服经历了两个阶段。第一阶段是西欧征服美洲,其结果是美洲被西欧征服了,印第安文明毁灭了,印第安人被西班牙化或者说基督教化了。当时的这种征服是与资本扩张联系在一起的,正因为如此,欧洲人至今仍在不断地为这种征服辩护。第二阶段表现为对亚洲和非洲的殖民征服,它以产业革命为基础,目的就是攫取自然资源。征服者习惯于把这第二阶段的征服称为"文明传道"。

第二阶段又可具体细分为三个时段。第一时段是二次大战以前,第二时段是二次大战以后至 20 世纪 80 年代末。而从 20 世纪 90 年代开始初则进入了第三时段。阿明这样说道:"今天,帝国主义扩张开始了它毁坏世界的第三次浪潮,这次浪潮受到苏联解体和第三世界新自由主义政权执政的鼓舞。资本的目的仍然与以前一样:控制市场,掠夺资源,超额剥削边缘国家劳动力大军——尽管在某些特征上与此前的帝国主义时代有所不

---

① 萨米尔·阿明:《资本主义的危机》,贾瑞坤等译,社会科学文献出版社 2003 年版,第 32 页。

同。"①阿明在这里把当前帝国主义在推行全球化的名义下的对外扩张与征服放到整个帝国主义的征服史中加以观察，认为这次征服的目的仍然是控制市场，掠夺资源，超额剥削边缘国家劳动力大军，只是具体特征与以前相比略有区别而已。

每一次帝国主义的征服都为其意识形态的话语提供合法性。阿明具体分析了这次帝国主义征服的意识形态话语。他指出："这一次，帝国主义国家的意识形态话语建立在'干涉责任'上，并宣称'干涉责任'是出于对'民主'、'人权'和'人道主义'的保卫。但是西方在使用这些话语时运用了臭名昭著的双重标准，以致在亚洲人和非洲人看来这些语言的使用具有极大的讽刺性。然而西方人却以极大的热情对待这些话语，就像当年为帝国主义早期的暴行辩护一样。"②阿明认为这一次帝国主义用以为其行径辩护的意识形态话语就是为了保卫民主、人权和人道主义，履行干涉的责任。尽管这一意识形态话语具有明显的双重标准的倾向，但西方人竟然以极大的热情认真地对待它们。

他特别地描述了当今美国制造和宣传这种意识形态话语的情景：美国将它的帝国主义目标用神圣语言仔细包装起来，这种美国意识形态宣扬"美国的历史使命"。按照这种意识形态话语，目前美国的霸权必然是"仁慈"的，是道德和民主的源泉，那些受这种霸权统治的人是受益者而不是受害者。美国霸权、世界和平、民主和物质进步是结合在一起的不可分割的术语。媒体的宣传使西方人相信，美国的欧盟国家是"民主的"，他们国家的政府不可能产生"坏意志"，"坏意志"是东方"独裁者"的专利。"西方人深陷于这种信仰之中，忘记了资本利益的决定性影响。于是，帝国主义国家中的人民再一次赋予自己良心以清白。"③在阿明看来，美国的这种把侵略说成是履行"历史使命"，把美国的霸权标榜为"道德和民主的源泉"，把美国霸权、世界和平、民主和物质的进步视为是结合在一起的不可分割的术语的意识形态话语在一定程度上是获得了成功，起码这些话语洗刷了帝国主义国家中人们的负罪感，使其再一次赋予自己良心以清白。阿明在这

---

①　萨米尔·阿明：《帝国主义和全球化》，载《国外理论动态》2002 年第 12 期，第 18 页。
②　萨米尔·阿明：《帝国主义和全球化》，载《国外理论动态》2002 年第 12 期，第 18 页。
③　萨米尔·阿明：《帝国主义和全球化》，载《国外理论动态》2002 年第 12 期，第 18 ~ 19 页。

里所描述的是在西方国家,特别是在美国实实在在所发生的事,阿明把它们清晰地揭示了出来。实际上,美国和西方国家最近所制造的这些意识形态话语不仅蒙骗了西方国家的人们,而且使包括中国在内的东方国家的一些人们也变得晕头转向,我们深信,只要让他们读一下阿明的这些文字,他们就会有所清醒的。

在阿明看来,西方国家,特别是美国的意识形态话语的核心内容是宣扬他们做这些征服和扩张行径是为了民主,所以要揭露这种意识形态话语的本质,关键在于要弄清楚他们这样做,究竟给民主带来了什么。

他也强调,对发展而言,民主是绝对必要的方面。但他同时提请人们注意,把民主视为发展的一个关键因素似乎只是最近才被广为接受的。不久以前,无论是在西方国家,还是在东方国家或者南方国家,民主都被认为是"奢侈品"。资本主义世界统治阶级普遍接受的信条是,只有在解决了社会物质问题以后,民主才会到来。美国正是根据这一信条为其支持拉丁美洲军事独裁者辩护。但是现在这一信条一夜之间被颠倒过来了。现在在世界各地,官方几乎每天都在谈论民主问题,那些渴望获取援助的国家往往千方百计地以拥有民主合格证书作为从富裕的大国获取援助的一个"条件"。

认为只有在解决了社会物质问题以后才能享受民主肯定是错误的,民主是发展的重要因素。问题在于,究竟如何获取民主?阿明认为,目前以美国为首的西方国家到处宣扬资本主义的市场制度与民主天然一致的观点,似乎它们推行全球化,即把西方的市场制度推及整个世界本身就是在全世界范围内实施民主,而那些第三世界国家接受西方的市场制度也就是接受民主。当前的时髦话语是宣称"民主"和"市场"这两者是一致的,民主和市场被认为互为存在基础,民主需要市场,市场也需要民主。阿明所致力于驳斥的正是这样一种观点,在他看来,只有驳斥了这样一种观点,才能认清西方国家意识形态话语的实质,进而认清西方国家热衷于全球化,向全世界推行市场制度的实质不是要输出民主,而是要实施霸权主义。

阿明指出,民主原先只是给那些既是公民又是企业家的权利,也就是说,只有私有财产的所有者才拥有民主的权利。但后来民主权利向其他公民扩展了,这一扩展并不是资本主义发展的自发结果,也不是资本主义发展要求的体现。恰恰相反,这些权利是该制度的受害者逐渐赢得的,是他们向该制度斗争的结果。但必须看到,民主权利的扩展必然带来这样一个严重问题:作为该制度的受害者的大多数人的意志与市场为他们准备的命运之间的矛盾通过民主投票表现出来了,这使得该制度出现了不稳定甚至爆炸的危险。至少存在着这样的风险和可能性,即受到质疑的市场不得不服从于社会意志,而这与资本利润最大化是不一致的。换句话说,对一部分(资本家)而言存在风险,而对另一部分人(工人公民)而言存在另外的可能性,即市场受到调控而不是严格按照市场单方面的逻辑运作。这说明,市场与民主非但不一致而且还存在着矛盾。在这种情况下,或者是改变市场的获取利润最大化的准则以适应由民主显示出来的社会意志,或者把民主形式化和虚无化。阿明认为,在二次大战以后的相当长一段时间,西方国家的统治者可能主要偏向于前者,而自 20 世纪 90 年代以后,随着在全世界范围内实施市场经济,西方国家的统治者实际上已转向后者,即通过强化市场来掏空民主。阿明指出,现在的实际情形是,"民主正被掏空了一切实质内容,而落入市场的股掌之中"。从表面看,你拥有民主,你可以以你所喜欢的方式自由投票,但实际上这根本没有什么作用,"因为你的命运决定于他处,决定于议会之外,决定于市场当中"①。在这种情况下,民主完全从属于市场,民主越是强大,市场越是形式化。在一切由市场决定的社会里,民主又有什么用呢? 阿明斩钉截铁地指出:"从一开始,民主与市场'天然'一致的理论就包含着危险。它假定一个社会与它自身是协调的,这个社会不存在矛盾,就像一些所谓后现代主义者所说的那样。但是现在全球资本主义市场关系已经产生了空前规模的不平等。市场与民主一致的理论今天只是纯粹的教条,是虚构政治学的一种学说。"②他呼吁人们"再也不能接受被普遍宣传的所谓民主与资本主义一致的观念",一定要清醒地认识到当前资本主义推行的全球化和市场经济"潜藏着专制主义"③。

　　阿明还要人们充分认识作为资产阶级意识形态核心的资产阶级个人

---

① 萨米尔·阿明:《帝国主义和全球化》,载《国外理论动态》2002 年第 12 期。
② 萨米尔·阿明:《帝国主义和全球化》,载《国外理论动态》2002 年第 12 期。
③ 萨米尔·阿明:《帝国主义和全球化》,载《国外理论动态》2002 年第 12 期。

主义的危害。每一个社会性都存在着个人与集体之间的矛盾。在前现代社会中,这一矛盾是通过社会对个人的否定和驯服而克服的。而在现代资本主义世界的意识形态里,个人与集体的关系被颠倒过来了:现代性通过个人的权利来表明自身,这种权利甚至是与社会相对抗的。阿明强调,不能太看高这一颠倒,实际上这一颠倒只是解放的前提条件。关键在于,它与此同时也释放了个人之间互相争斗的潜能。资本主义伦理观的要旨是崇尚"竞争万岁,让强者获得胜利"。这种伦理观会产生毁灭性的后果,"如果没有限制性因素,那么个人权利这种单方面的意识形态就会产生恐怖和专制"。资产阶级个人主义不是通向民主,而是直达专制。只是这种专制主义不是传统意义上的专制主义,阿明把它称为"软专制主义"。他指出:"'软专制主义'正是美国的一贯特征。"①

阿明在 2002 年 3 月号的《每月评论》上又发表了一篇题为《非洲:生活在边缘》的文章,这篇文章通过探索非洲沦为第四世界的根源,抨击了西方资本主义国家对非洲国家的残酷掠夺,深刻地论述了西方资本主义国家与广大发展中国家的真实关系。

在当今世界体系中,确实有中心国家和地区与边缘国家和地区之分。但究竟什么叫边缘化,阿明提出了自己的独到看法。他反对像通常所做的那样,用在全球经济中所占的数额大小来判断一个国家或地区是否被边缘化。他强调,资本主义并不是一种旨在生产和生产力最大化的体制,而是这样一种体制:为达到资本利润的最大化去选择最佳生产量和生产条件。"其实,所谓的边缘化国家,就是被以野蛮的方式超常规剥削的国家,从而也就是贫困化的国家,而不是什么位于体系边缘的国家"②。他也反对从各个不同国家或地区参与到全球体系的程度不同的角度,来分析这一国家或地区究竟是属于"中心"还是"边缘",在他看来,决定一个国家或地区究竟是属于"中心"还是"边缘",不是取决于参与的程度而是取决于参与的方式。他说:"边缘化概念是个错误的概念,它遮蔽了问题的真正本质,它并不涉及各个不同地区参与到全球体系的程度,而是涉及用什么样的方式

---

① 萨米尔·阿明:《帝国主义和全球化》,载《国外理论动态》2002 年第 12 期。
② Samir Amin, *Africa: Living on the Fringe*, in *Monthly Review*, vol. 53, p. 41 – 42.

参与到全球体系之中去的。"①

要搞清楚什么叫"边缘",首先应明白何谓"中心"。阿明认为北美、西欧和中欧发达国家就是全球体系中的"中心"。而这些国家的共同特征是"在历史上建立了一种自我中心的经济体系"。"自我中心"的意思是"面向内",而不是"自给自足"、"封闭"。这就意味着,这些处于"中心"位置的国家,其资本积累过程一直同时具有,并将在可预见的将来继续同时具有内向和开放的特性,与内向性紧紧地结合在一起的开放性就是"侵略性的开放性",而"侵略性的开放性"就是帝国主义的根本属性。如此看当今的全球经济体系,其"不平衡的结构特性"不就一目了然了:"其中心是内向、自我中心,同时又以一种积极的方式与全球体系融合在一起";"这一体系的边缘国家仅是外向的,不以自我为中心的"、"它们与全球体系结合的方式也是消极的"、"它们不断地'调整'自己,以适应这一体系,因而在塑造这一体系的过程中,它们所具有的作用微乎其微"②。阿明对当今全球体系中"中心"与"边缘"的认识十分深刻,诚如他所言,处于中心位置的西方发达国家总是以自己的利益为中心,积极主动地利用这一体系为自己谋利益,在其开放的表面现象背后存在着自我中心的本质;而那些处于边缘位置的广大发展中国家,它们是消极被动地进入到这一体系之中的,它们的外向与开放是没有主动权的外向与开放,它们所能做的也只是不断地调整自己以适应这一体系,实际上也就是迎合发达国家的利益。

第二次世界大战以后的广大不发达国家的民族解放运动都具有现代主义视野,它们急切地希望实现现代化。阿明指出,必须明确这种现代主义视野是资本主义的,"资本主义现代化按其本性必然要产生一系列以这一系统为根基和特点的生产关系和社会关系,例如:工资关系、商业管理、城市化、教育模式、国民概念。当然还有其他一些与发达资本主义相一致的价值观念,如政治民主,这些价值观念对第三世界国家有着诱惑力,它们确实使处于起步阶段的现代化的发展的紧迫性进一步获得了合法性"③。正因为这是一种资本主义的现代化,从而西方资本主义国家不会容忍与这

① Samir Amin, *Africa : Living on the Fringe*, in *Monthly Review*, vol. 53, p. 42.

② Samir Amin, *Africa : Living on the Fringe*, in *Monthly Review*, vol. 53, p. 42.

③ Samir Amin, *Africa : Living on the Fringe*, in *Monthly Review*, vol. 53, p. 46.

些第三世界国家一起共享其成果,西方资本主义国家"总是受短期获得最大收益的目标驱使",从而总是与这些国家实现资本主义现代化的欲望相冲突,它们的企图不是让这些不发达国家赶快进入现代化的行列,而是旨在以建立全球经济体系为名更好地盘剥这些不发达国家。资本主义发展的早期可能支持民族国家的形成,但资本主义发展到今天,是绝不可能主动地支持这些国家实现现代化的,"全球化对世界体系的边缘来说,只会对其社会产生瓦解作用"。问题在于,这些不发达国家和发展中国家,看不到资本主义的这一本质,而还"一味地沉溺在'弥补历史所形成的落后局面'的资产阶级观念之中,并力图被动地参与国际分工来实现这种赶超"①。

　　那么这样做究竟产生什么后果呢? 阿明指出,在20世纪下半叶的"发展的几十年"中,尽管亚洲和拉丁美洲的一些国家确实开始了一个工业化的过程,而且在某些方面在全球市场上获得了某种竞争力,但是在非洲,"成功的发展"却仍然限定在旧的劳动分工的框架之中,也就是说只是提供原材料而已,这实际上是"没有发展有增长"。他强调,这些不发达国家是"没有未来的",其原因很简单:"从它们开始繁荣的第一时间起,就属于过去","即使在新的劳动分工框架内,这些经验也大多是不成功的"。它们的"困境并不一定是'错误的政策'造成的",在资本主义全球化的环境下这"具有客观必然性"②。

　　阿明对西方资本主义列强,特别是美帝国主义当今对非洲的掠夺及其所造成的严重的后果作了愤怒的揭露。他指出,西方资本主义国家为使资本获利,大肆向非洲挺进,在整个非洲大陆实施所谓的结构性调整。以各类跨国公司为代表的主导性资本由守转攻,它们从上个世纪80年代开始,便操控了整个非洲。其真正的目的就是使非洲的经济围着其高额外债转,而这些高额外债本身在很大程度上正是全球体系进一步扩展所带来的欠发达国家经济停滞的结果。第三世界的外债以危险的速度增长。现在这些国家负担已到了不可容忍的地步。一个已经贫穷不堪的非洲国家如何能够轻而易举地做到既将出口的一半或更多用来支付其外债的利息,同时又做到被要求它做的"提高效率"并与"国际接轨"呢?

---

① Samir Amin, *Africa: Living on the Fringe*, in *Monthly Review*, vol. 53, p. 47.
② Samir Amin, *Africa: Living on the Fringe*, in *Monthly Review*, vol. 53, p. 47 – 48.

　　阿明进一步揭露说,所有这些由西方资本主义列强所造成的灾难性的
后果,不带偏见的明眼人都能看得清清楚楚:经济衰退、社会动荡、政局不
稳,有时候,甚至整个社会都陷于分崩离析之中。20世纪90年代,非洲各
国人均国内生产总值以负数增长,这在全世界绝无仅有。"人们不失时机
地把这一事实定义为'边缘化'。可以本人所见,这实际上更多地是由与
全球体系激烈而错误地结合所带来的",换句话说,这是由于这些国家没有
认清全球化的本质而积极加入的结果。阿明指出,"传统的新自由主义经
济学家轻描淡写地把此只是称做通向一个美好未来过程中的'痛苦的转
型'",但美好的未来在哪里?社会已遭破坏,贫穷日益增长,教育和卫生
情况在恶化,这些都不是通往美好未来的条件,只要这些情况存在着,让非
洲变得"更富竞争力"肯定是奢望。"把目前正实施的那种针对非洲的新
殖民主义计划视为非洲与全球体系结合的最糟的方式是完全正确的。这
一计划非但不能产生正面的作用,反而会使非洲社会的能力日益衰退,从
而根本无法面对现时代技术革命所提出的挑战。"①阿明在这里把西方资
本主义列强在全球化的名义下对欠发达国家,特别是非洲的掠夺称为"新
殖民主义计划",尽管他的抨击带有强烈的情绪化色彩,但确是实实在在存
在的客观事实。

　　比起前面两篇论文来,阿明刊登在2003年7-8月号《每月评论》上题
为《遭遇帝国》一文,对美国霸权主义的批判更为直接和尖锐。阿明认为,
20世纪80年代以来,随着苏联的崩溃,美国的统治阶级开始实施一项霸
权计划。美国正凭借其军事力量,试图用军事战略来实施"全球控制",强
化其在全球的霸主地位。值得注意的是,它的这种狂妄计划目前尚未受到
任何对手的有力挑战。这种军事战略,在对海湾、南斯拉夫、中亚、巴勒斯
坦和伊拉克的一系列武装干涉中逐渐形成。

　　阿明进而指出,与这项霸权计划相伴随的是其政治战略,正是这些政
治战略为霸权计划的实施提供了借口。那么,究竟有哪些政治战略呢?阿
明列举了若干。

　　例如,指责其他国家生产大规模杀伤性武器。美国今天指责伊拉克和

北朝鲜生产大规模杀伤性武器,明天可能会指责任何一个国家。而它进行这样的指责时,自己却拥有和使用这些武器。美国在广岛和长崎使用了原子弹,在越南使用了化学武器,并且威胁在将来的冲突中不放弃使用核武器的可能。这是什么逻辑? 标准的强盗逻辑,只许州官放火不许百姓点灯。阿明说道:"美国为其霸权提出的战争理由仅仅是宣传工具而已,它们可能对控制美国国内的公众舆论有点用处,但是在世界其他地方受到的质疑则越来越强烈。"①

还如,提出"先发制人的战争"的思想。现在美国的统治者竟然宣称"先发制人"是自己的一项"权利"。这实际上已把国际法的观念抛在了一边。《联合国宪章》明文规定,任何国家除了合法的自卫,禁止诉诸战争手段,并且它只允许在非常严格的条件下进行武装干涉,任何战争手段都必须经过慎重考虑,都必须是暂时的。所有国际法专家心里都很明白,20 世纪 90 年代以来美国所发动的战争都是非法的,因此发动这些战争的人都是战争罪犯。阿明这样认为:"实际上,美国及其盟国当今对待联合国的方式和当年法西斯国家对待国际联盟的方式如出一辙。"②

再如,宣扬"优等民族"(master race)与其他民族之间存在差异。人类的共同权利正在遭到破坏,全人类平等的权利正在被"优等民族"和其他民族之间的差异取代。这里的"优等民族"指的就是美国人以及他们身后的以色列人。那些不属于美国"优等民族"范围的人,只有当其生存不会对"优等民族"的野心构成威胁时才能得到容忍。也就是说,只有当他们不会妨碍以美国为根据地的跨国资本的扩张时,他们才具有生存的权利。而一旦出现威胁时,美国将不惜一切手段粉碎任何抵抗,必要的时候甚至将实施灭绝。阿明指出:"'优等民族'正在以这个星球的主人自居。这个'优等民族'为自己和那些它所庇护的民族保留了可以征服任何生存空间的权利。"③

阿明在分析美国所正实施的种种政治战略以后,马上又一针见血地指出,隐藏在这些政治战略背后的是利益原则。"美国的统治阶级所在达到

---

① Samir Amin, *Confronting the Imperialism*, in *Monthly Review*, vol. 55, p. 15.

② Samir Amin, *Confronting the Imperialism*, in *Monthly Review*, vol. 55, p. 16.

③ Samir Amin, *Confronting the Imperialism*, in *Monthly Review*, vol. 55, p. 16.

的目标究竟是什么？它的目标只有一个,那就是赚钱。这个北美国家公开
地服务于由跨国资本构成的统治阶级,满足它们的需要。"①假如为了给美
国的跨国公司赚额外的 1500 万美元的利润而需要以三亿人为代价的话,
美国政府会一点儿也不犹豫地这样去做。这里可以借用老布什、小布什和
克林顿总统爱用的"流氓国家"这一个名词,但必须指出,恰恰是美国而不
是其他国家才是"流氓国家"的典范。马克思主义的阶级分析理论已常常
被人们所淡忘,而阿明正是运用这一理论才非常清楚地看出美国政府之所
以这样做,无非是在代表跨国资本构成的有产阶级行事,而且说到底,完全
是为了这一阶级的经济利益,多么明快而又深刻的分析!

阿明紧接着鞭辟入里地指出,"美国霸权毫无疑义是最野蛮意义上的
帝国主义",它并非是安东尼奥·耐格里(Antonio Negri)所说的那种"帝
国","其原因在于它并不旨在把全球社会管理得更加井井有条,从而把它
们更好地整合成一个和谐的资本主义体系。恰恰相反,它的宗旨只是掠夺
资源"②。只要稍微留意一下它的那些行径就一清二楚了:它把社会思想
简约为庸俗经济学的符咒;它一心想使那些占主宰地位的资本的金融利益
在最短的时期内最大化;它使武力置于那些占主宰地位的资本的控制之
下,以及使这些资本与所有人类价值体系相脱离。在阿明看来,美国的资
本主义与欧洲的各种资本主义相比较,它更容易这样去做。从政治上说,
美国这个国家的创立就是为经济服务的而不是为其他什么东西服务的,美
国打破了经济与政治之间的辩证关系。美国对印第安土著实施的种族灭
绝,对黑人的奴役,由连续的向美国本土的移民潮引发的民族和种族冲突
的高涨,说到底都是由美国的统治阶级所操纵的,而且都是从经济利益出
发的。"美国就这样形成了由资本所控制的在社会政治层面上的一党
制"③。美国的霸权确实与我们所熟悉的历史上那些古代的、近代的霸权
迥然有别,后者仅仅是为了取得霸权而去实施霸权,无论就经济压榨而言
还是从政治上的不平等这个角度说,后者所包含的一系列问题都可以找到
内在一致的答案。与此形成鲜明的对照,美国的霸权则着实野蛮得多,它

---

① Samir Amin, *Confronting the Imperialism*, in *Monthly Review*, vol. 55, p. 16.
② Samir Amin, *Confronting the Imperialism*, in *Monthly Review*, vol. 55, p. 16.
③ Samir Amin, *Confronting the Imperialism*, in *Monthly Review*, vol. 55, p. 17.

"与'二战'时期的德国的霸权计划倒是如此地相似乃尔"①! 美国的学院派的自由主义者竟然说美国的霸权计划是"温和的"霸权计划,简直是睁着眼睛说瞎话!

阿明在揭露美国霸权主义是代表了占统治地位的资本集团,完全是出于赤裸裸的经济利益,从而具有疯狂性和野蛮性这些特征的基础上,向人们提出了这么一个问题:美国推行霸权主义是说明它的强盛还是虚弱,它的霸权计划能得逞吗? 阿明以其特有的眼光向人们进一步揭示了美国霸权主义的外强中干和强弩之末,这里充分表现出了左派理论家对霸权主义的蔑视与不屑。

阿明承认,目前国际舆论都普遍看好美国。流行的看法是,美国的军事力量仅仅是冰山一角,它只是美国各个领域的绝对优势的综合表现,美国之强大,经济领域特别突出,而实际上在其他领域,如政治和文化领域也独占鳌头。有了这样的舆论,那就必然会造成这样的印象:整个世界臣服于美国的霸权是不可避免的。

阿明接下来马上作出分析说,假如对美国经济的现状作一考察,那就会知晓这种观点是完全过高地估计了美国。美国的生产体系在当今世界上并不是最有效的。"在自由主义经济学家所梦寐以求的真正的自由市场上,这个生产体系(指像美国这样的生产体系——译者注)中的几乎任何一个部分都不可能具有强有力的竞争力。"②美国的贸易赤字逐年攀升,从1989年的1000亿美圆增加到了2000年的4500亿美圆。而且这种赤字几乎波及到了美国的各个生产领域,美国一度在高科技商品领域享有盈余,在1980年这种盈余曾达到350亿之多,可到了今天连这个领域也出现了赤字。欧洲太空计划和美国航空航天局、空中客车和波音之间的竞争充分表明,美国现在的那些优势已经十分脆弱。美国的农产品必须和来自于欧洲和日本的高科技产品,来自中国、韩国,其他亚洲和拉美工业化国家的工业制成品,来自欧洲和拉美南锥体国家农产品竞争。在这种情况下,"倘若美国不诉诸于经济以外的其他手段的话,它就必然在这些竞争中败北,而

① Samir Amin, *Confronting the Imperialism*, in *Monthly Review*, vol. 55, p. 17.
② Samir Amin, *Confronting the Imperialism*, in *Monthly Review*, vol. 55, p. 18.

一旦它这样去做,则显然有违于它强加给对手的自由主义原则"①。

美国的军事工业可能有些优势,但它在这个领域之所以有优势则完全得益于在市场法则之外的操作,得益于国家的支持。另外必须指出的是,这个领域的发展尽管会给公共领域带来一些好处,可与此同时也会造成严重的生产畸形,从而给许多生产部门的发展造成障碍。以军工生产为主要推动力的所谓"美国经济奇迹",在很大程度上是虚假的,并且无论如何都无法加以推广,因为它有赖于资本的转移,而这就意味着伙伴国家经济的停滞。阿明所作出的下述判断应当说是入木三分的:"美国的经济是寄生于世界体系中其他盟友国家经济削弱的基础之上的。"②

事实上,"'美国经济奇迹'完全是由不断扩大的社会不平等导致的消费增长所带来的"③。全世界都在生产,而美国在消费,可美国其实并没有货币储备。"美国的优势是作为这样一个掠夺者的优势:它的赤字由从其他国家以和平方式或武力方式得到的贷款来弥补。"④具体地说就是,美国一方面单方面地违背自由主义原则,向臣属盟国强迫性出售武器,属于这种性质出售的武器竟占了整个世界武器市场的60%,而这些武器在波斯湾这样的国家几乎派不上什么用场;另一方面又从石油中寻求更大利益,为了达到这一目的,就对石油生产商进行严格控制,这也正是美国在中亚和伊拉克屡屡发动战争的真正原因。

美国是绝对不满足于从它的领导地位分享应得的一份利益的,相反,它似乎要把它的盟友变成奴仆。

阿明指出,在这种情况下,许多欧洲人多么希望美国会同样遵循它施加给其他国家的新自由主义原则,希望美国与欧洲资本在同一个游戏层面竞争,希望迄今为止一直欣然投放在美国的剩余资本能被用来实施欧洲的经济和社会复兴计划。然而,这些欧洲人的希望总是落空,原因很简单:倘若美国真的按照这些欧洲人所期望的这样去做,那"美国经济表面上的健康将会土崩瓦解,美国的统治阶级将面临一连串自身的社会问题"⑤。阿

---

① Samir Amin, *Confronting the Imperialism*, in *Monthly Review*, vol. 55, p. 18.
② Samir Amin, *Confronting the Imperialism*, in *Monthly Review*, vol. 55, p. 18.
③ Samir Amin, *Confronting the Imperialism*, in *Monthly Review*, vol. 55, p. 19.
④ Samir Amin, *Confronting the Imperialism*, in *Monthly Review*, vol. 55, p. 19.
⑤ Samir Amin, *Confronting the Imperialism*, in *Monthly Review*, vol. 55, p. 20.

明不容置疑地说道:"美国是绝对不可能放弃不对称的自由主义实践（asymmetric practice of liberalisn）,因为它唯有如此才能弥补财政赤字。美国的繁荣是以其他国家的停滞为代价的。"①

正因为美国的繁荣是以建立在其他国家的停滞为代价的,所以人们完全可以对这种繁荣的真实性和持续性存疑。阿明深刻地指出,摆在人们面前的实际情形是在当今世界上,"那些所谓的'贫穷的债务国'被迫偿还债务,可是那个强大的债务国（美国）却从不还债"②。美国貌似强大的真正原因就在于它欠了人家债却拒不还债,从这一意义上说,美国目前实在没有更好的办法来实施它的霸权计划。因此完全可以得出结论,美国生产体系的削弱"当然不是偶然的",而是"结构性的"③。

面对美国的罪恶的霸权计划,阿明呼吁人们起来进行斗争。他指出:"美国所实施的军事计划当今已威胁到了我们所有的人,它所采用的逻辑与'二战'的德国毫无区别,即用有利于'优等民族'的武力来改变社会关系和经济关系。当今这项计划已被赤裸裸地推了出来,它决定了整个政治形势。所以,阻止美国的军事计划已成了我们所有人的一个主要目标和责任。"④在他看来,要有效地进行这场斗争,关键在于必须消除对自由主义的幻想。全世界的人必须明白,不可能存在一种真正自由的全球经济。"世界银行除了为美国制造民主、善治及降低贫困的形象作言论宣传外,实在没有什么其他用处。"⑤现在的问题是一些人想方设法使人们相信和这个事实相悖的东西,制造出种种信奉自由主义的幻想,似乎一种非对称的全球自由主义体系能给全世界人民,特别是第三世界人民带来福音。而一些第三世界国家真的竟坚持"无保留地把自由主义原则付诸实践",并想以此来赢得世界银行的好感,真是滑稽之极! 阿明这样询问那些一心进入全球经济体系中的第三世界国家:"世界银行什么时候曾经为了第三世界的利益而与美国作对过?"⑥他告诫人们,还是尽快从这种幻想中解脱出

① Samir Amin, *Confronting the Imperialism*, in *Monthly Review*, vol. 55, p. 20.
② Samir Amin, *Confronting the Imperialism*, in *Monthly Review*, vol. 55, p. 20.
③ Samir Amin, *Confronting the Imperialism*, in *Monthly Review*, vol. 55, p. 20 – 21.
④ Samir Amin, *Confronting the Imperialism*, in *Monthly Review*, vol. 55, p. 21.
⑤ Samir Amin, *Confronting the Imperialism*, in *Monthly Review*, vol. 55, p. 21.
⑥ Samir Amin, *Confronting the Imperialism*, in *Monthly Review*, vol. 55, p. 21.

来吧!

　　他还指出,反对美国帝国主义和霸权主义的斗争需要全世界的人共同参与,亚、非、拉的广大受害者当然要参与,欧洲和日本的那些被置于从属地位的人也应参与,北美人民也不能置于斗争之外。他强调,如果真的让美国的霸权计划得逞,那后果是非常严重的。他回顾说,倘若欧洲人在1935年或1937年起来反抗的话,他们完全可以阻止希特勒政权。可他们一直到1939年9月才醒悟并采取行动,结果为此付出了上千万人生命的代价。"让我们都行动起来,从而促使反对华盛顿新军国主义的行动尽快兴起!"①

　　以阿明为代表的依附理论对当代资本主义的分析批判同以沃勒斯坦为代表的世界体系学派是一脉相承的。

---

① Samir Amin, *Confronting the Imperialism*, in *Monthly Review*, vol. 55, p. 22.

析凯瑟琳·吉布森与 朱莉-格雷汉姆的"女性主义的 马克思主义"的最新成果

　　女性主义的马克思主义是在西方思想学术界日趋活跃的一股社会思潮。它作为女性主义中的一个派别,与女性主义中的其他派别如自由主义的女性主义、激进女性主义、后现代女性主义的重大区别就在于它把对现代社会中妇女受压迫的揭露与对现代资本主义的批判紧紧地结合在一起,强调妇女受压迫的根源在于资本主义与父权制的结合。它既不同意那种认为妇女体力弱小是她们受压迫的根源的观点,也不认可那种把妇女之所以受压迫归结于其生理结构的做法。1996 年美国的凯瑟琳·吉布森和澳大利亚的朱莉-格雷汉姆这两位女性主义的马克思主义者,以 J. K. 吉布森-格雷汉姆为署名推出了《资本主义的终结——关于政治经济学的女性主义批判》一书。该书反映了女性主义的马克思主义的新观点。这里我们通过探讨这一著作,研究一下女性主义的马克思主义,特别是凯瑟琳·吉布森与朱莉-格雷汉姆的女性主义的马克思主义的最新成果。

一

　　苏东剧变后女性主义的马克思主义者所推出的众多的评析当代资本

主义的著作中,数 1996 年出版的《资本主义的终结——关于政治经济学的女性主义批判》一书最有代表性,也最具影响力。该书由美国的凯瑟琳·吉布森与澳大利亚的朱莉－格雷汉姆两位女性主义的马克思主义者合作撰写而成,以 J. K. 吉布森－格雷汉姆为署名作者出版。

　　作者在该书中对目前西方左翼思想家对当代资本主义的批判提出了尖锐的批评,在她们看来,西方左翼思想家尽管对资本主义的基本立场与右翼思想家有着根本的区别,但所观察资本主义的方法以及对资本主义所作的描述几乎没有多少区别。这就是从“统一性”(把资本主义理解为一个统一的制度结构)、“单一性”(强调资本主义基于自身的范畴而存在)、“整体性”(把资本主义当做一个包罗万象的大容器)的角度来观察和描述当代资本主义。其结果不是帮助被统治者去推翻资本主义,而是由于与右翼思想家一起树立了一个虚幻的资本主义的霸权形象,从而帮助统治者维护了统治。这样,在她们看来,当今对资本主义的研究,关键在于如何揭露资本主义的“统一性”、“单一性”和“整体性”形象的虚幻性,以恢复资本主义的本来面目,让人们真正认识到“霸权不再是资本主义本身的特征,只是暂时固定的社会的明确的表达形式”[1],“让人们可以看到非资本主义的闪闪微光、听到非资本主义的喃喃低语。也许这些微光低语撩人心怀,足以激励其他一些人去追寻它们”[2]。

　　为了实现她们的这一目的,她们提出必须改变研究资本主义的方法。她们认为自己所使用的方法“吸收了后现代马克思主义和后结构主义女性主义的策略”[3],实际上她们主要使用了结构主义和后结构主义的反本质主义的多元决定论的方法。

　　她们强调,阿尔都塞关于“多元决定”的概念对于马克思主义的反本质主义作出了巨大的贡献。为什么资本主义所承载的经济主义如此难以调和或割舍,为什么对资本主义社会和资本主义发展的绝大多数的描述都

---

　　[1]　J. K. 吉布森－格雷汉姆:《资本主义的终结——关于政治经济学的女性主义批判》,陈冬生译,社会科学文献出版社 2002 年版,第 18 页。

　　[2]　J. K. 吉布森－格雷汉姆:《资本主义的终结——关于政治经济学的女性主义批判》,陈冬生译,社会科学文献出版社 2002 年版,第 29 页。

　　[3]　J. K. 吉布森－格雷汉姆:《资本主义的终结——关于政治经济学的女性主义批判》,陈冬生译,社会科学文献出版社 2002 年版,第 6 页。

掺杂着经济一元论或霸权主义,这都是如阿尔都塞所分析的那样拘泥于对资本主义作本质主义的解读。"对认同的资本主义这样一种本质主义的解读,'资本主义'在它所涉及的对象中,指定了一个根本的共性。因此,在不同的时间和不同的地点我们遇到本质上相同的资本主义,我们并不奇怪……当资本主义人作为一个同类而存在时,非资本主义只能是从属性的或被描述得隐约不见"①。现在急需的是放弃这种本质主义一元决定论的解读,而代之以阿尔都塞的反本质主义的多元决定论的战略。"如果拥有一个多元决定论战略,我们可以清理资本主义的一般属性,抽出那些使资本主义能够统治经济和社会领域的本质不变的原理。"②把资本主义描述为一个受规律制约的和排外的独立客体,已经让资本主义不但霸占了经济领域,而且霸占了社会领域。只有用多元决定论的方法,才能使经济和社会学说冲出资本主义的包围。

二

那么,这两位女性主义的马克思主义者用其反本质主义的多元决定论的方法重新观察和研究资本主义,究竟具体获得了什么样的研究成果呢?对此,她们作出了详尽的论述,可以说整部著作都渗透着与众不同的研究成果。但无疑,其中最引人入胜的成果是她们对资本主义全球化的独特的分析。实际上,我们可以不理会她们所反复阐述的那种所谓反本质主义的多元决定论的方法,但我们不能不重视她们借助于这一方法所获取的研究成果,特别是其对资本主义全球化的研究成果。

她们指出,面对着全球化这一现象,左派和右派都宣布这是"客观现实",区别仅在于前者"报之于预言与惊慌",而后者"报之于庆祝与赞赏"。全球化正被描述成资本主义渗透到生产、流通和消费的全部过程。"受 1989 年'社会主义的衰落'的刺激,提到资本主义渗透的无可避免性和资本主义统治的必然性的文献太多。关于渗透和支配富有生命力的意象牵涉到这么

---

① J. K. 吉布森 – 格雷汉姆:《资本主义的终结——关于政治经济学的女性主义批判》,陈冬生译,社会科学文献出版社 2002 年版,第 55~56 页。
② J. K. 吉布森 – 格雷汉姆:《资本主义的终结——关于政治经济学的女性主义批判》,陈冬生译,社会科学文献出版社 2002 年版,第 57 页。

一个观点,即认为世界已经或正要完成完全资本主义的世界,也就是说,变成一个由资本主义'理所当然拥有'的世界。"①对把全球化描述为资本主义理所当然地统治世界这一点,女性主义者马库斯用"强奸"一词加以比喻,即把资本主义或它的代理者跨国公司比喻为"男性",把资本主义的全球化的过程"另类"(包括并非完全资本主义的经济或领域)比喻为"女性",把全球化的过程比喻为男性强奸女性的过程。在整个强奸过程中,男人是暴力和侵犯的主体,他们的身体是强有力的,具有自主性;而妇女的身体则是软弱的、易受攻击的、开放的,不能阻止男人的暴力行为。这就是说,强奸是一个"女性生活真实而明显无疑的事实","强奸往往已经发生,女性往往不是已被强奸就是可被强奸"。按照这一比喻,全球化的过程也是必然的、不可避免的,作为被强奸方的资本主义的"另类"是无法抗拒这一过程的,而只能把资本主义全球化当做一种事实接受下来,把通过资本流动形式推进的全球化当做是对国家和地区的帮助接受下来。凯瑟琳·吉布森与朱莉-格雷汉姆有保留地接受这一比喻,她们通过对"强奸范本"的质疑来质疑全球化,对资本主义全球化的本质作出自己的分析。

在她们看来,只要把全球化语言与强奸语言作一比较,就不难认清全球化的本质,因为在这两种语言之间有着许多明显的联系。正像人们通过使用强奸语言也把强奸作为一个"事实"接受了下来,现在人们则通过使用全球化语言也把全球化作为一个"事实"接受了下来。而全球化的本质就在于把此作为一个"正常的事实"加以接受,"二十世纪70年代普遍承认资本主义全球化是一个'事实'"②。她们引用马库斯的话指出:"强奸的正常化已经妨碍了对强奸事件本身进行积极反抗的女性主义战略。在全球化话题中,因害怕资本外流而屈从于加重的剥削,被认为是对所谓全球化'现实'的正常反应——正如因害怕被强奸而一遇到强奸就陷于被动瘫痪,这成了对强奸'现实'的正常反应一样。"③

---

① J.K.吉布森-格雷汉姆:《资本主义的终结——关于政治经济学的女性主义批判》,陈冬生译,社会科学文献出版社2002年版,第152~153页。

② J.K.吉布森-格雷汉姆:《资本主义的终结——关于政治经济学的女性主义批判》,陈冬生译,社会科学文献出版社2002年版,第154页。

③ J.K.吉布森-格雷汉姆:《资本主义的终结——关于政治经济学的女性主义批判》,陈冬生译,社会科学文献出版社2002年版,第154页。

把强奸作为一个"客观现实"加以认可,实际上就是作为女人的被强奸者对作为男人的强奸者的不言自明的能力的认可,以及对自身的同样不言自明的软弱性的确认。构成强奸范本的基本准则是:"让别人伤害自己,自己才能有效地避免伤害","妇女与想要攻击她的人之间产生言语和肉体上的互动,从而让这个强奸者去产生权力感,让这个女性体验相应的恐惧感和瘫痪感"。"标准化的强奸范本这样写道:男性天生比女性要强壮,他们在生物学上被赋予了犯强奸罪的实力。在有性别的强奸语法里,男性是强奸和进攻的主语。他们身体结实、完整,而且有攻击器官。女性比男性软弱。她们可以用移情、认命或说服去避免强奸(或者将强奸的暴力减到最小程度),但是她们无法从肉体上阻止强奸。在有性别的强奸语法里,女性是恐惧的主语。她们的身体软弱无力、有空可袭、开放无防、易受伤害"①。

与此相应,把全球化作为一个"客观现实"加以认可,实际上就是非资本主义经济对资本主义经济的不言自明的能力的认可,以及对自身的同样不言自明的软弱性的确认。在全球化范本中,特别是自从苏东剧变以来,主要是因为全球化得到了强化和巩固,从而带来了这样的结果:唯有资本主义才有能力扩张和侵略。资本主义被描绘成具有内在固有的空间性,天生就比非资本主义经济形式,如传统经济、"第三世界"经济、社会主义经济等来得强大,因为人们断定资本主义有能力为资本主义商品开辟世界性市场。在资本主义扩张和空间化不可逆转的过程中,跨国公司与金融资本共同发挥作用,把市场以最新形式连接起来。依据这种范本,全球化就意味着对其他非资本主义经济形式的破坏以致使之最后灭亡。总而言之,在全球化范本中,把非资本主义经济关系构造成必然是,甚至只能是被侵犯、被吞没、被积累的潜在领域,只能是可以消极抵抗而无力反击的领域,只能是在强奸行为中被要求配合而最后被别人占有的领域。

三

如果凯瑟琳·吉布森与朱莉-格雷汉姆完全接受这种全球化范本对全

---

① J. K. 吉布森-格雷汉姆:《资本主义的终结——关于政治经济学的女性主义批判》,陈冬生译,社会科学文献出版社 2002 年版,第 156~157 页。

球化所作的分析,那么她们也无非是要人们把全球化作为一个事实来接受,即要人们面对全球化不必作出相应的反抗。但是,实际情形是,在别人那里的终点,在凯瑟琳·吉布森与朱莉－格雷汉姆这里仅仅是个起点,她们对全球化的分析并没有仅仅停留于描述这一所谓的事实,而是在此基础上进一步对这一所谓的事实作出剖析,看看掩盖在这一事实背后的究竟是什么。具体地说,她们要进一步揭示:难道被强奸方、非资本主义经济方真的是如此软弱无力吗? 难道被强奸方、非资本主义经济方真的如此束手无策,以至于不能作出相应的反抗吗? 难道强奸方、资本主义经济方真的如此强大,以至于无懈可击吗?

她们在这里提出了两个方面的论点,而这两个论点才真正是她们对资本主义全球化的独特的分析:

其一,受害者不一定就是弱者,受害者有着自己的优势,从而可以作出相应的反抗。受害者完全没有必要接受"弱者"这一角色。被强奸的女性应当记住,勃起是脆弱的,并且是短暂的,男性的睾丸当然硬不过女性的膝盖。女性应当消除自挫观念,并且还要学会防身术。面对一个幽默调侃、凶神恶煞和专横霸道的女性,强奸者会丧失其实施强奸的能力,而面对一个充满恐惧的女性,强奸者的反应是感觉到他的力量得到了加强。

同样的道理,只要非资本主义经济方不把自己定格于"弱者"的角色,那资本主义经济方的虚弱本质也会显示出来。要使全球化丧失其扩张、灌输恐惧的能力,必须看到资本主义经济方的虚弱性。跨国公司被看做是全球化的主要代理者之一,那就看一看跨国公司是否真的强大无比吧! 她们这样设问道:"在'全球工厂'里,跨国公司在不同的国家和地区协调多阶段生产过程,寻求劳动力与适当技术的最廉价的结合以完成必要的任务。但是强大代理者的这种说法能否把它的愿望表明为和表现为唯一可能的图景吗? 我们能否从另一角度把跨国公司——或许看做是一个向外扩展而可能易受攻击的、往往是脆弱的实体呢?"[1]她们要求非资本主义经济方要像悍妇对待强奸者那样对付资本主义的跨国公司以及整个资本主义的全球化:"我抓住他的阳具,拼命想弄断它,而他用双拳击打我的整个头部,用他的全力打击我。我不

---

① J. K. 吉布森－格雷汉姆:《资本主义的终结——关于政治经济学的女性主义批判》,陈冬生译,社会科学文献出版社 2002 年版,第 160～161 页。

肯放手。我决心要把它连根拔掉。结果他丧失了勃起的能力……把我推开并抓起他的外套逃跑了。"①

其二,受害者不一定就是被动者,受害者可以主动地对受害的过程进行调控,一方面把受害的程度降到最低限度,另一方面在一定程度上还可以把受害转化为受益。被强奸当然是坏事,但如果被强奸者本来就有结婚生子的愿望,那么就可以把强奸当做受孕来对待,这样强奸的过程对被强奸者来说在一定程度上也变成了好事。同样,实施资本主义全球化对非资本主义经济来说意味着灾难和死亡,但只要后者握有主动权,其最终结果未必如此。例如,跨国公司招聘第三世界的劳动力进入它的全球工厂,把他们安置到高度剥削的生产厂家进行生产,与"地方经济"相隔绝。跨国公司对"东道国"生产性经济的干预不仅侵犯了当地的经济,剥夺了当地自力更生的能力,而且使之变成将来也不可能生产的不毛之地。但这仅仅是一种结果,还有可能产生另一种结果。这就是跨国公司的这些活动并非一定具有毁灭性,而且还可能会是生产性。国际半导体工业最近的发展表明:外来跨国公司对亚洲的渗透竟然成了成功的"受孕",本来那里的相关企业即将死亡,现在由于跨国公司带来了技术训练系统,培养了熟练工人,这些企业的发展也已经极其有力,这些当地的企业分享了跨国公司的利益。②

四

在阐述上面两个观点的基础上,凯瑟琳·吉布森与朱莉-格雷汉姆进一步对传统的强奸范本、全球化范本提出质疑,并提出要用新的范本替代之。在传统的强奸范本中,女性作为受害者的主体地位之所以建立起来,不只是因为强奸者的力量和强暴,还是因为强奸范本在它形成过程中所利用的关于女性性认同的学说,即把女性确认为是"需要渗透和安慰的黑暗世界"。因而,要推倒这一强奸范本,关键在于要对男性性认同的学说发出挑战。男性真的是如此结实有力的光明世界吗? 她们发出疑问。她们要通过"质疑男

---

① J. K. 吉布森-格雷汉姆:《资本主义的终结——关于政治经济学的女性主义批判》,陈冬生译,社会科学文献出版社 2002 年版,第 162～163 页。
② J. K. 吉布森-格雷汉姆:《资本主义的终结——关于政治经济学的女性主义批判》,陈冬生译,社会科学文献出版社 2002 年版,第 164～165 页。

性身体无可争议的强奸能力,不相信他们具有优势力量,也不相信对他们不可抵抗",来"改写性强奸范本,以便使女性不再成为恐惧的主体和强奸的客体,而凭自己的权利成为强奸的主体"①。她们借助于他人的研究成果说明作为男性主要力量所在的精液就并非强大无比而不可渗透。与此相应,她们提出必须对传统的全球化范本作出改造:"我们怎样才能从不同角度构想资本主义机体,把它视为开放的、可渗透的、渗出性的或者渐渐枯竭的,而不是把它视为坚硬实在、锋利刺人和注定不可调和的?"②

由此出发,她们对当代资本主义经济乃至整个资本主义机体的虚弱性作出了尖锐的抨击。金融资本可以说是资本主义的精液,它在传统上被表述为经济系统的生命之血,其自由循环确保资本主义机体的健康成长。但是,资本正如精液,周期性地冲破其界限,无法控制地喷射和不定向流淌,包括流向自我毁灭。对此,她们具体描述说,"这样一种肉体冲动的场面,一种玷污全球市场的梦遗,发生在1987年10月,那时整个世界的股票市场大崩盘,使数以百万计的无形财产化为泡影","一个恰当的结尾,适合作一个道德寓言,其中投机者最后受到了应得的惩罚"③。

关键在于,一方面,人们认为国际金融市场活力的增长促进了资本主义生产的迅速国际化,而且认为金融资本权力的加强代表了资本至高无上的炫耀;另一方面,这一增长实际上已经把货币从它作为一种流通手段的角色中解放了出来,容许全球信贷的猛增,这就是所谓的信贷和金融市场的全球化,而正是这一点,为资本超越其自身的极限条件创造了通道。

在她们看来,揭露了作为强奸主体的男性和全球化主体的资本主义经济的虚弱性以后,一种替代传统的强奸范本和全球化范本的新的范本的轮廓就大致形成了。构成这种新的范本的大致轮廓是强调行为的双方不再是单向的,而是双向的,即不仅仅强调男性对女性的渗透,资本主义经济对非资本主义经济的渗透,而且强调女性对男性的作用,非资本主义经济对资本主义经

① J. K. 吉布森－格雷汉姆:《资本主义的终结——关于政治经济学的女性主义批判》,陈冬生译,社会科学文献出版社2002年版,第169页。
② J. K. 吉布森－格雷汉姆:《资本主义的终结——关于政治经济学的女性主义批判》,陈冬生译,社会科学文献出版社2002年版,第171~172页。
③ J. K. 吉布森－格雷汉姆:《资本主义的终结——关于政治经济学的女性主义批判》,陈冬生译,社会科学文献出版社2002年版,第172页。

济的作用。事实情况是,男性在奸污女性的过程中,终究不是自身的"一泄到底",而且也会想到那种溢流流动有可能是双向互动的,有可能是不定向的流动,也就是说,自己可能不但是溢流透射的主动者,而且也可能是被动的接受器。男性每当出现这种感觉时,当然会深感恐惧。"强奸(连同婚姻一起)是一个被承认和被接受的(即便是不可接受的)异性恋行为"①。

在她们看来,男性在强奸过程中所出现的这种感觉,也为资本主义经济在全球化过程中所常有。她们所要提出的新的全球化范本就是要把资本主义经济的这种恐惧感反映出来,"拒绝承认全球化是资本主义的必然刻画"②,突出在全球化过程中资本主义经济与非资本主义经济之间的相互渗透。她们指出:"全球化范本不必只是借助资本主义身体结实、有攻击性和强有力的形象,也可以使用别的形象。当我们无法指望全球化的卫士会对渗透性、无限性和侵略性表示高兴的时候,重要的是要借助这种表述,创造一个反资本主义的幻想并形成一种经济变革的政治。如果资本主义本体是流动的,是可以渗透的,那么全球化过程就不可将'经济发展'指定和刻画成不可避免的资本主义发展,可以认为全球化解放了多样化的经济发展道路。"③非常清楚,他们所要提出的新的全球化范本就是强调全球化不仅仅有利于资本主义,而且为多样化的经济发展开辟了道路。

为了进一步论证他们的观点,他们利用了同性恋理论。她们说:"同性恋理论已经使我有勇气去尝试打破关于资本主义和资本主义社会形态整体单一性的表述。"④按照同性恋理论,同性恋男性不仅准备射出而且准备接受溢流,在此过程中发挥作用的是别的身体部位,而不是特定的生殖器。一个机体,可以被插入,在循环中交流,开放自我而不是封闭自我,准备挑战也准备应战。如果把资本主义机体也设想成一个同性恋者,那么就会出现完全不同的全球化范本,就可以有助于打破天衣无缝的资本主义认同。只要认可资

① J. K. 吉布森 – 格雷汉姆:《资本主义的终结——关于政治经济学的女性主义批判》,陈冬生译,社会科学文献出版社 2002 年版,第 176 页。

② J. K. 吉布森 – 格雷汉姆:《资本主义的终结——关于政治经济学的女性主义批判》,陈冬生译,社会科学文献出版社 2002 年版,第 176 页。

③ J. K. 吉布森 – 格雷汉姆:《资本主义的终结——关于政治经济学的女性主义批判》,陈冬生译,社会科学文献出版社 2002 年版,第 176 页。

④ J. K. 吉布森 – 格雷汉姆:《资本主义的终结——关于政治经济学的女性主义批判》,陈冬生译,社会科学文献出版社 2002 年版,第 178 页。

本主义机体只类似于同性恋中的一个角色，那就可知道由市场造成的污染的单向性和对传染病免疫的实际不可能性。市场可以带来许多疾病，资本主义机体也不可能避免。在这一基础上所形成的新的资本主义形态学"向资本主义唯我独尊的本性发起挑战，不让资本主义充当传染病向空间扩张和社会扩张之经济通道的独一无二的创始者角色"①。

五

现在整个世界都在关注和议论全球化，而且都把全球化视为对资本主义有利，都认为资本主义可以凭借全球化压倒一切对手而获得新的生命力。凯瑟琳·吉布森与朱莉－格雷汉姆则反其道而行之，用她们的女性主义的马克思主义的特定视角，借助于对强奸范本和同性恋理论的剖析，论证资本主义未必会从全球化中捞到多少好处，资本主义未必通过全球化获得新生。她们声言，她们对强奸范本和同性恋理论的反思，促使自己去探索一些新的方法，"用以抵制将全球化表述为监督所有经济交易的社会纪律维持者，从而建立一个地方受到贬抑的世界王国"，"去设想在全球化范本中重新定位主体，用另一种思路去思考作为其'另类'的全球化"，去思考"基于一种不同构造的资本主义本体形态学"②。

凯瑟琳·吉布森与朱莉－格雷汉姆高度评价德里达的《马克思的幽灵》一书，她们认为德里达所列出的当代资本主义的十大灾难，"足以说明世界决非像福山及其同伙有时所断言的那样是什么'资本主义乐园'"。她们说道："从德里达列举的'世界混乱'的十大灾难中，我们看到标榜自由民主的资本主义'世界新秩序'本身就是一个邪魔，一个不能消除它企图掩盖和逃避的功能障碍和命运终结的邪魔。如果世界也许现在不可否认是资本主义世界的话，那么，这个世界显然是既不自由也不民主。"③德里达曾生动地描述了马克思的幽灵在困扰着当代资本主义，在她们看来，除了马克思的幽灵外还

---

① J.K.吉布森－格雷汉姆：《资本主义的终结——关于政治经济学的女性主义批判》，陈冬生译，社会科学文献出版社2002年版，第181页。

② J.K.吉布森－格雷汉姆：《资本主义的终结——关于政治经济学的女性主义批判》，陈冬生译，社会科学文献出版社2002年版，第185页。

③ J.K.吉布森－格雷汉姆：《资本主义的终结——关于政治经济学的女性主义批判》，陈冬生译，社会科学文献出版社2002年版，第302页。

有其他许多"异质性的经济幽灵"在困扰着当代资本主义。资本主义世界经济领域表面上是纯粹的和具有排他性的,但实际上其中有许多掺杂成分。非资本主义经济尽管在被强有力地压抑着,但还是不可避免地与资本主义经济同时并存。实际情形是,资本主义活生生的现实正在受到非资本主义因素的影响,异质性的经济幽灵正在寄生于资本主义,体现在资本主义机体内部。

那么,究竟有哪些"异质性的经济幽灵"在困扰着当代资本主义呢? 这些"异质性的经济幽灵"是如何影响着当代资本主义的呢? 她们对当代资本主义的分析批判最吸引人的地方就是对此所作的论述。

幽灵之一:经济差异。原先打开地图,在地图的北部是一大片粉红色块,由中欧向东欧延伸,而如今这一大片粉红色似乎消失了,因为这些共产主义国家似乎已成了资本主义的同类。那么,这是否就意味着世界的经济差异也已不存在了? 她们对此作出了否定的回答,强调经济差异还像幽灵一样在困扰着资本主义的霸权。在她们看来,东欧国家其经济还是与西方资本主义国家存在着明显的差异,非资本主义的活动并不会随着苏联东欧社会主义国家的垮台而消失的,"非资本主义活动不仅没有一夜消失,而且它们不可避免地要重新出现"①,而这就意味着经济差异必然还要幽灵般地存在,而它们的存在本身就是对资本主义的威胁。

幽灵之二:非商品生产和非市场交换。尽管这些非商品生产和非市场交换被描述成是前现代和前资本主义的方式,但它们不可能被完全排除其共时性,也就是说,它们作为一个普遍性的东西存在于历史过程之中。她们向否认非商品生产和交换的人提出了质问:"我们如何去理解对这些经济活动场所视而不见的现象呢? 怎样解释非商品关系和非商品交易的朦胧状态呢? 难道没有钱就使它们毫无格调和丧失情感吗? 难道市场就有着如此强大的向心力,以至于使非市场行为失去了意义和重要性,就像在一个向心空间的离心运动一样变得毫无意义和视而不见吗?"②

幽灵之三:非资本主义商品生产。上面所说的是在商品生产之外的不属

<hr>

① J. K. 吉布森－格雷汉姆:《资本主义的终结——关于政治经济学的女性主义批判》,陈冬生译,社会科学文献出版社 2002 年版,第 306 页。
② J. K. 吉布森－格雷汉姆:《资本主义的终结——关于政治经济学的女性主义批判》,陈冬生译,社会科学文献出版社 2002 年版,第 307 页。

于商品生产范畴的那些生产,这里所说的是即使是商品生产,也有资本主义的商品生产和非资本主义的商品生产之分,而那些非资本主义的商品生产也像幽灵一样在困扰着当代资本主义。那些在家里做的饭和制作的床,那些在企业内部生产并在企业内部交换的产品,可以称之为非商品生产的产品。而那些个体经营的独立商品生产、奴隶制商品生产、基于家庭关系的商品生产以及集体和公有企业的商品生产,总不能否认它们是一种商品生产,但显然它们不是资本主义的商品生产,而是非资本主义的商品生产。她们抱怨一些人总把这些非资本主义的商品生产排除在现实之外,或者把这些形式描述成近乎边缘化的和微不足道的。她们要人们不应一讲到商品生产就和资本主义联系在一起,切记还有大量的非资本主义的商品生产的存在,而正是这些非资本主义的商品生产构成了对当代资本主义的巨大威胁。

幽灵之四:资本主义的多样性。她们强调"不存在纯而又纯的资本主义,只有形形色色的资本主义"①。每个资本主义场所都是在某种社会政治背景下建构的,而这种资本主义的多样性对资本主义来说并不是一件好事。如果资本主义只有一种设想中的资本主义的话,即没有与这种设想中的资本主义迥然有别的"实质性的资本主义"的话,那么,资本主义就有可能是可接受的和良性的。可实际情况是存在着"实质性的资本主义",并且这些"实质性的资本主义"中许多表现出其邪恶性。正因为资本主义具有多样性,人们才有理由谈论什么"资本帝国主义"。

把上述四种幽灵综合起来,就是资本主义的散漫性。资本主义的散漫性是"最后的"幽灵。她们指出:"归根结底,资本主义被它的散漫性所困扰。"②她们指出,一方面尽管德里达竭尽全力地驳斥福山关于世界新秩序特征的描述,但是他常常就像福山一样,使用"资本"、"资本主义"或"市场"这些词来表示一个统一的经济世界;一个不仅被资本主义整合成一体的而且被独霸的经济世界,另一方面德里达确实强调要对资本主义这一概念作出解构,即"把资本和资本主义概念置于被解构的客体地位"。如果真的如德里达所说的

---

① J. K. 吉布森－格雷汉姆:《资本主义的终结——关于政治经济学的女性主义批判》,陈冬生译,社会科学文献出版社 2002 年版,第 309 页。

② J. K. 吉布森－格雷汉姆:《资本主义的终结——关于政治经济学的女性主义批判》,陈冬生译,社会科学文献出版社 2002 年版,第 310 页。

那样对当代资本主义作出解构,那么其散漫性就非常清楚地呈现于前,即在我们面前显现的并不是"当代经济景观中资本主义的存在和繁荣",而是"暂时不定的、磕磕碰碰的和粗俗不雅的非资本主义生产和交换方式、非资本主义的剩余劳动占有和分配方式,所有那些死气沉沉的封建主义方式、奴隶制方式、家庭经济活动方式和公司内部控制方式的图景"①,而这后者是当代资本主义社会的真实之所在。既然如此,我们有什么理由高颂资本主义的纯洁性和繁荣呢?

我们在这里仅探讨了女性主义的马克思主义的一部代表作,但通过这部著作我们已足以了解女性主义的马克思主义究竟是如何看待当代资本主义的。我们可以不同意她们用以观察当代资本主义的那种特定的女性主义的视角,可以批评她们把强奸范本与全球化范本加以简单的比较的做法,但我们决不能忽视她们对当代资本主义,特别是资本主义的全球化所作出的独到的判断。她们向当代资本主义的统一性、独特性和整体性发出挑战,并提出要从语言上和实际行动上打碎它们,终结这种资本主义的活力。她们要求改变叙述方式,像拒绝接受女性牺牲角色的描述那样,发展自我防卫策略,抵御跨国公司的影响,减少对全球化的恐惧。在她们眼里,在当代世界上作为"强奸"方的资本主义机体并非如一些人所宣传的那样强大无比,而作为"被强奸"方的非资本主义机体也并非如一些人所宣传的那样软弱无力,当今的世界仍然是一个多样性占主导的世界。所有这些观点和判断都能给予我们深刻的启示。

---

① J. K. 吉布森 - 格雷汉姆:《资本主义的终结——关于政治经济学的女性主义批判》,陈冬生译,社会科学文献出版社 2002 年版,第 314 页。

附录

就"西方马克思主义"研究等与博士研究生的对话

苏东剧变后的国外马克思主义研究

——与马拥军的对话 *

马拥军(以下简称"马") : 陈老师,在对国外马克思主义的研究中,您做了许多卓有成效的工作。不少人认为这一领域的研究首推您和中国社科院的徐崇温教授,故有"南陈北徐"之说。您是如何看待国内学界对国外马克思主义的研究的?

陈学明(以下简称"陈") : 对于徐崇温教授,我是十分佩服的。把我和他并列,是往我脸上贴金。我把"北徐南陈"的说法看做是学界对我的鼓励。实际上,国内对国外马克思主义的研究是有许多成果的,我不过是起步较早,又一直坚持致力于这一领域的研究而已。

马: 您能否把国内学界近年来的研究概况作一个大致的介绍?

陈: 20 世纪 90 年代初以来,在非常困难的条件下,国内学界坚持研究国外马克思主义,做了大量工作。这些工作概括起来,可以分为三个方面:一是引进资料。这些年国内引进了大量外国马克思主义研究者的原著和论文,其中有些部分已经翻译成中文。二是参加国际学术交流。除了进行学术互访

---

* 马拥军原系复旦大学哲学学院的博士研究生,现为华侨大学教授。

（如中国社科院曾组织访欧代表团访问欧洲的国外马克思主义研究者）外，从 90 年代中期起，国外马克思主义研究者陆续召开了一系列国际性的马克思主义研究大会，这些会议大都有中国学者参加。三是成立学会。1996 年 10 月中旬，中国当代国外马克思主义研究会成立。研究会迄今已经召开了三次研讨会。上述基础条件的改善，推动了研究工作的全面展开。这些年来，研究国外马克思主义的论文和专著大量涌现，其中有不少极有分量的成果。

马：90 年代初不仅是国内学界的困难时期，恐怕国外马克思主义研究者的日子也不大好过吧？

陈：确实如此。苏联东欧剧变，是国际社会主义事业的一大挫折。苏东剧变以后，国外马克思主义者受到的压力是非常大的，他们的确面临非常困难的局面。然而，可能无论是马克思主义的拥护者、同情者，还是马克思主义的反对者、诋毁者，都未曾想到，马克思主义并没有像一些西方政要和右翼学者断言的那样，"行将销声匿迹"，而是在全世界范围内"顽强地活了下来"，不仅活了下来，而且还"活得很好"。自 90 年代中期起，在国外，特别是在西方法、英、德、美等主要资本主义国家，掀起了一股研究和宣传马克思主义的热潮。事实雄辩地证明，邓小平在苏东的社会主义旗帜纷纷倒下之时所作的"马克思主义是打不倒的"、"世界上赞成马克思主义的人会多起来的"论断是完全正确的。

马：那么，苏东剧变对国外的马克思主义者产生了怎样的影响呢？

陈：这里用得着中国的两句俗语，一是"大浪淘沙"，二是"真金不怕火炼"。当今在前苏联和东欧地区，有两种人特别引人注目，一种人是在马克思主义作为官方的意识形态占统治地位时，拼命地以正统的马克思主义者自居，利用马克思主义沽名钓誉，享尽以马克思主义为旗帜的执政党给其"提供"的荣华富贵，而在马克思主义丧失了统治地位以后，又竭力与之划清界限，摇身一变，面不改色地公然站到了马克思主义的反对者的营垒里，又从反马克思主义的执政党那里捞尽好处；另一种人是在当年因出于对马克思主义的某种特定的理解，向执政党官方所坚持的马克思主义提出了质疑，从而被当做"持不同政见者"受到了各种批判和打击，可以说他们没有通过占统治地位的意识形态的马克思主义谋到任何个人的私利，相反还受尽苦难，但当马克思主义的辉煌只是成为"天宝当年"以后,许多人唯恐避之不及,而他们却一往情深地高举起马克思主义的旗帜,在极其困难的环境下捍卫马克思主义的声誉,回击对马克思主义的种种诬蔑和诋毁。当代国外马克思主义研究的繁荣,靠的是后一种人。

马:"西方马克思主义"研究者们自己是如何看待苏东剧变对马克思主义的影响的呢?

陈:"西方马克思主义"的研究者们认为,苏东剧变对马克思主义的主要影响在于使其一个分支、一个流派——列宁主义陷于困境。由于这一分支、流派本来就是变了味的,即本来就包含着对马克思主义的许多扭曲,所以,苏东剧变对马克思主义未必是坏事,马克思主义者由于卸下了包袱而可以轻装前进了。法共马克思主义研究所所长拉扎尔对中国社会科学院访欧代表团成员解释为什么当前出现了研究马克思主义的热潮时说道,原来人们常常把马克思主义与苏联的制度等同起来,反马克思主义者将苏联制度的弊病归之于马克思主义,只要一提马克思主义,有些人就看做是为苏联制度辩护;苏东的解体,使马克思主义者甩掉了这个包袱,还原到其本身,现在人们不用再解释苏联的问题,而可以集中注意力用马克思主义来分析批判当今的资本主义。人们发现,马克思主义的一些观点和方法,不仅可以用来说明苏东瓦解的原因,而且也可以用来分析当代资本主义弊端,用来校正资本主义对社会和人本身造成的扭曲。法共全国委员会委员雅克·尚巴茨在法共理论刊物《思想》上撰文指出,在苏联,先后以"马克思列宁主义"、"斯大林主义"形式出现的马克思主义因被奉为"严谨和完善无缺"的官方学说而变成内容极其贫乏的政治概念和正统理论。现在,这个压在马克思头上的桎梏已随着柏林墙的倒塌而被解除,这对马克思主义和信奉马克思主义的人来说,确实是一种解放。法国的马克思主义批评学派的主要代表人物乔治·拉比卡更是直截了当地说,柏林墙的倒塌对马克思主义是一种"解脱"。法兰克福学派的哈贝马斯则称苏东剧变是一种"矫正的革命"。他反对把此次剧变,即把"官僚社会主义"的崩溃理解成西方精神在东方的胜利,理解成马克思主义、社会主义的失败,认为"剧变是朝向一种更合理的社会的革命性过渡",在苏东剧变面前对马克思主义的思考并不意味着作为批判的马克思主义已经无能为力。他告诫左派"没有理由披上丧衣",而应对马克思主义、社会主义充满信心。法国的这三位当前著名的马克思主义的学者和哈贝马斯的这些话颇有代表性,它们反映了西方的马克思主义研究者对苏东剧变给马克思主义造成的影响的基本估计。

马:看来国外马克思主义的研究者们并没有把苏东的瓦解与马克思主义的失败等同起来。

陈:对。他们认为马克思主义并没有过时,马克思主义在当今世界仍具有现实性。近来西方出版的一系列研究马克思主义的名著,如雅克·德里达的《马克思的幽灵》、艾蒂安·巴里巴尔的《马克思的哲学》、米歇尔·瓦岱的《马克思:研究可能性的哲学家》、鲍德里的《马克思主义的世纪》、帕里斯的《马克思主义的再生》等,所论述的主要就是马克思主义的现实性。当代西方涉及马克思的一些重要杂志,如美国的《每月评论》、英国的《新左派评论》和《马克思反思》、德国的《论据》、意大利的《马克思主义批判》、法国的《当代马克思》和《共产主义评论》等,刊登了大量论证马克思主义现实性的文章。近年召开的一些大规模的讨论马克思主义的国际会议,如1995年9月27日至9月30日在法国巴黎召开的"国际马克思大会"、1996年4月12日至14日在美国纽约召开的"社会主义学者研讨会"、1996年7月12日至19日在英国伦敦召开的"马克思主义大会"、1998年5月13日至16日在法国巴黎召开的"纪念《共产党宣言》发表150周年大会"、1998年9月30日至10月3日在法国巴黎召开的"第二届国际马克思大会"等,都把马克思主义的现实性问题作为研究的首要课题。

马:他们对马克思主义的现实性有哪些论证呢?

陈:我把国外马克思主义研究者对马克思主义的现实性的论证分为三个方面:第一,以马克思的学说已经成为人类知识宝库中的一份珍贵遗产来论证。他们列举了大量实例来说明资本主义社会在发展过程中不断吸收马克思的学说,甚至认为,在一定意义上,没有资本主义对马克思主义学说的借鉴,就没有资本主义所取得的成就。就马克思主义而言,现在已经不是人们需要不需要它的问题,而是它已客观存在于人们的生活中并必然对人们产生影响的问题,尽管可能远非所有的人都能意识到这一点。马克思的名字已和耶稣、莎士比亚等联系在一起,深深地镌刻在人们的心中;马克思的学说作为人类知识宝库的一份珍贵遗产,时时处处在影响着人们。在当今世界上,要想避开马克思主义来决定什么重大事情,是绝对不可能的。第二,以现代资本主义社会百孔千疮、内在矛盾越来越尖锐来论证。"1995 巴黎国际马克思大会"的主要组织者和发起人雅克·彼岱在论述这次大会召开的背景时说,资本主义在新时期获得了很大的发展,已经不是马克思在一百年前批判的那个原来的资本主义社会了。但是,资本主义的发展也是灾难性的和毁灭性的,它造成了第三世界的贫困、世界的两极化和世界生态环境的严重破坏,正是在这种情况下,马克思主义的新的思想运动应运而生。雅克·德里达指出,同马克思生前一样,"资本主义新秩序"仍然百孔千疮。这些西方的马克思主义研究者均认为,当今社会的许多社会问题表明资本主义的内在矛盾越来越尖锐,必须将研究马克思的学说与考察当代社会运动结合起来,只有这样才能发现马克思主义和共产主义思想的价值。第三,以中国社会主义现代化建设的突出成就来论证。如果说在十年前西方一些左派人士和马克思主义研究者往往对中国的社会主义改革很不理解,常常撰文表示疑虑,那么,在十年后的今天,经过社会主义在苏东的失败和在中国的成功这正反两方面的对比,他们的态度已有了很大的转变,他们对中国的社会主义改革不但表示理解,而且以此作为马克思主义具有现实性的依据。他们中有的人提出,邓小平建设有中国特色的社会主义理论使"因苏东剧变而陷入低谷的世界社会主义运动在中国获得飞速发展"。他们把中国社会主义改革的成功看做是"世界社会主义的历史进入一个新的阶段"的标志,是"马克思主义的希望之所在",表明马克思主义在当今世界仍具有现实性。应当说,国外马克思主义者从这三个方面对马克思主义现实性所作的论证是具有极强的说服力的。

马:苏东剧变难道不是对马克思主义的现实性的否定?

陈:国外马克思主义研究者承认,在 20 世纪,曾经打着马克思旗号进行的两次试验都没有成功。在他们看来,苏东的剧变证明第三国际的马克思主义即列宁主义的不切实际,各国的社会民主党不断陷入困境也表明第二国际的马克思主义即科学社会主义的不管用,这些社会民主党今天不再援引第二国际的马克思主义就是明证。但他们强调,之所以造成这一系列失败,根本原因在于对马克思主义的本来含义的理解产生了偏差。痛定思痛,现在是到了认真反思一下马克思主义究竟是什么的时候了。

马:那么,他们是如何看待马克思主义的呢?

陈：对于马克思主义思想体系的主要特征，国外马克思主义学者有过许多论述。他们提出的以下五个方面的论点特别引人注目：第一，马克思主义不是一元的，而是一个多元的体系。他们所说的马克思主义是多元的似乎有两层含义：一是说马克思本人的学说包含着各种不同的甚至互相矛盾的成分。二是说存在着各种对马克思学说的解释，即存在着各种版本的马克思主义，不同的人从不同的角度去认识和解释马克思的著作，许多学者在自己的学术领域借鉴马克思的一些观点，发表评论或进行对照比较，于是出现了"多元马克思主义"的局面。从认定马克思主义是多元的立场出发，他们反对在马克思主义内部为取得"正统"的地位而争论不休，反对企图把这个人或那个人从马克思主义中排除出去的做法，主张"把与马克思主义相关的各种著作以及不同的政治和理论观点全部放到改造现代世界的总运动中"去认识和鉴别。第二，马克思主义不是完美无缺的，应当不断地进行修正和发展。他们中一些人提出，应当理直气壮地讨论马克思主义的局限性这一问题。这并不是对马克思主义的不尊重，而是为了更好地面对新时代的挑战。雅克·尚巴茨就强调，马克思决不是先知先觉的超人，他的著作不像一个模子中浇铸出来的铸件那样整齐划一：那里既有逻辑严密、字斟句酌的研究论著，也有借神来之笔写下的通讯报导，还有即席发挥、言不尽意的演讲，而且，激烈的论战使他不免因情绪冲动而有失公正；如同真正具有革新精神的学者一样，马克思在写作过程中经常有所修正和补充，几易其稿也是常有的事，即使他的政治经济学论著也不例外。他们批评列宁提出的马克思学说是"完备"的理论体系的说法，更批评斯大林在《列宁主义原理》一文中把死板的公式强加于马克思主义。在他们看来，不应以教条主义的态度对待马克思主义，而应通过把理论创新活动和社会运动创新相结合，开创共产主义运动的未来。第三，马克思主义不是政治的装饰品，应将其与政治分开。近年来国外对马克思主义的研究，正从以政治为依托的研究转向知识分子的独立研究，马克思主义研究者成立了自己的组织，如研究中心和各种小组，出版自己的刊物；这些研究部门一般从属于大学或科研机构。他们不再以政治家或党的理论家的身份干预政治生活，而是以学者的身份介入政治生活。这一方面是由于苏东剧变后，西方许多政党被削弱甚至瓦解了，另一方面同国外马克思主义者对马克思学说的理解发生变化有关。他们强调马克思主义不能成为政治

决策的装饰品。马克思主义具有现实性,并不是说马克思主义可以直接用来
为现实服务。他们中有的人直接把他们的这些观点和研究马克思主义的方
法称为"使马克思主义非意识形态化"。雅克·德里达说,我们正在拆除"制
造'马克思主义'意识形态教条和意识形态体系的机器"。他们中有的人还
提出了马克思主义有"官方马克思主义"和"学术马克思主义"之分,表示反
对将马克思主义官方化。他们进一步解释说,使马克思主义与官方色彩分
开,实际上就是改变"马克思主义理论服从政治"的老一套,将马克思主义理
论与政治脱钩。第四,马克思主义不是随便可以分割的,应从整体上去把握。
近来的一系列国际会议和西方马克思主义者的论文、专著,都是以跨学科为
其特征的。出现这一局面的原因在于他们对马克思的学说的整体性的认识。
国外马克思主义研究者越来越强调,马克思的学说按其本意是一个完整的体
系,它不应该被机械地划分为各个学科,只是后来到了其继承人那里,才被肢
解成各个分支,一个统一的理论体系被肢解为对资产阶级经济秩序、国家、教
育制度、宗教、艺术和科学的分门别类的批判;由于马克思的学说的整体性遭
到破坏,所以它必然陷入危机之中。他们特别反对把马克思主义区分为马克
思主义哲学、马克思主义经济学和科学社会主义三大组成部分,认为这是导
致马克思主义僵化和教条化的一个重要原因,并指出马克思的《共产党宣
言》最活生生地体现了马克思学说的完整性,因为人们无法说出《共产党宣
言》究竟是一种哲学理论、经济学理论还是社会主义理论;目前世界越来越呈
整体化的趋势,将马克思主义划分为不同的学科来进行研究非但与马克思学
说的本意不相符,而且与时代趋势背道而驰。现实是全面的综合性的,马克
思主义要正确地对现实问题作出反映,其理论也应是整体的、综合性的;有些
问题表面上有很大的区别,但是内容却有广泛的、密切的联系,当代世界的现
实问题迫使人们求助于可以从整体上跨学科研究问题的马克思主义理论,而
马克思主义理论要在当今世界上履行自己的职能,就必须恢复其整体性的本
意。第五,马克思主义不是经院哲学,它应当面向现实。正统的"官方马克思
主义"的研究,其最突出的特点就是脱离现实,把马克思主义尊为"国家宗
教"而变成教条。当代国外马克思主义研究者指责从第二国际的正统马克思
主义起把理论与实践割裂开来,把马克思主义理解为一种纯理论的东西的
倾向,他们指出,若不改变这种以教条主义和学究气对待马克思主义的态度,

马克思主义就只能走向死亡。以上五个方面,虽然有的观点我们不能同意,但总的说来,这确是国外马克思主义研究者经过认真探讨后得出的结论。

马:我们常说马克思主义的基本原理没有过时,过时的是马克思主义的个别结论。国外马克思主义者们是如何看待这一问题的?

陈:国外马克思主义者不满足于笼统的说明。这些年来他们具体研究了马克思学说的各个方面,区分了马克思主义理论中的"死东西"与"活东西"。

马:您能不能作一些具体介绍?

陈:可以。一般说来,国外马克思主义研究者认为,马克思关于市场的学说和关于权力与国家的学说已经过时。在马克思本人看来,资本主义是市场的普遍化,只有取消市场才能取消资本主义。而国外马克思主义者大多认为,马克思把市场等同于资本主义是错误的。这一点容易理解,因为我国社会主义市场经济已经从实践上突破了马克思的有关理论。为什么他们认为马克思的权力和国家学说也已经过时呢? 这是因为国外马克思主义者认为,马克思所处的时代是无产阶级革命的时代,当时无产阶级缺乏充分的民主实践,因此马克思的权力和国家学说强调暴力革命、无产阶级专政、打碎旧的国家机器这一方面,对民主的价值开发不够,论述不够,现在应当补足这一缺陷。

马克思的以下三个方面的理论则被当今国外马克思主义研究者所特别看重,被说成是马克思主义中的"活东西":一是马克思关于批判资本主义的理论。他们强调:马克思主义作为批判资本主义的理论并没有过时,而且在马克思的整个学说中最有价值的就是对资本主义所作的批判;随着苏东的剧变,马克思这一方面的理论越来越显示出真理的光辉。二是马克思关于人的全面发展的理论。他们认为这是马克思学说中最有吸引力和生命力的部分。这一理论之所以值得推崇,首先在于可以用它来评判现代资本主义,提醒人们对所处境遇的认识;其次可以用它来重新界定社会主义的本质,让社会主义恢复本来面目;再次可以用它作为社会发展目标来赢得人民的支持。三是马克思关于人与自然关系的理论。尽管有些马克思主义研究者提出生态学是马克思主义的空白,但更多的马克思主义研究者则坚持认为,马克思是第一个生态学家,马克思关于人与自然相互关系的理论是今天研究和处理生态问题的基本准则。他们特别重视马克思在《1844 年经济学哲学手稿》等早期著作中有关人与自然关系的论述,认为按照马克思的观点,自然界不仅仅是作为有机体或无机的物质出现,而且是作为独立的生命力,作为主体—客体而出现,对生命的追求是人与自然的共同本质;在马克思看来,人之所以能同自然界发生关系,不仅是由于"物本身就是人的活动的对象化",而且由于"物本身也像人同它发生关系那样同人发生关系"。他们认为,马克思从对自然的这一基本认识出发,要求对自然进行"人道的占有",即"把自然界改造成为符合人的本质的环境世界";要求"按照美的法则来塑造对象性的自然界";要求人通过劳动建立起人与自然的和谐关系。他们提出,马克思的这些论述常常被遗忘,但实际上正是这些常被人遗忘的东西是马克思留给人类的最珍贵的理论遗产。对于马克思主义理论中的三个方面的"活东西",应当说是有说服力的。至于把马克思的权力与国家学说当成"死东西",还需斟酌,但从革命和建设时期有不同任务的角度论证,这种思路是有一定启发性的。

马:陈老师,您对国外马克思主义的评价,我觉得大都比较中肯,虽然我并不都赞成您的看法。在您看来,我们应该以怎样的态度对待这些国外的马克思主义研究者呢?

陈:首先应当把他们看做同路人。毕竟我们也是马克思主义的研究者和信奉者。他们能够在马克思主义并非主流意识形态的情况下研究马克思主义,这对我们是一个鼓舞。借助这些同路人,我们可以增加马克思主义必胜的信心。其次要理解他们的一些新观点。国外马克思主义研究者有他们自己的生活环境,不能套用我们的标准去衡量他们。拿人的全面发展理论来说,如果把这一理论放在西方的背景下来看待,应该是很好理解的。在传统的教条式马克思主义破产以后,他们提出以马克思的人的全面发展理论重新赢得群众信任,这是完全正确的,不能简单地把他们这种看法斥为乌托邦。

最要不得的是对国外马克思主义研究者的"贵族化"态度。在这一问题上,我有过深刻的教训。由于众所周知的原因,在评价国外马克思主义研究者方面,我本人同许多国内学者一样,一度采取了很不公正的态度。我们的学者不是采取实事求是的、说理的态度,而是以极为骄矜的态度对待国外马克思主义研究者,把他们一概指为资产阶级的御用文人,把凡不符合我们的意识形态教条的内容统统指责为资产阶级观点。虽然讲起来与我们国内的政治气候有关，但作为个人，我们的做法起码是不负责任的。不客气地说，是违背了学者的学术良心。与陈寅恪先生比起来，实在太让人惭愧。

马：在政治与学术一体的情况下，学者们有不得已的苦衷，我觉得也是可以理解的。您大可不必过于自责。何况您的文章和著作我大都读过，像您所说的"贵族化"倾向，在您的文章和著作中是极少的。应当反省的是那些把学术当饭碗的人，对于他们来说，马克思主义不过是他们向上爬的台阶。他们高唱马克思主义高调，为的是攫取自己的利益。这些人连马克思本人都不放在心上，更何况是国外的马克思主义研究者？

陈：与以往相比，今天的学术环境是宽松多了。但是，我现在相信，无论环境如何，学者们都应当像国外那些真正经得起考验的马克思主义研究者们那样，把学术当成自己生命的一部分，以生命追求真理。否则，在良心的审判中，我们将会被推到被告席上。有一件事，我现在一直耿耿于怀：我在90年代初曾写过一部题为《哈贝马斯的"晚期资本主义论"述评》的书，为写作这部著作我阅读了大量第一手材料，也确实是用了许多心血去写的。但由于在当时的政治气候下，我作出了有失公正的过左的评论，自己一直很内疚。事实判断上作得不错，但在价值判断方面有草率之处。国内几次关于哲学社会科学优秀成果的评奖，如西方哲学的金岳霖奖，这部著作都到了最后关头因对哈贝马斯的评价方面"欠公允"而被刷了下来。原来自己一直不服气，现在想想这些评委这样做还是有其道理的。哈贝马斯已经是八十多岁的老人，眼睛都看不见东西了，还在坚持对马克思主义进行研究。中国社会科学院的学者在访问他时，他恳求中国的学者不要像前苏联的学者那样对待他。哈贝马斯的恳求让我感到震撼：在国外马克思主义学者们顶住压力，苦苦探求真理的时候，我们这些本该是同盟者的人不仅没有伸给他们温暖的手，反而向他们掷去了石头，这于心何忍？不知别人如何，反正让我拿着自己的那本书去见哈贝马斯，我是无论如何不敢的。

马：陈老师，人不可能十全十美，何况还要受到环境的限制。我相信哈贝马斯决不会怪您。倒是您所说的"以生命追求真理"，我觉得说得好极了。在学术上只要有这样的态度，那就不会犯下什么不可饶恕的错误。让我代表读者们感谢您的这句话。

陈：让我们共勉吧。

马：请允许我问您最后一个问题：在最近的将来，您对国外马克思主义的研究有什么计划？

陈：我要做的工作很多。目前我一方面要完成国家社会科学基金、教育部基地以及上海市社会科学基金等各种相关项目，此外我又有一套自己的研究计划。总的来说，我还是围绕着国外马克思主义这个主题展开研究。

马：这么多的事情要完成，您的生活一定非常充实，工作会十分繁忙吧。

陈：是的。我的座右铭是"不知足常乐"。记得上世纪 80 年代末辽宁教育出版社出版我的《西方马克思主义论》时，我写了一个"后记"，在"后记"中我引了学界前辈范文澜先生所言："板凳要坐十年冷，文章不怕一句空"，说"我治此道已逾十多年了，上半联早已足矣！可惜扪心自问，下半联还相去甚远。"现在十多年又过去了，期间有关国外马克思主义的著作我出了一本又一本，但真正令自己满意的还是不多。总觉得自己领悟、修炼得还不够。我虽已过知天命之年，但我仍决心保持那种甘坐冷板凳的精神，聚精会神、目不转睛地在国外马克思主义研究这块学术园地上耕耘。我觉得我从事的这项研究，对一个心系马克思主义前途和命运的人来说，是非常有意义的，所以把自己的全部精力倾注于此是值得的。

充分认识研究"西方马克思主义"对当代中国的意义

——与罗骞的对话*

罗骞(以下简称"罗")：陈老师，您从20世纪70年代末80年代初就开始从事国外马克思主义哲学的研究与教学工作，并将这一研究同您对马克思主义重大理论问题的思考紧密结合起来，形成了自己鲜明的研究特点，并且取得了丰富成果。最近您发表的《反对制造马克思》、《人类不能没有马克思主义——当代西方思想界马克思主义研究评述》等相关文章，结合当前的理论和实际，旗帜鲜明地表达了您对待马克思主义和"西方马克思主义"的基本立场，在社会上和理论界都引起了较大反响。您是否可以先大致勾画一下您的学术研究路径？

陈学明(以下简称"陈")：可以。诚如你所说，在国内我是较早就从事国外马克思主义研究与传播的马克思主义理论工作者之一。由于长期的坚持耕耘，虽然谈不上成果丰硕，但随着理论研究的逐渐深入和拓展，也有不少的心得体会，将其付诸笔端、形成文字，幸喜还得到了不少的关注和理解，这是一个理论工作者所能获得的最大安慰和鼓励，同时也是有力的鞭策。我始终

　＊　罗骞原系复旦大学哲学学院博士研究生，现为中国社会科学院研究人员。

强调理论研究与实践的统一,事实上,作为一个知识分子、一个作者,最大的
遗憾莫过于自己的作品发表后如泥牛入海,没有一点浪花,没有一点回响。
至于谈到我的学术路径,大体可以这样说吧:国外马克思主义、尤其"西方马
克思主义"研究一直是我学术理论活动的基地,我将这一研究同对整个马克
思主义的研究内在地结合在一起。在这一基地内部,我是作一种全程似的总
体性研究,既有对早期经典作家的研究,也十分重视对苏东剧变之后发展动
态的跟踪研究,至于作为典型形态的法兰克福学派,更是我一直以来的研究
重点。由此基地出发,作为理论思考的展开,向前追溯到对从恩格斯晚年发
端、经由第二国际到第三国际的马克思主义哲学解释路线的反思,向后追踪
到对后现代主义、尤其是其中的生态中心主义的批判和反思。在这里,顺便
说一下,我认为第二国际和第三国际就哲学路线而言并没有本质上的差别。
这样一来,我就从国外马克思主义的研究角度切中了目前国内理论界关注的
一些重大理论问题和现实的热点问题。当然,这样说是相当粗糙的,况且许
多方面的工作还需要细致深入的研究和阐发。通过长期的思考,我逐渐形成
了一个基本的认识:"西方马克思主义"不是对马克思主义的放弃,而是通过
反思马克思的思想,尤其是反思以第二国际为代表的传统马克思主义,结合
当今世界所面临的重大问题,有力地揭示和张扬了马克思主义的当代意义,
同时也突出地显现了其自身的理论深度和时代价值。如果没有"西方马克
思主义"者的深度耕耘,可以想象今天马克思主义思想领地将会是何等的荒
凉! 同样也可以毫不夸张地说,如果没有从 20 世纪 80 年代初由中国社会科
学院徐崇温教授开创的对"西方马克思主义"的介绍和引进,目前国内马克
思主义哲学研究的状况也将是不堪想象的!

　　罗:这涉及到对"西方马克思主义"的基本定位问题。那么,是什么样的
原因使您走进这一领域并且矢志不渝地坚持至今?

　　陈:对此我难以作一种历史的全程式回顾,其中既有个人方面的原因,也
有社会历史方面的原因,更重要的是,我在"西方马克思主义"研究中获得了
强烈的理论上的满足,并且崇敬他们独立的理论人格和深沉的人文关怀。简
明扼要地说,我的理论研究旨趣在于:结合目前国内思想界和现实的具体状
况,充分突出国外马克思主义研究的现实意义,深入领会"西方马克思主义"
理论的内在逻辑,以理论的方式参与现实,进而为坚持和发展马克思主义作

出不懈的努力,这就是我长期从事国外马克思主义理论研究的根本原因和动力所在。我研究"西方马克思主义"并不是为了回避当代马克思主义理论和现实生活的重大问题,而"躲进""西方马克思主义"的学术圈子中自得其乐。相反,我是为了更好地理解和回答马克思主义理论和现实生活的重大问题,才走进"西方马克思主义",企图从中获得借鉴和启示。

罗:我们知道,"西方马克思主义"长期以来已经成了国内学者研究国外马克思主义的基本范式。但是,这一范式自身的界限何在? 进而,"西方马克思主义"作为一种历史现象是否已经终结,至少消融到其他杂多的国外马克思主义研究之中?

陈:所谓的界限不外历史和逻辑两个方面,而本质的问题在于对"西方马克思主义"这一思潮的基本定性,当然定性并不是像过去理解的那样是指简单地划派别,甚至扣上一顶意识形态的帽子,而是在搞清事实判断的基础上,从理论和思想的高度进行把握,这一点才是最困难的。自从 20 世纪 70 年代末引进"西方马克思主义"研究以来,这一问题在不断的深入和展开。围绕这一核心问题,有些方面取得了一致意见,有些方面还悬而未决。当然,我们"西方马克思主义"研究中也有过不少无谓的争论。有的问题在若干年前如果说还有些意义的话,今天看来已经没有多少价值了。但是,目前随着对各种研究马克思主义的学派、思潮、理论的异军突起和国内对这些思想及时的介绍和引进,这一问题又以新的形式被提出来:这些思潮与"西方马克思主义"的关系怎样? 他们与马克思主义的关系又怎样? 这自然会涉及到对"西方马克思主义"性质上的基本判断和所谓历史与逻辑的界限问题。我真正的担心在于,在事实判断上还需要进一步展开的时候,我们再次陷入许多无谓的争论,甚至停留于概念和范畴方面的皮相之争。现在首要的问题是搞清"事实",不要先就忙着定性。人家到底怎么说,说了些什么? 研究的进展怎样? 我主张研究的范围不能局限于通常意义上的"西方马克思主义",而要作一种整体的、全面的研究,将经典文本的研究和最新的跟踪研究紧密结合起来,所以有时我也爱用"国外马克思主义"这一相对宽泛的概念。当然,在作前沿的跟踪研究时我们要避免简单的趋时和浮躁,好像经典的"西方马克思主义"本身又成为传统,过时、落后了,最新的就是最好的、最先进的,于是忙着抢地盘、占山头。这不是好现象。这里需要搞清的是,一方面,"西方马克思主义"作为一种思潮在历史上是否已经终结与对这种思潮的研究及其现实意义是两个层次的问题,即使"西方马克思主义"作为一种思潮历史地结束了,对于当今我们的现实处境来说,这绝对不意味着它的理论意义和实践意义就消失了;另一方面,国外新起的一些马克思主义研究思潮与"西方马克思主义"之间的关系尚需通过具体的研究进行认真辨析。比如说,就我目前比较关注和有所研究的生态学马克思主义来说,它与"西方马克思主义"之间就不只是一种偶然的联系,而是一种思想原则上的继承。如果不只是为了简单地给某种思想划界和定性,而是为了及时吸取他人的研究成果,为我们解决现实的理论问题和实践问题提供启示,我们就更应该看重研究对象本身给我们提供了哪些思想素材,哪些理论资源,而不是具体如何的称谓和先行划界。何况有些问题还要在历史的不断展开中才能看得清楚呢! 实际上,定性是一个漫长的逐渐深入的过程,性质和界限的暂时不确定不应该妨碍大胆吸收其有价值的思想成分。

罗:但您常常说,要掌握西方马克思主义的理论观点和基本思想并不难,难在对它的评价上,进而对它的超越上。当然,这并不是指一种简单的政治立场和意识形态划界,而是指思想高度的对话和扬弃,作为一种理论工作这才是最基本的。那么,对于"西方马克思主义"的研究,在国内已经有了二十多年的历史,如今您怎样总体上评价"西方马克思主义"呢?

陈:实际我已经部分地回答了你的问题。我基本上全程陪伴了国内的"西方马克思主义"研究,对于"西方马克思主义"的评价,和许多同行一样,我也经历了很多的变化。现在看来,过去有不少的评价是有失公允的。十分遗憾的是,目前国内理论界仍然有不少的人轻视甚至无视"西方马克思主义",当然这有认识方面的原因,还有其他非认识方面的原因。就我自己而言,今天我更愿意将"西方马克思主义"者看做自己的"同路人"。

罗:记得萨特就曾经自认为是共产党的"同路人"。

陈:我大体也是在这个意义上说的。实事求是地说,过去我们对国外马克思主义者一度采取唯我独尊的"贵族化"态度,作出了许多不中肯的评价,甚至简单地指责他们是资产阶级的御用文人。我们不妨换位设想一下,要是国内的马克思主义研究没有政府的支持,情况将会怎样? 相比较而言,"西方马克思主义"者是在发达资本主义国家、在革命意识衰退的情况下,坚决地坚持对资本主义的批判,无论如何,他们在非主流意识形态下对马克思主义的研究和信仰,对马克思主义当代意义的充分肯定,对我们而言都是一种有力的鼓励,更是一种无言的鞭策。通过理论研究的不断深入,我深感他们在发达国家仍高举马克思思想旗帜的难能可贵,同时越来越意识到国外马克思主义者在阐释马克思思想时所达到的理论高度,而不只是一种自发的道义上的激愤。事实上,目前国内理论界对马克思主义当代意义的阐发跟他们走的是同一条路,在一些具体的问题上有时甚至在无意识地重复他们所走过的道路,因此,完全有必要在共同前进的道路上进行真诚的交流和对话。只有将国外马克思主义的研究同马克思主义研究有机地结合起来,通过吸取他们的理论研究成果,才能避免许多曲折和盲目自大。也正是在这个意义上,"同路人"与"陌路人"、"引路人"之间存在着本质的区别。

罗:事实上我们也看到国内理论界对待国外马克思主义研究态度上的变化。对国外马克思主义的研究,成了国内马克思主义哲学和西方哲学研究的重要理论生长点。对传统教条主义的马克思主义的反思,以及马克思主义哲学研究同现代西方哲学开放式对话的开展,不同程度上都汇同到"西方马克思主义"这一焦点上,可以说"西方马克思主义"的研究对国内理论界产生了深远的影响。

陈:这一点很简单,因为"西方马克思主义"本身就是在反对传统教条主义的马克思主义和与现代西方哲学的交流中形成发展起来的。在一定程度上,我们甚至可以就目前国内哲学界的理论处境和"西方马克思主义"产生的理论背景之间作某种类比。正因如此,国内的"西方马克思主义"研究对理论界产生重要影响,这是势所必然,也是大家有目共睹的事实。

罗:那么,具体来说,"西方马克思主义"对"我们"而言到底有哪些重要意义,并且这些意义的限度又在哪里呢?

陈:当然,在谈论"西方马克思主义"本身的意义时,一定要明白它的有限性。但我想强调的是,"西方马克思主义"研究的意义不仅仅是理论的,更是实践的。就理论领域而言,它不仅仅是有关哲学的,而且是有关整个思想界的,比如说政治学、社会学、文艺学等等,在国内这些学科对"西方马克思主义"的关注是不够的。目前还存在一个不言而喻的现象:不论"西方马克思主义"还是整个马克思主义的研究,尽管其一再强调与实践的联系却又不断地面临着从实践中淡出的危险;如果说还有一定影响的话那主要是指哲学领域的马克思主义研究,而哲学领域的研究恰恰是因为它的远离"实践"而保证了这种影响,这是值得我们深入反思的。所以,我认为我们不是过高地强调了"西方马克思主义"的理论意义和实践意义,而是对其强调得还不够。它的重要意义主要是由我们的现实思想背景和社会历史背景所决定的。比如,就哲学来说,反对教条主义的哲学教科书直到今天还是我们的艰巨任务,而对于"西方马克思主义"来说,这早已成为历史。我们自诩的许多重大的理论创新,不过是在重复别人走过的道路。最近几年,国内学术界不少人反复撰文批判对马克思的近代式的理解,从而强调马克思对近代心物二元论形而上学的超越,并把这一点作为马克思哲学的主要特征和当代性的确证。较之于"西方马克思主义"而言,这哪里有什么创新?甚至可以说还没有达到"屋下架屋"的水平!"西方马克思主义"的创始人早在八十多年前就开始探讨马克思主义哲学与近代抽象形而上学的界限,并努力把马克思超越近代哲学之处作为其哲学上真正的创新点,并且他们还不同程度地肯定马克思哲学相对于现代西方哲学的优越性,从而肯定马克思思想的当代价值。回顾一下近两年国内马哲界热衷的话题,许多所谓的理论创新,有的是无意识的重复,有的甚至是有意识地偷梁换柱、进行概念"变脸"。有时我想,如果要低调一点儿说,那么目前国内的马克思主义哲学研究就不是超越而是如何达到"西方马克思主义"水平的问题。所以,我个人较倾向于对"西方马克思主义"做一些实实在在的研究和普及工作,通过对"西方马克思主义"的研究显现马克思主义的当代意义。当然,这样讲,并不是说不要批判,唯"西方马克思主义"是真,认为它就是马克思思想最正确的代表。我在不少著作中也曾从不同角度反思"西方马克思主义"的得失,但总的说来,"西方马克思主义"者对马克思主义的理解和对当今时代的批判,并不是我们在哲学话语的置换中就能超越的,它是当今时代本身的病理学。

罗:像陈老师说的那样,有时我也隐隐约约感觉到我们理论上的很多新提法、新术语只是形式上的趋时和翻新,更要紧的是对此还缺乏明显的自觉。刚才您说"西方马克思主义"研究的意义不仅是理论上的,更是实践上的,它是当今时代的病理学。通常都说它是一种"学院式"的理论,它在何种意义上是实践的呢?今天国内的马克思主义研究是否也越来越具有某种学院化的趋势？

　　陈：思想家和理论家毕竟不都是直接的革命家和社会活动家，说"西方马克思主义"是学院式的，仅仅是从这个意义上说的，而不是说他们的理论远离现实，更何况一些"西方马克思主义"的开创者最初曾是职业的革命家呢？事实上，即使是"西方马克思主义"者学院式的研究中也强烈地跳动着时代的脉搏，直接切中现时代的根本要害，并能从理论的高度把握实践中的困境和难题，而不仅仅是面对书本，更重要的是面对活生生的现实。这也就是我们强调的理论与实践相结合、理论联系实际的真正含义，而不是说理论家都去当政要，或者都去进行社会调查，理论家是以理论的方式参与现实的实践。但是，目前国内马克思主义研究却有另一种不良的"学院化"趋势，试图将马克思主义研究当做一种纯而又纯的学术活动，关进"深宅大院"，远离现实，直接地说就是远离政治，根本无视马克思主义的实践品格和批判精神，马克思主义研究逐渐地变成了一种"中性"的概念和话语操作，用德里达的话说就是变成"无害的摆设"。事实上，马克思主义的真理性在于解决实践问题的现实性和力量，在于它的思维的此岸性。面对现实的挑战，马克思主义研究不是要从实践中"撤退"，而是要走进现实生活，为解决当代中国和当代世界的现实问题提供马克思主义的解决思路，这才是其生命力和价值所在，也才是马克思主义研究者的广阔天地所在。

　　罗：所以，您常常理论联系实际，利用您所擅长的"西方马克思主义"的一些理论来解答社会实践中碰到的一些问题，比如说"西方马克思主义"认为"人的满足是在劳动领域"，您不仅曾经撰文（见《人的最终满足在于生产活动而不在于消费活动——生态学马克思主义的一个重要命题》）从理论上指出这一命题的马克思主义立场，而且结合我国现代企业改革的实际提出"使人人有饭吃并不难，难在使每一个人都真正有活干"的观点。但是，批判现代性的"西方马克思主义"与致力于现代性追求的中国现实之间到底有何种关联，它是不是现代化的障碍？

　　陈：有的人正是这样理解的，把"批判"等同于"否定"。真正来说，一种理论的意义在于其满足现实的程度，不论是理论上还是实践上的满足程度。当然，这样说并不是主张一种粗陋的实用主义。我主张马克思主义研究者应该尽量避免许多无谓的争论，真正地将理论研究与现实结合起来，从理论的高度去研究和解决当今时代面临的重大课题。"西方马克思主义"的现实意义恰恰在于中国实现现代化的特定历史处境,我们理论上的研究要对这种历史处境有清醒的认识。我们知道,一百多年以来,中国社会历史的各种运动,改革也好,革命也好,启蒙也好,救亡也好,基本倾向都是实现由传统社会向现代社会的根本转型。改革开放二十多年,社会面貌虽然发生了巨大的变化,但实现现代化、追求现代性仍然是中国社会的根本目标。但是,我们是在西方现代化模式开始并日益暴露其矛盾和困境的历史条件下追求现代化的,这样一来,我们面临的问题就在于:是否可能并且如何可能克服西方现代化过程中出现的各种弊病和困境,不仅达到,而且是超越西方的现代化? 记得针对德国落后的现实,马克思在《〈黑格尔法哲学批判〉导言》中曾经追问德国能否实现一个原则高度的实践,不但把德国提高到现代各国现有的水平,而且提高到这些国家即将达到的人的高度的革命。当然,历史没有给予马克思的设问以肯定的回答。但是马克思的"革命"话语却向我们肯定了历史活动中主体的创造性和能动性原则。对于我国的现代化过程,我坚决反对各种间接或直接的历史宿命论观点,其表现之一就是"代价论",认为现代化过程中出现的问题、缺陷,是实现现代化不可避免的代价,因此,对现代化和现代性的批判和反思至多具有一种理论上的意义,没有现实价值,甚至有碍于现代化实践,将一些立足西方发达国家批判现代性的理论引入国内,只会引起思想混乱。这种看法,本质上是一种机械的历史决定论,与第二国际的经济决定论原则上是一脉相承的。我的一些文章对这种观点有过批评,譬如说《马克思的人的全面发展理论与当代人的生活取向》,在此,我不想再展开。在我看来,正是因为面对这种"后发"现代化的历史处境,对现代性的批判反思才具有根本的重要性,能为我们跨越现代性的困境提供理论上的启示,结合坚强的政治资源导向,中国的现代性追求可以是别具一格的,而不是西方现代化的简单副本和摹写。因此,我不惜大力介绍和引进"西方马克思主义",尤其是其中的法兰克福学派对现代社会的批判理论,可以毫不夸张地说,它站在马克思主义的立场上代表了对现代性进行反思的当代水平。譬如说,法兰克福学派对现代消费主义的批判、对大众文化的批判、对工具理性的批判、对日常生活的批判、对生态危机的批判等等,对我们来说都具有强烈的现实感和现实意义,我们也欣喜地看到这些理论在国内开始被人们关注和接受。

罗：可是我们知道，对理性的批判、对科学技术的批判、对人类中心主义的批判，等等，这也是现代西方许多思想流派的共同立场，比如说后现代主义……

陈：是这样的。所以真正重要的是要看到"西方马克思主义"与这些思想流派的差异所在。虽然对于个别文本的思想倾向需要区别对待和进一步认真的辨析，比如说《启蒙辩证法》，但总体上说，"西方马克思主义"在批判现代性的时候，并不是持一种虚无主义的极端态度，他们批判和揭示现代化运动的负面效应时，并没有敌视现代性理念和现代化本身，而是采取了真正辩证的态度，希望通过对现代性的反思扬弃现代性。同时，他们把现代性批判同对资本主义的批判有机地结合在一起，强调历史发展的社会主义前途，这是一种建立在正确理解马克思思想基础上的正确的马克思主义立场，与某些后现代主义的极端反现代立场形成鲜明的对比，"西方马克思主义"的积极意义也正是来自于这一基本的辩证立场。对于中国的现代性诉求来说，与某些后现代主义两相比较，我们发现真正的危险并不是来自于"西方马克思主义"的思想……

罗：关于这点，您在《复旦大学学报》2003年第四期上发表的《论"西方马克思主义"的当代意义——从与后现代主义对立的视角看》一文中有较详细而深入的论述和辨析。目前，我们也发现您不仅关注苏东剧变之后国外马克思主义的发展状况，而且将整个"西方马克思主义"传统与后现代主义进行比较研究，由此来凸现"西方马克思主义"乃至于整个马克思主义的理论品性和理论高度，为坚持和发展马克思主义提供最前沿的思想支持。那么，目前国外思想界的马克思主义研究对于坚持和发展马克思主义到底提供了哪些思想支持呢？

陈：在我看来，对于今天的马克思主义者来说，有三个相互关联的、必须给予回答的要害问题：马克思主义是一种什么样的思想体系，这一思想体系在今天还有没有现实意义，进而，我们如何对待马克思主义。三者的根本重要性及其内在联系是显而易见的。正是在这三个根本的问题上许多国外的马克思主义研究者从正面给予了我们深刻的启示，为我们在当今的社会历史背景下坚持和发展马克思主义提供了思想支持，为我们应对教条主义和与其构成抽象对立的虚无主义态度提供了理论资源。从形式上看,二十世纪马克思主义遭遇了三次重大的冲击,20年代西方国家无产阶级革命的失败、50至60年代对斯大林主义的批判、80年代末90年代初的苏东剧变,国外马克思主义的产生和发展伴随了这一历史的全部过程,其生命力就在于对马克思主义面临的每一次巨大挑战结合具体的时代处境进行深入的理论反思,不是放弃和否定,而是形成了国外马克思主义发展的三次高峰。从理论上讲,他们充分地强调和论证了马克思主义对近代思想,尤其是对近代哲学的超越,从哲学上肯定了马克思思想的当代理论高度,勾勒出了与第二国际解释路向完全不同的马克思主义解释模式,在反对经济决定论和实用主义的马克思主义方面作出了重要贡献。通过对马克思主义思想体系的富有特色的理解和阐发,"西方马克思主义"者进而肯定了马克思主义的现实意义,将人类社会的历史命运同对马克思主义的思考紧密联系在一起,对马克思主义的当代意义作了多方面、多层次的论证,有力地回击了各种简单地放弃和否定马克思主义的做法。在对待马克思主义的态度上,一方面,他们主张马克思主义必须面对现实,在现实生活中寻找马克思主义的生长点,认为使马克思主义现代化是马克思主义者的真正任务,以反对将马克思主义教条化和神圣化的倾向;另一方面,他们又持之以恒地反对将马克思主义工具化、反对以实用主义的态度来对待马克思主义。他们将马克思主义现代化的态度是同反对教条主义、同时也反对虚无主义紧密结合在一起的。因此,我们在他们那里看到的是,努力地实现马克思主义的现代化,推进马克思主义不断地向前发展,同时又不断地探索马克思主义的真精神、真品性,通过"回到马克思",力争全面准确地领会马克思的立场、观点和方法。在他们那里,我看到了"回到马克思"与"发展马克思"的统一。在当今特定的条件下,这正是马克思主义者尤其是中国的马克思主义研究者面临的重要问题。坦率地说,在这一点上我完全同意"西方马克思主义"者的立场。不论我从事国外马克思主义何种主题的研究,我的根本目的是一致的,用我的一本书名来说,我是通过对"西方马克思主义"的不断研究"走近马克思",力图理解马克思的真精神,而不是像有的人那样或明或暗地将马克思主义虚无化。

罗:在这个问题上您的立场是十分鲜明的。针对国内马克思主义被解构和侵蚀的某种趋势,您提出了马克思主义的真精神、"原道"等,力图与相对主义和虚无主义论战,同时也极力反对对待马克思主义的实用主义态度和教条主义态度。我以为对待马克思的实用主义和虚无主义态度,实际上同教条主义、保守主义分享着同样的理论前提,一种非辩证的方法论。不知道我的理解是否正确?

陈:事实确实如此。所谓辩证的方法论,是扬弃,而不是简单的肯定或者否定。如果说过去的教条主义是对马克思主义的简单肯定的话,今天不少人虽然仍在马克思主义的旗号下,实际上是通过实用主义化、虚无主义化对马克思主义进行一种隐蔽的否定,其理论基础是被简单地、片面地理解的解释学,好像解释学就是主张相对主义,研究和解释不过是借题发挥而已。由此而来,有的骨子里并不认可马克思主义的人,也在马克思主义名分的遮掩下从事制造马克思的工作,在他们看来,马克思主义并没有一种本来的基本精神和基本观点,把一些马克思核心的、根本重要的理论观点随意地处理,而将一些与马克思格格不入的理论挂搭在马克思的名字上,表面上打着所谓的创新和发展的口号,本质上是一种"没有马克思"的马克思主义、"不要马克思"的马克思主义。当然,我们主张马克思主义有基本的精神,具有由一系列观点、理论、立场构成的思想体系,并不意味着要像教条主义那样无批判地抓住这些东西不放,而是要求在领会马克思主义基本精神的前提下,进行科学的分析,对那些陈旧不合时宜的要勇敢地、大胆地超越,对其基本精神和一些具体的真知灼见要理直气壮地加以坚持和贯彻。目前,在公开发表和出版的作品中,马克思主义的"与时俱进"成为一个热门话题,这的确是一个很好的提法。但是,需要指出的是,在有的人那里,"与时俱进"不过是一个方便的"帽子",或者是"新瓶装旧酒"、或者是"明修栈道,暗渡陈仓"。目前中国的马克思主义面临着双重危险,一是要告别马克思主义,一是要教条化马克思主义,二者异曲同工,危险之处在于,由于共产党的执政地位和马克思主义在思想上的指导地位,两种趋势都是在马克思主义的名义下进行活动的,都是在有意或无意地葬送马克思主义的前途。

罗:但是,这不仅仅是个人的问题,还有社会历史文化等多方面的原因。

陈:所以,不仅知识分子要有独立的理论人格,社会也要有一种宽松的学术和思想环境,这两个方面本身是相辅相成的。在这一点上我特别钦佩一些国外的马克思主义研究者,不论是反对还是赞成马克思主义都建立在深入的理论研究基础之上,从自己真正的认识程度出发,态度明确,实事求是,毫不含糊。不论你同不同意他们的观点,他们那种为学的理论品性是值得颂扬的。比如说,我在教学和著作中都谈到过的沙夫,就是这样一位具有真正的理论研究勇气的思想家。马克思主义者就应该具有博大的胸襟和理论勇气,像启蒙先驱所说的那样,即使我不同意你的所有看法,我也要捍卫你说每一句话的权利。马克思主义只可能是开放的、批判的,才能呈现出它具有历史生命力的真理性。坚持马克思主义,不能满足于在国家的支持下造成一种学术的表面繁荣,而是坚持马克思主义的真理,通过认真的反思坚持这一思想体系中的真理成分。如果不能有效地阐释这种真理性,信仰要么成为迷信,要么堕落为廉价的口号! 如此,形式上的喧嚣曾经带来,也将会继续带来本质上的危险!

做马克思主义的忠实信仰者

——与陈祥勤的对话 *

陈祥勤(以下简称"勤"):陈老师,我们都知道,您是马克思主义的忠实信仰者,也是它批判精神的忠实实践者。我们感兴趣的是,是什么力量促使您矢志不渝地信仰马克思主义?

陈学明(以下简称"陈"):我历来的看法是,从事马克思主义理论研究,不能站在所谓客观中立的立场上进行纯粹的学术研究,完全经院化的研究方式是不可能理解马克思主义的精神境界和理论精髓的。将马克思主义经院化和学术化,有意无意地忽视它的实践内涵和革命性的要求,这正是马克思主义所批判的资产阶级意识形态天然具备的非批判的实证态度对马克思主义的消解和阉割。而对这种态度的超越,在现代思想史上,只有马克思主义做到了。所以,一个真正的马克思主义研究者必须是马克思主义理论的信仰者和实践者,否则,他就不可能从根本上领会马克思主义理论的实践性、批判性和革命性。从这个意义上来说,我所能确信的是,我的确是马克思主义的信仰者和实践者,马克思主义对于我的吸引力不仅仅停留在它对现代文明深

---

* 陈祥勤系复旦大学哲学学院博士研究生、上海社会科学院研究人员。

刻的分析和批判上,也不仅仅停留在它为现代文明所给出的启示与解答,而且在于它将这种认识和解答转化成变革历史和世界的力量。

在现代历史上,还没有一种思想体系能够像马克思主义那样成就支配着整整一个时代的激情、理想和希望的社会历史和政治运动,并且在它的思想原则和精神理念的指导下建立力图超越资本主义文明的一种别样的社会、经济和政治形式。这是马克思主义最富有魅力的地方。那么,马克思主义的巨大影响力和感召力来自哪里? 简言之,来自它的真理性,来自它发现了思想的真理性在于它所处的历史。这也就是说,思想只有在它的真理性在于历史的时候,思想的力量才可以转化为变革时代的历史性力量。而马克思主义是无愧于这样的要求的,在这一点上它也是不可超越的。一种思想的真正价值并不在于怎样解释世界,而在于改变世界,并通过世界的改变而改变人自身,使得人们在这种变革行动中实现他的生命意义和价值,马克思主义就是这样一种思想,这是它最吸引我的地方。

勤:自从马克思主义诞生之后,人们好似始终有意无意地贬低马克思主义的思想和价值,但这丝毫不能减少马克思主义的巨大感召力。您说过,现代人类离不开马克思主义,没有马克思主义就没有人类的将来。那么,马克思主义对现代社会到底有何种现实意义和思想价值呢?

陈:马克思主义从它诞生的那一天开始,就不断遭到贬低、诽谤和攻讦,这已经构成它的命运的必然组成部分。马克思主义不像那些实证的、所谓价值中立的思想那样对资产阶级社会是安全的、无害的,而是与生俱来地具有它的革命性和批判性,所以,它招致那些资产阶级思想家的贬低和歪曲是理所当然的。尤其是苏东剧变以后,他们对马克思主义的态度或者是谤文,或者是悼词,不断宣布马克思主义已经死亡而加以埋葬。然而,那些不带有偏见的、能够客观看问题的思想家都无一例外地承认马克思主义的巨大影响力和不可超越性。马克思主义对于身处现代文明中的人理解世界、理解自然和历史、理解人自身给出了正确的思想路径,它对自然、历史和人自身的本质性的思索与解答都提供了现代思想高不可及的范本。正是对这些问题的解答构成了马克思主义对现代乃至当代社会不可磨灭的思想价值。

对于把自己的生活作为自己意识和意志的对象的人来说,没有比把握世界的真相、确立人在世界中的位置更重要的了,用中国话来说,这些问题就是人的"安身立命"之本。人是一种追求普遍性的类存在,他必然将最本己的生存方式普遍化为"绝对目的"。这种人的活动的"绝对目的",就是人活动的终极依据或生存的全部意义。说现代人类生存在一个意义匮乏的时代,失去了他的归属感和"绝对目的",无非就是说现代社会的人已经丧失了他自身,人的存在和本质间已经发生异化。现代人最本己的生存方式莫过于这种缺乏意义和归属的陌生感、荒谬感、失去家园的感觉,这一点 20 世纪西方思想家大都有着深刻揭示。但是,他们或者极力逃避这种生存现状(如科学主义和实证主义),或者将这种生存状态先验化和本真化(如人本主义和存在主义)。只有马克思主义将这种无意义感上升到人丧失它自身、人同它自身相异化的高度,从而对这一问题给出了合理的解答。

勤:陈老师,对于这个问题,您能否谈得更具体一点儿?

陈:好的。马克思主义对于现代文明的现实意义和思想价值大致可以从以下几个层次进行梳理。第一,马克思对人的存在和本质的解答。马克思将人视为类的存在物,将人的本质归结为劳动即自由自觉的活动,将人与自然的关系由这种自由自觉活动所中介的实践关系,同时又将社会上升到人的类存在的高度,以此揭示社会生活的类特征和实践性。马克思的确说过人的本质就其现实性来说是一切社会关系的总和,但是"社会"在马克思的语境里只有从人的类本质出发,才能获得完整准确的理解,人的自由和解放维度只有在将社会上升到人的类本质的规定性时,才能在它的历史进程中得以充分揭露。所以,人的存在和本质的充分实现,有赖于人的社会关系的全面生成,即人的自由发展和全面实现与人的社会关系的全面生成是同一过程的两个不同方面,在这一过程中,人最终实现了他的自然属性、社会属性和精神属性的全面发展与和谐统一。从马克思对人的存在和本质的思考中,无论你从什么样的角度出发,所看到的人都是具有无限丰富性的总体的人。

第二,马克思的劳动解放思想。马克思主义主要是从批判资本主义异化劳动入手,来阐述人的生存意义和价值问题的。他从人与自然的关系角度把人类劳动规定为改造世界的对象性活动,人只有在这种对象性的自由活动,即劳动中表现、实现和确证自己的存在和本质,表现、实现和确证它的意义和价值。劳动的解放,即将异化劳动转变成真正自由的对象性活动,是马克思对人的本质和存在意义的解答的核心。马克思把作为人类理想的共产主义界定为"劳动复归"的社会,所以,总有人喜欢将马克思的劳动解放思想说成是一种"劳动乌托邦",然而正是这种所谓的"劳动乌托邦"在今天展现出它极高的当代价值。

第三,马克思主义的人与自然双重解放的思想。人和自然的关系问题是人类面临的一个永恒的主题,也是任何思想和学说都无法回避的重大理论和实践问题。通过劳动的解放,最终实现人和自然从历史桎梏中的双重解放,是马克思主义的重要理论和实践课题。一位"西方马克思主义"者曾这样概括马克思主义的自然思想:"自然占据了它在革命理论中应有的位置……在马克思那里,自然不仅仅作为无机的或有机的物质而出现,而是作为独立的生命体,作为主体—客体而出现,对生命的追求是人和自然的共同本质。"人为什么能同自然发生关系? 这不仅由于"物本身就是人的关系的对象化",而且由于"物本身也像人同它发生关系那样同人发生关系"。这也就是说,自然不仅是客体,而且它还是主体。这里暗含的意思是,人只有通过解放自然才能解放自身,而且只有通过劳动的解放,自然才能从机械的、无机的异化表象中解放出来,从而实现人对自然"人道的占有"。马克思主义对人和自然关系的这种解答无疑为我们今天如何处理人与自然的关系提供了深刻的启示。

第四,马克思主义的共产主义理想。在马克思那里,共产主义既表征一种合乎人性的,即使人的生命真正获得生存价值的存在模式,有时又是为保证这种存在模式得以实现而设想的一种社会制度安排。不仅如此,共产主义是从历史桎梏中解放出来的人与自然向它们自身的复归,是人与自然矛盾的解决,是历史之谜的解答,从这个意义上说,共产主义标志着马克思主义对自然、历史和人自身的认识深度。换句话说,只有上升到共产主义的高度,诸如人的本质和生存价值问题、人与自然的关系和矛盾问题、历史发展的道路和走向问题等关于人类生存和发展的一些重大理论和实践问题才能获得真正的理解,这些矛盾才能获得真正的解决,所以,共产主义不仅仅是一种远大的社会理想,同时也是一种深邃的历史科学。现代社会所遭遇的诸多重大问题只有从共产主义的高度才能获得准确的理解和真正的解决。

勤:诚如您所说,共产主义不仅仅意味着一种社会理想,而且意味着一种历史科学,按照您的理解,是否可以说共产主义作为社会理想有着历史科学的真理性？但是，在今天，尤其在苏东剧变以后，共产主义已经成为一些人竞相嘲笑、讽刺和挖苦的对象。那么，在今天这样的环境下我们如何理解共产主义的真理性和价值呢？

陈：刚才我已经说过，贬低、诽谤和攻讦伴随着马克思主义诞生和发展的始终，那么，一些人对共产主义的畏惧、否定和诋毁也就不足为怪了。共产主义作为社会理想有着历史科学的真理性，这种概括比较到位。如果共产主义始终停留在《1844 年经济学哲学手稿》的论述中，人们往往将这种理想看做哲学人类学语言的某种抽象表达。而问题的关键在于，马克思不仅将社会历史归结为人的类存在，归结为人的存在和本质的必然表现，我们可以将这种历史观视为马克思对历史之实践性或主体性维度的发现；同时，马克思又将社会的发展视为自然历史过程，是社会通过自然所中介的人的实践活动而确证自身的自然历史过程，这一点我们可以概括为马克思对历史之自然性或客观性维度的发现。这两者之间的关系大致可以界定为：历史对人来说，在其类存在的意义上是主体性的和实践性的，在其现实性的意义上是客观性和自然性的。共产主义如果仅仅停留在哲学或者人类学层次，它至多不过是乌托邦思想的某种现代救赎形式，它就不会对现代历史产生如此重大的影响。人们对共产主义的误解和歪曲大多属于此种类型。但是，马克思正是通过社会的自然历史过程揭示共产主义的真理性和历史价值。历史是在人与自然的实践关系中展开它的社会形式和内容的，人与自然的实践关系形成客观性力量，即生产力（生产力是对人的主体性力量的对象化确证），是推动历史发展和社会变迁的根本动力，同时也是推动人和自然从特定的历史限制和社会桎梏中解放出来的积极力量，生产力的发展一方面维系着整个社会生活的生产和再生产；另一方面，推动着社会生产关系和生活关系的变革，而劳动的解放，人和自然的解放和复归，已经蕴含在生产力发展之中了。同时，马克思的资本批判揭示出现代资本主义社会的历史限度，也证明了共产主义的历史必然性和思想的真理性。在这个意义上，恩格斯对马克思的评价仍然是正确的，即"正像达尔文发现了有机界的发展规律一样，马克思发现了人类历史的发展规律"。

勤：我们知道，恩格斯曾经指出，社会主义只有在马克思主义的共产主义思想那里才达到它的科学高度，列宁将马克思《哥达纲领批判》中的共产主义社会第一阶段明确界定为"社会主义社会",而后的整个世界社会主义国家都是以马克思主义为指导进行革命、建设和改革的。那么,在今天我们如何理解马克思主义的社会主义思想和现实的社会主义实践呢?

陈:在马克思主义诞生以前和之后,始终流行着纷繁复杂的各种社会主义思潮,保守的、改良的、激进的、空想的、折衷的,等等,这些思潮要么昙花一现,要么默默无闻。社会主义作为现代历史中的一种社会思潮,它的渊源可以上溯到人类的古代历史,在古代各个民族和文明的历史中,都有着这样那样的关于完美社会的思想,这些思想在现代社会中就成为社会主义思想的古代资源。然而,作为一种现代社会的思想和历史运动,社会主义直接起源于对资本主义社会的一般批判,但是,这种批判在空想社会主义那里往往陷入抽象的控诉或者愤怒的诽谤,而没有把握时代和历史的真理和本质。马克思主义的诞生,使得人类社会的历史第一次可能成为知识和科学的对象,使得历史科学真正成为可能,也使得人们对于社会历史规律的认识成为可能。正是通过马克思主义,社会主义才能实现从空想到现实的发展,才能实现从理想到现实的飞跃。

一讲到社会主义,人们马上会想起马克思在《资本论》、《政治经济学手稿》和《哥达纲领批判》中论述的社会主义,这种社会主义是资本主义内在矛盾发展的必然产物,马克思对其作过明确界定,诸如:社会占有生产资料,个人劳动直接作为社会总劳动的构成部分从而实现与社会劳动的直接统一,消除商品生产,实现不以市场调节为中介的计划调节,实行不以"货币"而是以"证书"为媒介的按劳取酬,等等。马克思这时所设想的社会主义社会实际上是高于资本主义的社会所有制的产品经济的社会,是"资本主义后"的社会主义。但实际上,马克思还论述了另一种形式的社会主义,这就是他在晚年所提出的俄国和东方其他落后国家跨越资本主义"卡夫丁峡谷"而建立起来的社会主义。对于这种社会主义,马克思没有详尽的论述。不过他特别指出,这种社会主义能够"不通过资本主义生产的一切可怕波折"而吸收其"一切肯定的成就"。其实,马克思在这里所论述的社会主义社会是有待于吸取资本主义一切文明成果的社会,是"资本主义前"的社会主义。

苏联和中国的道路就是跨越资本主义"卡夫丁峡谷",建立有待于"吸收资本主义的一切肯定成就"的社会主义。苏联和中国革命的胜利使马克思晚年关于东方落后国家实现社会主义的设想得到部分证实,尽管人们对这一问题没有清醒的意识。而问题在于,苏联和中国在它们革命和建设过程中却将"有待于吸收资本主义一切肯定成就"的社会主义误认为是建立在"资本主义的一切肯定成就"基础上的社会主义,这就导致了以后的失败与挫折。真正把这两种社会主义明确区分开来的是中国改革的总设计师邓小平,他之所以强调中国目前的社会主义具有"中国特色",还处在"初级阶段",就是要把这种社会主义与在改革之前人们所信奉的社会主义模式区分开来,这一区分与马克思的两种社会主义思想是暗合的。中国这二十几年的改革可以说是在充分吸收资本主义文明成果的基础上进行社会主义建设的。

勤:既然马克思曾在他的著述里区分了两种类型的社会主义,那么,在这两种社会主义之间,是否存在着本质上的共同之处?

陈:其实这涉及社会主义的本质问题,这也是中国改革必须应对的首要问题。在社会主义思潮和运动中不断涌现出各种派别后,"社会主义"已经成为最有歧义性的语词之一了,那么,在这些众多的社会主义思潮和运动中,各种派别之间有没有共同之处? 社会主义的本质究竟是什么? 如何应对这些问题对于社会主义者来说是至关重要的。据我所知,对这一问题作出深入解答的当属波兰新马克思主义者亚当·沙夫。沙夫指出:"根据世界社会主义运动的历史经验来看,……他们(即社会主义者——引者)都坚信消灭人剥削人的一切形式是社会主义(作为一种社会制度)的首要目标。其余一切,包括'自由、平等、博爱'的口号都从属于这一基本原则,是对它的说明和补充。"一切社会主义思潮和运动都可以统一到这面旗帜之下,当然,马克思在他的著作里区分的两种类型的社会主义,以及苏联与东欧曾经实行过的经典社会主义和中国改革所开创的现实社会主义都可以在这一点上寻找到共同点。

问题在于,如何消灭剥削,各种社会主义思潮所给出的回答往往大相径庭。在马克思主义看来,剥削关系的产生是生产力和社会关系发展到一定历史阶段的必然产物. 换言之,生产力和交换关系的不充分发展是剥削得以产生的历史根源,随着生产力和交换关系的进一步发展,剥削关系必然趋于消失。剥削现象是人与人、人与自然和人与自身关系异化的表现,克服这种异化,必须通过生产力的发展将人和自然从这种异化了的社会关系和历史形式中解放出来,才能最终实现。所以,社会主义的本质内涵就是解放和发展生产力,消灭剥削,消灭压迫,消除异化,最终实现人和自然的解放,而这正是共产主义的原则要求。所以,只有从共产主义的高度进行界定,社会主义的本质特征才能从根本上被揭示出来。任何忽视和回避从共产主义(生产力的发展和人的解放)的高度进行界定的社会主义在理论上是不彻底的,在实践上也是有害的。

勤:既然如此,那么能否认为只有从共产主义这一历史科学的高度出发,才能揭示社会主义的本质内涵? 如果这样的话,那么,这一必然要求在世界社会主义运动中是如何体现出来的呢?

陈:基本上可以说社会主义的本质内涵只有在马克思主义那里才能得以明确揭示。如果说各种社会主义思潮得以对话的聚焦点是剥削问题的话,那么,现代人道主义思潮所关注的聚焦点就是异化问题,而这两个问题及其解答同时体现在马克思主义的共产主义学说之中。所以,共产主义是真正完成了的人道主义,社会主义本质的共产主义内涵就是以这种在马克思主义历史科学中完成了的人道主义为精神基础和原则理念的。然而,社会主义如果不仅仅停留在政治思潮和价值体系的抽象层次,而是要转化为现实的政治运动和社会制度,就必须在马克思主义历史科学的基础上实现它的具体化,在马克思主义历史科学对现代社会的现实分析中形成具体的经济、社会和政治诉求。从这个意义上说,西方社会主义思潮只有在马克思主义的影响和感召下才能转化成为世界性的社会政治运动,现实社会主义国家的革命、建设和改革也只有在马克思主义的指导下才能真正得以展开。换句话说,社会主义国家以马克思主义(即共产主义这一历史科学)为指导展开它们的社会主义事业,这是社会主义的本质规定性在社会主义理论和实践领域的必然表现。

世界社会主义运动史已经证明,凡是以马克思主义为指导开展革命、建设和改革事业,并且在实践中不断丰富和发展马克思主义,社会主义就能够取得成功;凡是放弃了马克思主义的指导地位,社会主义事业就会被葬送。中国二十多年的改革实践是"证实"而不是"证伪"了马克思主义的指导作用,中国社会主义事业的成就是"证实"而不是"证伪"了马克思主义的当代价值和真理性。马克思主义理论的发展和社会主义事业的成败是联系在一起的。因为对于马克思主义的形成和发展史来说,如果仅仅有着理论到理论的简单过渡,没有社会主义运动现实历史的中介,那么,它对于人类现代史就没有任何现实意义。同样,对于社会主义运动史来说,如果仅仅停留在经验要求和抽象信条上,没有马克思主义历史科学的理论中介,那么,它仅仅作为纯粹的社会思潮和思想体系,对于现代人类史就没有任何深远影响。

勤:诚如您所说,马克思主义理论的发展与社会主义事业的实践有着深厚的内在关联,那么,您是如何理解社会主义社会马克思主义的发展呢? 又如何理解那些没有社会主义事业作为其基础的西方马克思主义的发展呢?

陈:马克思主义从它诞生之日起,始终以关注现实、深入历史作为它一贯的性质和宗旨,这也是马克思主义作为世界社会主义、共产主义运动的指导思想和行动指南的根本原因。马克思主义对资本主义的批判必然与社会主义对资本主义的革命联系在一起,正是在这一双重历史过程中,马克思主义才实现了它自身的发展和理论创新,社会主义才有可能从抽象的思想体系转化为现实的社会制度。至此,马克思主义的发展开始由一种与资本主义社会秩序相对抗的批判性的思想向一种与社会主义社会秩序相结合的建设性思想的过渡,这种过渡决非表明马克思主义的批判性、革命性属性的消逝,而是表明这种批判性不再停留在单纯的思想和观念领域,而是将其转化为现实社会制度的革命性,这就是通过无产阶级革命而产生的社会主义性质的革命制度。

在社会主义成为现实社会形态的历史时代,马克思主义的发展就与社会主义事业的发展联系在一起,社会主义社会的发展史就成为马克思主义发展史的现实环节和历史中介。在社会主义社会中,马克思主义不再作为一种单纯的思潮和理论而外在于社会主义制度体系之外,而是成为这种制度体系的观念部分和思想环节。如果说,在资本主义社会马克思主义还是作为一种现实性的历史和政治力量展开对资本主义的批判和革命,与资本主义制度体系相对立,马克思主义在这种环境下还仅仅停留在理论实践的层次;那么,在社会主义社会,马克思主义不再作为一种单纯的理论和思想外在于社会主义社会制度,而是作为一种制度性或者体制化的政治和社会力量构成社会主义制度的内在过程和组成部分,马克思主义的实践品格在这种环境下已经深入到社会政治建制层面。由于马克思主义在社会主义社会和资本主义社会所处的地位不同,从而形成马克思主义在这两种社会形态中不同的发展路径。

在社会主义国家,马克思主义便开始由资本主义社会的批判性力量转化为社会主义社会的建设性力量,马克思主义所具有的批判性此时主要体现为社会主义对资本主义在社会形态和制度形式上的革命性上。马克思主义作为现实社会主义的建设性力量,作为社会主义社会制度的思想和观念表现,构成了一种建制性或者制度化的意识形态。马克思主义理论的发展便与社会主义事业的发展息息相关,马克思主义的理论创新往往与社会主义国家的制度、体制和机制创新相关联,与马克思主义政党的路线、纲领、方针和政策创新相关联。在当代中国,马克思主义理论就是中国社会主义实践的理论表现,马克思主义在理论上的发展和创新过程与社会主义在实践中的改革和建设过程是同一过程的两个不同方面。只有从这个角度,我们才能深入理解中国特色社会主义理论和"三个代表"重要思想,以及建立在此基础上的科学发展观和社会主义和谐社会理论对当代中国社会主义实践和马克思主义理论发展的重要意义。

在西方资本主义国家,由于马克思主义仍然是游离于资本主义体系之外的一种批判性力量,因而西方思想界对马克思主义的发展始终是停留在抽象的义理层面和无关痛痒的批判层次,马克思主义这一革命学说被降格为纯粹的社会批判理论,这构成了"西方马克思主义"的发展脉络。也许,"西方马克思主义"在纯粹的思想和哲学层面上的确有着值得世人称道的地方,这也是值得我们学习的地方,但是它们由马克思主义的政治经济学批判蜕化为哲学批判,由革命的共产主义理想蜕化为乏力的乌托邦意识,的确是马克思主义之实践品格和革命精神的遗逝。有些人干脆将马克思主义的批判维度也放弃了,仅仅将马克思主义作为一种单纯的理论,作为一种纯粹学术研究的对象,从文本到文本,从思想到思想,从学术到学术,将马克思主义阉割为"马克思学"。这已经彻底丧失了马克思主义应该具有的根本品格。

勤:马克思主义之所以是不可超越的,就是因为它的历史性、科学性、实践性、批判性和革命性,这是其他任何思想体系所没有的。您曾经说过,马克思主义,究其哲学维度来说,它不仅是对近代西方哲学的超越,而且也是对现代西方哲学的超越。您是如何理解这个问题的?

陈:就马克思主义哲学与近现代西方哲学的关系,理论界有着不同的争论。就我看来,马克思主义不仅是对近代西方哲学的超越,而且也是对现代西方哲学的超越。纵观近现代西方哲学史,西方哲学有一个从近代向现代转折的过程。从笛卡儿到黑格尔的整个西方近代哲学有着鲜明的特征,这就是近代西方哲学将思维与存在的关系认定为主客体之间的关系问题,试图通过主体性原则来解决哲学史上的一系列重大问题,理性主义、本质主义和基础主义是近代哲学的根本特征。它们往往将现实历史的实践关系颠倒为形而上学的理论关系,企图通过纯粹理论路径来解决思想的客观性和真理问题。在理论与实践、思维与存在等重大哲学问题上,马克思主义是对近代西方哲学的真正超越。将历史和实践作为主语,思想和理论作为宾词,将思想理论对自身真理性和此岸性的确证放在历史实践领域,这是马克思主义实现的具有深远意义的哲学变革。

现代西方哲学几乎都打着"拒斥形而上学"的旗帜,拒绝近代西方哲学的主体主义、理性主义、本质主义和基础主义,它们不再纠缠于形而上学的思辨问题之中,而是企图以各种形式回归人的现实生活世界。不论是科学主义还是人本主义,它们或者将形而上学问题悬置起来,或者将这些思辨问题当做无意义的问题给打发掉,它们所关注的是人的生活世界。但是现代西方哲学在"拒斥形而上学"的旗帜下并没有实现哲学的革命性变革,它们并没有超越形而上学,通过被肢解了的形而上学残片反映现实生活世界,只是在这种已经破碎的形而上学视域中,古典时代的理性已经蜕化为赤裸裸的非理性,主体性原则从人的思想和理论层次置换到人的生命和体验层次。它们或者将人的生命体验先验化和存在论化,或者将理性精神知性化和抽象化。按照马克思主义的观点,问题不在于要不要主体性原则和理性精神,而在于如何真正恢复人之为人的本质特性。马克思主义不但提出哲学必须面向现实生活,而且对现实生活究竟是什么作出了崭新的解释,建立了以人的实践活动为核心的新的本体论和世界观,使得形而上学在马克思主义的历史科学领域得以完成和终结,也使得理性与人道在历史和实践领域实现了真正的统一,从而摆脱了哲学始终在理性和非理性之间徘徊的处境。所以,马克思主义又是对现代西方哲学的超越。

如果将哲学仅仅界定为形而上学,那么,马克思主义的理论就是"反哲学"的,从这个意义上说,哲学或者形而上学是在马克思而不是在黑格尔那里实现它的完成和终结的。

勤:正如您刚才所说的,在近现代思想史上,只有马克思主义超越了哲学的形而上学思维方式,实现了哲学的革命性变革。那么,在以马克思主义为指导的当代中国,哲学应该以什么样的面目示人呢？换句话说,从马克思主义的立场看,我们如何构建当代中国的新哲学呢？

陈:马克思有句名言,说"哲学是时代精神的精华"。我们同样也可以说,哲学是一个文明或者一个社会的精神精华。中国选择了社会主义道路,走上了一条与西方资本主义工业主义文明不同的新型文明的道路,我们虽然仍处于探索阶段,但是在这条道路上,我们必须创建一种新型的文明样式、生活方式和社会形式,这种新型的文明形态与社会制度同样呼唤着它的精神表现,即新型的哲学形态。我们知道,现代西方资本主义社会和工业主义文明导源于西方理性主义传统,它孕育着一种技术理性为支配力量的哲学形态。显然当代中国所需要的哲学精神必须超越近现代西方的哲学形态,这同时也是对中国传统哲学形态的继承和超越。

建构当代中国新型的哲学形态,必须以马克思主义为指导,因为只有马克思主义实现了哲学的革命性变革,才是对形而上学的超越。换句话说,形而上学的历史使命是在马克思主义那里完成的。若从形而上学的角度看,不论是中国哲学还是西方哲学在某种角度上都可以被看做是前马克思主义的。哲学或者形而上学对马克思主义的意义始终都具有理论遗产的价值,这也就是说,通过不断往返于东西方哲学和马克思主义历史科学之间,可以不断丰富马克思主义的历史内涵和精神厚度。所以,当代中国的新型哲学形态,只能是马克思主义的历史科学,而不是任何一种前马克思主义的形而上学,不论它是东方的还是西方的,是古典的还是现代的。因此,如要构建当代中国新型的哲学形态,在社会主义改革和建设的实践中,就要以马克思主义为枢纽,实现中西哲学的良性互动和融会贯通,并在此基础上实现马克思主义在哲学维度上的丰富、发展和创新。

勤:经过您的解释,我们对马克思主义在构建当代中国新型哲学形态中的指导地位,获得了崭新的了解,那么,您又是如何理解马克思主义在当代中国社会科学研究中的指导地位呢？

陈:当代中国的社会科学研究究竟要不要马克思主义的指导,这是一个重要而迫切的问题。为此,我们必须充分认识马克思主义在我国社会科学研究中的地位与作用。认可必须用马克思主义指导社会科学研究,是与认可当代中国必须在马克思主义指导下进行社会主义现代化,认可马克思主义在当代世界仍然是指引人们走向胜利的旗帜是相一致的。中国是社会主义国家,马克思主义是作为一种制度化和建制性的精神体现在社会主义制度体系之中的,因而社会主义国家的知识的生产和再生产必须受到它的制度精神的制约和规范,这就是以马克思主义为指导进行社会科学研究的制度性或政治性的来源。任何知识,尤其是人文科学和社会科学知识必然涉及真假、善恶、美丑和对错问题,从一定意义上讲,社会科学的研究就是在事实判断的基础上进行一系列的价值判断。尤其是在关系政治性问题的领域,马克思主义对社会科学研究指导地位就更为重要了。

那么,以马克思主义为指导能否影响知识的真理性要求呢?应该不会。这是因为马克思主义对社会、历史和人作出了最为深刻的探索和思考,历史和社会只有在马克思主义那里才真正成为科学的对象,才在真实的意义上获得了总体性的揭示。具体的人文社会科学是以人和社会的具体环节和局部现象作出实证的或诠释的、经验性的或者范式性的理解和把握,这种具体科学的认识只有放置在马克思主义的历史科学这一宏大语境中才能获得真正的认识。以马克思主义为指导进行人文社会科学研究,并不是用马克思主义的具体观点来裁剪具体的社会科学研究,而是对这种具体知识的深化,只有站在这个高度上,才能看到马克思主义与具体的人文社会科学知识之间的批判关系。要真正实现以马克思主义为指导进行社会科学研究,研究者必须站在人民大众的立场上,深谙马克思主义的历史科学视野和辩证方法,才有能力将具体社会科学的知识放到马克思主义的宏大语境中进行考察。如果做到这一点,就不但能够用马克思主义的立场、观点和方法分析问题和解决问题,而且可以在具体的社会科学研究中不断丰富和发展马克思主义。

勤: 在当代中国,马克思主义在人们的社会、政治和精神生活中占有如此重要的地位,那么,您是如何理解马克思主义的真精神的?有没有原本意义上的马克思主义?

陈: 你问的这个问题在今天显得尤其重要。当代中国的马克思主义者要承担起弘扬马克思主义、展现马克思主义的当代意义和实现马克思主义的发展与理论创新的历史使命,首先必须弄清马克思主义的真精神,深入理解马克思主义的精髓。但是在当今的马克思主义研究中,有一个问题一直困扰着大家,即:究竟有没有一个原本意义上的马克思主义? 这本来是一个不成问题的问题,但现在却成了问题。可能是受到诠释学和解构学等现代西方思潮的影响,人们往往习惯于将研究对象主观化、相对化和虚无化,将对象消解于无形之中。按照这样的思路对待马克思主义,就很自然地得出结论:世界上本来就没有原本意义上的马克思主义,我们所看到的只是各种版本的马克思主义。这显然是对马克思主义的另一种否定。公开宣称马克思主义已过时,必须把它"送到历史博物馆"是对马克思主义的一种否定;竭力将马克思主义相对化和虚无化,从而可以任意诠释,可以任意"制造马克思",这是对马克思主义的另一种否定。

　　实际上,我们进入了一个陈旧的哲学研究的问题域,即思想的真理性和客观性问题。对于真理的客观性和此岸性,马克思主义已经作出了它自己的解答,即只有在实践领域才能确证思想的客观性和真理性,而不是在抽象的诠释学循环和解构学延异等纯粹理论迂回中获得解决。马克思主义作为一种思想之所以不可超越,之所以有与时俱进的理论品质,关键在于它将自身的客观真理性建立在历史实践的基础上,并在此基础上形成它的历史科学视野。这种历史科学视野同时也构成了马克思主义共产主义的思想境界,正是这种视野和境界构成了马克思主义的真精神。现在令人欣慰的是,有人通过"回到马克思"而"推进马克思",力图实现对马克思主义的精髓和实质的深刻领悟,同时又实现对马克思主义的发展和创新;在诸多关于马克思主义的国际大会上,有人将"拯救社会主义"的出路定位于实现马克思主义的基本精神与现实社会的密切结合。这些人对马克思主义的既有科学性又具创新性的立场,给了我们许多深刻的启示。

如何正确看待"西方马克思主义"

——与罗富尊的对话 *

　　罗富尊(以下简称"罗"):陈老师,您从 20 世纪 70 年代末 80 年代初就开始从事国外马克思主义的研究和教学工作,近三十年来矢志不渝,始终立足于这一理论领域,长期耕耘,取得了丰硕成果。最近您由人民出版社出版的《永远的马克思》以及其他一系列著作和文章,在理论界和社会上都引起了很大反响。对于国外马克思主义的研究,您是否可以简单介绍一下自己的研究特点?

　　陈学明(以下简称"陈"):可以。如你所言,在国内我是较早从事国外马克思主义特别是"西方马克思主义"研究与传播的理论工作者之一。由于长期坚持,虽然谈不上成果丰硕,但是随着理论研究的逐渐深入和拓展,有不少心得体会付诸笔端,形成文字,得到了不少人的关注和理解。这是一个理论工作者所能获得的最大安慰和鼓励。简明扼要地说,我的理论研究旨趣在于:结合目前国内思想界和现实的具体状况,充分突出国外马克思主义研究的现实意义,深入领会"西方马克思主义"理论的内在逻辑,以理论的方式参

---

　　*　]罗富尊原系复旦大学哲学学院博士研究生,现为上海师范大学教师。

与现实,进而为坚持和发展马克思主义作出不懈的努力,这就是我长期从事国外马克思主义理论研究的根本原因和动力所在。

经过近些年的研究和思考,对于国外马克思主义,特别是"西方马克思主义",我觉得有三点值得重视,可以说这也算是我个人的研究心得吧。首先,我一直强调在立足于理论事实的基础上对"西方马克思主义"做整体性的研究。单纯对于某一个"西方马克思主义"思想家思想的引介和研究诚然重要,这也是理论研究的一个必要前提,但是离开了对于"西方马克思主义"整体的把握和研究,甚至于以偏概全,以某个思想家的思想来涵盖整个"西方马克思主义",在我看来只是一叶障目不见泰山。当然,这里面有一个理论划界的问题。其次,我的研究始终强调立足于实践,面对现实生活。实践性本是马克思主义的精髓,在我看来,"西方马克思主义"恪守了马克思的这一优良传统。由此我认为,对于"西方马克思主义"的研究,不仅仅要联系他们所曾经和正面临的现实社会,更要结合中国今天的实际情况和现实问题,突现其对中国现代化发展的意义。我认为,作为一个理论工作者,始终应该对现实生活有真情实意的关怀,而不能囿于纯学院式的研究。所以理论界有些人将我称为"真诚的左派",我欣然接受。最后,对于"西方马克思主义"的研究,我认为存在一个历史性的问题。我一直强调对其应该做前沿性的追踪和研究,所以有时我爱用"当代国外马克思主义"这一相对宽泛的概念。但是这样做的同时,要避免简单趋时和浮躁,好像经典的"西方马克思主义"本身又过时了,最新的就是最好的,于是忙着抢地、占山头。在我看来,即便退一步说,传统意义上的"西方马克思主义"作为一种思潮已历史性地终结,但对于我们当今的现实处境来说,这绝不意味着它的理论意义和实践意义就消失了。我去年在《哲学研究》和《学术月刊》上发表的两篇重读卢卡奇和柯尔施所探讨的总体性问题以及"西方马克思主义"开创的对马克思主义哲学新的解释路向的文章,实际上也是我对于重新挖掘经典的"西方马克思主义"的当代意义的一个尝试。此外,国外新产生的一些马克思主义研究思潮,比如我近期研究的"生态学马克思主义"和"市场社会主义",我认为它们与"西方马克思主义"存在着密切的关系,而对于这一重大理论问题我们尚缺乏具体深入的研究。

罗:您刚才概述了您对"西方马克思主义"的研究,读您近期的文章可以感觉到您非常关心"西方马克思主义"研究的意义这一在一般理论研究者看来已成定理、毋庸多言的问题,比如您的《研究"西方马克思主义"在当代中国的意义》,以及另外两篇关于对比"西方马克思主义"和后现代主义以及研究"生态学的马克思主义"的文章。在我们看来,"西方马克思主义"今天已经成为"显学",其意义不言而明,所欠缺的是对其具体理论问题的细致而纵深的研究,或者说是一个澄清学理的问题。您能谈谈为什么要突出对于"西方马克思主义"意义问题的研究吗?

陈:我始终认为作为一个对现实关切的理论研究者,不能单纯做学理的研究,从而回避任何的价值判断;其实我们都知道,"西方马克思主义"一以贯之的对实证主义的批判,其着力点就在于实证主义认为可以搁置价值判断而对社会做纯事实的研究。在这一问题上我坚定地站在"西方马克思主义"的立场上,强调价值判断,强调意义问题的研究。我认为,今天中国思想界,特别是马克思主义哲学的研究之所以不能对现实社会生活给予积极的相应的影响,从而落入一种尴尬的局面,其主要原因就是没能充分地面对现实,对一些亟待解决的理论和实际问题作出回答。简单地说,我目前关于"西方马克思主义"意义问题的研究主要体现在两个方面,一是关于"西方马克思主义"所开辟的对于马克思主义的新的解释路向,借此我认为可以通过他们的思路启发我们去把握真正的马克思;另外一方面,我强调"西方马克思主义"的研究对于我们中国今天正在开展的构建一种适合现代中国发展的新哲学具有重要意义。

罗:您能把这两方面的意义具体展开谈谈吗?

陈:好的。我在《"西方马克思主义"所开辟的马克思哲学的解释路向》一文中主要结合"西方马克思主义"早期代表人物,特别是柯尔施的《马克思主义和哲学》,重新梳理和评述了他们所开辟的对马克思哲学的新的解释路向。这里所谓的新,是区别于我们从苏联继承过来的在目前中国马哲界仍存在巨大影响的正统马克思主义的解释路向。我认为"西方马克思主义"这种解释路向体现在四个方面。首先,他们断言马克思率先进行了终结和消除以西方近代哲学为主要代表的旧哲学的活动,这实际上是确认马克思的哲学已经超越了近代哲学,从而属于现代哲学的范畴。其次,他们断言马克思对西方近代哲学的超越就是对把主、客截然分开的形而上学思维方式的超越,这实际上确认了马克思的哲学革命的根本点是反对把主客关系问题当做哲学的基本问题。再次,他们断言马克思在反对旧哲学、旧本体论的同时没有忽视,更没有反对对世界观和本体论的研究,他们强调马克思主义就是一种本体论,就是一种哲学,这实际上确认了以马克思主义存在论为主要内容的马克思主义哲学的客观存在。最后他们断言马克思在批判了传统哲学之后提出自己的哲学原则时,最突出的是强调人的社会实践在整个哲学中的决定性作用,这实际上确认了马克思主义哲学是一种以主客统一为特征的实践哲学。我认为,他们这种解释路向尽管存在一些不足,但对于我们打破传统思维模式,从而理解真正的马克思,或者换我常用的说法:回复马克思的"原道",具有重要的意义。

也正是出于这样的考虑,我认为"西方马克思主义"的研究对于我们今天构建当代中国的新哲学具有重要的理论意义。人们需要马克思主义哲学在构建当代中国新哲学中发挥引领和核心的作用,但目前中国的马克思主义哲学并不能担当这个重任,"西方马克思主义"研究的当代意义就在于它能促进马克思主义哲学在中国的发展。首先,它有助于我们领悟马克思主义哲学的"真精神",从而尽可能地让本来意义上的马克思主义哲学出现在构建当代中国新哲学的历史性理论创造活动之中。其次,它有助于我们把握马克思主义哲学和现代西方哲学的真实关系,从而有助于我们探索通过"马哲"与"现代西哲"之间的良性互动和圆融会通来构建当代中国新哲学的正确途径。最后,它有助于我们增强把"回归马克思"与"推进马克思"结合在一起的自觉性,从而有助于我们在构建当代中国新哲学的过程中对马克思主义哲学抱有正确的态度。中国如果想要将正在进行的现代化建设推向新的高度,它离不开一种适合中国当代发展的新哲学的指导,而"西方马克思主义"的研究能促进中国的马克思主义哲学承担这个重任。

罗:读了您这两篇文章,可以看出您强调"西方马克思主义"研究对于当代中国的重要意义,隐约能体会到您对国内马克思主义哲学界的研究现状不满,在您看来,是否今天中国"西方马克思主义"的研究中存在一些理论的失足点?毕竟国内现在对"西方马克思主义"的研究如您所言,重镇并立,色彩纷纭。

陈:我很乐意看到国内对于"西方马克思主义"的研究呈现百花齐放的

局面的,这也是对我们从事这一领域研究的理论工作者的肯定。学术的研究本来就允许和鼓励不同观点的存在和论争,只要言之成理就行。关键是这些理论上的研究和论争必须首先达成一些共识,在我看来至少有三点共识可以成立:第一,"西方马克思主义"是马克思主义发展过程中出现的一股思潮,而不是像我们以往按照意识形态的影响所简单理解的属于"反马克思主义"阵营。我自己一直声称是"西方马克思主义"的"同路人",这也是我通过对他们理论的研究得出的结论。第二,"西方马克思主义"的研究应该有个界限的问题,不能过于泛化。马克思作为人类文明的伟大思想家,今天西方几乎很少有思想家能回避他,但若是我们将所有接触过马克思的思想的西方思想家都划归为"西方马克思主义",那无异于将"西方马克思主义"等同于西方哲学。对这个界限的划分问题还有争论,但是大致已经达成一些共识。第三,中国的"西方马克思主义"研究必须结合中国的实际状况,特别是今天中国正在开展的现代化运动来进行,我想这个共识也应是无可辩驳的。有了这三点共识,再来看我们中国目前进行了近三十年的"西方马克思主义"研究事业,我认为尽管取得了有目共睹的成绩,但是离本应达到的水准尚有很大的距离,更重要的是其理论研究成果未能对中国现实产生相应的影响和效应。我认为造成这种局面的根本原因是没有认识研究"西方马克思主义"在当代中国的意义,当然这里也存在一些研究方法上的论争问题。

　　罗:您刚才说起的"西方马克思主义"属于马克思主义范畴,是马克思主义的一个派别,这让人联想到"西方马克思主义"研究中著名的"徐杜之争",即徐崇温先生和杜章智先生关于"西方马克思主义"定性问题的论战。

　　陈:"徐杜论战"从表面上看主要是对"西方马克思主义"的评价上的分歧。徐先生认定"西方马克思主义"只是一种对马克思主义的研究,而不能算是一种马克思主义,而杜先生则千方百计地企图把"西方马克思主义"划入马克思主义的行列。但只要仔细分析一下就不难看出,评价上的截然不同只是一个"结果",还有其深层的原因,这就是双方研究方式的各行其是。这场论战真正的焦点则体现在研究方式的不同上。由于研究方式格格不入,直接导致了评价上的各执一词。大凡对一种理论思潮的研究,不外乎进行事实判断和价值判断。在事实判断方面,徐先生基本上是正确的,他立足于划清"西方马克思主义"与"传统马克思主义"的界限,揭示出"西方马克思主义"

与"传统马克思主义"的区别之处。他揭示的这些区别之处是实实在在地存在的。杜先生等则从不能把"西方马克思主义""推入反马克思主义阵营去"这一美好而朴素的主观愿望出发,竭力论证"西方马克思主义"与"传统马克思主义"的一致性。

在我看来,"徐杜论战"所留给我们的对研究"西方马克思主义"的启示主要有以下几点:首先,研究"西方马克思主义"必须从事实判断出发,一定要先搞清楚"西方马克思主义"与传统的马克思主义的区别何在,然后再对这些区别作出价值判断。这需要先熟悉并掌握"西方马克思主义"的理论资源,这也是目前国内年轻学者往往不够重视的一个基本功问题。同时,我们必须正视"西方马克思主义"与其他马克思主义思潮和流派的区别,不能为了"维护""西方马克思主义"而掩盖这些区别,研究"西方马克思主义"应当从挖掘这些区别点入手;第二,在对这些区别点作出评价时,应当用发展着的马克思主义作为评判标准,用正在变化着的社会现实来检验"西方马克思主义"对"正统马克思主义"的修正和发展。

罗:您刚说起的关于"西方马克思主义"研究的界限问题让我想起了在您的代表著作《西方马克思主义教程》中的一个果敢的决定,即依照您对"西方马克思主义"概念所做的界定,将阿尔都塞的结构主义的马克思主义以及德拉-沃尔佩学派排除在"西方马克思主义"之外,尽管您最终在书中还是分析对比了"西方马克思主义"中人本主义思潮与科学主义思潮的异同。这在我们看来似乎不可理解,因为国内学界大多都把这两派作为"西方马克思主义"的重要代表。人民大学的安启念教授在其新版的《马克思主义哲学史》中提及您这部著作,涉及这一问题时也只作了个实然判断,未置褒贬。而现在我们知道,您近期重点研究"西方马克思主义"的最新发展,特别是"市场社会主义"和"生态学的马克思主义",这会不会有悖于当初您对"西方马克思主义"研究领域的严格划界?

陈:这确实是一个有争论的问题。我当初在那本著作中对于人物和学派的取舍,包括对同一个人物,比如卢卡奇不同时期思想所属的划分,确实试图对"西方马克思主义"的内涵和外延作个明确的界定,从而澄清当时对"西方马克思主义"这一概念使用的种种混乱。现在看来这种混乱不仅在国内学界,在西方思想界那里也没有完全达成共识,只能求同存异。我依然坚持要有个明确的界定，否则理论研究和论争无从谈起，这也确实是我对国内"西方马克思主义"研究现状颇多微词之处。不过目前大家比较一致的意见是，只要符合如下三个条件，就可以把这些理论家的思想列入"西方马克思主义"的范围来加以研究：其一，"西方马克思主义"具有地域的含义，他们当然首先是属于西方的理论家；其二，"西方马克思主义"作为马克思主义的一个重要派别或倾向，它的提出者必须自己确认自己是马克思主义的拥护者和信奉者，也就是说，他们必须自称是马克思主义者；其三，"西方马克思主义"作为一种独特的马克思主义，它应当与"传统马克思主义"迥然有别，即他们的理论必须与承继第二国际、第三国际、第四国际的各种"传统马克思主义"理论有着明显的区别。

不管是当初我在著作中舍弃阿尔都塞等人，还是我今天着力研究生态学的马克思主义等派别，我的取舍标准主要有两个：其一，强调历史和现实的统一，既要关注对经典的"西方马克思主义"思想家的进一步深入研究，又要密切关注"西方马克思主义"最新发展的成果，跟踪前沿。但是对于这种最新成果的关注必须要结合"西方马克思主义"本身的理论线索，并不是所有最新的西方理论成果都可以往"西方马克思主义"那里套，比如我在分析生态学的马克思主义属于"西方马克思主义"的最新成果的那篇文章中往前追溯到哈贝马斯、法兰克福学派以及"西方马克思主义"早期代表人物，指出他们思想中对相关问题认识的继承性和发展性。其二，我始终强调对于"西方马克思主义"要作整体性的研究，不能太琐碎。具体的研究工作诚然必要，但是如果缺乏整体性，或者套用"西方马克思主义"本身的观点，如果没有一种总体性的思维，我们的研究工作就会陷入迷途。这也是我经常在一些相关会议上针对国内一些学者在研究"西方马克思主义"的方法问题上细致有余而不见整体的情况展开批评的原因。

罗：这也就是您常对我们说的整体性的研究，记得您有一篇文章——《反对制造马克思》，按照您这种思维，对于"西方马克思主义"的研究，我们今天是否可以说"反对制造""西方马克思主义"？也就是说，如果没有在一定界限的基础上将对"西方马克思主义"的整体研究和具体研究结合起来，中国的"西方马克思主义"研究就依然不能获得长足的良性发展？

陈：某种意义上可以这样认为。"西方马克思主义"的兴起源于对上世纪 20 年代初,一些共产党内部的思想家对中、西欧效法苏联十月革命模式的无产阶级起义失败的反思。卢卡奇等人认为失败的原因在于无产阶级意识形态的危机,而在他们看来,这种危机主要表现为无产阶级及其政党丧失了总体意识,即不能总体地、全面地观察和处理问题。于是他们强调通过把握总体性来复兴革命,并把总体性视为马克思主义方法论的核心。总体性思维确实是马克思主义方法论中今天依然充满活力的内容。这种总体性意识被"西方马克思主义"后起的思想家,特别是以法兰克福学派的社会批判理论为代表的思想家所继承和发展。就理论研究而言,我之所以一直强调从整体的角度研究"西方马克思主义",正是出于对这一方法的体悟和认同。我反对制造马克思,主要是针对一些打着"发展马克思"的名义任意曲解马克思的思想的一种相对主义态度,强调回复马克思的"真精神";同样,我之所以强调从整体上研究"西方马克思主义",也是为了避免在这一问题上重蹈覆辙。当然,这属于我对"西方马克思主义"研究的一个态度。

罗:现在国内的"西方马克思主义"研究正在蓬勃发展,并已初显成效,作为一位孜孜不倦研究"西方马克思主义"近三十年的学者,您如何从整体上来评价"西方马克思主义"呢?

陈:我早期对"西方马克思主义"的研究多侧重于介绍,倾向于对"西方马克思主义"做一些实实在在的研究和普及工作,这一方面出于当时的理论研究的社会背景,一方面是因为自己思考和研究得不十分成熟,所以评价方面的工作做得比较少。有时候评价也有欠公允,比如曾经对哈贝马斯晚期资本主义思想的评价。随着我个人以及国内"西方马克思主义"研究工作的展开和发展,我认为在踏实地做具体的实然性研究工作的同时,联系中国的实际对"西方马克思主义"作些评价工作是非常重要的。这也正是我前面讲的,一个关注现实的理论工作者必须要作出价值上的判断,而不能一味退缩于纯学理的研究或者模棱两可的所谓中庸态度的问题。

就"西方马克思主义"而言,通过理论研究的不断深入,我越来越意识到"西方马克思主义"者阐释马克思思想时所达到的理论高度,同时深切感受到他们在发达国家仍高举马克思思想旗帜的可贵。他们在非主流意识形态的背景下对马克思主义的研究以及对马克思主义现代意义的充分肯定和信仰,无论如何对我们都是有力的激励。事实上,目前国内理论界对马克思主义当代意义的阐发,在一些具体的问题上甚至在无意识地重复着他们所走过的道路,因此完全有必要在共同的前进道路上进行真诚的交流和对话。概而言之,我逐渐形成了一个基本的认识:"西方马克思主义"不是对马克思主义的放弃,而是通过反思马克思的思想,尤其是反思以第二国际为代表的传统马克思主义,结合当今世界所面临的重大问题,有力地揭示和张扬了马克思主义的当代意义,同时也突现了其自身的理论深度和时代价值。

在对"西方马克思主义"作整体评价的时候,我认为应该注意两点:首先,应该保持"西方马克思主义"的纯洁性,也就是我们刚说到的界限的问题。比如,作为"西方马克思主义"最新形态的"生态学的马克思主义"和源于后现代主义的生态主义,尽管它们都对现代性不满并展开激烈的批判,尽管后现代主义一直声称从马克思那里获得了思想资源,但我认为两者不但不是盟友,而且在理论内容上是针锋相对的。我撰文强调了它们之间的五点理论区别,即:是全盘否定现代化运动还是主张把现代化运动中的负面效应和现代性本身区别开来从而修复现代性;是完全反对人类中心主义还是主张重返人类中心主义;是笼统地反对理性和科学还是只反对经济理性、科技理性;是反对整体性的"文化相对主义"还是以集体的政治行动的力量来改造社会环境和生态环境;是完全反基础主义、反本质还原主义还是从存在论的根基上说明最佳的选择是社会主义,等等。我之所以对比这两种思潮,一个理论动机就是在于指出我们所研究的"西方马克思主义"有着明确的理论指向,而不是泛化到目前西方的众多思想资源。涉及到对"西方马克思主义"的评价问题,也应该有着明确的指涉。其次,在评价"西方马克思主义"的时候,一定不能脱离中国的实践,特别是中国目前展开的现代化运动。这并不是说不能对其作纯学理的梳理和勾勒,比如将其放入整个西方思想发展史的语境中进行研究,这样做当然有其意义,但是对于我们理论工作者,特别是中国当前研究马克思主义的理论工作者而言,这并不是最重要的。马克思主义向来强调现实,其思想精髓在于鲜明的实践性。离开了中国当前的现实来对"西方马克思主义"作评价,我认为是舍本逐末。

罗:您刚才讲到"西方马克思主义"的研究对于中国的理论界具有重要意义,更特别指出从一种关切现实生活的学者角度应该强调这种理论研究对于中国目前现实社会生活的意义,能说得具体一点儿吗?

陈:我们知道,"西方马克思主义"的理论创新,一是体现在它的哲学理论上,二是体现在它的批判理论上。欲问研究"西方马克思主义"在当代中国究竟有何意义,就必须要思考研究其批判理论对当代中国究竟意义何在。以往我们把其批判理论的意义仅仅归结为"有助于我们看清当代资本主义的实质"这一点显然是不够的,具体说必须思考研究"西方马克思主义"的批判理论对中国当前的社会主义现代化建设意义何在。"西方马克思主义"理论家对现代资本主义社会性的批判实际上是对这一社会在现代化过程中的种种弊端的揭露;他们所批判的这些社会弊端恰好是正在开展现代化运动的中国已经遇到或即将面临的问题。国内目前流行的所谓"代价不可避免论"在我看来是一种机械的历史决定论,与"西方马克思主义"曾经所批判的第二国际的经济决定论如出一辙。如果我们能深入研究"西方马克思主义"的相关理论,我们完全可以在借鉴他们的理论成果的基础上既通过现代化运动实现工业文明,享受到西方人所已经享受到的一切现代文明成果,又可以使代价降低到最低限度。同样,针对一些理论工作者认为批判现代性的"西方马克思主义"可能会构成对中国现代化运动的一种理论障碍,我认为这是一个需要回应的问题。在我看来,与同样对现代性展开激烈批判的后现代主义不同,"西方马克思主义"的现代性批判所走的是不同的路向,它区别于后现代主义对现代性理念和现代化运动的全盘否定并将其所有负面效应归结为现代性本身,"西方马克思主义"只是批判现代化运动的资本主义形式,而不是否定现代化运动,这里面的代表人物是哈贝马斯和"生态学的马克思主义"。他们的现代性理论给予正从事社会主义现代化建设的中国人民如下两点启示:其一,对于现代性的进程中所遭遇到的挫折和困难,关键是找到导致这些挫折和困难的根源,不能动辄归结为现代性本身;其二,必须正视现代性的进程中之所以出现种种问题的根本原因在于承受现代性进程的社会体制不完善这一点。只有廓清了对于现代性理论认识上的迷失,我们才能更好地促进今天中国蓬勃发展的现代化运动。

再比如,目前我国的哲学社会科学界,特别是马克思主义理论界正在实施"马克思主义理论研究与建设工程"。"马克思主义理论研究与建设工程"所要实施的内容十分广泛,"西方马克思主义"研究无疑是其中不可或缺的一个重要组成部分。它可以促使我们更清楚地领悟马克思主义的当代意义,更正确地把握马克思主义的"真精神",更全面地认识马克思主义与现代西方思潮的真实关系,更自觉地使马克思主义面对现实,用更科学的态度对待马克思主义。目前我正在从事的相关课题是"西方马克思主义"的民主理论研究,这也是与中国现代化的政治体制密切相关且具有重要意义的一个课题。通过对"西方马克思主义"民主理论的研究,可以看出他们通过对法西斯主义、正统的苏联模式的社会主义民主以及当代资本主义民主的批判,强调马克思主义对于民主的一种应然诉求,并且提出了自己独特的富有建设意义的民主理论,这对于中国今天举步维艰的民主建设有着值得借鉴的切实意义。

罗:您接下来的理论研究有什么计划? 另外对于众多的年轻的从事"西方马克思主义"研究的理论工作者有什么寄语呢?

陈:从我踏入学术研究的那一天开始,我就一直从事"西方马克思主义"的研究。任何一个理论工作者对于自己的学术研究都应该不断推进,我已经跨入了六十岁的大门,由于有马克思主义作为自己的精神动力,所以我并不感到自己已经老了。我决心把六十岁作为自己新的生命的开始。在有生之年,我还会继续从事马克思主义,特别是"西方马克思主义"的研究,力图通过"西方马克思主义"的研究来促进中国的马克思主义的发展。最近几年,我对"西方马克思主义"的研究集中于研究其最新成果,探讨"西方马克思主义"在苏东剧变后的最新发展。接下来,除了相关的项目外,我会对新帝国主义理论展开一些理论探索。

我很高兴看到"西方马克思主义"的理论研究今天在中国能得到众多理论工作者的响应和参与,这样一来必定能更好地促进我们这一共同的理论事业的发展,我也真心期望年轻的学者能够超越我们这一代,不仅介绍和传播而且能结合中国社会现实发展"西方马克思主义"。作为一个过来人,我觉得对于年轻的学者,除了具备扎实的理论功底以及语言和相关专业知识之外,从事"西方马克思主义"的理论研究特别重要的是要有一种对现实的真情实意的关切。如果你从事这项研究,不具备一个基本的理论研究者的激情以及对当代社会现实的关注,不具备对底层民众疾苦的体悟和同情,不从内心深处信仰马克思主义,即使成为了一个技艺精湛的哲学匠人,也未必能对现实社会的发展有多大裨益。

从西方左翼思想家视域
剖析当代资本主义实质

—— 与金瑶梅的对话 *

金瑶梅(以下简称"金")：陈老师,您多年来一直从事西方马克思主义的研究与教学工作,最近又承担了复旦大学"国外马克思主义与国外思潮研究"创新基地的"新帝国主义研究"课题,并已连续在核心学术期刊上发表了一系列对当代资本主义,尤其是借助于一些西方左翼思想家的研究路径来进行剖析的最新研究成果,产生了极大的学术震撼力,请问您涉入这一学术研究领域的缘起?

陈学明(以下简称"陈")：一百五十多年前,马克思、恩格斯在分析资本主义基本矛盾运动的基础上,宣告资本主义必然灭亡、社会主义必然胜利。但由于在20世纪八九十年代,随着苏东一系列国家的社会主义旗帜相继倒下,历史出现了重大曲折,从而连原先信奉社会主义的人也对马克思、恩格斯所说的"两个必然"产生了怀疑和迷茫,以至于当一些西方政要和右翼思想家发出除了资本主义"别无选择"之类的呐喊时,我们这里不少人竟然从心底里认可。有些人尽管也承认在当今资本主义社会中存在着种种弊端,尽管

---

* 金瑶梅系复旦大学哲学学院博士研究生。

也承认资本主义制度并不那么美好,但是与此同时总带上这么一句:资本主义并不十分完美,但还有比资本主义更好的制度可供选择吗? 在尚未表明还有其他的美好的社会制度存在着的情况下,我们只能走资本主义道路。正是在这样一种对"两个必然"的思想产生疑虑,并且企图把中国带向资本主义道路的历史语境中,一些西方左翼思想家却以某种方式阐发了"两个必然"的思想。他们在分析批判当代资本主义的过程中,竭力论证人类除了接受资本主义之外,还有其他的选择,即论证"另一种选择是可能的"。在一定意义上说,他们对当代资本主义提出尖锐的批评,就是为了让人们摆脱资本主义而走上另一条道路,他们中大多数人明确地把这"另一条道路"理解成就是社会主义道路。所以,这些西方左翼思想家对当代资本主义的批判的积极意义,不仅仅在于使我们能看清当代资本主义的本质,认清当代资本主义的真相,还在于使我们认识到人类走向社会主义的必然性和可能性,从而坚定我们的社会主义信念。我们必须要明确,中国共产党的开创者提出只有社会主义才能救中国并不是出于对资本主义天生的偏见,而是既基于对中国社会现实的洞见,又缘于对马克思所揭示的历史发展规律的深刻把握。无论历史演进的箭头发生怎样的偏斜,都不可能改变历史发展的总趋势,也不可能改变社会主义救中国这一历史的必然性。这也是我涉入这一研究领域的初衷。

金:众所周知,在当今西方资本主义世界中不断地凸现出各种形式的危机,比如生态危机、能源问题、经济危机、战争与恐怖主义等,这些危机不仅给资本主义国家自身造成了很大程度的破坏,也给全世界人民带来了伤害与阴霾。置身于其中的西方左翼思想家是如何挖掘潜藏于上述危机背后的根源性因素的?

陈:西方左翼思想家对当今资本主义批判的一个重要特点就是不仅揭露了存在于资本主义社会中的种种弊端,而且深刻地分析了产生这些弊端的根源。生态社会主义理论家大卫·佩珀认为,人类破坏自然生态平衡的行为是由资本主义生产方式决定的。他把对自然的剥削视为资本主义剥削的一个有机组成部分。在他看来,资本主义制度决定了在资本主义社会中存在着它自身不可解决的生态矛盾。首先,资本主义生产的唯一目的是追求利润,只要是资本主义就必然实行利润挂帅,这就决定了它要不断地去掠夺自然,把自然作为获取利润的对象。在平均利润率呈不断下降的今天,资本主义的企

业更要通过强化对自然资源的利用,来确保企业的利润。这也就决定了资本
主义制度会不断地吞噬着它赖以生存的自然基础,即这一制度必然会滋生生
态矛盾。其次,资本主义存在着一种"成本外在化"的趋向,也就是说,在市
场法则支配下,资本主义的企业是不愿意把治理环境污染的费用计入生产成
本的,而是千方百计地使这部分成本外在化,即转嫁给社会。正因为资本主
义企业不可能牺牲企业去保护环境,从而资本主义制度下产生生态矛盾也是
顺理成章的。罗伯特·库尔历数了当代资本主义的种种罪恶,他在陈述每一
项罪恶时都把其与资本主义制度联系在一起。例如,他在论述当代资本主义
导致了自 19 世纪以来大众贫困化最汹涌的浪潮,使持续加剧的大众贫困与
巨大财富形成了鲜明的对照时指出,要对这种大众贫困化负责任的就是资本
主义制度本身,是资本主义制度,特别是这种制度的盲目的市场机制造就了
这种大众贫困化。所以关键还在于改变资本主义制度。只有改变了这一制
度,才能制止按照资本主义的方式调动起来的资源误流入毫无意义的金字塔
工程和破坏性的生产中去。关于战争问题,伍德认为它满足了当今的资本帝
国主义,即新帝国主义的特定的要求。所谓的"布什主义"实际上就是推行
"无限制"战争。苏联的解体,东欧共产主义政权的相继垮台,使美帝国主义
的主要对手的消失。本来人们以为主要敌人的消失应使美国获取更大程度
的全球优势的压力得到缓解,可人们却发现,尽管主要敌人消失了,美国扩大
军事优势的步伐反而更加快了。人们不禁发出疑问:美国这样做的动机究竟
何在? 而实际上,唯一正确的回答就是这是由资本主义制度、帝国主义制度
本性所决定的。

　　金:任何一种社会体制都有自己的弊端,当代资本主义国家也不断地在
通过政权更迭、社会改革等措施填补自身的体制漏洞,经过调整资本主义是
否能成为人类迄今为止最美好的制度?

　　陈:当今一些人总认为资本主义经过自我调节已成了人类最美好的社会
制度,走西方资本主义的道路是改变贫困落后的唯一出路。如你表示怀疑,
他就会劝你到西方资本主义国家转一转,并相信只要亲自感受一下资本主义
社会的现实,对资本主义的所有成见马上就会烟消云散。这涉及到对当代资
本主义的一个总体判断。当然,要作出正确的判断,去西方资本主义国家进
行实地考察是一个好办法,但仅仅走马观花式的转一转是无法了解到真相

的。另一个重要的途径是借助于长期生活在资本主义社会之中,对资本主义社会有着切身感受的这些当代资本主义社会批判者的相关论述,了解一下他们对当代资本主义的总体评价。德里达列出了资本主义和自由世界的十大弊端:失业;对无家可归的公民参与国家和民主生活的权利的大量剥夺;在欧共体诸国之间、在欧共体国家与东欧各国之间、在欧洲与美国之间,以及在欧洲、美国和日本之间发生的无情的经济战争;在自由市场的概念、规范和现实方面控制矛盾的无能;外债和其他相关机制的恶化使人类的大多数处于饥饿或绝望的境地;军火工业和贸易被列入西方民主国家科学研究、经济和劳动社会化的常规调整范围;核扩散的扩展,甚至连国家机构再也无法控制了;由一种古老的幻觉观念,一种共同体、民族—国家、主权、边界、本土和血缘的原始概念的幻觉所驱使的种族间的战争在加剧;黑手党和贩毒集团日益蔓延;国际机构受到种种限制。德里达在揭示这十大弊端的基础上强调,当今资本主义世界确实并非像福山所描述的那么美好,而是病得非常厉害,一天不如一天了,这些弊端正在撕碎号称民主的欧洲和今天的世界。哈贝马斯从三个方面批判地分析了当代资本主义的无能与窝囊:尽管它独占了对现代性遗产的解释权和实践权,但正当需要它推行生态主义、福利国家路线来应对全球性社会危机之时,它却“气馁退缩”;它在市场经济的逻辑面前太“毕恭毕敬”,在国家科层之权力媒介的过分负担面前太“小心翼翼”;在其赖以生存的资源遭到威胁时,它竟然“置若罔闻”,甚至缺少起码的“敏感性”。他还罗列了当代资本主义面临的四个方面压力的“可怕的局面”:经济增长的生态极限、南北半球生活条件之间的差别日益增长提出了明显挑战;将国家社会主义改造为一种分化开来的经济系统机制提出了独一无二的历史任务;来自南部和东部贫困地区的移民潮形成严重压力;重新抬头的种族战争、民族战争和宗教战争、核讹诈和国际性资源分配之争危机重重。吉登斯指出:尽管随着苏东的剧变,苏联模式的社会主义和共产主义已经消逝,但主导这种社会主义和共产主义的价值观念依然是人类前进的旗帜,用这种价值观念来对照当代资本主义,当代资本主义的弊端一目了然。现在需要做的事情是用这种价值观念来批判和改造当代资本主义,使之重新显示出重大意义。乔姆斯基把当代资本主义世界描绘成是一个充满恐怖的世界。他认为,“9·11”事件给人们留下的巨大的震撼力是:一直对他人构成威胁的美国自身也受到了威胁。在他看来，"9·11"事件最终根源于美国和西方世界对中东地区的独裁和强权。德里达、哈贝马斯、吉登斯、乔姆斯基无疑都位于当今西方世界最有影响的思想家之列。他们对当代资本主义的分析已足以说明当今资本主义制度并没有经过自我调节变成人类最美好的制度。

金：在"新自由主义"和"新美国模式"猖狂的当今历史语境中，有相当一部分人从心底迷恋资本主义，对其实存的种种矛盾与危机熟视无睹。是什么原因导致了这些人看不到当今资本主义的矛盾与危机呢？西方这些左翼思想家如何纠正和澄清人们在认识当今资本主义本质方面的偏差与误区？

陈：中国没有完全移植西方资本主义模式，而是走上社会主义的道路，这是历史的选择。可是一些人总不愿意接受这一历史的选择，总想把中国拉上资本主义的道路。西方一些左翼思想家在分析当今资本主义的矛盾与危机时，还常常剖析了为什么有些人总看不到当今资本主义的矛盾与危机。依附理论的代表人物奥尼托尼奥·多斯桑托斯认为，主要原因就在于这些人存在着下述错误的认识：其一，这些人看好当代资本主义，主要是出于对保守主义、自由主义的畅行世界和私有化运动的大力推进的偏爱；其二，主要是由于把国际间的资本更加自由的流动视为当代资本主义繁荣的标志；其三，主要是因为认定国际政治领域正完全朝着有利于资本主义的方向发展。此外，在2002年3-4月号的《新左派评论》上，刊登了法国著名学者皮埃尔·布尔迪厄和德国著名作家、诺贝尔文学奖得主君特·格拉斯在电视上的一次交谈。在这次交谈中，他们强调，要认清新自由主义和当今资本主义的本质，关键在于自己所持的立场，也就是说，必须站在"下层人"的立场上才能看清新自由主义和当代资本主义的本质。实施新自由主义必然造成两极分化，有一部分人得益而成为富者，而另一部分人则受害而成为穷人。若要回答实施新自由主义究竟给人们带来什么，那首先得明确你是站在受益人立场上还是站在受害者立场上讲话。如果你是当代资本主义社会中的那些权贵、富豪，自然会对新自由主义顶礼膜拜，而倘若你是当今资本主义社会中的穷人、下层人，那对新自由主义嗤之以鼻也在情理之中。尽管上述几位西方左翼思想家论述的主要是西方人为什么不能看清当今资本主义的矛盾与危机，而甘当资本主义的"啦啦队"，但是他们的论述也切中了我们这里一些人之所以迷恋于资本主义的要害。无论是他们所说的"关键要站对立场"，即必须站在当今资本主义发展的受害者——广大"下等人"的立场上,从维护他们的利益的角度思考问题,还是他们具体揭示的各种阻碍把握当今资本主义本质的认识上的偏见与误区,都具有极强的针对性,都给予我们莫大的启示。

金:有些人对资本主义的迷恋主要是对当今资本主义市场经济体制和西方式的民主制度的迷恋。西方左翼思想家是如何看待这两个敏感话题的?

陈:西方左翼思想家从来不回避对资本主义市场经济体制和西方式的民主制度的评价。在他们看来,当今的资本主义制度能否真正给人类带来福音,就取决于资本主义的市场经济体制和西方式的民主制度的效应。而正是由于资本主义的市场经济体制和西方式的民主制度对广大人民群众来说并不是如一些人所说的那样完全是个"好东西",所以由这种东西所支撑的当今的资本主义制度对广大人民群众来说,也不完全是个"好东西"。英国著名政治经济学家苏珊·斯特兰奇提出,当今资本主义的市场经济体制已经使当今的资本主义蜕变为一种"赌场资本主义"。在资本主义市场经济体制下,西方的金融体系变得与一个巨型赌场没有什么两样,随之,当代资本主义也就成了"赌场资本主义"。在苏珊·斯特兰奇看来,资本主义变成"赌场资本主义",一方面标志着资本主义的市场经济体制已发展到了极致,另一方面也使资本主义市场经济体制的所有弊端暴露无遗。英国资深经济学编辑威廉·基根指出,正是由于苏联和东欧所实施的那种极端的计划经济模式已被唾弃,从而使资本主义市场经济体制这种经济模式所掩盖着的一系列弊病被掩盖起来了,对这种经济模式的种种负面效应人们也就视而不见了。他揭露了极端市场经济必然会带来的三大弊端:其一,会带来贸易冲突甚至贸易大战;其二,会造成金融市场的混乱,以致妨碍市场经济能力的发挥;其三,会导致破坏地球所依赖的环境。资产阶级的民主制度,作为封建专制政治的对立物,相对于以往的剥削社会自然有其进步意义,但问题在于时至今日,这种政治制度对广大人民群众来说仍然具有进步意义吗?萨义德认为,当今在西方世界特别在美国有一句非常流行的口号,即"使世界更加民主",其实质是在全世界范围内以推行民主、建立世界新秩序为名,来实现自己的帝国主义和霸权主义的野心。美国学者戴维·施韦卡特指出,资本主义的辩护者原先对民主的追求没有比对自由的追求那么迫切,因为他们一直担心大众会利用其民主的权利去冲击富人的财产,但是自 20 世纪 70 年代以来,资本主义的辩护者却陷入了"民主狂热"之中,他们看到了民主对于倾覆共产主义具有号召力,并且大力宣扬只有资本主义社会才能与民主制度相容。施韦卡特则要推翻这种观点。他认为,资本主义的所谓民主制度实际上是一种多头政治制度,从表面上看,这一制度会让所有的问题都进入民主的程序加以解决,实际上许多问题都会被从自由讨论的领域中剔除。可以看出,这些思想大师对当今资本主义市场经济体制和西方式的民主制度的剖析是相当深刻的。

篇目索引

▶评中国的"西方马克思主义"研究,原载《中国哲学年鉴·2007》,哲学研究杂志出版社 2007 年版;部分内容发表于《社会科学报》2006 年 10 月 12 日

▶"西方马克思主义"研究与"马克思主义理论工程",原载《文汇报》2004 年 12 月 27 日

▶把对"西方马克思主义"的研究引向深入,原载《马克思主义研究》2001 年第 6 期

▶评中国学界对苏东剧变后国外马克思主义的跟踪研究,原载《中国 1999 哲学发展报告》,云南人民出版社 2000 年版;部分内容发表于《哲学研究》2000 年第 6 期

▶苏东剧变后西方四大思想家走近马克思的启示,原载《当代国外马克思主义评论》第 2 期,复旦大学出版社 2001 年版;部分内容发表于《光明日报》2002 年 4 月 18 日

▶"西方马克思主义"对马克思主义三个要害问题的回答,原载《教学与研究》2003 年第 7 期;部分内容发表于《解放日报》2003 年 8 月 19 日

▶在"消解"传统的哲学本体论之后——评"西方马克思主义"的哲学贡献,原载《上海师范大学学报》2003 年第 3 期

▶美感、超越与人类解放——评"西方马克思主义"的文艺、美学理论,原载《广西师范大学学报》2004 第 1 期

▶科学技术、第一生产力与意识形态——评"西方马克思主义"的科学技术社会功能理论,原载《西南师范大学学报》2005 年第 5 期

▶爱情、爱欲与性欲——评"西方马克思主义"性伦理学,原载《江苏行政学院学报》2004 年第 6 期

▶从西方左翼思想家视域剖析当代资本主义实质——与金瑶梅的对
话,原载《社会科学家》2007 第 5 期